面向21世纪课程教材
Textbook Series for 21st Century

教育部面向21世纪信息管理与信息系统系列教材

计算机网络基础

（第2版）

张基温　编著

中国人民大学出版社
CHINA RENMIN UNIVERSITY PRESS
·北京·

内容提要

计算机网络的核心技术是数据传输、数据交换、体系结构、应用层模式和安全。本书以这些核心内容进行组织。这样，可以使概念清晰而简洁，一方面凸显了计算机网络的本质，一方面又容易建立起计算机网络系统的整体概念，非常适合教学。书中在讲述基本原理的同时，还增加了实践参考和知识库，大大扩大了学习范围，使学习贴近现实，更有趣味。

本书适合作计算机专业、信息类专业的本、专科教材，也可作为自动控制、管理工程等专业的研究生教材，以及供有关工程技术人员学习参考。

再版前言

本教材作为教育部面向21世纪课程教材，最先于2002年7月出版。当初的宗旨是希望写出一本适合学习的计算机网络教材，解决如下问题：

- 计算机网络涉及许多概念，要帮助学习者梳理这些概念。
- 要帮助学习者掌握最关键的技术和知识。
- 要帮助学习者很快地建立起计算机网络的整体概念。

5年多的实践证明，当初的目标部分实现。这次修订的宗旨是进一步实现上述目标。并增加一些工程实践的内容。修订时，删去了对于学习计算机网络不太本质的接入技术部分，并对其他更本质部分进一步充实。同时扩展了习题的数量和类型，特别是增加了相当数量的实践题。这些实践题没有像其他教材一样，给出实践步骤让学习者照做，而是在正文中给出的实践参考的基础上，希望学习者自己设计实践环境和步骤。

在这次修订中参加了部分工作的有罗拥军、孙如祥、张展为、张秋菊、戴璐。中国人民大学出版社的潘旭燕编辑也为本书的出版付出了辛勤劳动。

本人希望进一步得到有关专家和使用者的批评建议。

张基温

2008年5月

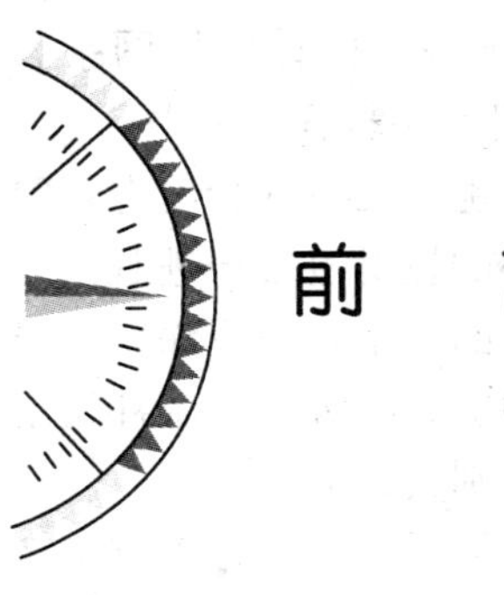

前　言

20 世纪人类有许多伟大的创造和发明，其中意义最为深远的当属计算机技术、通信技术以及它们相结合的计算机网络技术。电子商务、电子政务、虚拟图书馆、远程教育、网络制造、数字社区、数字地球……这些建立在计算机网络基础上的“社会”，从根本上改变了人们的时空观念和生活方式。

计算机网络诞生于 20 世纪 60 年代。然而直到 1983 年著名的开放系统互联参考模型 OSI/RM 的出现，才使计算机网络走上了快速发展的轨道。从此计算机网络的科学体系也开始建立，并逐渐形成相关专业的一门独立课程，这门课程的核心就是国际标准化组织制定的 OSI/RM 的七层协议。

20 多年过去了。在这 20 多年里，计算机技术和通信技术在各自的迅速发展中进一步融合，出现了通信技术计算机化、计算机技术网络化的新局面；Internet 的迅速扩张和渗透，形成了 TCPIP 一统天下的现实；激烈的市场竞争，造就了技术的多元化，一些新的、有前途的技术正在浮出水面：

- 宽带、高速、高可靠性的光传输系统；
- 方便、简单的无线连接技术；
- 以三网合一为目标的宽带网络技术及其接入技术；
- 已经广泛应用的 ATM 交换和 IP 交换技术；
- 基于客户机/服务器模式的应用架构以及其他新的应用技术；
- 安全技术在“魔高一尺，道高一丈”的拉锯战中发展；

……

鉴于这些，多年来本人一直期望能编写出一本有突破性的计算机网络教材，2001 年终于在人民邮电出版社出版了《现代计算机网络教程》一书。

我们生活在市场之中。市场给予我们生活的条件，也推动着社会前进。摩尔法则描述了信息时代市场发展的重要规则。一本小小的教材也难于逃脱。一年来，由于计算机网络技术的新进展，以及当初写作上的不足，使我深感这样的教材实在有每年都需修订的必要。值得庆幸的是，中国人民大学出版社又给了我这个机会，让我献给读者的作品不至于偏离摩尔法则太远。

诚然如此，作为试图建立一种新的计算机网络教材体系的尝试，本书必定还会有许多不足。本人殷切地期望得到更多的批评和改进意见，以便能把本书修订得越来越好。

最后还要说明的是，本书有关信息网络的法律和道德规范部分，是张展为的劳动成果，李淑琴、夏伯成也参加了本书部分章节的编写。

张基温

2002 年春节

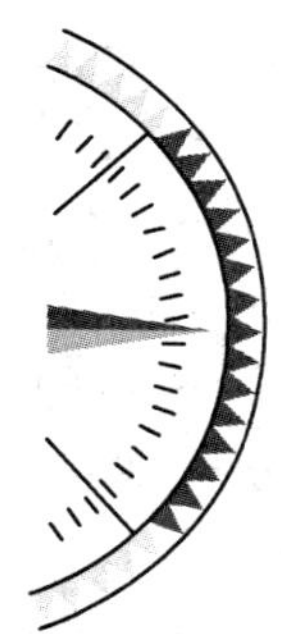

目　录

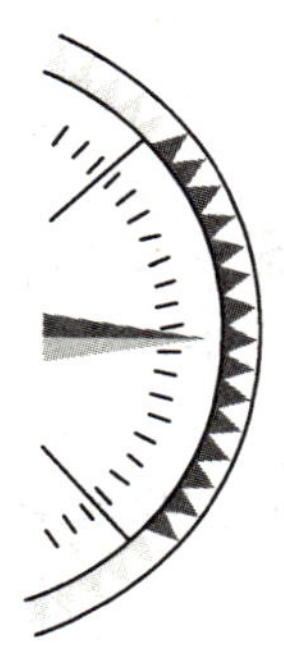

第 1 章

计算机网络概述

1.1 计算机网络的基本概念

1.1.1 计算机网络概貌

1. 计算机网络的功能

简单地说，计算机网络就是用传输介质将多台计算机连接起来的系统，或者说，计算机网络是计算机技术与通信技术相结合的产物。计算机网络可以实现下列功能：

(1) 通信。通信即利用计算机网络传送数据。例如，文件传送（FTP）、电子信箱（E-mail）、IP 电话、WWW、电子布告栏等。

(2) 资源共享。资源共享即实现硬件资源、软件资源和信息资源的异地互用。“共享”是指可以互通有无，异地使用。例如，使用异地的大型计算机进行本地计算机无法进行的计算，使用浏览器从其他计算机中获取信息等。这样，除互通有无外，还能均衡负载，使网络中各资源的“忙”“闲”得到合理调整。

(3) 提高计算机系统的可靠性。在计算机网络中，各台计算机间可以互为后备，从而提高了计算机系统的可靠性。

(4) 提供信息服务。例如远程教育、远程医疗、网络会议、电子商务、电子政务等。

2. 计算机网络的定义

关于计算机网络，目前还没有统一的定义。从计算机网络的功能来看，可以认为：计算机网络是用通信网络连接起来的自治计算机的集合。这个定义表达了如下思想：

（1）计算机网络技术是计算机技术与通信技术相结合的产物，是现代通信技术在计算机技术中的应用。计算机技术与通信技术的集合还有一个方向，就是计算机技术在通信领域的应用，或者说是用计算机技术装备现代通信技术。目前，这两个方向正在融和。

（2）这个定义强调"自治计算机"，其中含有两层意思：

● 所连接的计算机应当具有独立工作的能力。例如，一台多终端计算机系统就不是计算机网络，一台计算机与远程打印机连接也不构成计算机网络。

● 计算机之间没有明显的主从关系，即组成计算机网络的计算机具有独立运行功能，不受控于其他计算机。例如，在控制系统中，一台中心控制计算机与多个从动计算机所连接的系统不构成计算机网络。因为它们之间能资源共享。

3. 计算机网络的简单模型

计算机网络是计算机技术与通信技术相结合的产物，从功能上说，计算机网络系统可以分为通信子网和资源子网两大部分，如图 1—1 所示。通信子网提供通信，即数据传输的能力。资源子网提供网络上的资源（主计算机——涉及软硬件处理能力和数据）以及访问能力（终端及其终端控制器）。

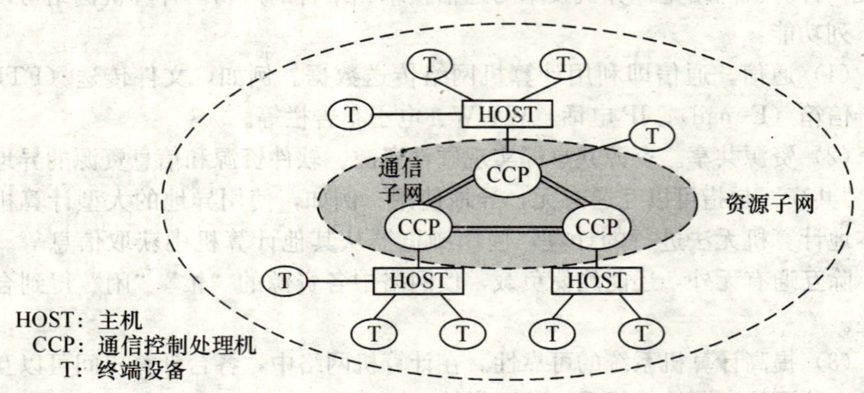

图 1—1　通信子网与资源子网

（1）资源（用户）子网

资源子网（也称用户子网）负责全网的数据处理业务，向全网用户提供所需的网络资源和网络服务。它由一些资源单元组成。每个资源单元包括一台主机（HOST）、若干终端设备（terminal，T）以及相关软件资源和数据资源。

主机在网络中负责数据处理、网络控制并执行网络协议。为了能在网络上工作，主机中必须安装如下三类软件：

- 主机操作系统：管理计算机本身的资源。
- 网络操作系统（network operating system，NOS），支持不同主机系统之间的用户通信、实现网络中资源共享，向用户提供统一、方便的网络接口。

终端是用户对网络进行操作时所使用的设备，也可以看成是计算机系统组成部分。它的种类很多，如显示终端（display terminal，DT）、交互终端CRT、智能终端（intelligent terminal，IT）、图形终端（graphic terminal，GT）、批作业或远程终端（batch or remote job entry terminal，RJE）等。

（2）通信子网

通信子网由通信处理机（communication control processor，CCP）、通信链路以及信号变换器等组成，承担全网的数据传输、转接、加工和变换等通信处理工作。

1.1.2 计算机网络分类

1. 按拓扑结构分类

从几何关系上看，计算机网络只有两种要素：结点和信道。信道是传输信号的通路。结点有多个端口，可以连接不同的信道。信号传输到一个结点，结点就要接收信号，然后将信号交换到另外的一个或几个端口，再发送到相应的信道去。一个计算机网络中结点的地理分布和互联关系上的几何排序（几何构形）称为计算机网络的拓扑结构。它与计算机网络的技术性能密切相关。常见的计算机网络拓扑结构有几种，如图1—2所示。

（1）星型结构

如图1—2（a）所示，星型结构是一种以中央结点为中心、把若干外围结点连接起来的辐射式互联结构，中央结点实施对全网的控制，并分别通过单独的线路与各个外围结点相连接，因而比较容易扩充。但是，线路的利用率低，并且中央结点会成为系统的“瓶颈”和可靠工作的最薄弱环节，中央结点出现故障将会殃及全网。

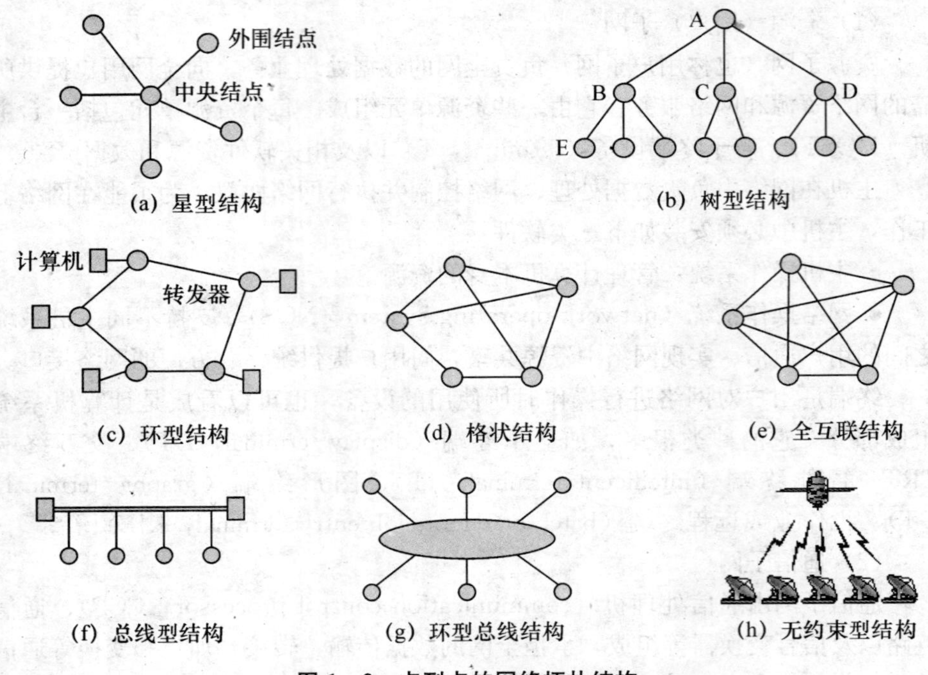

(a) 星型结构　(b) 树型结构

(c) 环型结构　(d) 格状结构　(e) 全互联结构

(f) 总线型结构　(g) 环型总线结构　(h) 无约束型结构

图 1—2　点到点的网络拓扑结构

（2）树型结构

如图 1—2（b）所示，树型结构是星型结构的变种，多级星型结构按层次组织，就形成树型结构。树型结构的特点是网络中有多个中心结点，使网络可以进行分级管理，不仅减低了网络风险，也提高了部分线路的利用率。

（3）环型结构

如图 1—2（c）所示，环型结构是把所有结点首尾相连的通信链路连接成环形。其拓扑特点是每一个结点都与两条链路连接。当某一链路有故障时，还可以通过另一条路径进行通信。在环型结构中，每个结点上的计算机都接在转发器上。转发器的作用是对一个结点发送的数据进行接力式传输，一直传输到目的结点。

（4）格状结构和全互联结构

如图 1—2（d）所示，格状结构是所有结点具有两个或两个以上直接通路的拓扑结构。如图 1—2（e）所示，全互联结构是所有结点之间都有直接通路的拓扑结构。这两种结构也称网状结构，具有较高的可靠性，但网络结构复杂，链路多，投资大。

（5）总线型结构

总线型结构是将各个结点的设备，用一根总线（如同轴电缆、光缆）连接起来，一般总线型网络如图1—2（f）所示。总线型结构目前在局域网中应用很广，它有如下特点：

- 结点的插入或拆卸方便，易于扩充；
- 多个结点共用一条线路，线路利用率高；
- 多个结点共用一条线路，一个结点发出的数据可能被所有结点接收，当两个以上结点发送数据时，会由于信号碰撞而失败。
- 总线自身的故障对系统是毁灭性的，要求较高的安装质量。

网络的总线首尾相连成闭合的环路，称为环型总线结构，如图1—2（g）所示。

（6）无约束型结构

卫星和微波采用无线电磁波传输，属无约束型或称任意型的广播式传输结构，如图1—2（h）所示。

拓扑结构按系统的传输方式可分为两大类：点到点传输结构和广播式传输结构。点到点传输结构是指一对一的传输结构，非直接相连的结点间的通信必须通过其他中间结点进行转发。广播式传输结构则用一个公共的通道把各个结点连接起来，任何一个结点向网络系统发送信息时，所有结点均可以接收到，是一种一对多的传输结构。

2. 按覆盖地域分类

根据网络覆盖的地域范围大小，网络可分为广域网（wide area network，WAN）和局域网（local area network，LAN）。

（1）广域网

广域网又称远程网，一般是跨地区甚至延伸到整个国家或全世界。几个不同地域的局域网相互连接起来就构成了一个广域网。

通常，还将分布在一个城市中的广域网称为城域网（metropolitan area network，MAN），它的地域覆盖范围比局域网大，是地理覆盖范围大约为一个城市的网络，其通信距离一般在5km～50km以内。现在，还有一些新的叫法，如园区网、社区网等。

（2）局域网

美国国际电子与电气工程师协会局域网标准委员会的局域网定义是：通信距离通常限于中等规模的地理区域内（一般在20km范围内），例如一幢办公楼、一座仓库、一所学校；它能借助于具有中高速数据传输率的物理通信信道实现可靠的通信。

随着计算机网络的普及，近年来人们又提出了微微网（piconet）和个人局域网（personal area network，PAN）的新概念。个人局域网是近年来随着各种短距离通信技术的发展而提出的一个新概念，一般覆盖距离为100 m以内。微微网是由采用蓝牙等技术设备以特定方式组成的只有几台计算机的网络。

3. 其他分类方法

除上述分类方法外，还可以按下列方法进行分类：

（1）按使用权限分类，可以分为公用网和专用网（或称私用网）。

● 公用网，作为国家公共设施，一般由电信部门管理和控制。

● 专用网是不允许其他部门或单位使用的网络。专用网可以由使用部门或单位组建，也可以租用电信部门的传输线路建成。

（2）按公司的命名分类，有IBM网、ARPANET、Internet、Chinanet、微软网等。

（3）按操作系统及其版本分类，有Unix网、Linux网、Windows NT、Novell Netware网等。

（4）按所用技术分类，有分组交换网、ALOHA、CSMA、DDN、帧中继网、ISDN、ATM、SDH等。

（5）按使用的介质分类，有无线网、光纤网等。

（6）按业务范围分类，有校园网、企业网、科技网、医卫网等。

（7）按主机之间的关系分类，可以分为对等网和基于服务器的网络。

1.1.3 计算机网络的主要技术指标

计算机网络的主要性能指标是带宽（bandwidth）、时延（delay）和服务质量（quality of service，QoS）。

1. 带宽

在通信领域内，带宽指的是可以传输的信号的频率范围，单位为Hz或kHz、MHz等。按照信道可以传输的信号频率范围，可以把信道分为窄带和宽带（broadband）两种类型。

频率范围（通频带宽）小的信道称为窄带信道。例如，传统的传输语音的话路的通频带宽为3400－300＝3100Hz。窄带信道只适合传输连续的信号，通常称为模拟信道。通频带宽大（一般大于2.5Gb/s）的信道称为宽带信道，它常常可以在同一传输介质上实现多重（并行）的高速数据传输。

在数据通信领域内，带宽常常用数字数据的吞吐量——最大传输速率表示，单位为 b/s(bit/s) 或 kb/s、Mb/s、Gb/s、Tb/s 等。这里，量词 k、M、G 和 T 的含义采用通信领域中的约定。这些量词在通信领域和计算机领域中的含义的区别见表 1—1。

表 1—1　常用量词在计算机领域与通信领域的含义

使用领域	k/K（千）	M（兆）	G（吉）	T（太）	应用举例
通信领域	$1k=10^3$	10^6	10^9	10^{12}	带宽
计算机领域	$1K=2^{10}=1\,024$	$2^{20}=1\,048\,576$	$2^{30}=1\,073\,741\,824$	2^{40}	存储容量、信息量大小

2. 时延

数据在通信时，一般要经过三个过程：处理（主要指数据在缓冲区中排队等待）、发送（将要传送数据从计算机送到传输介质上）和传播。这三个过程都需要一定的时间，形成通信中的时延。图 1—3 为三种时延产生的示意图。

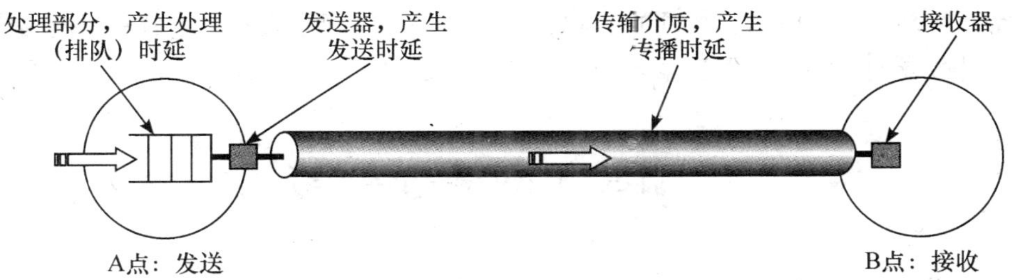

图 1—3　通信中时延的产生

由图 1—3 可以看出：

传输总时延＝处理时延＋发送时延＋传播时延

并非传播时延低的信道，带宽一定高。例如，光波在光纤中的传播为 205Mm/s，而电磁波在 5 类铜线中的传播速率为 321Mm/s。但是，为什么常说“光纤的数据传输速率比铜线的高”呢？原因就是数据在光纤信道上的发送速率高。下面进一步分析发送时延与传播时延之间的关系。假如只传输 1 个字节的数据，用光纤传输 100km 的距离，则传播时延为 $100\times10^3/(2.0\times10^5)=0.5$s。若在带宽为 1Mb/s 的链路中传输，发送时延为 8×10^{-6}s；不考虑排队处理时延，传输总时延为 0.500 008s。若在 100Mb/s 的链路中传输，发送时延为 8×10^{-4}s，不考虑排队处理时延，传输总时延为 0.500 8s。显然，传播时延几乎没有影响总时延——总传送时间。

此外，由于排队往往具有随机性，不是通信系统自己固有的特征，一般不能将此作为影响带宽的因素。因此，在图 1—3 所示的三个因素中，发送速率是与总时延关系最密切的因素，也是与信道带宽关系最密切的因素。例如一个长度为 200MB（这里，1M 为 2^{20} = 1 048 576，1B = 8bit）的数据块，要在 1Mb/s（这里，1M = 10^6）的链路中传输，则发送时延不能超过 200 × 1 048 576 × 8/10^6 = 1 677.8s，既必须在不超过半小时的时间内把这个数据块发送完毕。但是若在带宽为 100Mb/s 的链路上传输，必须在 16.7 秒内将这些数据发送完毕。

注意，使用带宽 2Mb/s 的接入网络，并不等于每秒钟最高可以下载 2Mb 的数据。因为，2Mb = 2 000Kb = 250KB，即数据传输时奇偶校验位用了 250Kb，所以每秒钟实际传输的数据量最大为 2 000Kb − 250Kb = 1 750Kb = 1.75Mb。

3. 服务质量

数据在一个计算机网络中传送，犹如车辆在一个城市行驶，常常会出现道路拥挤甚至堵塞的情形，使时延超过允许的限度。网络服务质量就是当网络出现过载或拥塞时，要保证重要的业务量不被延迟或丢失，并使网络高效运行。

1.2 计算机网络的通信介质

信道介质就是搭载通信信号的传输媒介，也称传输介质（transmission media）。通信信号的基本传播途径有两种：

- 有线传输——在有限空间内传输；
- 无线传输——在自由空间中传输。

传输介质分为硬介质（双绞线电缆、同轴电缆、光缆等）和软介质（即空间介质，如微波通信、卫星通信、红外通信等）。

1.2.1 有线传输介质

1. 双绞线电缆

双绞线（twisted pair）电缆（简称双绞线）是将一对或一对以上绝缘导线双绞封装在一个绝缘套中而形成的一种传输介质。双绞即一对绝缘导线互相扭绕，目的是为了减少电磁干扰——噪声、串音等。为了便于连接，双绞线的各导线用不同的颜色加以区分。双绞线分为屏蔽双绞线（STP，如图1—4（a)所示）和无屏蔽双绞线（UTP，如图1—4（b）所示）。屏蔽双绞线在外壳内有铜编织网，以减少外部电磁干扰和信息泄露。双绞线一般用于星型网的布线连接。两端使用IBM数据连接器或RJ-45头（水晶头）连接工作站的网卡或集线器，最大网线长度为100m。如果要加大网络的范围，可以在两段双绞线之间安装中继器，但最多可安装4个中继器。图1—4（c）为RJ-45头（水晶头）的外形。

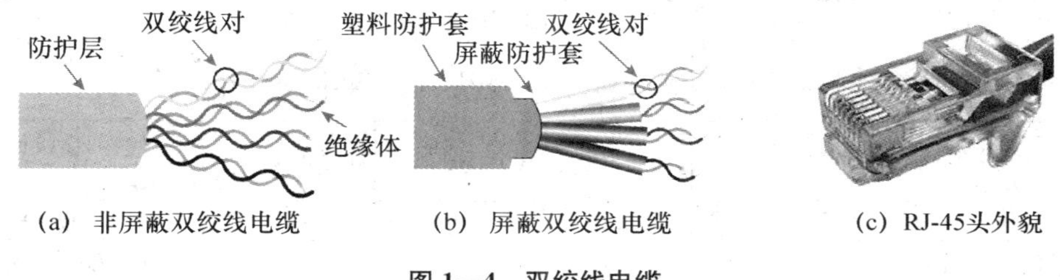

(a) 非屏蔽双绞线电缆　(b) 屏蔽双绞线电缆　(c) RJ-45头外貌

图1—4 双绞线电缆

双绞线技术标准制定的机构除了ISO（International Organization for Standardization，国际标准化组织）外还有三家在北美，也是在国际上最有影响力的组织：ANSI（American National Standards Institute，美国国家标准协会）、TIA（Telecommunication Industry Association，美国通信工业协会）和EIA（Electronic Industries Alliance，美国电子工业协会）。由于TIA和ISO两组织经常进行标准制定方面的协调，TIA和ISO颁布的标准的差别不是很大。具体如表1—2所示。

［知识库1—1］ 国际标准化组织ISO

国际标准化组织（International Organization for Standardization）是一个全球性的非政府组织，在国际标准化领域具有十分重要的地位，其成员由来自世界上100多个国家的国家标准化团体组成，代表中国参加ISO的国家机构是中国国家技术监督局（CSBTS）。

ISO与IEC（国际电工委员会）有密切的联系，它们都是非政府机构，但是却作为一个整体担负着制定全球协商一致的国际标准的任务，所有成员都是自愿参与其中并执行所制定的标准的。这就意味着这些标准必须优秀，并会给工业和服务业带来收益。

ISO和IEC有约1 000个专业技术委员会和分委员会，各会员国以国家为单位参加这些技术委员会和分委员会的活动。另外还有约3 000个工作组。ISO、IEC每年制定和修订1 000个国际标准。

表 1—2 双绞线技术标准

名称	ISO 标准	ANSI/EIA/TIA	传输频率	最大传输速率	说明
1 类（Category v1）		568A			仅用于语音通信
2 类（Category v2）	ISO 2 类/A	568A	1MHz	4Mb/s	用于令牌网
3 类（Category v3）	ISO 3 类/B	568A	16MHz	10Mb/s	10BASE－T 以太网
4 类（Category v4）	ISO 4 类/C	568A	20MHz	16Mb/s	用于令牌网
5 类（Category v5）	ISO 5 类/D	568A	100MHz	100Mb/s	用于 CDDI 和快速以太网
超 5 类（Category excess 5）	ISO 5 类/D	568B. 1	100MHz	100Mb/s	串扰、衰减和信噪比等有较大改善
6 类（Category v6）	ISO 6 类/E	568B. 2	200～250MHz	1Gb/s	用于百兆/千兆以太网
超 6 类（Category excess 6）	ISO 6 类/E	568B. 2	200～250MHz	1Gb/s	串扰、衰减和信噪比等有较大改善
7 类（Category v7）	ISO 7 类/F		500MHz	10Gb/s	屏蔽双绞线，用于万兆以太网

ANSI/EIA/TIA 有两个序列 568A 和 568B。它们的区别在于芯线的颜色略有不同：

标准 568A：绿白，绿，橙白，蓝，蓝白，橙，棕白，棕；

标准 568B：橙白，橙，绿白，蓝，蓝白，绿，棕白，棕。

2. 同轴电缆

同轴电缆（coaxial cable）是由一根空心的圆柱体和其所包围的单根内导线所组成，如图 1—5 所示，由里往外依次是铜芯、塑胶绝缘层、细铜丝组成的网状导体及塑料保护膜，铜芯与网状导体同轴，故名同轴电缆或同轴。目前主要应用于有线电视网的用户接入端。

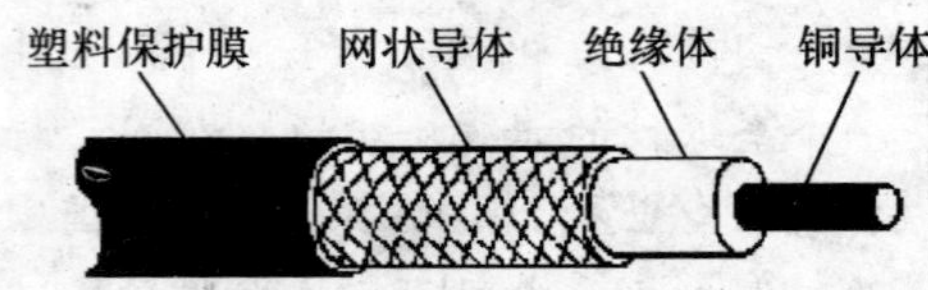

图 1—5 同轴电缆结构示意图

3. 光缆通信

光缆（optical cable）是由一组光导纤维组成的传输光束的传输介质。与其他传输介质相比，光缆的电磁绝缘性能好、信号衰变小、频带较宽、传输距离大。

光缆的核心是光纤，即光导纤维（optical fiber，OF 或 fiber）。光纤是导光性极好、直径很细的柔软圆柱形玻璃纤维，它由三部分组成：纤芯、包层和保护层，如图 1—6 所示。在通信中使用的光纤的纤芯和包层一般由石英制成，只是它们分别掺有不同的杂质，以使纤芯的折射率大于包层的折射率。

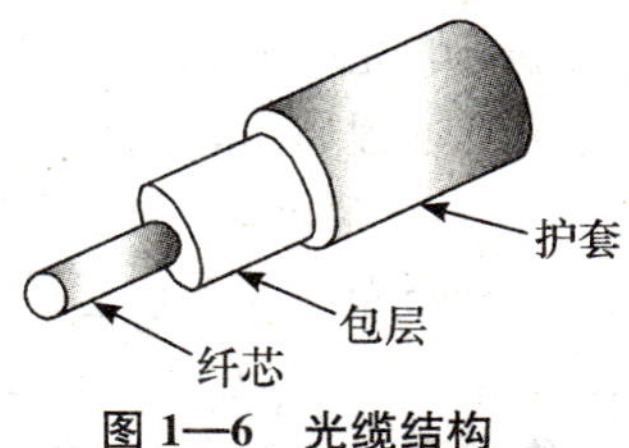

图 1—6　光缆结构

根据斯那尔（Snell）定律，当一束光束相对于光纤轴线以某一角度进入光纤后，如果入射角大于临界角时，在纤芯和包层的边界上便会产生全反射，使光束在芯线内部成折线地前进传播。影响光纤性能的主要参数是：工作波长、传输模式和折射率分布。

（1）光纤的工作波长

按照工作波长光纤可以分为：紫外光纤、可观光纤、近红外光纤、红外光纤（0.85pm、1.3pm、1.55pm）。

激光发射功率很大，发射的光很集中，所以在高速网络中使用激光。

（2）多模光纤和单模光纤

多模（multi mode，MM）光纤和单模（single mode，SM）光纤在物理上的主要区别在于缆芯的尺寸。多模光纤的中心纤芯较粗，为 50/125μm（欧洲标准）、62.5/125μm（美国标准）。由于光纤较粗，允许以多个不同的可分辨角度进入（小于临界角的入射光束被吸收，大于临界角的入射光束被部分反射）。如图 1—7（a）所示，多个光束在纤芯中传播，形成多种模式的传输。单模光纤的额定尺寸是 9.0μm，只有光波的几倍。如图 1—7（b）所示，由于光纤较细，单模光纤只允许光束与轴线成单个可分辨角度（几乎与轴线平行）传输。

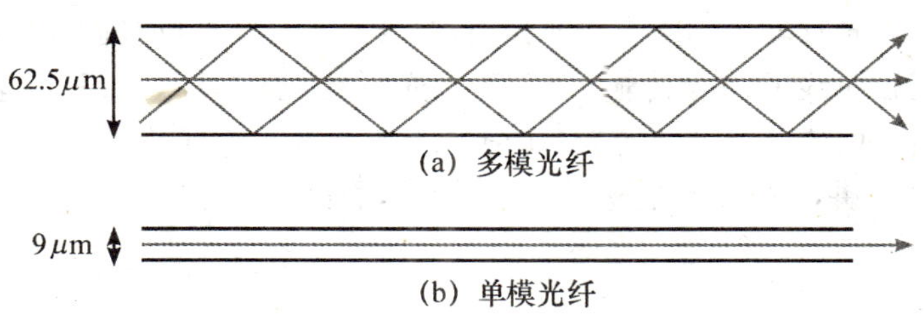

图 1—7　多模光纤与单模光纤

多模光纤可以在单根或多根光纤上同时携带几种光波，MMF 光纤纤芯直径较粗，通常为 50μm 或 62.5μm。由于其模间色散较大，限制了传输数字信号的频率，而且随距离的增加会更加严重。例如：600Mb/s/km 的光纤在 2km 内则只有 300Mb/s 的带宽。因此，多模光纤传输的距离就比较近。SMF 光纤完全避免了模式散射，使得单模光纤的传输频带很宽因而适用于大容量、

长距离的光纤通信。SMF光纤只能传一种模式的光，因此其模间色散很小，适用于远程通信，

（3）光纤的折射率分布

按照光纤及其包层的光导介质的折射率分布，光纤可以分为跳变式（step index，SI型，或称阶跃式、突变式）光纤和渐变式（graded index，GI型，或称梯度式）光纤两种。如图1—8所示，SI型呈反射传输和GI型呈曲率传输。

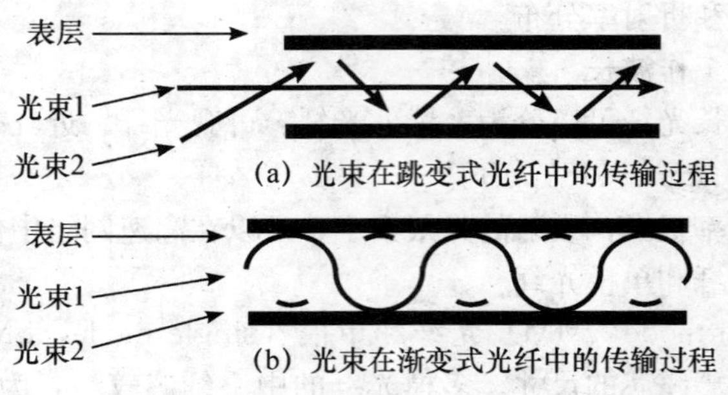

图1—8　跳变式光纤和渐变式光纤

SI型光纤的剖面折射率在纤芯和包层中都是均匀的，而在交界处跳变，当折射角大于90°时产生全反射，并且形成信号的多径传输，使收信脉冲变宽——色散失真严重。目前SI型光纤已基本被淘汰。

GI型光纤的剖面折射率在包层中是均匀的，而在纤芯中是中心处最大并随半径增大逐渐减小，直到与包层的交界处与包层的折射率相等为止，近似抛物线分布，对光有聚焦作用，迫使光束在光纤内逐渐自动向轴线折回靠拢，所以以近似正弦曲线的路径传输。与SI型光纤相比，GI型光纤具有较宽的带宽。目前通信用的多模光纤均为GI型光纤。

从原理上讲，光纤不能进行双向传输，如需进行双向传输，要用两根光纤。

1.2.2　无线传输介质

1. 微波通信

微波通信是一种利用0.3GHz～300GHz频段的电磁波，在对流层的视距范围内以微波接力的方式进行信息传递的无线电通信方式。微波通信系统由两个终端站和若干个中间站组成。终端站、中间站之间通过成对的天线、馈线系

统互相传递信息。微波通信中常用的天线形式有喇叭天线、抛物线天线、喇叭抛物线天线和潜望镜天线等。在终端站，天线与微波收发设备相连。对数字系统，还需进行调制解调。

微波不靠电离层反射，在空间进行直线传播。因此受地球表面弧形的限制，一般只能传输 50km 左右。要进一步扩大传输距离，只能采用接力通信方式。即建立若干微波中继站，进行信号的接力传输。建在地面上的中继站一般站间距离为几十公里，为了避免地面上自然或人为的遮挡，地面中继站的天线要比较高。图 1—9 为微波地面中继站的布局及其天线。

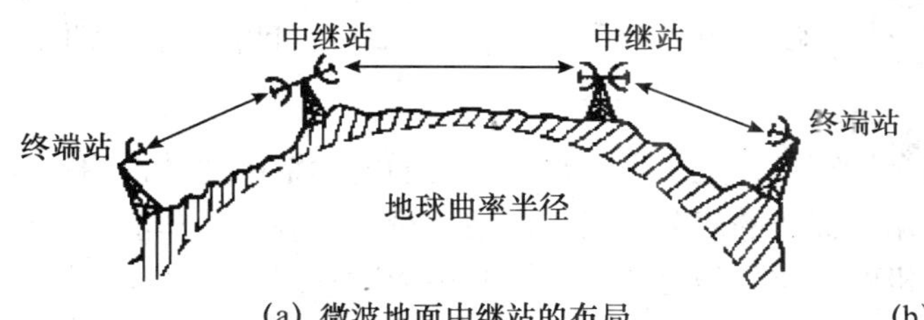

(a) 微波地面中继站的布局

(b) 微波地面中继站天线

图 1—9　微波地面中继站

2. 卫星通信

卫星通信利用卫星作为中继站转发无线电信号，是在地面微波中继通信技术和空间技术的基础上发展起来的通信技术。与地面微波中继通信相比，卫星通信具有如下优点：

(1) 覆盖区域大，通信距离远，频带宽、容量大，机动灵活，稳定性好、可靠性强。如图 1—10 所示，从理论上讲，只要有三颗卫星就可以覆盖整个地球。

(2) 可自发自收，有利监测。

(3) 通信成本与距离无关。

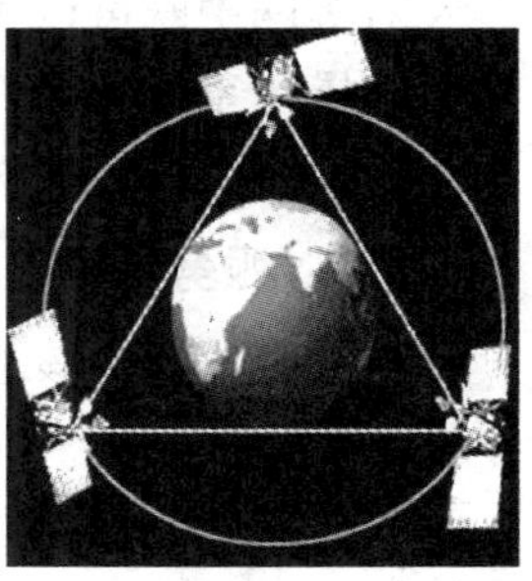

图 1—10　三颗卫星基本覆盖全球

卫星通信也有一些不足之处：

(1) 需要高可靠性、长寿命的通信卫星（一般通信卫星的寿命为 7 年～10 年）；

(2) 需要大功率的发射机、高灵敏度的接收机和高增益天线；

(3) 有较大的信号延迟和回声干扰。

1.3 计算机网络终端结点结构

终端结点是进行数据资源处理的结点，其要素是计算机和用户。

1.3.1 计算机在计算机网络中的作用

按照计算机在计算机网络中的相互关系是否平等，可以把计算机分为两类：对等网络和以服务器为核心的网络。在这两种网络中，计算机之间的关系不相同。

1. 对等网络

在对等网络中，每台计算机都处于平等地位。既能向网络中的其他用户提供服务，又能享受其他用户提供的服务。由于网络中没有具有特殊功能和作用的计算机，且每台计算机的地位都绝对平等，因此称为对等网。

对等网主要有如下特点：

- 网络用户较少，一般在 20 台计算机以内，适合人员少、应用网络较多的中小企业；
- 网络安全不是最重要的问题；
- 网络成本低、网络配置和维护简单；
- 网络性能较低、数据保密性差、文件管理分散、计算机资源占用大。

对等网中既可以采用总线型拓扑结构，也可以采用星型拓扑结构。

在操作系统方面，对等网主要使用 Windows 98/2000、Professional/XP，网络通信协议建议只选择 TCP/IP。

2. 以服务器为核心的计算机网络

在以服务器为核心的计算机网络中，计算机被分为两大类：服务器和客户机。

服务器是一种高性能计算机软件和硬件系统，具有很强的数据吞吐能力和存储能力，可以向网络用户提供特定服务。它们一般具有如下作用：

- 运行网络操作系统；
- 存储、管理网络中的共享信息；
- 处理各工作站共享应用程序资源；
- 监控工作站。

按照服务功能可以将服务器分为不同类型，如：

- 打印服务器；
- 文件服务器；
- 应用程序服务器；
- 邮件服务器；
- 通信服务器；
- 数据库服务器；
- 域名服务器；
- WWW 服务器；

……

客户机的主要功能是向用户传递服务或向服务器传递用户需求。按照客户机功能的强弱和应用程序的工作模式，以服务器为核心的计算机网络分成工作站/服务器、客户机/服务器和浏览器/服务器三种模式。

（1）工作站/服务器模式

在工作站/服务器（work station/server）模式中，工作站是具有独立处理能力的完整的计算机系统，可以不连接到外部环境独立地完成某种作业；它在获取服务器各种资源的同时也可以帮服务器分流计算等任务，即客户机从服务器中取出程序和数据后，用自己的 CPU 和内存进行计算处理，处理结果再回送到服务器中。典型的工作站是图形工作站。这种工作站采用特别为图形处理设计的架构，采用高档显示卡，支持 3D 图像处理。

要注意工作站与终端的区别与联系。终端和工作站都具有人—机对话功能，但是终端没有独立的处理能力和本地存储能力。有人也把工作站称为智能终端。

（2）客户机/服务器模式

严格地说，客户机/服务器（client/server，C/S）模式是指应用程序的结构和工作模式。在这种模式中，应用程序被分为两部分：客户机程序和服务器程序，前者也称前台部分（front end），后者也称后台部分（back end）或守护程序（daemon）。守护进程运行在后台，随时接受客户连接以提供服务；客户软件就是应用程序的用户接口，用户通过它使用服务器上的资源。

这种模式工作时，客户机程序在前端向用户提供良好的界面，提供交互功能，接收用户的请求，然后按照预定义的请求送往后端的服务器程序进行处理。服务器处理这些请求后，再将结果送给客户机程序。这样，客户机程序与服务器程序之间的通信量要比在工作站与服务器之间的通信量小得多。一般说来，客户机程序和服务器程序并不一定要在不同的计算机中运行。但是为了提供有效的服务，服务器程序需要运行在资源充足的计算机环境中，这类计算机系统就是服务器。而客户机程序无此要求，可以运行在一般的计算机中，这种计算机称为客户端计算机。

（3）浏览器/服务器模式

浏览器/服务器（browser/server，B/S）模式与 C/S 模式的主要区别在于其客户端运行的是浏览器软件。因此用户不需要了解更多的计算机操作知识，只需要使用鼠标就能进行相应的操作。这样，对于客户端环境的要求就更低。于是，人们提出了网络计算机（network computer，NC）的概念。

1.3.2 网络操作系统

网络操作系统（network operation system，NOS）是网络用户与通信网络之间的接口。最早的网络操作系统仅仅用于网络上的文件管理，随着计算机网络的发展，网络操作系统的功能不断丰富、完善，为网络用户提供了便利的操作和管理平台。一般地说，网络操作系统的基本任务是：屏蔽本地资源与网络资源的差异性，为用户提供各种基本网络服务功能，完成网络共享系统资源的管理，并提供网络系统的安全服务。

典型的网络操作系统具有如下特点：

- 硬件独立。网络操作系统可以在不同的网络硬件上运行。
- 支持网络连接设备工作。
- 支持多用户工作。在多用户环境下，网络操作系统给应用程序及其数据文件提供了足够的、标准化的保护。
- 网络管理。支持网络实用程序及其管理功能，如系统备份、安全管理、容错和性能控制等。
- 安全性和存取控制。对用户资源进行控制，并提供控制用户对网络访问的方法。
- 用户界面。网络操作系统为用户提供丰富的界面功能，具有多种网络控制方式。

目前，市场上的几种主要网络操作系统为：Microsoft 公司的 Windows 2x 以及 Linux 和 Unix。

1.3.3 网卡

1. 网络接口卡及其功能

网络接口卡（network interface card，NIC，网卡；也称 network interface

adapter，NIA，网络适配器），是一种使网上设备（如工作站、服务器等）与网上的传输介质进行通信服务的电路板，服务器、工作站等都需使用网络接口卡和传输介质进行连接。图 1—11 为一种网卡示意图。网络工作时，网卡一方面通过传输介质的端口监视网络的状态，侦听媒体上的信号；当收到有效的数据时，网卡会判断是否发给本站（是，则将数据通过与网络设备的接口发给网络设备；否，则放弃或按原方向转发）。另一方面，要掌握时机将所连设备要发送的数据发送到网上，以实现网络设备间的通信。

图 1—11　网卡示例

2. 网卡的接口

网卡一方面为了与计算机连接，要采用与计算机总线相匹配的总线结构，如 ISA 总线、PCI 总线、PCMCIA 总线、USB 总线等，这称为网卡的总线。另一方面要与传输线路连接，要根据所连接的传输介质不同采用相匹配的接口。这称为网卡的接口，主要有如下几种类型。

（1）RJ-45 接口。用来连接双绞线（UTP/STP），并通过双绞线将计算机连接到集线器或交换机。

（2）BNC/AUI 接口。用来连接细/粗同轴电路。现在基本不再使用。

（3）光纤接口。用来连接光纤。

（4）无线接口。使用在无线局域网中。

（5）组合接口。为了适应用户的多种接入要求，增强网卡的灵活性，在一块网卡上装配有 2 种或 3 种接口。

3. 网卡的选择

选择网卡时应注意以下几个方面：

（1）网卡的速率。网卡的速率表示它接收和发送数字信号的最高速率，如 10Mbps、100Mbps、1Gbps 等。

（2）网卡的总线类型。ISA 网卡的数据宽度为 16 位，速度一般在 10Mbps 级，价格较低，多应用于小型局域网中。PCI 网卡的数据宽度为 32 位，速度有 10Mbps 和 100Mbps 两种。

（3）网卡的接口类型。

（4）网卡的驱动程序。网卡的驱动程序应与操作系统相匹配，通常有 PnP

（即插即用）功能。每种网卡都有相应的驱动程序。

（5）网卡的使用环境。区分网卡是用在工作站还是服务器上，使用在服务器上的网卡的性能要高一些。

1.3.4 计算机网络用户

对于每一个网络用户，都要通过用户账户作为唯一的标识，并以此确定他们对资源的访问权限。

1. 用户账户

用户账户包含下列信息：用户名、密码、用户权限和环境设置。权限涉及对文件或目录的读、写（修改）、执行、删除以及权限修改等方面。

2. 用户组

用户组通常指由多个用户构成的一个整体，用户组中各个成员具有相同的权限和能力。用户组提供一种对网络中的多个用户进行管理的简单办法。通常把有共同任务的用户，或访问共同信息，或对应用数据共享的用户组织在一起，建立相应的用户组，并按组来指定访问权限，而无须逐一为每个用户单独指定访问权限，从而简化了网络管理。

每个用户组都有一个组名。每个用户组建立之后，必须指定它的访问权限，然后把相应的用户加入到指定的用户组中。

3. 网络管理员

网络管理员是整个网络系统的管理者，其任务是：

- 管理协调用户，如把用户分组、分类等；
- 管理文件系统；
- 网络用户的管理及授权；
- 系统的安全管理。

网络管理员可以是超级用户，也可以是被授权的普通用户，还可以让某些普通用户担任网络管理员的部分职责，如组管理员、用户记账管理员、文件服务器操作员、打印服务器操作员、打印排队站服务员等。

1.4 计算机网络中间结点结构

计算机网络的中间结点承担通信处理功能，并且因功能不同而使用不同的设备。这些结点主要包括如下三类。

- 中继结点：只起信号放大和再生，以扩大传输距离的结点，相应的设备是中继器和集线器。
- 交换结点：位于多路信道的交汇点上，可以将从某一路到来的信号转发到其他一路或多路信道中继续传输，或者将几条信道中传输来的信号汇集道另外一路信道中传输，相应的设备称为交换机。
- 路由结点：位于几个网络的边界处，是一种特殊的交换结点，主要作用是为到达的信号选择一条可以到达目的地的路径，相应的设备称为路由器。

1.4.1 中继器和集线器

1. 中继器（repeater）及其原理

信号在介质中传输时，随着传输距离的增加，强度将会逐渐衰减，波形将会产生失真。中继器用于同类网络介质之间的互联，起信号再生、放大的作用。再生就是对失真的但仍可以辨认的波形加以分析，重新产生无失真的波形；放大就是将衰减了的幅度加以恢复。这样能使网络距离范围得以扩大。图1—12简单地说明了中继器的基本工作原理。

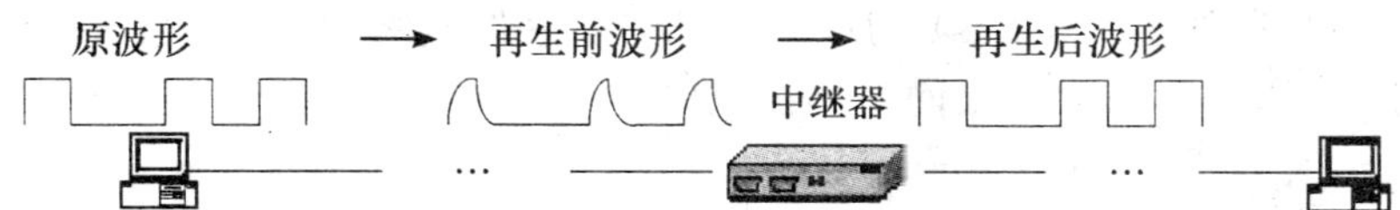

图1—12 中继器的工作原理

不同的通信介质有不同的中继器，例如微波中继器、卫星中继器、光中继器、用于同轴电缆的双口中继器和用于双绞线的中继器等。

2. 集线器（HUB）

中继器分为一通一和一通多两种。图1—12所示的就是一通一的中继器。在计算机网络中使用的集线器（HUB）则是一通多的中继器或称多端口的中继器。图1—13为用HUB连接的星型网络结构。

HUB的工作过程是非常简单的，它可以这样简单描述：首先是结点发信号到线路，集线器接收该信号，因信号在电缆传输中有衰减，集线器接收信号后将衰减的信号整形放大，最后集线器将放大的信号广播转发给其他所有端口。

按端口，HUB有8端口、16端口、24端口等几类；按速率，常见的有10Mb/s、100Mb/s和10/100Mb/s等几种。

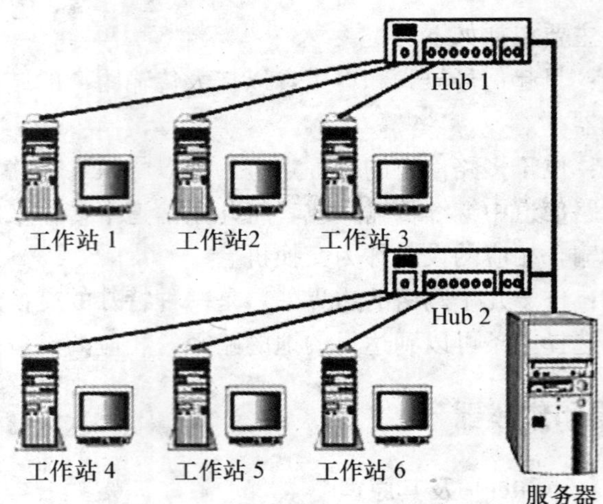

图 1—13　用 HUB 连接的星型网络

HUB 最大的一个特点是所有端口共享集线器中的介质，即一个端口发送到 HUB 上的信号，会传送到其他所有端口，当多个端口同时发送信号时，就会产生冲突。这样，就会形成多端口共享带宽；即当只有一个端口进行通信时，它就独占带宽（如 10Mb/s），而当有 20 个端口同时通信时，每个端口就只有 1/20 的带宽（500kb/s）。所以，HUB 只在旧网络和要求带宽不高的网络中使用，目前正逐步被以太网交换机取代。

1.4.2　交换机

1. 交换机概述

一个通信过程往往要经过多条链路之间的转接才能实现。转接由交换（switching）结点实现。如图 1—14 所示，结点 A 到结点 B 之间的通信，要经过一系列中间结点的转接。因此，交换结点的功能是将一条链路上送来的数据有选择地转送到另外的一条链路上。

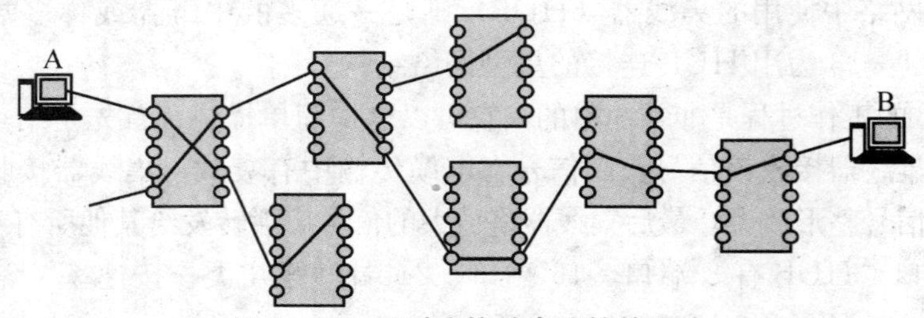

图 1—14　通过交换结点连接的通信

把一条线路上的数据转接到另一条线路上，称为数据交换。交换是通过交换结点中的交换机实现的。交换机的核心部件是交换部件，如图 1—15 所示，其基本功能是将一条输入信道上的数据转接到另外的输出信道上，将输入端口与输出端口对应起来。

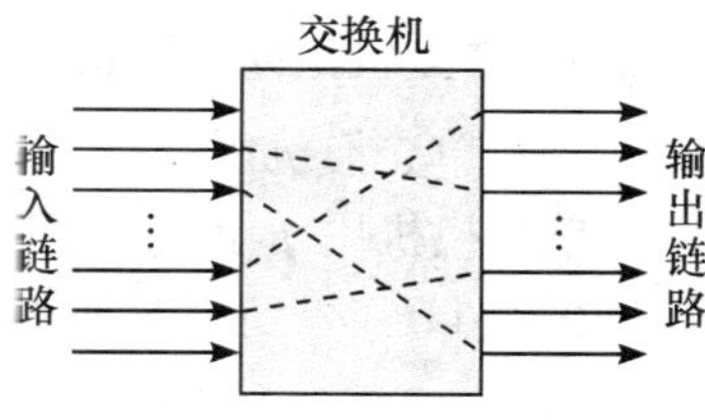

图 1—15 交换机构的功能

与集线器相比，交换机的特点是每个端口都具有固定的带宽。例如，一个端口速率为 10Mb/s，则这个带宽不因别的端口是否通信而改变。

2. 交换机的分类

（1）按交换机所支持的速率和技术类型，可分为以太网交换机、千兆位以太网交换机、ATM 交换机、FDDI 交换机等。

（2）按交换机的应用场合，交换机可分为工作组级交换机、部门级交换机和企业级交换机三种类型。

- 工作组级交换机：是最常用的一种交换机，主要用于小型局域网的组建，如办公室局域网、小型机房、家庭局域网等。这类交换机的端口一般为 10/100 自适应端口。
- 部门级交换机：常用来作为扩充设备，当工作组级交换机不能满足要求时可考虑使用部门级交换机。这类交换机只有较少的端口，但支持更多的 MAC 地址。端口的传输率一般为 100M。
- 企业级交换机：用于大型网络，且一般作为网络的骨干交换机。企业级交换机一般具有高速交换能力，并且能实现一些特殊功能。

（3）按照带宽分类。目前，以太网的物理层协议主要对应于 10Mb/s、100Mb/s、1 000Mb/s 三种传输速率，所以以太网交换机有以下几种：

- 10M 交换机：只支持 10Mb/s 端口。
- 100M 交换机：只支持 100Mb/s 端口。
- 10M＋100M 交换机：一部分端口支持 10Mb/s，一部分端口支持 100Mb/s。
- 100M＋1000M 交换机：一部分端口支持 100Mb/s，一部分端口支持 1000Mb/s。
- 10M＋100M＋1 000M 交换机：一部分端口支持 10Mb/s，一部分端口支持 100Mb/s，一部分端口支持 1 000Mb/s。

现在，许多交换机做成了 10Mb/s、100Mb/s 和 1000Mb/s 的自适应端口，用户使用起来更方便。

3. 交换机组网与连接

（1）单交换机组网

单交换机用于组成星型网络。图1—16为单交换机的常用组网方式。这种连接很像HUB，所以交换机也被称作交换式集线器。

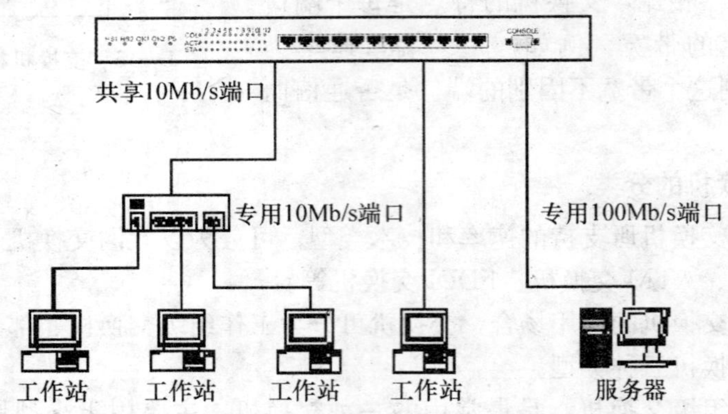

图1—16 交换机的基本连接

（2）交换机级联

级联（uplink）就是使用网线将两个交换机进行连接，目的是延长网络的距离。级联实现之后，所连接的交换机仍然各自独立工作。

交换机的级联又分为两种，一种是uplink口与普通口之间的连接，如图1—17（a）所示；另一种是普通口与普通口之间的连接，如图1—17（b）所示。

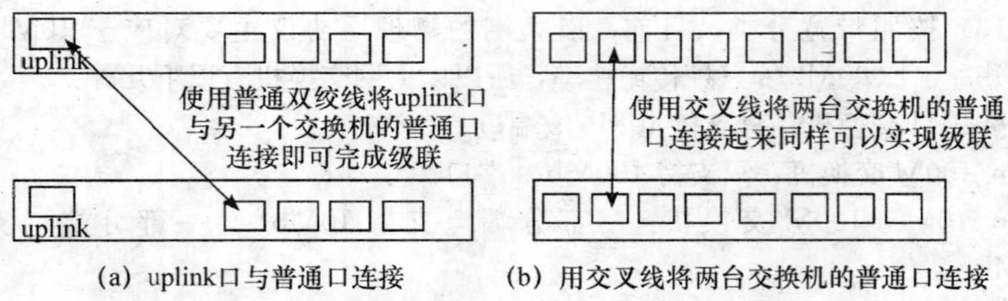

（a）uplink口与普通口连接　（b）用交叉线将两台交换机的普通口连接

图1—17 交换机级联

级联基本上不受设备的限制，不同厂家的设备可以任意级联。理论上可以通过双绞线和多级的级联方式无限远地延长网络距离。级联的缺点就是多个设备的级联会产生级联瓶颈。例如，两个百兆交换机通过一根双绞线级联后，形成的级联带宽是百兆。这样不同交换机之间的计算机要通信，都只能通过这百兆带宽。

（3）堆叠

堆叠（stack）是通过厂家提供的一条专用连接线缆，从一台交换机的"UP"堆叠端口直接连接到另一台交换机的"DOWN"堆叠端口。相应的端口一般在交换机的背面，具有唯一性，并不会出现连接错误的情况。堆叠的目的是扩展端口，提升交换机的性能。不过，在堆叠的过程中，需要使用同一品牌的交换机。

1.4.3 路由器

1. 路由结点与路由器

路由结点是一种特殊的交换结点。它位于网络之间，起连接网络的作用，属于所连接的网络共有。如图1—18所示，结点 R_1 连接了网络A、B、C、D，结点 R_2 连接了网络C、E，结点 R_3 连接了网络D、E。正是由于路由结点，才使互联网得以形成。如果把每个网络看成一个通路——链路，那么路由结点的分布就形成了互联网络的拓扑结构或框架。

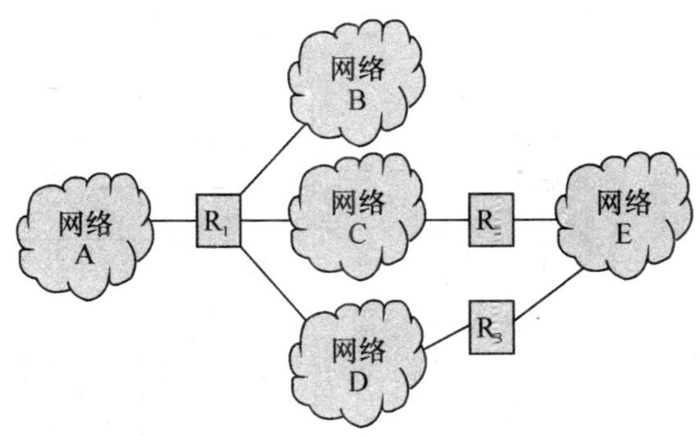

图1—18 用路由结点连接网络

路由结点上的设备称为路由器（router），它的功能是为到达这个结点的数据继续传送选择一条到达目的结点的路由，同时起到连接不同网络的作用。

2. 路由选择

路由选择就是进入一个结点后下一步走哪条路径的选择。路由选择是一个极为复杂的问题。为了解决路由选择问题，人们提出了许多不同的路由算法。下面介绍几种常用的路由选择算法。

（1）洪泛算法

洪泛（flooding）算法也称扩散式算法。它的基本思想是，每个结点收到数据后，即将其发往除分组来的路径（网络）的其他路径（网络）上。按照这种算法，网络上的数据会像洪水一样泛滥起来，造成大量的数据冗余，导致网络出现拥塞现象。因此，要限制数据复制的数目。要达到这一目的，有三种方法。一种方法是在每个数据的头部设一个计数器，用来统计数据到达结点的数量，当计数器超过规定值（如端到端最大段数）时，将之丢弃。另一种方法是，在每个结点上建立一个数据登记表，不接收重复的数据。还有一种方法是只选择距目标路由结点近的部分路由结点发送数据。

（2）热土豆算法

通常每个结点要为其连接的相邻路由结点各建一个分组队列。热土豆（hot potato）算法就是，路由结点收到一个数据后，为了尽快脱手，要将其放在最短的队列中，而不管该数据的目标结点是什么。

（3）固定路由算法

固定路由算法也称查表法，它是在网络的每个结点上都存放一个预先计算好的路由表，给出每个结点到所有可能的目标结点的最短路径。图 1—19 为一个固定路由算法的例子。这样，一个结点每收到一个数据，通过查表可找出相应的转发出口。

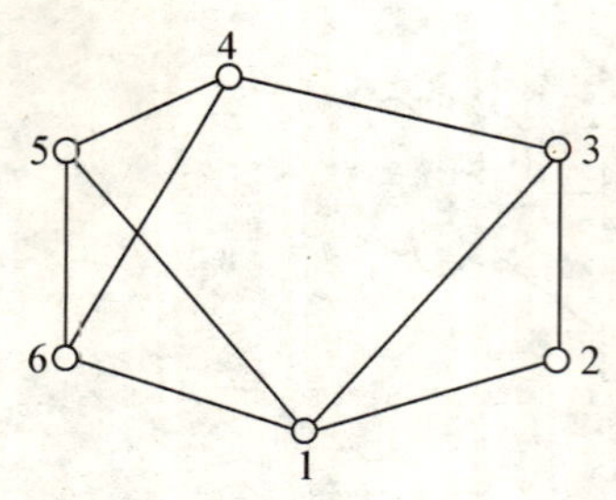

后继结点		当前结点					
		1	2	3	4	5	6
目标结点	1	/	1	1	5/6	1	1
	2	2	/	2	3	1	1
	3	3	3	/	3	1/4	1/4
	4	3/6	3	4	/	4	4
	5	5	1	1/4	5	/	5
	6	6	1	1/4	6	6	/

图 1—19　一个固定路由算法的例子

固定路由算法简单、实现容易，选择的是最短路径，但是不适应网络的拓扑变化，当被选路由出现故障时，影响正常传输。改进的方法是，为每个结点提供一个次佳路由，当第一路由失效时，起用次佳路由。

（4）集中式路由选择算法

采用集中式路由选择算法的网络要设置一个路由控制中心（routing control center，RCC)，用于定期收集每个结点的状态信息：当前运行的相邻结点名，当前队列长度等，并据此为每个结点计算一张最佳路由表，更新前次路由表。

(5) 分布式路由算法

分布式路由算法是各结点间周期地交换网络状态信息，不断根据网络的新状态更新路由选择表。

1.5　网络协议

1.5.1　协议及其内涵

1. 协议的概念

任何一项特定的任务，当需要两个或多个参与者共同完成时，就必须预先制定参与者之间要共同遵守的规则、标准和约定。这些规则、标准和约定就称为协议（protocol)。通信就是一项起码要有两方参加的行为，没有协议就难以完成任何一次通信任务。例如，两个人互相交谈，就要使用双方都能理解的语言；多辆汽车在道路上行使，就必须遵守公共交通规则。

2. 协议的内涵

协议的功能是维护通信的有效性、完整性和公平性。为此，协议应当包含信号（信息）格式（语法)、语义和时序三个方面的约束。

(1) 语法

语法是关于语言格式的规定，是语言表达和理解的基础。在通信时，双方要互相传递一些信号，如果对于所传输的信号没有共同的格式约定，对方是无法理解的。在用自然语言进行通信时，接收方首先要分析接收到的一段话中，哪些是主语、哪些是宾语、哪些是谓语、哪些是定语、哪些是状语、哪些是补语，否则无法理解。在计算机网络中进行通信时，传输的是二进制数据，当接收方收到一串二进制数后，为了进行理解，首先要按照预先规定的格式，分析每一部分的含义。例如，图1—20为Internet中传输的IP数据包(也称IP数据分组或IP数据报）的格式。当接收方接收到一串合乎要求的数据后，按照语法规定，可以知道前4个二进制符号表示版本，第3、4字节表示总的长度，第13～16字节表示发送方地址，第17～20字节表示接收方地址，等等。

<table>
<tr><td>0 … 3</td><td>4 … 7</td><td>8 … 15</td><td>16 … 18</td><td>19 … 23</td><td>24 … 31</td><td></td></tr>
<tr><td>版本</td><td>头标长</td><td>服务类型</td><td colspan="3">总　　长</td><td rowspan="6">IP首部</td></tr>
<tr><td colspan="3">标　识</td><td>标志</td><td colspan="2">片偏移</td></tr>
<tr><td colspan="2">生存时间</td><td>协议</td><td colspan="3">报头校验和</td></tr>
<tr><td colspan="6">源IP地址</td></tr>
<tr><td colspan="6">目的IP地址</td></tr>
<tr><td colspan="5">IP分组选项</td><td>填充</td></tr>
<tr><td colspan="6">数　据</td><td></td></tr>
</table>

图 1—20　IP 数据包格式

（2）语义

在计算机网络中，传输的数据有用户信息和控制命令两种。语义用来规定命令和应答的含义，例如发送方向接收方发送了一个数据包，其中包含了对对方进行计算或操作的请求。接收方收到这个数据包后，可首先按照语法格式进行分析，得到某一部分是一条请求（命令）时，必须能理解该命令的含义。而命令的含义也是预先约定的，否则接收方将无法执行。

（3）时序

任何通信都表现为一个特定的操作过程。这些特定的操作过程都需要按照一定的顺序在一定的时间内完成。例如，电话通信时的操作顺序为：

①主叫方向被叫方发出请求（拨号）；

②被叫方听到振铃后拿起话筒或在手机上按接听键；

③双方通话。

显然，不按照这个顺序关系，就不可能进行正常的通话。但是虽然按照这个顺序进行操作，但不遵守规定的时间约束，通话也不可能进行。例如，被叫方听到振铃声后，没有在规定的时间内拿起话筒或在手机上按接听键，系统就会按照预先的约定，告诉主叫方“无人接听”而切断连接。

1.5.2　计算机网络协议的内容与层次性

1. 计算机网络协议的基本内容

协议是计算机网络的灵魂，为了进行通信，先要规定通信各方必须共同遵守的协议；计算机网络的所有硬件和软件的工作都是围绕着协议的实现而展开的。通常，计算机网络协议包含如下一些内容。

（1）关于连接的约定。连接包括物理连接和逻辑连接。物理连接约定包括 DTE-DCE 之间的接口的机械特性（尺寸、形状、针/孔位置等）、电气特性

（电压大小）、功能特性（每个针/孔所传输的信号的类型等）和规程特性（各信号传输的时序关系），也包括 DCE 与通信介质之间的接口特性。关于逻辑连接以后逐步介绍。

（2）传输数据的格式。

（3）传输过程控制。包括通信模式、同步方式、寻址方式、差错控制、流量控制、拥塞控制、安全保密机制、提高传输效率的方法等。

2. 计算机网络协议的层次性

为了在设计和建造一个复杂系统时有效地控制其复杂性，人们常常将其子系统用层次结构进行组织。计算机网络是一种复杂系统，它的协议包括方方面面。为了减少设计与构建的复杂性，计算机网络协议的设计也采用了层次结构，即把计算机网络分成不同的层次，每一层承担一部分通信功能，并且有相应的通信规则——协议。

在网络层次结构中，每一层的通信功能都在下一层的支持下进行，或者说，每一层都为其上一层通信提供必要的服务，而同层之间按照相应的协议进行通信。

图 1—21 为一个 n 层的计算机网络模型。在这个 n 层结构中，每一层的协议用于规定相应层的实体之间的通信规则，即第 i 层协议用于规定第 i 层的实体之间的通信规则。

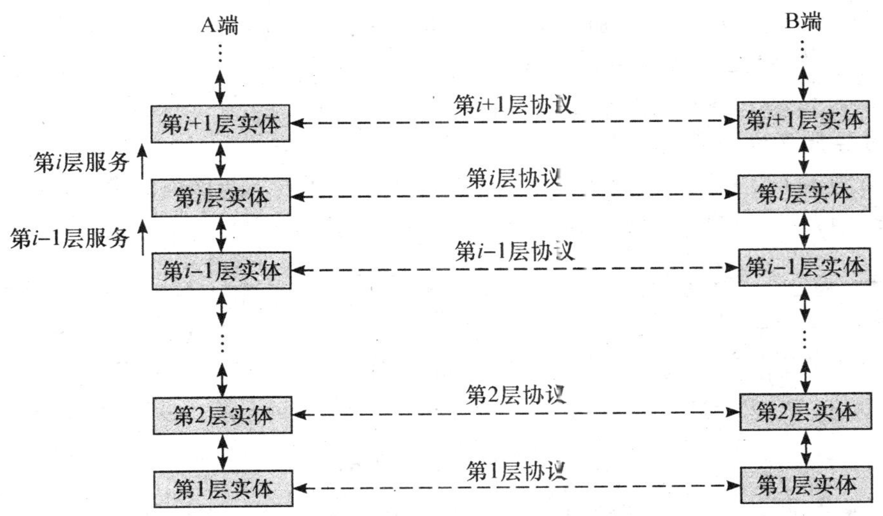

图 1—21　n 层网络结构中的协议和服务

在网络层结构中，每一层要使用一些相关的协议，不同层之间的协议按照上下关系堆叠起来，形成一个栈结构。这种栈称为协议栈。

1.6 计算机网络体系结构

在任何系统的分析和设计过程中，由于出发点不同，认识问题的角度不同，常常会形成不同的思路和方案。同样，也就形成了不同的计算机网络层次模型。每一种计算机网络的层次结构连同它们的协议，组成了一种特定的计算机网络体系结构。

1.6.1 OSI 参考模型

1. OSI/RM 概述

在所有的网络体系结构中，最具有理论价值的是 ISO 于 1978 年 2 月开始研究的 OSI-RM（open system interconnection/reference model，开放系统互联参考模型）。制定这个模型的目的是为当时正在发展中的计算机网络提供一个参考标准。这个模型于 1982 年 4 月形成了一个国际标准草案，它把计算机网络看成构建在传输介质上的 7 层模型，从下到上依次为：物理层（physical layer）、数据链路层（data link layer）、网络层（network layer，NL）、传输层（transport layer）、会话层（session layer）、表示层（presentation layer）和应用层（application layer）。其下 3 层属于通信子网，上 4 层属于资源子网。

图 1—22 从两个端结点之间通信的角度给出了计算机网络的模型。在这个模型中，端结点具有两种功能：数据处理和通信。其中：

图 1—22 端结点结构

- 数据终端设备（data terminal equipment，DTE）为具有一定数据处理能力的发送、接收设备，可以是计算机或终端设备。

● 数据通信设备（data communication equipment，DCE）为通信接口设备，在DTE与传输线路之间提供信号变换及编码功能，并负责建立、维护和释放物理连接，如波形变换器、基带传输器、调制解调器、网络接口卡（network interface card，NIC）等。

从这个模型出发，物理层主要提供网络的物理接口（DTE—DCE）规程。在解决了物理连接的基础上，再来解决相邻结点之间——一条物理链路上二进制数据的传输格式和基本控制问题，这一层称为数据链路层（data link layer）。这里应当区分物理链路和数据链路（逻辑链路）的概念。一般说来，物理链路指一条无源的物理线路段，在物理层面上主要解决接口问题。数据链路是指可以传输数据的链路。为了传输数据首先需要物理上已经连接的线路段，还需要在此基础上的数据传输协议。

在解决了相邻结点之间二进制数据传输问题的基础上，再来考虑一个网络中的数据的传输问题，即从一个源结点（如A）如何把数据传送到目的结点（如B），如图1—23（a）所示。这一层称为网络层。网络层主要的问题是寻址问题。所以，路由器实际上是在网络层工作的中间结点设备。

如图1—23（b）所示，网络层的问题解决之后，就相当于把一个网络看成一个链路，下面的问题是如何解决两台主机中的不同应用（进程）之间的数据传输问题了。这一层也就成为传输层。

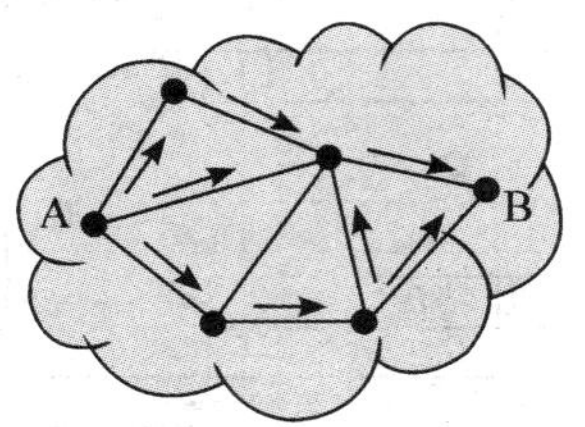

(a) 网络层实现网络层的通信

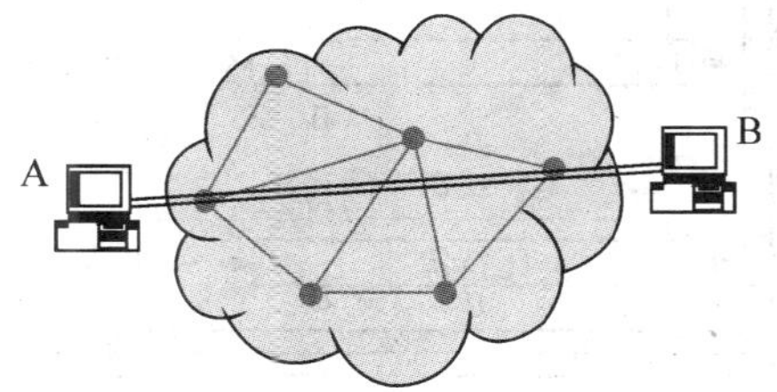

(b) 运输层实现两端点之间的进程通信

图1—23　网络层与运输层的研究角度

在进程之间通信问题解决后，还要解决两个问题：一是要进一步考虑两个进程之间如何交互的问题，这一层就是会话层；二是要考虑所传输数据的格式，如加密、压缩、编码（扩展二进制码还是ASCII码）等问题。这一层称为表示层。

到此为止，网络中的时序问题、语法问题基本解决，剩下的就是语义问题、如何对用户服务以及应用管理的问题了。这一层就是应用层。

2. OSI/RM 各层中的数据格式

从图 1—24 所示的 OSI/RM 协议栈中可以看出，在发送端，当数据从最高层向低层层层传递中，要被一层一层地进行封装；而在接收端，当数据从传输介质到达物理层后，从最低层向高层层层传递中，又要一层一层地被拆封。操作过程完全类似于数据结构中“栈”。在每一层中数据的格式是不相同的。图 1—24 描绘了数据从一个用户应用进程 A 到另一个用户应用进程 B 的传输过程。

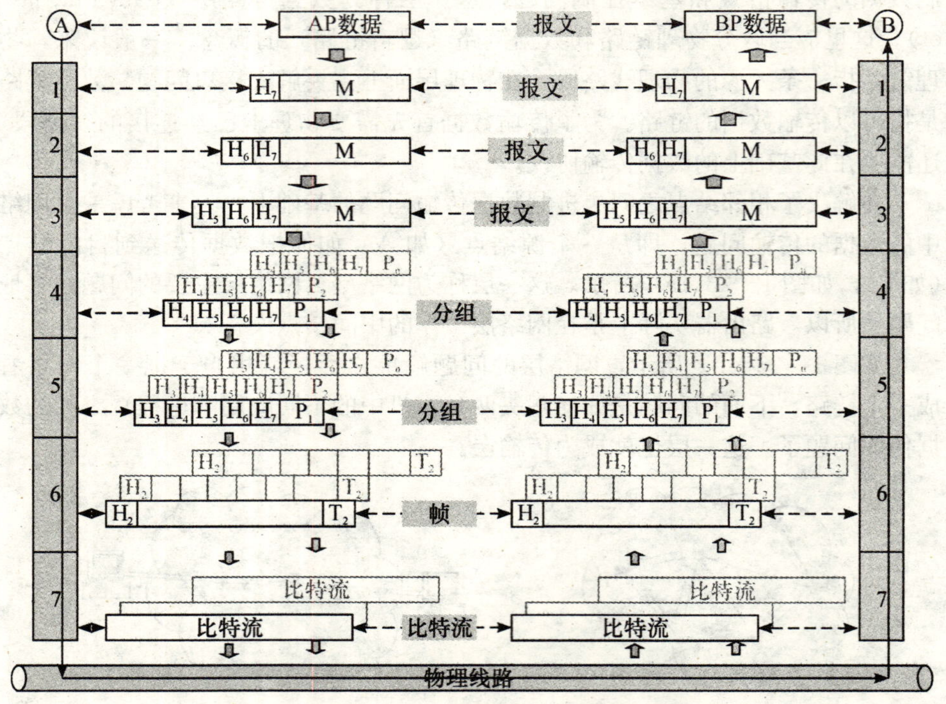

图 1—24　OSI/RM 协议栈中数据的流动示意图

在了解这个数据流动的过程时，应当注意以下几个问题：

- 数据实际的传送与对等层之间的虚拟（逻辑）传送之间的关系；
- 各对等层之间逻辑传送的数据单位；
- 上下层之间数据的封装和拆封。

（1）从发送端看数据的传递过程

假定要将数据 M 从用户应用进程 P_A 传向用户应用进程 P_B。从进程的角度来看，好像是直接传输了，但这是逻辑（虚拟）传输，实际是在网络中逐层向下传输的。网络的工作是从发送端进程 P_A 首先要将应用数据 AP 送到应用层开始的：

数据报文 M 到达应用层后，要被转换成与之有关的某个应用层协议允许的数据格式，并为其加上一些控制信息组成的报头 H_7 封装成第 7 层的报文——协议数据单元 PDU_7。在这一层，应用层之间的逻辑传输的数据单位是报文，但实际上是要将 PDU_7 交到表示层处理。

在表示层，PDU_7 要被再转换（加密、压缩等）成第 6 层协议协商好的数据格式，再增加必要的控制信息组成的报头 H_6，封装成第 6 层的协议数据单元 PDU_6。在这一层，逻辑传送的数据单元还是报文，但已经被封装 2 次了。实际上，PDU_6 还要交到会话层处理。

在会话层，PDU_6 还要加上第 5 层协议要求的会话控制信息 H_5，形成第 5 层的协议数据单元 PDU_5 传到运输层。在这一层，逻辑传输的数据单元依然是报文，但已经经过 3 次封装，实际还要继续交到下层处理。

在运输层，如果报文太长，应将其分为若干报文段，即 P_1，P_2，…，P_n，再分别为它们加上第 4 层的进程地址、报文段编号等控制信息 H_4，被封装成第 4 层的协议数据单元 PDU_4 传到网络层。由于数据的逻辑传输单位已经成为报文段，所以可以以无连接或有连接两种方式进行逻辑传输，但实际上还要交到网络层处理。

在网络层，把第 4 层传来的报文段及报头看成是高层数据单元，再加上由主机地址等组成的第 3 层报头 H_3 形成分组（数据包）发往数据链路层处理。

在数据链路层，进一步加上包括数据链路层地址的帧头，被封装成第 2 层的数据单元——帧，进行数据链路层的逻辑传输。但实际上还要发往物理层处理。

在物理层，不再加控制信息，比特流按照物理层协议的规定被转换成指定的比特格式交到传输介质上进行实际传送。

图 1—25 描述了在协议栈中数据被一层层封装的过程。

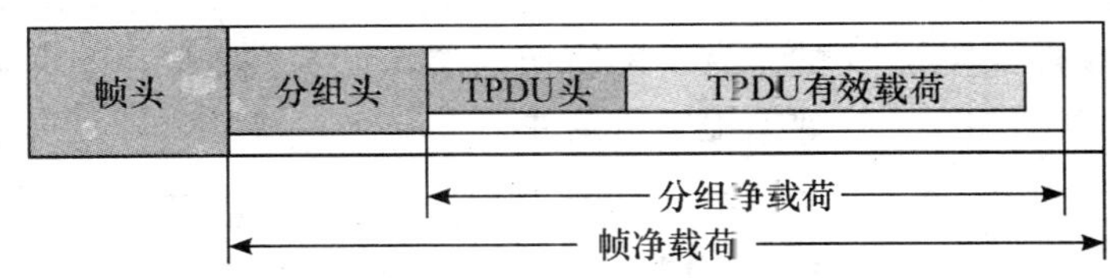

图 1—25　在协议栈中数据的层层封装

（2）从接收端看数据的传递过程

比特流到达结点 B 后，将由下向上进行与发送端相逆的处理。

在物理层，比特流要按照数据链路层要求的比特格式进行转换，之后交到数据链路层处理。

在数据链路层，将数据流按照前导码和后导码分割成帧，然后剥去报头 H_2 和报尾 T_2，形成 PDU_3，传到3层处理。

在网络层，再剥去 H_3 形成 PDU_4，传到4层，…；直到将数据M传给 P_B。

应当注意，OSI/RM仅仅是一个建议和参考，它并没有实用化。真正实用化的是IEEE 802模型和TCP/IP模型。

1.6.2 TCP/IP模型

1. TCP/IP模型概述

TCP/IP是现在广泛应用的Internet的体系结构。Internet的前身是美国国防部高级计划研究局（DARPA）1969年建立的ARPANET。ARPANET是最早的计算机网络之一，它当时的主要设想是把一些已经建立的网络互相连接起来，实现资源共享。基于这个目标，DARPA从20世纪70年代中期开始就大力资助异构网之间互联与互通技术的研究与开发，并于1977—1979年间推出目前形式的TCP/IP体系结构和协议规范。

由于这样的研究与开发初衷，TCP/IP只规定了如下的4层结构：

- 网络访问（network access）层。
- 网际（internet）层；
- 主机到主机（host to host）层；
- 应用（application）层；

（1）网络访问层

TCP/IP最初考虑的是已有异构网之间的互联，所以没有考虑具体网络硬件，也没有定义任何网络访问层的协议。实际上，这个层的协议大部分是由被互联网络的通信组织定义的。有了网络访问层，计算机之间就有了物理连接，计算机之间就为相互交换数据提供了条件。

［知识库1—2］　Internet与TCP/IP

1951年，美国麻省理工学院林肯实验室开始为美国空军设计了一个半自动化地面防空系统SAGE。这个系统分为17个防区，每个防区的指挥中心装有两台IBM计算机，通过通信线路连接防区内各雷达观测站、机场、防空导弹和高射炮阵地，形成联机计算机系统。

1957年苏联向太空发射了Spunk卫星，使美国感到在科学技术方面的压力。为此，美国国防部（Department of Defense，DoD）成立了高级计划研究局（Defense Advanced Research Projects Agency，DARPA）。不久，DARPA提出了一个假想受到苏联第一次核打击以后如何继续保证美国本土防卫力量和海外防御武装仍然具有一定的生存和反击能力的课题。这个课题具体任务是建造一种分散的指挥系统，它由一个个分散的指挥点组成，当部分指挥点被摧毁后，其他点仍能正常工作，并且这些点之间，能够绕过那些已被摧毁的指挥点而继续保持联系。为了推动这个项目，从20世纪60年代开始，ARPA就开始向美国国内大学的计算机系和一些私人有限公司提供经费，促进计算机网络的研究。

1969年DoD/DARPA资助建立了一个名为ARPANET的网络。这个网络把位于洛杉矶的加利福尼亚大学、位于圣芭芭拉的加利福尼亚大学、斯坦福大学，以及位于盐湖城的犹他州州立大学的计算机主机通过专门的通信交换机（IMP）和专门的通信线路相互连接。1970年，ARPANET主机开始使用网络控制协议（NCP）。1971年，ARPANET的结点增加到15个，进入工作阶段。此后，ARPANET的规模不断扩大。

ARPANET的实践，有效地推动了计算机网络技术的发展。1972年，第一届国际计算机通信会议在美国华盛顿举行了，会议决定成立Internet工作组，负责建立一种能保证计算机之间进行通信的标准规范——通信协议。1973年，美国国防部也开始研究如何实现各种不同网络之间的互联问题。

1974年，文顿·瑟夫和卡恩（Vinton G. Cerf and Robert E. Kahn，见图1—26）发明和定义的TCP/IP问世。随后，美国国防部决定向全世界无条件地免费提供TCP/IP，即向全世界公布解决计算机网络之间通信的核心技术，促进了Internet的大发展。

图1—26　文顿·瑟夫和卡恩

1983年的1月1日，ARPANET正式使用TCP/IP，同时ARPANET分裂为两部分：ARPANET和纯军事用的MILNET。其后，人们称呼这个以ARPANET为主干网的网际互联网为Internet。从此，Internet开始驶上急速发展的轨道。图1—27为Internet上主机数量增长情况。1997年美国授予文顿·瑟夫和卡恩“国家技术金奖”，表彰他们开发TCP/IP为Internet发展做出的贡献。

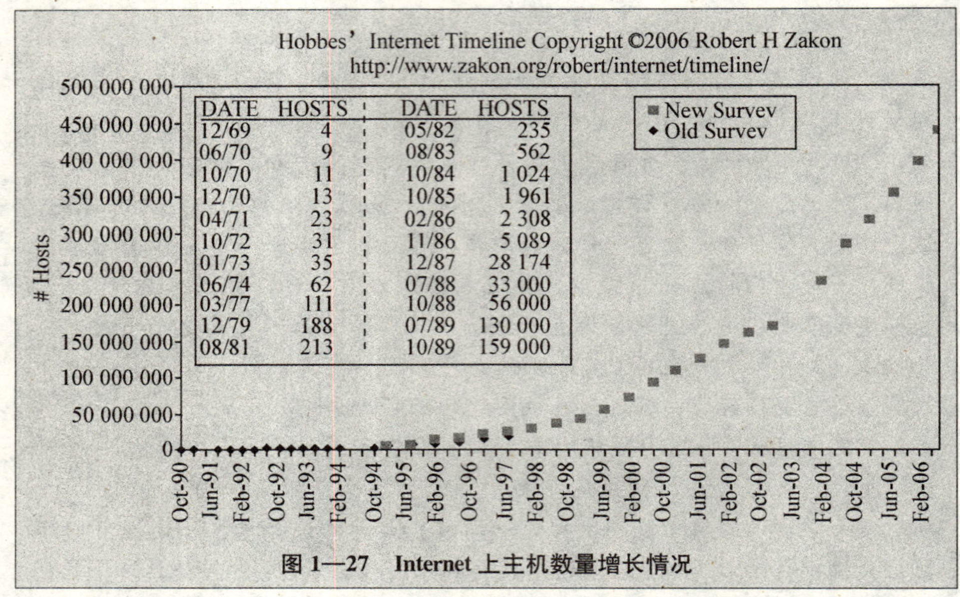

图 1—27　Internet 上主机数量增长情况

（2）网际层

网际层提供路径选择功能。在这一层中，主要的协议是 IP（internet protocol，网际协议），也被称为 IP 层。网际层除了 IP 协议，还有一些其他协议。

（3）主机—主机层

这一层负责维护不同计算机上的两个进程的通信，它的主要作用就是将应用程序与网络的复杂性相隔离，应用层只需发出请求，而不必顾及任务是如何完成的。这一层包括两个协议：传输控制协议 TCP 和数据报协议 UDP，所以也被称为 TCP/UDP 层。另外，这一层与 OSI/RM 的传输层功能基本相同，所以也被称为传输层。

（4）应用层

应用层包含了让应用程序在不同的计算机上运行并相互通信的多种协议，每种协议都对应一类应用程序。并且随着 Internet 上的应用程序的不断增加，应用协议的种类也越来越多。大部分 TCP/IP 应用程序是属于客户机/服务器类型的。

注意，TCP/IP 模型中没有与 OSI/RM 对应的表示层和会话层。这两层的功能由应用层承担。

2. TCP/IP 模型中的数据封装

如图 1—28 所示。在 TCP/IP 模型中，应用层数据首先要在 TCP/UDP 层加上 TCP/UDP 头，被封装成 TCP/UDP 分组（数据包），然后传递到 IP 层。在 IP 层进一步加上 IP 头，封装成 IP 分组（数据包），再交物理网传输。

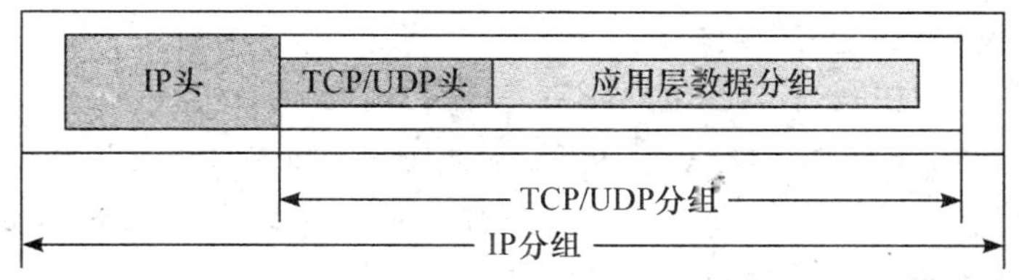

图 1—28　TCP/IP 模型中的数据封装

IP 头的格式和内容如图 1—20 所示，由 IP 协议规定，其中最重要的内容是源 IP 地址和目的 IP 地址，路由器根据这两个地址来为 IP 分组计算路由。此外还有一些控制信息。TCP/UDP 头的格式和内容由 TCP 协议和 UDP 协议分别定义，其中最重要的内容是源端口号和目的端口号，每个端口号代表一种应用程序层协议类型。

1.6.3　局域网参考模型

1. 局域网模型概述

20 世纪 80 年代，随着微型计算机的迅速发展和应用，局域网开始兴起。IEEE 802 模型就是 IEEE（Institute of Electrical and Electronic Engineers，美国电气与电子工程师协会）为局域网制定的一系列标准的总称。IEEE 于 1980 年 2 月成立了局域网标准委员会，简称 IEEE 802 委员会，专门从事局域网的标准化工作，制定了局域网参考模型（LAN/RM）。由于局域网传输距离短并且与介质特性关系密切，这个模型把注意力比较多地放到了传输介质的类型和连接方式上，从而形成如下 3 层结构。

- 物理层；
- 传输介质访问控制（medium access control，MAC）子层；
- 逻辑链路控制（logical link control，LLC）子层。

（1）物理层

物理层的主要作用如下：

- 网络的传输介质及传输距离。
- 网络的拓扑结构。
- 规定接口特性。通常局域网规定的是 DCE 与传输介质之间的接口特性，而 DTE 与 DCE 之间使用总线连接。

[知识库1—3] 美国电气与电子工程师协会（IEEE）

美国电气与电子工程师协会（Institute of Electrical and Electronics Engineers，IEEE）是一个非营利性科技学会，是世界上最大的专业技术组织之一（成员人数），拥有来自175个国家的36万会员（到2005年）。1963年1月1日由美国无线电工程师协会（IRE，创立于1912年）和美国电气工程师协会（AIEE，创建于1884年）合并而成。总部在美国纽约市。IEEE在150多个国家中拥有300多个地方分会。透过多元化的会员，该组织在太空、计算机、电信、生物医学、电力及消费性电子产品等领域中都是主要的权威。专业上它有35个专业学会和两个联合会。IEEE出版多种杂志、学报和书籍，每年组织300多次专业会议。

IEEE被国际标准化组织授权为可以制定标准的组织，设有专门的标准工作委员会，有30 000名义务工作者参与标准的研究和制定工作，每年制定和修订800多个技术标准。IEEE的标准制定内容有：电气与电子设备、试验方法、元器件、符号、定义以及测试方法等。所定义的标准在工业界有极大的影响。

- 规定编码方式。
- 二进制位信号的发送与接收规则（传输速率）。
- 错误校验。
- 向MAC层提供物理信令（PLS）。

（2）传输介质访问控制（MAC）子层

MAC子层的主要作用如下：

- 控制对传输介质的访问，不同类型的传输介质采用不同的控制方法。
- 在发送数据时，把数据组装成带有地址和差错校验段的数据块——帧(frame)；在接收数据时拆帧，并完成地址识别和差错检测。

（3）逻辑链路控制（LLC）子层

LLC子层与具体局域网使用的介质访问方式无关，主要功能是为高层协议与局域网介质访问控制子层之间提供统一的接口。这个接口就是TCP/IP中的网络访问层。

2. 局域网模型中的数据格式

图1—29为IEEE 802.3定义的3层模型中数据的封装情形。

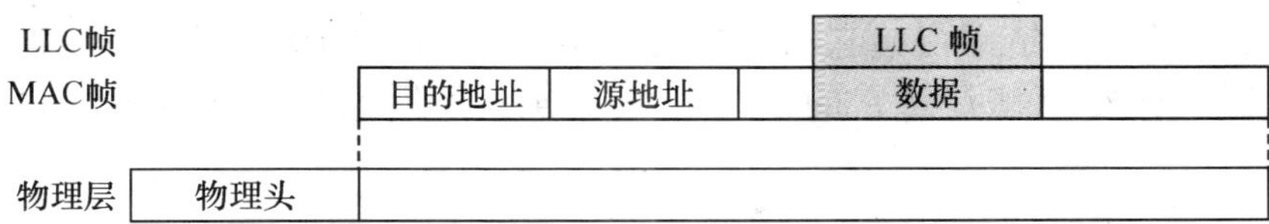

图 1—29 IEEE 802.3 帧结构

LLC 帧是局域网的应用程序的数据分组或者是互联网中的 IP 分组。MAC 帧是加上源 MAC 地址和目的 MAC 地址以及其他控制信息后形成的帧结构。MAC 帧要传递到物理层，加上物理头（一些控制信息）才能真正以二进制码在物理介质中传输。

1.6.4 三种模型之间的对应关系

目前，实际的计算机网络采用了局域网＋TCP/IP 的结构。由图 1—30 可以看出，局域网＋TCP/IP 的结构完全实现了 OSI/RM 的功能。

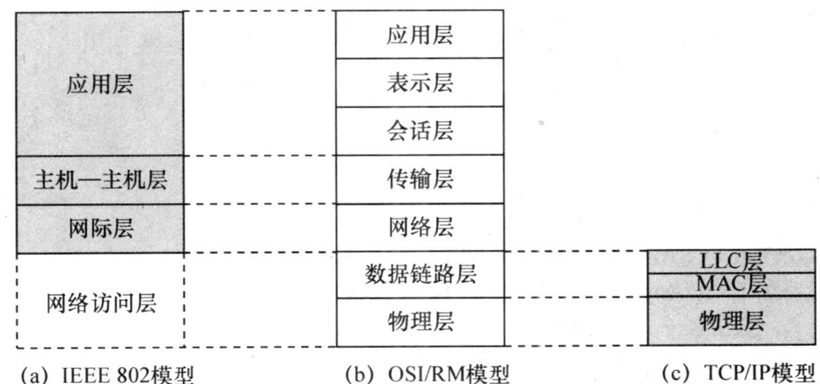

图 1—30 IEEE 802、TCP/IP 与 OSI/RM 之间的对应关系

可以看出，实际应用的计算机网络是如下 5 层结构：应用层、传输（主机—主机）层、网际层、数据链路层（其中最重要的是 MAC 层）、物理层。本书后面的内容将按照这个体系结构进行。

1.6.5 几种中间结点设备的工作层次

前面介绍了三种中间结点设备：中继器（集线器）、交换机和路由器。从网络层次结构来看，这三种设备并不是工作在同一层次中，中继器（集线器）工作在物理层，它的主要功能是进行物理信号的放大、整形和复制。交换机工作在数据链路层，它的主要功能是按照MAC地址进行数据的转发。路由器工作在网络层，它的主要功能是连接不同网络，为数据提供路由服务。

习 题

一、选择题

1. 计算机网络是计算机与（　　）相结合的产物。
   A. 电话　　B. 线路　　C. 各种协议　　D. 通信技术
2. 对等网络的主要优点是网络成本低、网络配置和（　　）。
   A. 维护简单　　B. 数据保密性好
   C. 网络性能较高　　D. 计算机资源占用小
3. 网络操作系统的基本任务是：屏蔽本地资源与网络资源的差异性，为用户提供各种基本网络服务功能，完成网络共享系统资源的管理，并提供网络系统的（　　）。
   A. www 服务　　B. 安全性服务
   C. 多媒体服务　　D. E-mail 服务
4. 网卡的主要功能不包括（　　）。
   A. 将计算机连接到通信介质上
   B. 网络互联
   C. 进行电信号匹配
   D. 实现数据传输
5. 网络接口卡的基本功能包括：数据转换、通信服务和（　　）。
   A. 数据传输　　B. 数据缓存
   C. 数据服务　　D. 数据共享
6. MAC 地址通常存储在计算机的（　　）。
   A. 内存中　　B. 网卡上
   C. 网线上　　D. 高速缓冲区中
7. 对整个网络的设计，功能，可靠性和费用方面有着重要影响的因素是（　　）。
   A. 误码率　　B. 拓扑结构
   C. 网络距离　　D. 网络传输速率
8. 管理计算机通信的规则称为（　　）。
   A. 协议　　B. 介质
   C. 服务　　D. 网络操作系统
9. 下列说法中，（　　）是正确的。
   A. 集线器可以对接收到的信号进行放大
   B. 集线器具有信息过滤功能

C. 集线器具有路径检测功能

D. 集线器具有交换功能

10. 网络协议主要要素为（　　）。

A. 数据格式、编码、信号电平

B. 数据格式、控制信息、速度匹配

C. 语法、语义、同步

D. 编码、控制信息、同步

11. 以下选项（　　）按顺序包括了 OSI 模型的各个层次。

A. 物理层，数据链路层，网络层，运输层，会话层，表示层和应用层

B. 物理层，数据链路层，网络层，运输层，系统层，表示层和应用层

C. 物理层，数据链路层，网络层，转换层，会话层，表示层和应用层

D. 表示层，数据链路层，网络层，运输层，会话层，物理层和应用层

12. 在 OSI 模型中，第 N 层和其上的 $N+1$ 层的关系是（　　）。

A. N 层为 $N+1$ 层提供服务

B. $N+1$ 层将从 N 层接收的信息增了一个头

C. N 层利用 $N+1$ 层提供的服务

D. N 层对 $N+1$ 层没有任何作用

13. 在 OSI 参考模型中，保证端—端的可靠性是在（　　）上完成的。

A. 数据链路层　　B. 网络层

C. 传输层　　D. 会话层

14. 不属于 TCP/IP 分层模型的是（　　）。

A. IP 层　　B. 应用层　　C. 会话层　　D. TCP 层

15. 在中继系统中，中继器处于（　　）。

A. 物理层　　B. 数据链路层　　C. 网络层　　D. 高层

16. 各种网络在物理层互联时要求（　　）。

A. 数据传输率和链路协议都相同

B. 数据传输率相同，链路协议可不同

C. 数据传输率可不同，链路协议相同

D. 数据传输率和链路协议都可不同

17. 局域网中，媒体访问控制功能属于（　　）。

A. MAC 子层　　B. LLC 子层

C. 物理层　　D. 高层

18. 在局域网中，MAC 指的是（　　）。

A. 逻辑链路控制子层　　B. 介质访问控制子层

C. 物理层　　D. 数据链路层

二、简答题

1. 试给出一个你认为最合适的计算机网络的定义。

2. 计算机网络有哪些功能？从实现的功能来看，什么叫计算机网络？

3. 计算机网络可以从哪几方面进行分类？

4. 计算机网络的拓扑结构有哪几种？不同的拓扑结构对通信进行控制的方法有何不同？

5. 进行市场调查，了解当前常用的5种网卡的型号、规格、价格和安装方法。

6. 在计算机网络中终端结点是如何工作的？

7. 什么是对等网？

8. 交换机与集线器有什么区别与联系？

9. 进行市场调查，分别了解5种16端口的集线器、交换机和路由器的型号、规格、价格。

10. 交换机与路由器有哪些区别？

11. 在计算机网络中，协议有什么作用？

12. 在计算机网络中，协议和服务有何区别与联系？

13. 试举例说明日常生活中碰到的分层结构。

14. 试将TCP/IP和OSI体系结构进行比较，讨论其异同之处。

15. 查找资料，分别说明在OSI、TCP/IP和局域网模型中，每一层的数据格式。

16. 查找资料，解释为什么在计算机网络中数据要以分组（数据包）的形式传输，而不把一个应用程序的所有数据一次性传输？

17. 查找资料，说明在Internet网络中，一个应用层数据传输到一个局域网中再交给计算机的应用程序，数据被封装和拆封的过程。

三、实践题

1. 查找资料，了解双绞线网线的制作工具和方法，并亲手制作。

2. 查找资料，了解组建一个小型局域网的方法，并亲手组建。

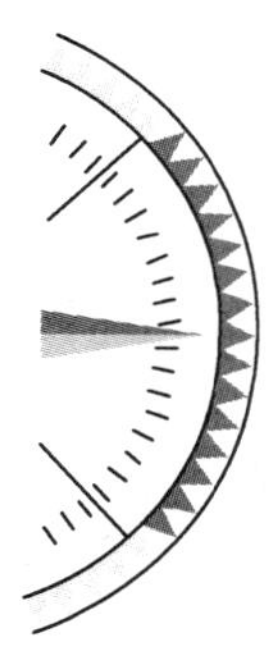

第 2 章

数据传输技术

2.1　数据信号及其传输

2.1.1　数据信号的频率特性

1. 模拟信号与数字信号

信号是数据在载体中的表示形式，其波形是幅值的时间函数。根据信号的幅值取值，可以将信号分为模拟信号与数字信号两大类，相应地，可以把通信分为模拟通信与数字通信。

在一定的区间内，幅值可以取无限多个值的信号称为模拟信号，基本特征是波形连续。与之相对应，数字信号是一种波形离散（不连续）信号，其特征是只能取有限个值，因而其波形呈锐变、不连续、突跃变化。典型的数字信号是只有两个值的二进制数字信号。图 2—1 为模拟信号与数字信号的示意图。其中，图 2—1（a）为模拟信号，图 2—1（b）为只能在 0、A 之中取值的数字信号（采用二进制编码），图 2—1（c）为只能在 3、1、－1、－3 四个值之中取值的数字信号（采用四进制编码）。

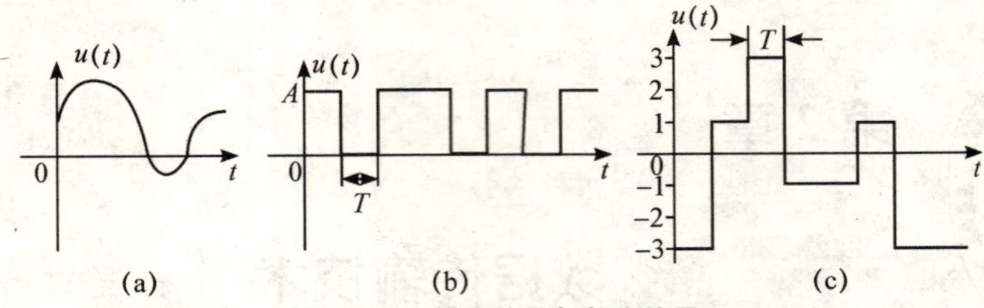

图 2—1　模拟信号与数字信号

模拟信号具有以下特征：

- 波形是连续的、圆滑的、没有突跃的变化；
- 幅值在某一范围内可以取任一值。

典型的模拟信号是正弦波信号。频率、幅值和相位是正弦波的三个属性。

2. 数据信号的傅立叶分析

频谱表示法是把信号的幅值表示成频率的函数的方法。这是基于傅立叶分析的一种方法。傅立叶分析表明，基频为 f 的任意周期函数 $g(t)$ 都可以由（无限个）正弦函数和余弦函数合成，即

$$g(t)=\frac{1}{2}C+\sum_{n=1}^{\infty}a_n\sin(2\pi nft)+\sum_{n=1}^{\infty}b_n\cos(2\pi nft)$$

式中，f 称为基频，C 是常数，a_n、b_n 是第 n 次谐波的幅值，$n=1$ 的分量波称为基波。

［知识库 2—1］　傅立叶变换

傅立叶变换（Transformée de Fourier）的基本思想首先由法国学者傅立叶（见图 2—2）提出，它能将满足一定条件的某个函数表示成三角函数（正弦和/或余弦函数）或者它们的积分的线性组合。在不同的研究领域，傅立叶变换具有多种不同的变体形式，如连续傅立叶变换和离散傅立叶变换。

图 2—2　傅立叶

傅立叶变换在物理学、数论、组合数学、信号处理、概率论、统计学、密码学、声学、光学、海洋学、结构动力学等领域都有着广泛的应用（例如在信号处理中，傅立叶变换的典型用途是将信号分解成幅值分量和频率分量）。

如果把一个持续时间有限的数据信号想象成一个反复重复的模式，就可以将任意信号作为周期信号进行傅立叶分析，分析出它的谐波组成。一个信号的频率范围称为该信号的绝对带宽。现实中，许多信号具有无限带宽，即它的傅立叶分析结果呈无穷基数之和。不过，信号的大部分能量往往集中在某一段频带中。这个频带称为该信号的有效带宽，简称带宽。图 2—3 画出了几种典型信号的傅立叶分析结果。可以看出，矩形波或接近矩形波的信号都含有丰富的高次谐波。每个信号所占有的频率范围被称为该信号的带宽。

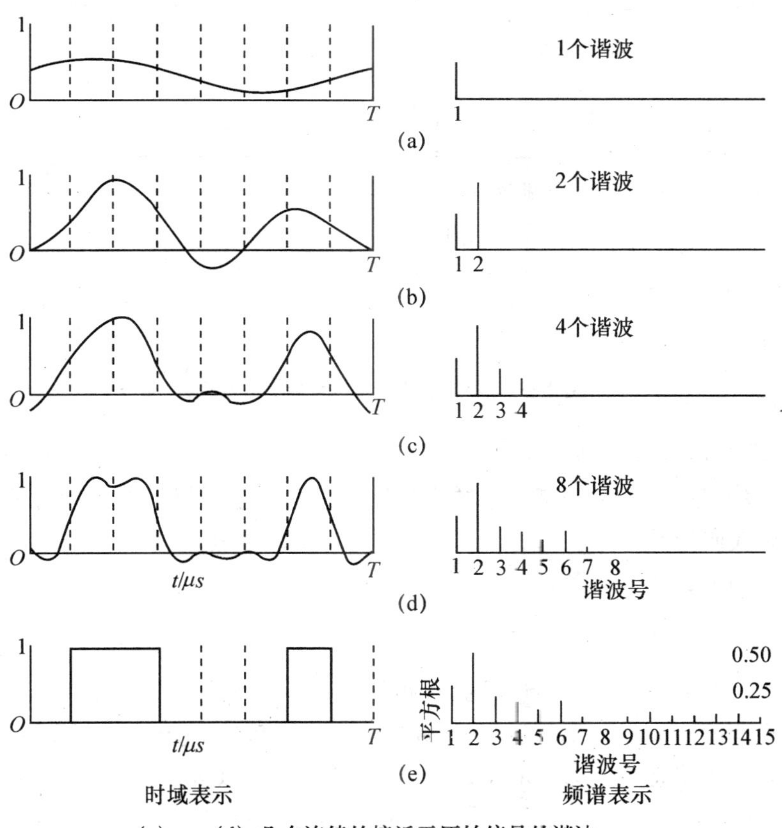

(a) — (d) 几个连续的接近于原始信号的谐波
(e) 一个二进制信号和它的平方根傅立叶振幅

图 2—3　几种典型型号的傅立叶分析

图中，纵坐标用幅值的平方根表示，因为信号分量幅值的平方根与所传输的能量成正比。

即使同是数字信号，因周期脉冲比（T/τ）不同，所含谐波分量的数量

（频带宽度）和各分量的幅值比也不相同。图 2—4 为三种不同周期脉宽比的矩形波信号频谱图。可以看出，周期脉冲比越大的信号，所含高次谐波就越丰富，带宽就越大，对信道的要求就越高。

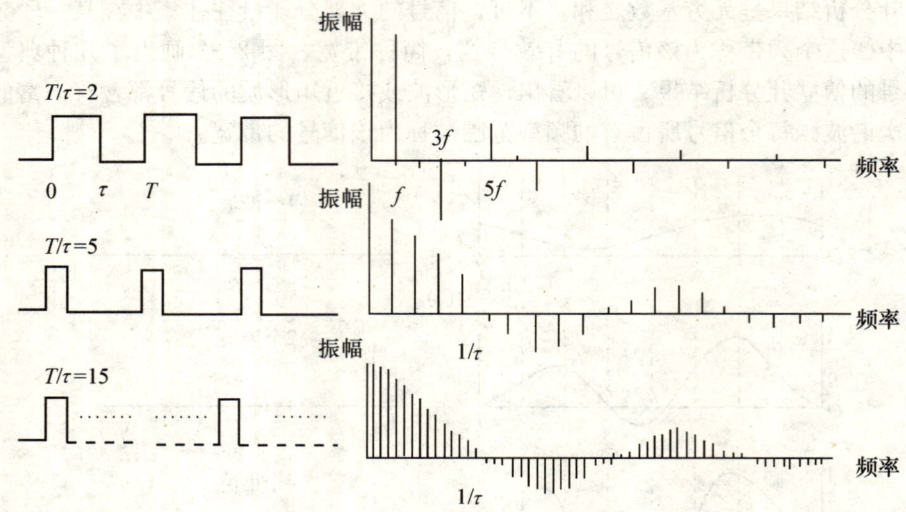

图 2—4　不同脉宽比的矩形信号频谱

3. 数字信号的数据传输率

对于数字信号的传输来说，数据传输率是一个重要概念，它指每秒钟传输的二进制代码位数，单位为 bps（bit per second，比特/秒）或 b/s，又称比特率。可用如下公式来计算：

$$R=(1/T)\log_2 M$$

式中，T 为传输的数字信号的脉冲（码元）宽度或周期，即一位数据码所占的时间宽度。显然，单位脉冲周期越长，数据传输率越低。M 为一个脉冲所表示的有效状态数（为 2 的整数值），当单位脉冲仅表示 0 和 1 两种状态时，$M=R$，$I=1/T$；当 $M=4$，即采用四进制码时，$R=2/T$。显然，码制越大，数据传输率越高，因为每一位码所含的信息量越大。

2.1.2　数字信号的模拟调制

1. 数字信号的模拟调制

由前面的讨论可以看出，数字信号的频宽中包含了从直流、低频起高到数百千赫、若干兆赫，几乎占用了整个频带。但是，在实际信道中，阻抗随频率增高而增大，信号能量的损失随信号频率增大而增大，并且与该频率分量的系数的平方根成正比。于是就会因衰减比例不一致造成信号的畸变。信号带宽越宽，信号的畸变就越严重。

降低信号畸变程度的方法有两个：一是提高信道质量，二是想办法用带宽小的模拟信号携带带宽大的数字信号。后者就称为数字信号的模拟调制，或者称为数字信号的载波调制，即把数字信号加载于模拟信号之上。最典型的方法是用正弦波载波数字信号。

设用于载波数字信号的正弦波为：

$$u(t)=u_m\sin(\omega t+\varphi_0)$$

在这个式子中，除时间 t 外，还有 3 个参数：振幅 u_m、角频率 ω 和相位 φ_0。于是就可以找到三种区分数字信号的“0”和“1”的依据：不同的幅值、不同的频率、不同的相位，也就形成图 2—5 所示的 3 种利用移动键控技术来进行数字数据调制的方法，它们分别称为幅移键控（amplitude-shift keying，ASK）、频移键控（frequency-shift keying，FSK）、相移键控（phase-shift keying，PSK），简称调幅、调频与调相。

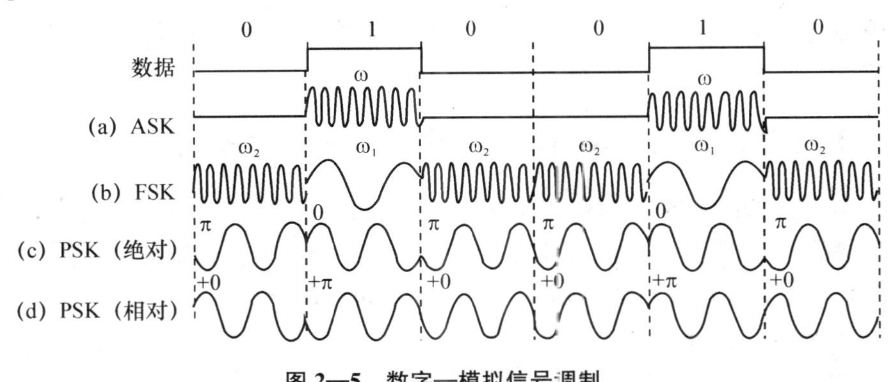

图 2—5　数字—模拟信号调制

（1）幅移键控（ASK）

在 ASK 方式中，用不同幅值的正弦载波信号来分别表示数字“1”和“0”。例如，用某一幅值的正弦载波信号表示数字“1”，用零幅值（无载波信号）表示数字“0”。

ASK 的技术简单、实现容易，但抗干扰能力差。

（2）频移键控（FSK）

在 FSK 方式中，用不同角频率的正弦载波信号来分别表示数字“1”和

“0”。FSK的技术简单、实现容易、抗干扰能力强，是目前最常用的方法。

（3）相移键控（PSK）

在PSK方式中，用不同初相位的正弦载波信号来分别表示数字“1”和“0”。它的抗干扰能力强，但实现技术复杂。具体的实现方法有：绝对调相（用相位的绝对值表示数字“1”、“0”），相对调相（用相位的相对偏移值表示数字“1”、“0”）和多相调相（用不同的相位值表示“0”、“1”码组合，如用相位相差π/2的相位值分别表示00，01，10，11）。

进行信号调制的设备称为调制器（modulator），逆向调制设备称为解调器（demodulator）。由于通信多是双向的，实际应用时两种功能是集成在一台设备上的，称为调制解调器（modem）。

2. 基带传输与频带传输

这两个术语是针对数字通信提出的。通常把未经调制的数字信号称为基本频带信号（baseband signal），简称基带信号；将其所占有的频率范围叫基本频带，简称基带（base band）。在某些信道中，特别是传输距离不长的情况下，例如某些局域网中，数字基带信号可以进行直接传输，称为基带传输（baseband transmission）。而在另外一些情况下，数字基带信号必须经过调制，加载于某个频带上传输，这种传输称为频带传输或载波传输、调制传输。

2.1.3 模拟信号的数字编码——脉冲编码调制技术

模拟数据的数字编码是将连续的信号波形用有限个离散（不连续）的值近似代替的过程。简单地说，就是将模拟信号用数字信号近似地代替，其中最常见的方法是脉冲编码调制（pulse code modulation，PCM）技术，简称脉码调制。PCM基本步骤是：

- 采样：即将原波形的时间坐标离散化，得到一系列的样本值；
- 量化：对采样得到的样本值按量级分级并取整；
- 编码：将分级并取整的样本值转换为二进制码。

图2—6所示的是PCM的一个实例。

数字化的质量取决于下列技术参数：

（1）采样频率

采样频率，即一秒钟内的采样次数，它反映了采样点之间的间隔大小。间隔越小，丢失的信息越少，采样后的图形越细腻和逼真。根据奈奎斯特

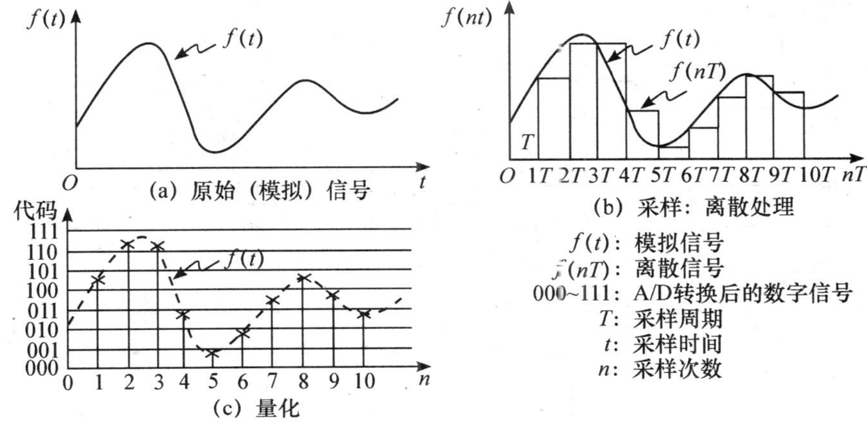

图 2—6　PCM 编码过程实例

（H. Nyquist）采样定律，只要采样频率高于信号最高频率的两倍，就可以由采样准确地重现原始信号的波形。例如典型的电话通道是 4kHz，按照奈奎斯特定理，为了用数字信号精确地表示一个模拟信号，对话音模拟信号的采样频率至少要达到8 000Hz。用一个 8 位字符来代表每个取样，则话音信号数字化的结果便是一个 8 000×8（位）的数据流，数据传输速率为 64kb/s。

（2）测量精度

测量精度是样本在垂直方向的精度，是样本的量化等级，它通过对波形垂直方向的等分而实现。由于数字化最终要用二进制数表示，所以常用二进制数的位数表示样本的量化等级。若每个样本用 8 位二进制数表示，则共有 $2^8=256$ 个量级；若每个样本用 16 位二进制数表示，则共有 $2^{16}=65\ 536$ 个量级。量级越多，采样精度越高。

应当指出，采样频率和测量精度的提高都是以存储容量为代价的。此外，当考虑通信双方的同步、信息保密、信息压缩等问题时，还要对这种基本编码进行一些变换。

2.1.4　数字信号的数字编码

1. 常用的几种数字编码

虽然“1”和“0”两个码说起来非常简单，但是在实际传输和使用时其信号形式还是有很大的差别的。图 2—7 为六种具有代表性的二进制数字信号的编码方式。

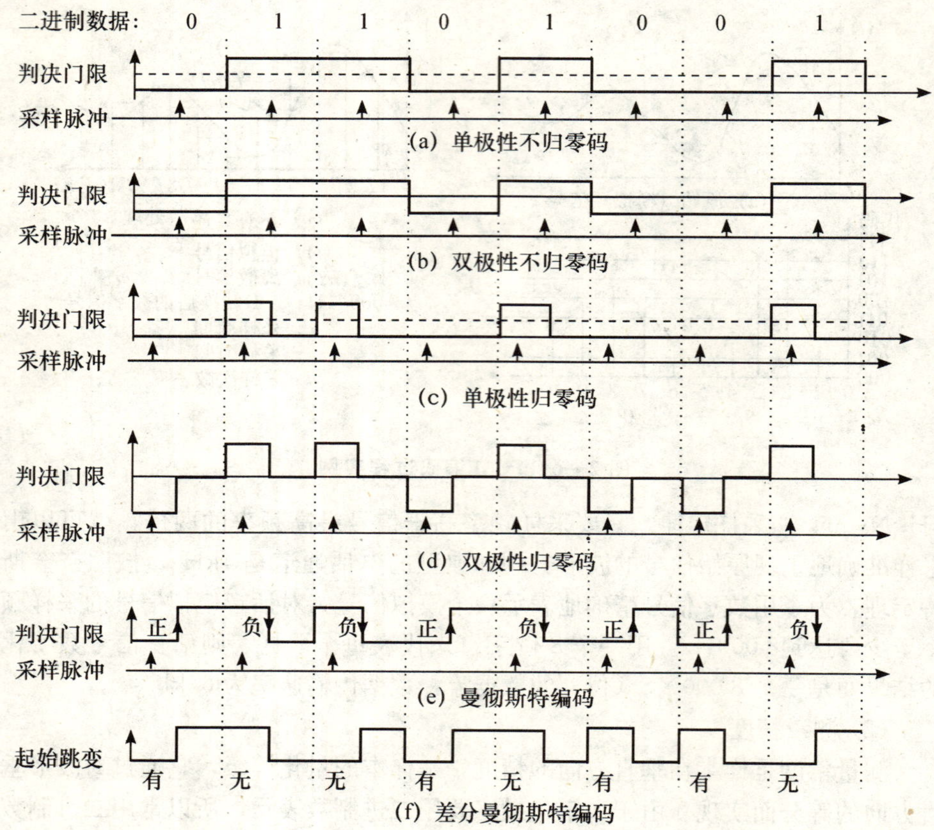

图 2—7　六种二进制数字信号的编码方式

（1）单极性码和双极性码

图 2—7（a）和（c）表示的是两种单极性码，它们的特点是只在表示“1”时才发出电流，表示“0”时不发出电流，电流只有一个极性（方向）。

图 2—7（b）和（d）表示的是两种双极性码，它们的特点是表示“1”时发出正电流，表示“0”时发出负电流，电流具有两个极性（方向）。

（2）归零码和不归零码

图 2—7（c）和（d）表示的是两种归零码（return to zero，RZ），它们的特点是每次进行 0－1 变换或 1－0 变换时，都要在无电流处停留一下。

图 2—7（a）和（b）表示的是两种不归零码（non-return to zero，NRZ），它们的特点是，每次进行 0－1 变换和 1－0 变换都是直接的，不在无电流处停留。

（3）曼彻斯特编码和差分曼彻斯特编码

曼彻斯特（Manchester）编码的特点是将每个比特周期分为两部分：前半个比特周期传送该比特的原码，后半个周期传送该比特的反码，于是在每个比特周期的中间产生一个电平跃变，如图 2—7（e）所示，用正跃变表示为“0”，用负跃变表示为“1”。

差分曼彻斯特（different Manchester）编码是对曼彻斯特编码的改进，它用每一码元的开始边界处有无变化来区别“0”和“1”，如图 2—7（f）所示，有跳变表示为“0”，无跳变表示为“1”。

可以看出，曼彻斯特编码和差分曼彻斯特编码的共同特点是，每个数字位（bit）不管与前面的位是否相同，它们的中间都有一个跳变。而前面几种编码，当有连续的几个位相同时，不会产生任何波形的变化。这样，曼彻斯特编码和差分曼彻斯特编码的每个位中间的脉冲信号就可以用来从发送端向接收端传送时钟信号，作为自同步信号校对接收端的时钟。

2. 数字编码的评价

可以从以下几个方面评价数字信号编码方式的优缺点：

（1）脉冲的宽度

脉冲宽，信号的能量就大，对于改善接收端的信噪比有利。

（2）占用的频带宽度

脉冲宽，占用的频带就窄，如归零码比全宽码占用的频带要宽。

（3）直流分量

直流分量低有利于传输，如双极性码的直流分量较低，曼彻斯特编码和差分曼彻斯特编码的每个码元中都有跃变，因而没有直流分量。

（4）自同步能力

曼彻斯特编码和差分曼彻斯特编码的每个码元中都有跃变，可以提供自同步能力。如在 IEEE 802.5 中，正常的信号编码都采用差分曼彻斯特编码，只有起始和结束字段中各有 4 位的“特殊比特”，这些特殊比特的码元中间没有跃变，要么是全高电平，要么是全低电平。以此反常码，来作为起始和结束的标志。

2.2　信道特性与基本传输模式

2.2.1　信道及其基本传输参数

信息传输的必经之路称为通信信道（communication channel），简称信道。

它是信源与信宿之间信息传递的通路。实际的信道在传输信号时，会面临三大问题：衰减、延迟变形和噪声。衰减（attenuation）是指信号在传输过程中的能量损耗，通常随传输距离的增加而增加，用单位 dB/km 度量。延迟变形（delay distortion）是指由于信道对信号中的各傅立叶分量，因频率不同引起的衰减程度不同而造成的波形变形。噪声（noise）是指信道上的非发送方的未曾期待能量。噪声分为热噪声、串音和脉冲噪声。热噪声是由于线路（主要是电气线路）中的电子自由运动加剧而产生的能量。串音是由于临近线路上传输的信号耦合感应而传递的能量。脉冲噪声是由于外界强力的电磁信号（如雷电、电力线路上的尖峰等）而传递的能量。

信道传输性能可以用信道带宽、误码容量、误码率等参数来衡量。

1. 信道带宽

实际上，任何信道都不是理想的，即任何信道所能传输的信号都有一个频率范围。这是由于信道的物理条件所限制。一个信道允许通过的信号频率范围，即可传送的信号最高频率与最低频率之差，称为该信道的通频带宽，即信道带宽。当信道的带宽低于信号带宽时，就会造成信号失真。图 2—8 表明数字信号在不同带宽的信道中传输时所受到的影响。显然，信道的通频带宽越窄，数字信号的畸变越严重。

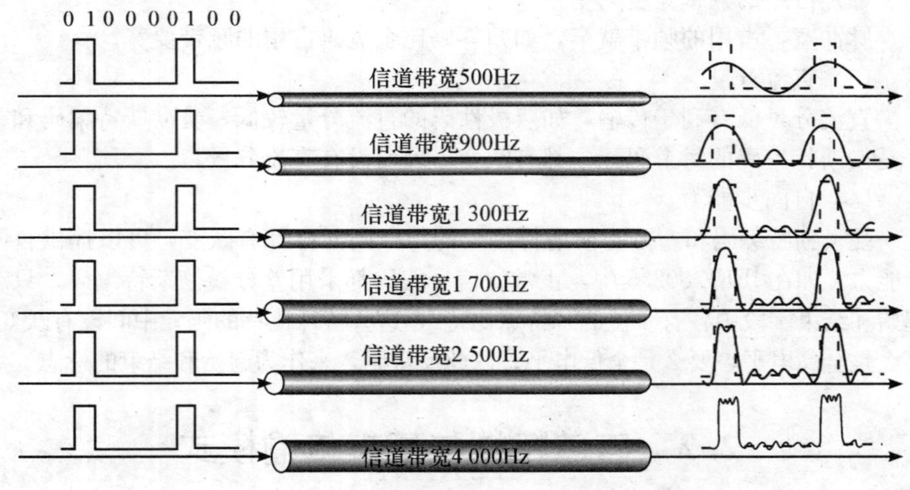

图 2—8　信道带宽对数字信号的影响

带宽很宽的信道一般用于调制传输中在传输介质上实现多重（并行）高速数据传输。例如 ADSL 具有 3 个信息通道。如图 2—9 所示。它可以把语音和上传、下载信号分别调制在 POTS（话音）通道（0kHz～4kHz）、双工上行通道（25kHz～160kHz）和下行通道（240kHz～1.1MHz）上进行传输。

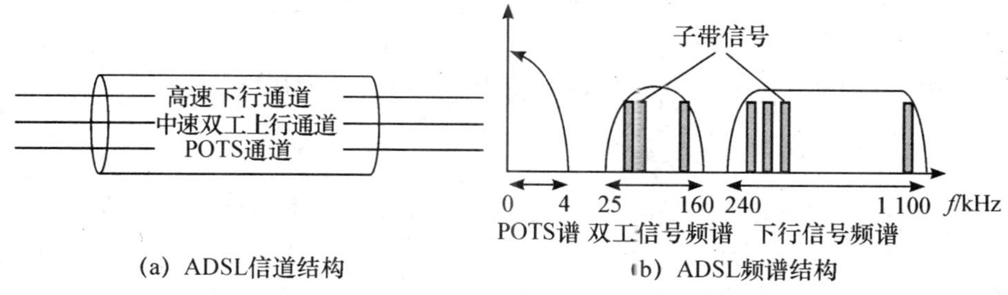

(a) ADSL信道结构　(b) ADSL频谱结构

图 2—9 ADSL 上的 3 个信息通道

2. 信道容量

通频带宽是以前模拟传输时常使用的一个信道性能指标。在计算机网络中，传输的是数字信号，因此使用信道容量即信道上所允许的最大数据传输速率作为评价信道性能的主要指标。实际上，信道容量是一个与信道的通频带宽以及噪声强度有关的量。也就是说，限制数据传输速率就是限制带宽，反之亦然。表 2—1 为一些常用数据传输速率与基本周期、一次谐波频率和最高次谐波次数之间的关系。例如，在一条话音级线路上以 9 600bps 的速率传输数据，最高次的谐波次数仅为 2。

表 2—1　数据传输速率与谐波数之间的关系

数据传输速率（bps）	周期（ms）	一次谐波频率（Hz）	最高次谐波次数
1 200	6.67	150	20
2 400	3.33	300	10
4 800	1.67	600	5
9 600	0.83	1 200	2
19 200	0.42	2 400	1
38 400	0.21	4 800	0

早在 1924 年，奈奎斯特就意识到信道对于数据传输速率的限制，并推导出一个被称为奈奎斯特准则的有限带宽无噪声信道的最大数据传输速率表达式：

$$S_{max}=2\cdot W\cdot \log_2 M \quad (b/s)$$

式中，M 为信道上所传输信号的可取离散值的个数（即信号电平的级数），W 是有限带宽无噪声信道的通频带宽，$2W$ 为采样频率。例如，在带宽为 3kHz 的信道上传输二进制码，则信道的最大数据传输速率为 6kb/s。如果在该信道上传输八进制信号，则信道的最大数据传输速率为 18kb/s。

奈奎斯特准则考虑的是一个理想的低通信道，如果考虑噪声，问题就复杂多了。在奈奎斯特准则基础上，1948 年香农（Shannon）进一步研究了有限带宽的随机（服从高斯分布的）噪声干扰信道的极限数据传输速率：

$$\text{信道的极限数据传输速率} = W \cdot \log_2(1+S/N) \quad (\text{b/s})$$

式中，W 是有限带宽无噪声信道的通频带宽，S 为信道上数据信号的平均功率，N 为信道内部的噪声功率，S/N 为信噪比。香农公式表明，信道的通频带宽越宽、信噪比越大，信道的极限数据传输速率就越高。例如，信道的带宽为 3kHz，信噪比为 1 000（即 10 lg1000＝30dB），则其极限数据传输速率为 $3\,000 \cdot \log_2(1+1\,000) \approx 30$kb/s。

［知识库 2—2］　香农和信息论

图 2—10　香农

香农（Claude Elwood Shannon，1916—2001，见图 2—10）是美国伟大的数学家和贝尔实验室最杰出的科学家之一。1948 年 6 月和 10 月，贝尔实验室出版的《贝尔系统技术》杂志连载了香农博士的论文——《通讯的数学原理》。在这篇论文中，香农用非常简洁的数学公式定义了信息时代的基本概念：熵。

“熵”的概念起源于热力学，是度量分子不规则热运动的单位。香农的伟大贡献在于，利用概率分布的理论给出“熵”的严格定义。根据香农的定义，确定发生的事件如“太阳从东边升起”与确定不发生的事件如“太阳从西边升起”，其熵都是零。只有当发生与不发生的概率相同时，事件的熵才达到极大。

在熵的基础上，他又定义了信道容量的概念，并推出了一个公式，明确表达了在不同噪声情况下传输速率与失真的定量关系，指出了用降低传输速率来换取高保真通讯的可能性。打个比方来说，在周围干扰严重的情况下，要想使对方听清楚，就只有慢慢地讲，甚至还要不断重复。

信息论从此诞生。信息论分为狭义信息论和广义信息论。狭义信息论是指通信系统中存在的信息传递和信息处理的共同规律，即研究概率性语法信息的学科。广义信息论是指运用数学和其他相关科学方法，研究一切现实系统中存在的信息传递和信息处理以及信息识别和信息利用的共同规律的科学。

3. 误码率

误码率是指信道传输信号的出错率，是数据通信系统在正常工作情况下的传输可靠性指标，用下面的公式表示

$$P=N_E/N$$

式中，N 为传输的总位数；N_E 为传错的位数。通常计算机网络要求误码率低于 10^{-6}，即每传送 1 兆位，错误不能多于一个。

2.2.2 信道的交互方式

信道的交互方式指一条物理信道上所允许的信号流动方向，即信道两端的用户只能一方收，另一方发；两方可以同时进行收发；或者是两方虽然都可以进行收发，但每一方的收和发只能交替进行，而不可同时进行。这样的三种情形分别称为单工方式、全双工方式和半双工方式。图 2—11 是这三种交互方式的示意图。

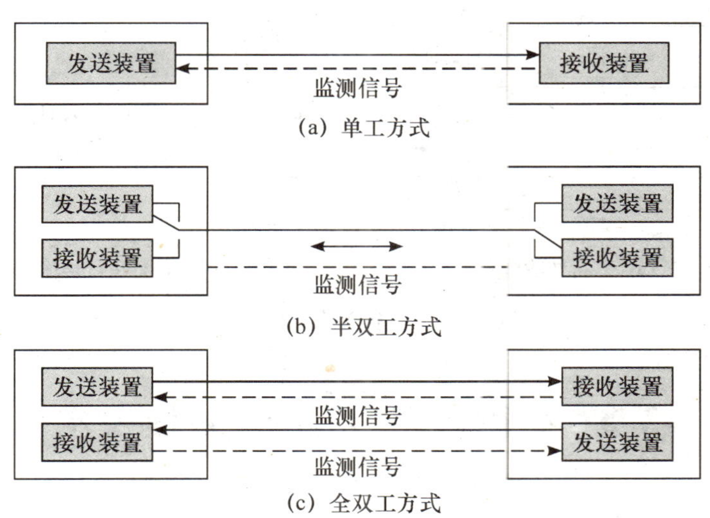

图 2—11　三种交互方式

1. 单工方式

单工方式的特点是单向通信，信号只能进行一个方向的流动，即只能固定地由一端发出，由另一端接收，如无线广播、电视等。

2. 全双工方式

全双工方式的特点是同时双向，即通信双方都可同时发送和接收信号。全双工通信线路相当于 2 个单工线路的组合，如电话就是全双工通信方式。

3. 半双工方式

半双工方式的特点是不同时双向，也称双向交替方式，即通信双方都可收发信息，但不可同时进行，同一时刻只限一个方向的信号传输，只能由一端发出，另一端接收，如对讲机，讲话和听讲不能同时进行。

2.2.3 并行传输与串行传输

在计算机中通常以字节或位为单位进行数据处理。在数据传输时，一条线路同一时刻只能传输信号的一位。如果将信号的各位分别在多条线路同时传输，则称为并行传输；如果只用一条线，让信号以位为单位依序传输，就称为串行传输。图 2—12 所示为串/并行传输的示意图。

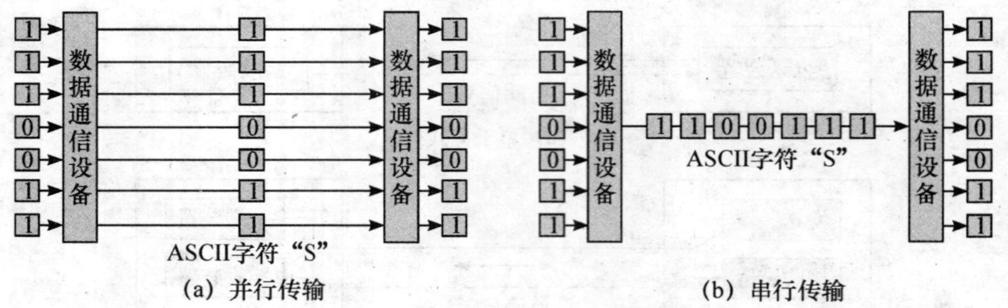

图 2—12 并行传输与串行传输

2.3 串行通信中的同步控制技术

2.3.1 问题的提出

在计算机网络中，数据一般以帧（frame）为单位传送。一个帧由多个字节组成，具体长度由链路上所使用协议规定。将数据分割成帧传输，可以把出错的帧检测出来重新传输，而不影响全局。但是，一个帧中数据还要一位一位地传送。要使数据能可靠地由发送端传送到接收端，就要解决两个问题：

（1）发送端要让接收端知道，一个帧何时开始，何时结束。否则，接收端就不知道从何时起，在其接收电路上的哪一位开始应当算是发送端发送的帧中的位。因为接收电路开始接收时要么是 0，要么是 1，而帧的首位可能是 0，也可能是 1。

（2）一般说来，接收端和发送端都有自己的时钟系统。即使两个时钟系统采用的信道的规格完全相同，也会有一定的误差。当接收端的采样脉冲校准接收到的帧中的第一位后，每进行一个位的采样，就会有一个时钟漂移，如图 2—13 所示，随着采样位数的增加，就会形成误差积累，到了某一位时，就可能错误采样。

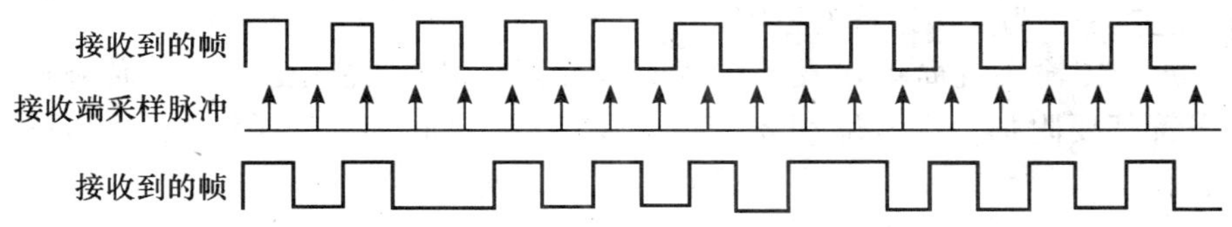

图 2—13　时钟漂移造成的误差积累

串行通信中的同步控制，就是为解决上述两个问题而提出的技术问题。目前主要有两种方式：异步传输方式和同步传输方式。

2.3.2　异步传输方式

异步传输方式按照字符为单位发送数据，即每个帧都比较短，如图 2—14 所示，它们由如下四部分组成：

- 1 个起始位：低电平——数字“0”状态；
- 5 位或 7 位字符码数据；
- 1 位校验位，用作奇偶校验；
- 长度为 1.5 位（5 位数据）或 2 位（7 位数据）的停止位：高电平——也是不通信状态。

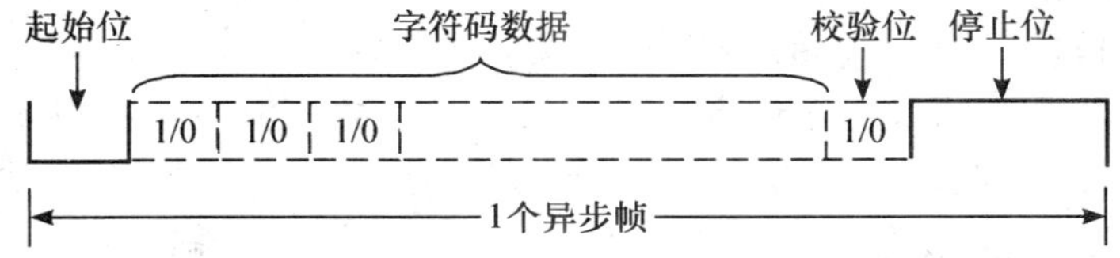

图 2—14　异步传输的帧结构

在异步传输开始前，传输线上一直处于高电平——不通信状态。当接收端检测到传输线上出现低电平时，就可以确认发送端要发送字符了，于是用这个低电平的变化启动定时机构，产生接收时钟，并按照发送顺序接收所发送的各位。最后由停止位对接收方定时机构复位。在特定的系统中异步传输帧中的数据位数是确定的，并且起始位和停止位之间的时间间隔固定。由于帧中的位数不多，所以只要正确地检测到起始位和停止位，就能实现帧中各位的同步，即使有些漂移，也不影响各位的正确接收。这种用起始位和停止位的同步实现多个位的同步的通信方式，也被称为起止同步方式或群同步方式。

采用这种通信方式，要传输的字符的发送时间是任意的，字符间是异步的。这就是称为异步通信的原因。

异步传输实现简单，设备技术开销小，价格便宜。由于异步传输时每个字符都要附加 2～3 位用于起止位，字节之间还有间隔，因此传输效率低。

2.3.3 同步传输方式

同步传输方式从帧和位两个方面实现同步控制。

1. 帧同步的实现

帧的同步的方法是在数据块的两端加上前文（preamble）和后文（postamble)，表示帧的起始和结束。前文和后文的特性取决于所用的协议。在面向字符和面向位两种帧结构中，前文和后文的表示方式不同。

在面向字符的同步传输中，帧头包含一个或多个同步字符——SYN。SYN 是一个控制字符，后面是控制字段和数据字段。接收端发现帧头，便开始接收后面的数据块，直至遇到另一个同步字符。IBM 的二进制同步规程 (BSC 或 bisync) 是具有代表性的面向字符的同步传输规程。

目前应用最普遍的面向位的同步传输规程是 ISO 制定的高级数据链路控制协议（high-level data link control，HDLC)。它把数据块看作数据流，并用序列“0111110”作为开始和结束的标志。为了避免在数据流中出现序列“0111110”时引起混乱，发送方总是在其发送的数据流中每出现 5 个连续的“1”，就插入一个附加的“0”；接收方则每检测到 5 个连续的“1”并且其后有一个“0”时，就删除该“0”。图 2—15 所示的是同步传输的两种帧格式。显然，同步传输的传输效率要比异步传输的高。

［知识库 2—3］　BSC 使用的控制字符

SYN（00010110）——同步字符
DLE（00010000）——数据链路转义
SOH（00000001）——报头起始
STX（00000010）——正文开始
ETX（00000011）——正文结束
ETB（00010111）——传输块结束
ITB（00010101）——中间传输块结束
EOT（00000100）——传输结束
ACK（00001100）——肯定确认
NAK（00010101）——否定应答
ENQ（00000101）——询问
ACK0，ACK1——肯定确认
WACK——发送前等待/肯定确认
RVI——反向中断
DISC——强制拆线
TTD——暂时正文延迟

SYN	SYN	SOH	字符序列	FCS
帧头		控制信息	数据块	校验序列

(a) 面向字符的同步帧格式

01111110	C	位流	FCS	01111110
帧头	控制信息	数据块	校验序列	帧尾

(b) 面向位的同步帧格式

图 2—15　同步传输的两种帧格式

2. 位同步

实现帧同步并不能完全解决传输的同步问题，因为每个帧都比较长，位漂移的积累将会使一个帧的后面部分的数据位无法正确接收。为此还需要实现位的同步。位同步可以通过两种方法进行：外同步法和自同步法。

外同步法在发送方和接收方之间提供单独的时钟线路，发送方在每个比特周期都向接收方发送一个同步脉冲。接收端根据这一串同步脉冲来调整自己的接收时序，把接收时钟的重复频率锁定在同步频率上，以便在接收数据的过程中始终与发送端同步。这种方法在短距离传输中比较有效，在长距离传输中会因同步信号失真而失效。

自同步法利用特殊编码（如曼彻斯特编码或微分曼彻斯特编码）让数据信号携带时钟同步信号，不断校正接收端的定时机构。

2.4 信道的多路复用技术

在通信系统中，信道有逻辑信道与物理信道之分。物理信道是实实在在的物理通路，如有线信道、无线信道、卫星信道等。物理信道与逻辑信道之间的关系有点像铁路与车次之间的关系，物理信道好比是铁路，逻辑信道好比是车次。北京到重庆之间并没有一条专线，但可以通过连接京广线——陇海线——宝成线——成渝线，开出一趟或几趟北京——重庆的列车来。而其中的京广线、陇海线、宝成线、成渝线上，还可以分别跑北京——广州、上海——乌鲁木齐、西安——昆明、成都——南宁的列车。逻辑信道是建立在物理信道基础上的，一条物理信道通过载波、分时或改变连接方式等，有可能分为几条逻辑信道（好像同一条铁路上同时运行多趟列车）；在复杂拓扑结构的网络上，两点之间的通信，并不一定要有一条专门的物理线路，而可以由其内部的结点间的连接来实现。通常把逻辑信道的实现称为“连接”。

多路复用（MUX）源于拉丁语 multi（许多）和 plex（混合）。它是指在一个物理信道上同时传送多个信号，或者说是把一个物理信道设法分成多个逻辑信道，以提高信道利用率。

2.4.1 频分多路复用技术

频分多路复用（frequency division multiplexing，FDM）是模拟传输中常用的一种多路复用技术。它把一个物理信道划分为多个逻辑信道，各个逻辑信道占用互不重叠的频带，相邻信道之间用“警戒频带”隔离，以便将不同路的信号调制（滤波）分别限制在不同的频带内，在接收端再用滤波器将它们分离，就好像在大气中传播的无线电信号一样，虽同时传送多个频率信号，但互不重叠，可以分辨。图 2—16 所示的是将一个物理信道频分为 3 路进行复用的情形，每个逻辑信道分配 4 000Hz 带宽，并只传送 3 000Hz 左右的载波频带信号。

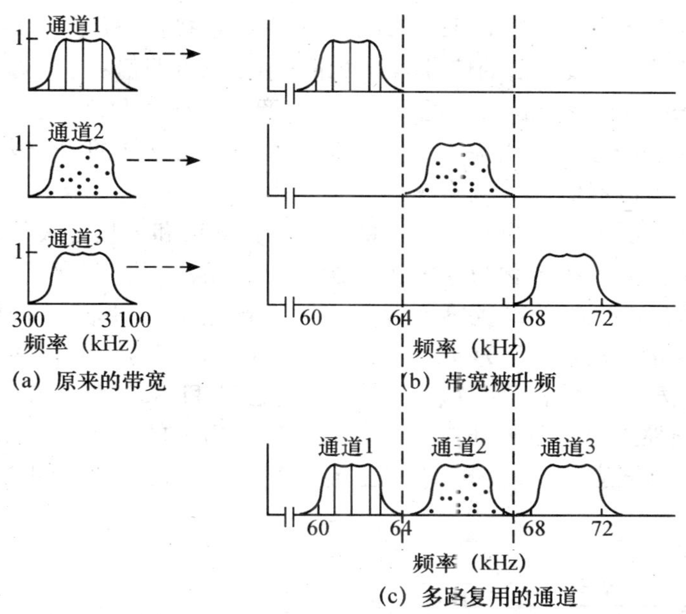

图 2—16　频分多路复月

最典型的频分多路复用技术的应用是普通收音机。

2.4.2　时分多路复用技术

1. TDM 的基本原理

时分多路复用（time division multiplexing，TDM）是数字通信中应用极为普遍的多路复用技术。如图 2—17 所示，它将一个传送周期划分为多个时隙，让多路信号分别在不同的时隙内传送，形成每一路信号在连续的传送周期内轮流发送的情形。

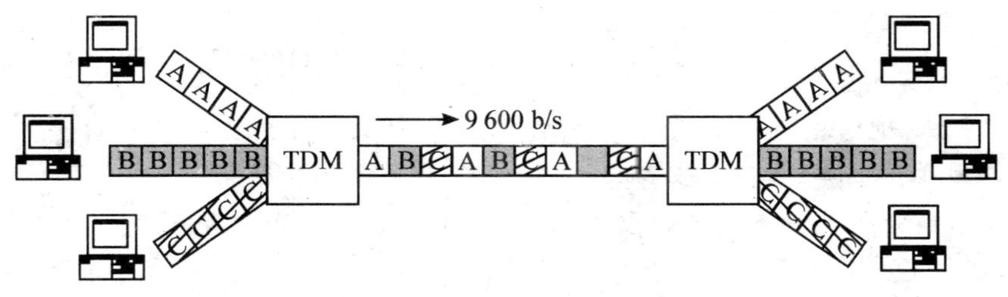

图 2—17　时分多路复用

利用时分多路复用技术可以将多路数字信号复接在一路上，参与复接的信号称为支路信号，复用后的信号称为合路信号。从合路信号中将原来的支路信号分离出来称为分接。例如当把 4kHz 的语音信号利用 PCM 技术调制为传输速率为 64kb/s 的数字信号后，还可以进一步将多路这样的信号进行 PCM 复用，来提高信道容量。

图 2—18 所示的是 ITU-T 推荐的数字速率等级和复接等级，它们都是基于传输速率为 64kb/s（称为零次群）的数字信号的。两种等级不同之处在于，一类是用 TDM 技术将 24 路零次群复用到一条线路上，形成数据传输速率为 1.544Mb/s 的一次群（称为 T1 次速率，主要在北美洲应用），并在此基础上形成其二次群、三次群、四次群等；另一类是用 TDM 技术将 30 路零次群复用到一条线路上，形成数据传输速率为 2.048Mb/s 的一次群（称为 E1 次速率，主要在欧洲应用），并在此基础上形成其二次群、三次群、四次群等。

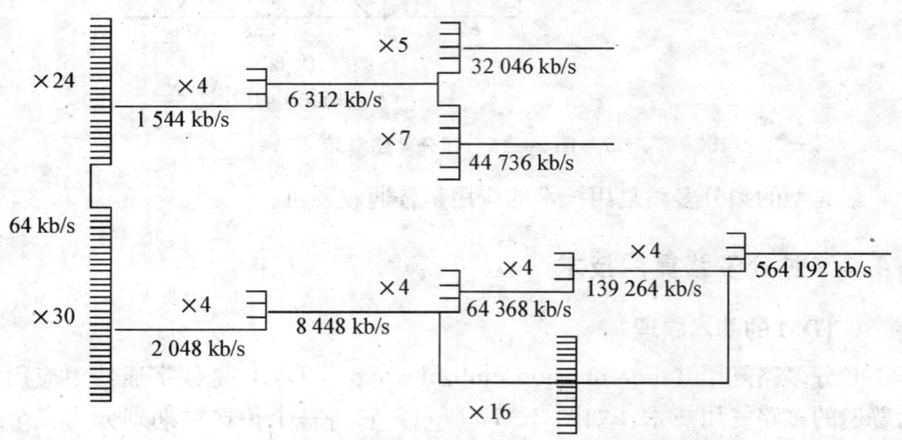

图 2—18 ITU-T 推荐的数字速率等级和复接等级

[知识库 2—4] 国际电信联盟（ITU）

1865 年，欧洲许多国家的政府代表开会成立了一个组织，用于协调各国间的通信业，企图在世界范围内提供兼容性，这就是今天的国际电信联盟（International Telecommunication Union，ITU）的前身。1947 年，ITU 成为联合国的一个办事机构。ITU 有三个主要部门：

- ITU-R：为世界范围内的利益竞争组织分配无线频率；
- ITU-T：电信标准化部门；
- ITU-D：开发部门。

其中的 ITU-T 在 1953—1993 年被称为国际电报电话咨询委员会（Consultative Committee International Telegraph and Telephone，CCITT）。CCITT 为国际通信用的各种通信设备及规程的标准化分别制定了一系列的建议。在数据通信方面，CCITT 有两种系列建议书：V 系列与 X 系列。V 系列建议是从 1960 年起逐步形成的一套在电话网和用户电报网上进行数据传输的标准，如 V1，V2，…，V57 等，每个建议针对一个专题。X 系列建议书是从 20 世纪 70 年代逐步形成的一套适用于数据通信的公用数据通信网的标准，如 X. 1，X. 2，…，X. 96 等。其中，X. 21，X. 25 和 X. 75 与计算机网密切相关，X. 400 是关于电子邮件的标准。从 1993 年起，这些建议都标有 ITU-T 的标记。ITU 作为国际条约组织，成员有如下五类：

- 政府部门（国家电信部门）；
- 得到许可的私人电信运营商（如 AT&T、MCI、英国电信等）；
- 地区性电信组织（如欧洲 ETST 等）；
- 电信制造商和科研部门；
- 其他有兴趣的组织（如银行业和航空公司等）。

所有成员都可以参加 ITU 的工作，但只有政府部门有投票权。我国是 ITU 的成员国之一。

2. 复接方式

TDM 可以设计成按位、按字节、按字符、按字或按任意多位的方式来对每个终端进行扫描复接。图 2—19（a）、（b）分别为按位和按字节进行扫描复接的示意图。

图 2—20 为对 4 路 PCM30/32 基群信号按位复接和按字复接的示意图。

按位复接又称为比特复接，即复接时每支路依次复接一个比特。这是目前广泛使用的方法，它的设备简单，需容量小，且容易进行，但对信号的交换不利。

按字复接的方法如下：对基群来说，一个码字有 8 位，复接前先将 8 位码存起来，在规定的时间内一次复接；4 个支路轮流复接。这种方法需要较大的存储容量，适合于数字电话交换。

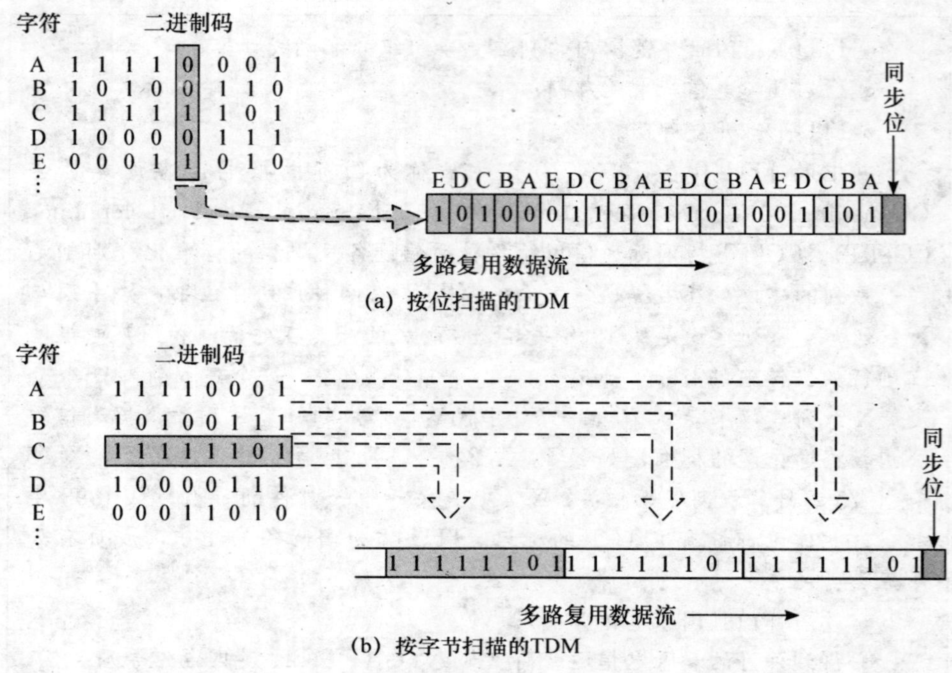

图 2—19 两种扫描方式

按帧复接是每次复接一个支路的帧（256 比特)。这种方法不破坏原来的帧结构，有利于交换，但需要更大的存储容量。

复接实际上就是通过脉冲取样再生成一定宽度的数字信号的过程，但由于要保持原来的数字信号周期，因此复接生成的方波宽度一定要按复接支路数进行分频。如在图 2—20 中，对 4 路数字信号进行复接后，在合路上的位宽减小到原来的 1/4，使得 4 路的总宽等于原来 1 位的宽度，这样才能保持信号的传输速率不变。

3. STM 与 ATM

图 2—21 给出了时分多路复用的两种传输模式——同步传输模式（synchronous transfer mode，STM）和异步传输模式（asynchronous transfer mode，ATM)。同步传输模式是指时分方案中的时间片是预先分配好的，时间片与数据源是一一对应的，不管某一个数据源有无数据要发送，对应的时间片都是属于它的；或者说，各数据源的传输定时是同步的。在接收端，根据时间片的序号来分辨是哪一路数据，以确定各时间片上的数据应当送往哪一台主机。

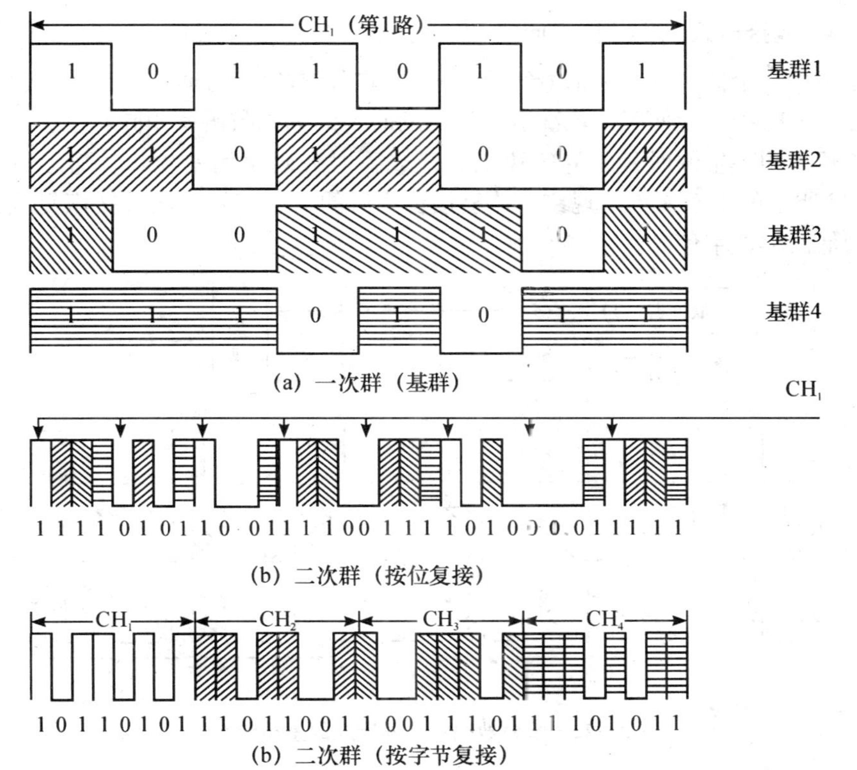

图 2—20 对 4 路 PCM30/32 基群信号按位复接和按字复接

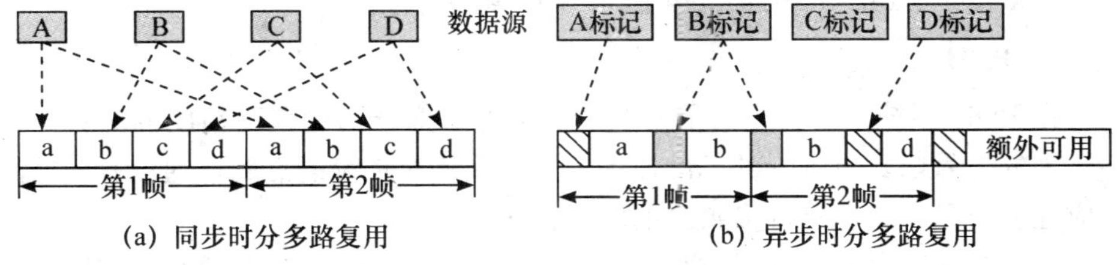

图 2—21 同步传输模式与异步传输模式

采用异步传输模式，系统可以按照需要动态地为各路信号分配时间片，各时间片与数据源无对应关系。为使数据传输顺利进行，所传送的数据中需要携带供接收端辨认的地址信息，因此异步传输模式也称为标记时分多路复用传输模式。

4. 复接时系统间的同步问题

当由几个低次群数字信号复接成一个高次群数字信号时，如果各低次群采用独立的时钟，即使每个低次群所使用的时钟的标称数码率相同，也会由于线路长短不同产生的时延差异等原因，造成瞬时数码率的差异，从而形成如图 2—22 所示的重叠或错位现象，使复接合成后的数字信号无法分接恢复成为原来的低次群数字信号。

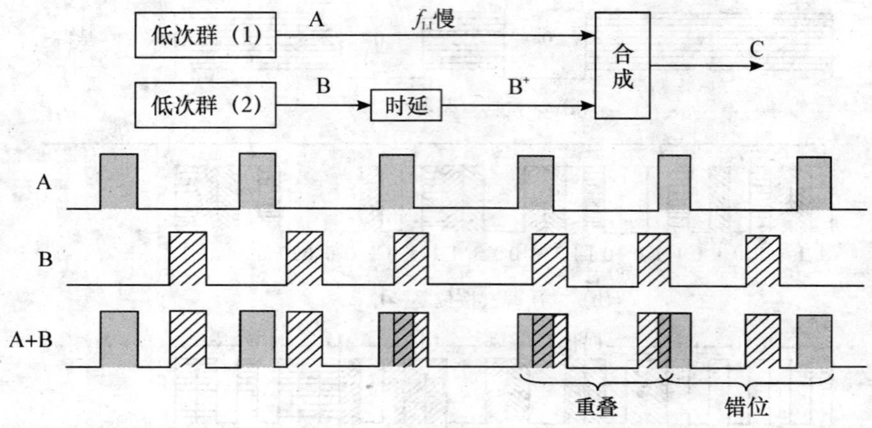

图 2—22 瞬时数码率差异造成的重叠和错位

为避免这个问题，需要解决系统与系统间的同步问题。为此，形成了两种数字传输系列：PDH（plesiochronous digital hierarchy，准同步数字系列）和 SDH（synchronous digital hierarchy，同步数字系列）。

5. PDH

在 PDH 系统中，数字通信网的每个结点上都分别设置高精度的时钟，这些时钟的信号都具有统一的标准速率。这种系列对传统的点到点通信有较好的适应性。但是，它也有许多致命的缺点：

（1）它对时钟的精度要求很高，即使是这样，总还有一些微小的差别。因此，这种同步方式严格来说不是真正的同步，只能叫做“准同步”。

（2）随着数字通信的迅速发展，点到点的直接传输越来越少，而大部分数字传输都要经过转接，使 PDH 系列越来越不适应。

（3）PDH 只有地区性的电接口规范，不存在世界性标准。现有的 PDH 数字信号序列有如表 2—2 所示的三种信号速率等级：欧洲系列、北美系列和日本系列。由于各种信号系列的电接口速率等级以及信号的帧结构、复用方式均不相同，这种局面造成了国际互通的困难，不适应当前随时随地便捷通信的发展趋势。

表2—2　　三种信号速率标准（Mb/s）

北美	欧洲	日本
T1＝1.544	E1＝2.048	1.544
T2＝6.312(4×T1)	E2＝8.448(4×E1)	6.312
T3＝44.736(7×T2)	E3＝34.36(4×E2)	32.064
T4＝274.186(6×T3)	E4＝139.264(4×E3)	97.728
T5＝1 645.116(6×T3)	E5＝564.992(4×E4)	397.20

（4）现在的PDH系统中，只有1.5Mb/s和2Mb/s速率的信号（包括日本系列6.3Mb/s速率的信号）是同步的，其他速率的信号都是异步的，通常要通过码速的调整来匹配和容纳时钟的差异。而且PDH采用异步复用方式，使得低速信号复用到高速信号后，在高速信号的帧结构中的位置没规律性和固定性，即在高速信号中不能确定低速信号的位置。这样，就无法直接从高速信号中提取（分/插）出低速信号来，而要一级一级地进行。正如要在一堆人中寻找一个没见过的人一样，若这一堆人排成整齐的队列，那么只要知道所要找的人站在这堆人中的第几排和第几列，就可以将他找了出来；若这一堆人杂乱无章地站在一起，若要找到想找的人，就只能一个一个地按照片去寻找了。图2—23表明通过三级分接设备从140Mb/s的信号中分出2Mb/s的低速信号；再通过三级复接设备将2Mb/s的低速信号复接到140Mb/s信号中。这样不仅增加了设备的体积、成本、功耗，还增加了设备的复杂性，降低了设备的可靠性，也使信号在复用/解复用过程中产生的损伤加大，使传输性能劣化。

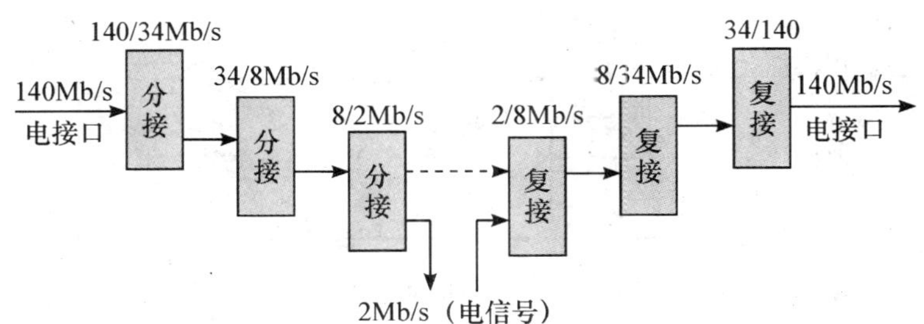

图2—23　PDH从高速信号中分/插出低速信号的过程

6. SDH

SDH原来的名称是SONET（synchronous optical network，同步光纤网）

由美国贝尔通信研究所于 1985 年提出。SONET 最初的目的是在光路上实现标准化，便于不同厂家的产品能在光路上互通，从而提高网络的灵活性。1988 年，国际电报电话咨询委员会（CCITT）接受了 SONET 的概念，并重新命名为 SDH，使它不仅适用于光纤，也适用于微波和卫星传输的技术体制，并使其网络管理功能大大增强。

SDH 传输是针对 PDH 传输的缺点而提出的一种全新的传输体制，与 PDH 技术相比，它有如下明显优点：

(1) 有统一的比特率，统一的接口标准。

SDH 体制对网络结点接口（NNI）作了统一的规范。规范的内容有数字信号速率等级、帧结构、复接方法、线路接口、监控管理等。例如，它建立了一套标准的信息结构（速率）等级，基本的信号传输结构等级是 155Mb/s，称为同步传输模块 STM-1。在此基础上，按照 4 的倍数可以复接成高等级的数字信号系列：STM-4 = 4 × STM-1 = 622Mb/s，STM-16 = 4 × STM-4 = 2.5Gb/s，STM-64=4×STM-16=4×2.5Gb/s=10Gb/s，STM-128=2×4×STM-16=20Gb/s，STM-256=4×4×STM-16=40Gb/s，STM-512=8×4×STM-16=80Gb/s。

SDH 的线路接口（光口）采用世界性统一标准规范，SDH 信号的线路编码不再进行冗余码的插入，使线路信号速率与电口标准信号速率相一致，便于从线路信号中提取时钟信号。

(2) 采用了字节间插复用方式，使网络中上下支路信号变得十分简单。

如图 2—24 所示，SDH 采用块状的帧结构来承载信息，每帧由纵向 9 行和横向 270×N 列字节组成，按照内容整个帧结构分为 3 个区域：

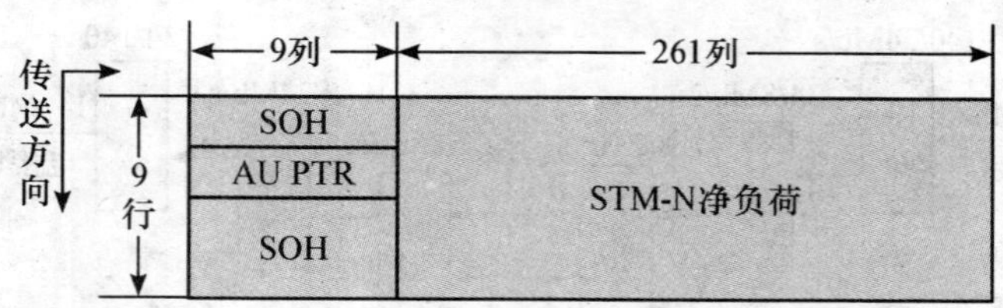

图 2—24　STM-N 帧结构

● 段开销（section over head，SOH）区，指在 STM 帧结构中为了保证信息能够正常灵活地传送而附加的字节，主要是一些维护管理字节，例如误码监视、帧定位、数据通信、故障隔离、公务通信和自动保护倒换字节。

● STM-N 净负荷区，存放真正用于信息业务的比特和少量的用于通道维护管理的通道开销字节。

● 管理单元指针（AU PTR）区，用来指示净负荷区内的信息首字节在 STM-N 帧内的准确位置以便接收时能正确分离净负荷。

SDH 的帧传输时按由左到右、由上到下的顺序排成串型码流依次传输，每帧传输时间为 125μs，每秒传输 1/125×1 000 000 帧，对 STM-1 而言每帧字节为 8b×(9×270×1)=19 440b，所以 STM-1 的传输速率为 19 440×8 000=155.520Mb/s。

SDH 帧结构清晰，又有 AU PTR 指出净负荷的位置，所以能从高速 SDH 信号中直接分/插出低速 SDH 信号（例如从 STM-16 中直接分/插出 STM-1），简化了信号的复接和分接。若把 SDH 技术与 PDH 技术的主要区别用铁路运输类比一下的话，PDH 技术如同散装列车，各种货物（业务）堆在车厢内，若想把某一包特定货物（某一项传输业务）在某一站取下，必须把车上的所有货物先行卸车翻腾一遍，找到所需要的货物后，再把剩下的货物及该站新装货物一一堆到车上运走。因此，PDH 技术要求凡是需上下电路的地方都需要配备大量各次群的复接设备。而 SDH 技术就好比集装箱列车，各种货物贴上标签后装入集装箱。然后小箱子装入大箱子，一级套一级，这样通过各级标签（AU PTR）可准确地知道某一包货物在第几车厢及第几级箱子内，从而能在高速行驶的列车上准确地将某一包货物取下，而不需将整个列车“翻箱倒柜”，因此，只有在 SDH 中，才可以通过标签实现简单地上下电路。

(3) 采用同步复用方式和灵活的映射结构，有很强的兼容性。

SDH 网中使用一套容器装载 PDH 低速支路信号和其他各种体制的数字信号，将之复用进 SDH 信号的 STM-N 帧中。各种业务信号复用进 STM-N 帧的过程都要经历映射（相当于信号打包）、定位（相当于指针调整）、复用（相当于字节间插复用），使低速支路信号在 STM-N 帧中的位置也是可预见的，所以可以从 STM-N 信号中直接分/插出低速支路信号。

(4) 丰富的用于运行维护（OAM）的功能，使网络的监控功能大大加强。

PDH 的信号中开销字节不多，以至于在对线路进行性能监控时，还要通过在线路编码时加入冗余比特来完成。SDH 信号的帧结构中安排了的开销字节，其信号丰富的开销占用整个帧所有比特的 1/20，大大加强了 OAM 功能。这样就使系统的维护费用大大降低，维护的自动化程度大大加强。据估算，SDH 系统的综合成本仅为 PDH 系统的 65.8%。

(5) 提出了自愈网的新概念。

用 SDH 设备组成的带有自愈保护能力的环网形式，可以在传输媒体主信号被切断时，自动通过自愈网恢复正常通信。

2.4.3 光波分多路复用技术

目前，使用光纤进行数据传输的速率已经达到 2.5Gb/s。传输率的进一步提高是一件极为困难的技术问题。有关研究认为，光纤传输的极限在 10Gb/s 左右。采用光波分多路复用（wavelength division multiplexing，WDM）技术是在一根光纤中能同时传输多个光波信号的技术，它能大幅度地提高光纤的利用率。图 2—25 为一个说明光波分复用的示意图，它将 8 路波长为 1 310nm、传输速率均为 2.5Gb/s 的光波，调制到从 1 550nm 开始、间隔为 1nm（实际中为 0.8 或 1.6nm）的光载波上，然后用复用器（也称复波器）将它们组合到一根光纤中传输；到达目的结点后，用分用器分离，逆变换为原来波长的光载波。

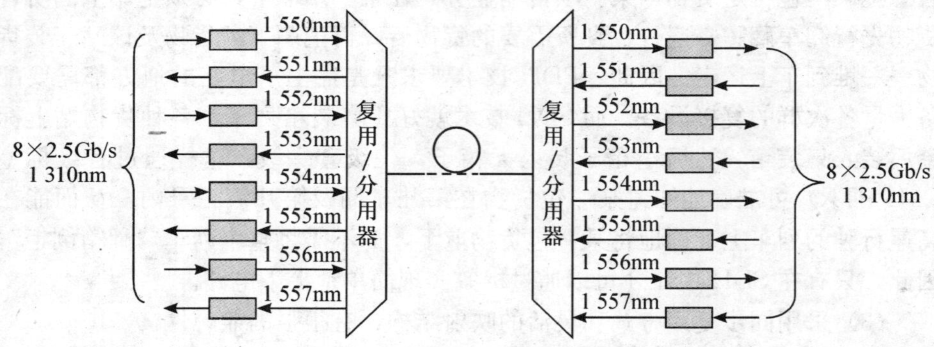

图 2—25 光波分多路复用单纤传输

WDM 技术对网络的扩容升级、发展宽带业务、挖掘光纤潜力、实现高速通信等具有十分重要的意义。DWDM 即密集波分多路复用，目前已经可以做到在一根光纤上传输 80 路以上的光载波信号，已讨论在 1 550nm～1 570nm 的单模光纤上开 256 个窗口的问题。这样的技术将有可能使得传输带宽问题不再是计算机网络的瓶颈。

2.4.4 码分多路复用技术

码分多路复用（code division multiplexing，CDM）是与码分多址（code division multiple access，CDMA）相联系的一项技术。

在 CDMA 传输时，要给每位用户分配一个 m（通常 m 取 64 或 128）比特序列，称为码片序列（chip sequence）或码片向量。不同的用户拥有不同的码片序列，即具有不同的地址。

CDMA 按照下面的规则进行用户数据的发送：

- 发 1，发送该站的码片序列的原码；
- 发 0，发送该站的码片序列的反码。

图 2—26 是一个发送用户数据码元比特流 1001 的例子。为了便于说明原理，假定 $m=16$，发送站的码片序列为 1110001101010010，其反码为 0001110010101101。于是，所发送的每一个用户比特都被扩展为 m 位的码片序列流，信号的频率带宽也被扩展了 m 倍。

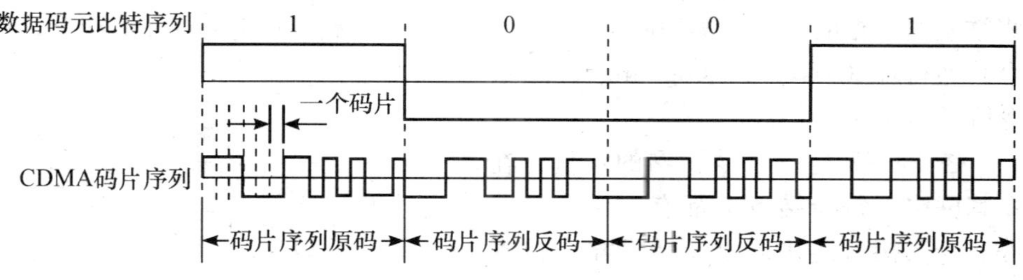

图 2—26　CDMA 的码片序列

实际应用时，码片序列是随机产生的，其长度为 64 或 128，每一个用户使用不同的码型进行通信，所以具有较高的隐私性能。同时，由于各用户使用的 PN 码都是经过特殊挑选的，在同一信道上用同一频率进行传输时，不同码型之间不会相互干扰。

2.5　多点共享信道的访问控制

为了提高线路的利用率，局域网采用了介质共享技术。与多路复用技术不同，多路复用是将一条物理信道分割成多条逻辑信道的技术，使多个用户信息在同一信道上同时传输。多点共享则是多个结点使用同一条信道时的控制策略。在局域网环境下，线路的距离不长，没有必要使用复杂的多路复用/解复用设备，因而采用了介质共享控制技术，也称多点接入技术或称多点访问技术。即在某一时刻只允许传送一个用户数据的情况下，为解决多个用户争先使用引起的信道冲突（collision，或称碰撞）而采用的介质访问控制方案。

目前多点访问技术有两种控制方式：

（1）竞争方式：各结点以竞争方式来取得介质的使用权。

（2）受控（授权）方式：各个结点必须在某一控制原则下通过授权接入，形成一种无冲突的访问控制方法。在受控多点访问技术中，多点线路既可以采用分散式控制，也可以采用集中式控制。

2.5.1　令牌访问技术

1. 令牌访问技术原理

令牌（token）访问是一种授权访问控制方法。它的基本思想是在网上发放一个令牌，只有分配到令牌的结点才有权发送数据。令牌的基本分配原则是将欲发送数据的结点按某种原则进行排队。这种技术一般使用在环形网上，称令牌通行环（token passing ring），简称令牌环（token ring）。

图 2—27 是一个令牌网的示例。在令牌网中，每个结点上都有一个通过电缆、介质接口连接器以及转发器连接到环上的工作站。同时还运行着一个按照固定方向从一个结点到另一个结点流动的令牌。令牌实际上是一种特殊格式的帧。图 2—28 是一个典型的令牌帧（无数据）示例，它有 3 个字节的长度，其中起始字段和结束字段各占一个字节，令牌字段只占一个字节。

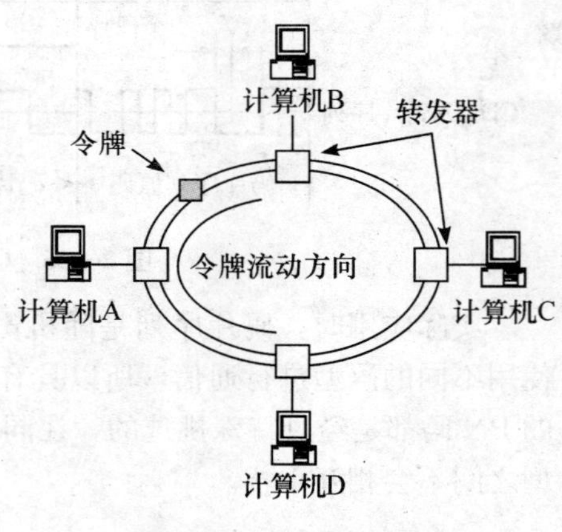

图 2—27　令牌环网

J	K	0	J	K	0	0	0	P	P	P	T	M	R	R	R	J	K	0	J	K	0	0	0
起始字段								令牌字段								结束字段							

图 2—28　典型的空令牌帧结构

令牌字段由 3 部分组成：

- PPP 为 3 位优先比特，将优先级分为 8 级。
- RRR 为 3 位预约比特，可以预约下次发送权。
- T 为 1 位令牌状态比特，T=0 为令牌帧（无数据），T=1 为非令牌帧（数据帧）。
- M 为 1 位令牌监督比特，防止处于“忙”状态的令牌陷于无限循环状态：数据帧第 1 次通过置 M=1，第 2 次通过确定其为不能送达，被置为令牌帧（T=0）。

令牌网的工作过场大致如下：

开始时，令牌状态被置“闲”（T=1）。当一个结点有数据要发送时，必须等空闲令牌到来；检测到空闲令牌到来，便将之截获，置令牌的状态为“忙”（T=0），并把要传送的数据以及有关说明和控制字段插入进去，形成如图2—29所示的数据帧。这时，结束字段要进行一定修改，用来表示该站还有没有数据发送。

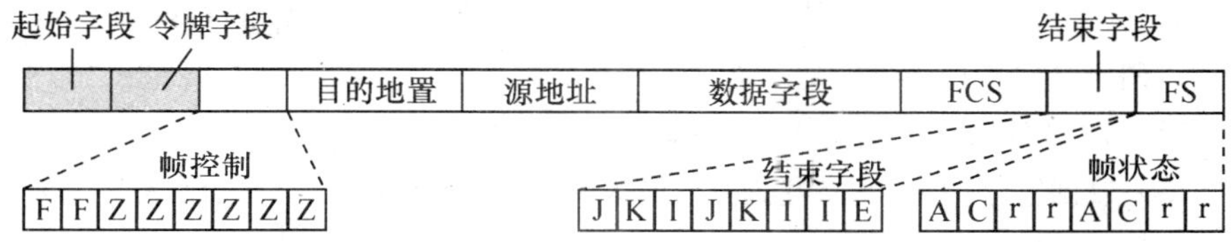

图2—29　令牌网中的数据帧结构

加载有数据的帧开始按照原来的方向往前传送。每到一个站点，所到站的转发器便将帧内的目的地与本站的地址进行比较，如果两地址复合，则置A=1；否则置A=0。若A=1，接着复制该帧，并置C=1，表明“已收到”，然后让帧继续传送。当传回到发源站点时，若没有检查到“已收到”标志则继续发送当前帧，若检查到“已收到”标志就停止传送，撤消所发送的数据帧并立即生成一个新的令牌发送到环上（这时还有数据就继续发送，否则生成空闲令牌）。这种由发送站回收令牌的策略具有广播性，允许多个站点接受同一数据帧。

在令牌运行过程中，当一个站点的优先级别比当前令牌中的优先级别（PPP表示）高时，可以用RRR显示，并预约下一次的发送权。

令牌传送方式是一种无冲突的介质共享方式，常用于负载较重、通信量较大的网络，地理范围也比以太网大。不像以太网那样，随着负荷的增加，冲突增多，网络效率急剧下降。令牌环网的缺点是，管理要比竞争方式复杂得多。为了防止令牌的损坏、丢失或两个甚至多个令牌等错误的出现，网络必须有错误检测能力、恢复机制等。此外，它采用了集中管理方式，而该控制站一旦出现问题就会造成一些麻烦。

2. 令牌数据帧中有关字段的意义

（1）起始字段和结束字段（各占1个字节）

在起始字段和结束字段中，各有两对“JK”的特殊比特，用作起始和结束的识别标志。

对于数据帧来说，在结束字段中，要用1位I作为后继比特，当I=1时，表示还有数据要发送，I=0为最后一帧数据。同时，还要用1位E作为差错比特，开始时发送站将E置为0，环上所有的经过站都要对经过的帧进行校验，检测到错误，即将E置为1。

(2) 帧控制字段（占1个字节）

前2位FF表示帧的类型：

- FF=00，为MAC控制帧，无数据字段；
- FF=01，为一般信息帧，只发送数据给地址字段指定的目的站；
- FF=11或FF=10未定义。

后6位ZZZZZZ为控制帧的种类。

(3) 数据字段（最小长度为0，最大长度受令牌轮转一周的最大时间限制）

(4) 帧校验字段FCS占4个字节（用于检查接收到帧中有无错误）

(5) 帧状态字段FS（最后一个字节）

- A：地址识别指示比特；
- C：帧已复制指示比特；
- r：未做规定。

2.5.2 CSMA/CD技术

1. CSMA/CD的基本原理

CSMA/CD是以太网中使用的一项多点共享信道的竞争技术。早期的以太网采用总线结构和用集线器连接的星型结构，形成多点共享介质的情形。为了提高系统效率，人们提出了这种基于竞争的技术。它的工作原理有点像多人开讨论会。当一个人想发言时，要先听听有没有人在发言：若有人在发言，就继续听或等等再说；若无人发言，就发言。但是，也许别人也在这么做，从而出现同时发言的情形，这就称为冲突。一旦发生冲突，就立刻停止发言，等一段时间再发言。如果冲突了多次，就暂时放弃发言。上述过程可以简要地叙述为：讲前先听，忙则等待，无声则讲，边讲边听，冲突即停，后退重传。与此相仿，CSMA/CD就是：

- MA（multiple access，多路访问）：相当于多人讨论。
- CS（carrier sense，载波侦听）：每个站点在发送数据前，检测信道上有没有脉冲信号，即有没有别的站点在发送数据；没有检测到脉冲信号再发送，否则避让一段时间再继续监听。——相当于“讲前先听，忙则等待，无声则讲，边讲边听”。

● CD（collision detection，冲突检测）：在发送数据的过程中，还要继续监听，目的是发现冲突。一旦发现冲突，立即停止发送，并发出一串阻塞信号，使其他站点也立即停止发送，以便尽快恢复信道，然后避让一段时间再开始监听信道。——相当于“冲突即停，后退重传”。

● 如果 CS 和 CD 过程进行了多次，都没有发送成功，就需要暂时放弃发送。——相当于“多次无效，放弃发送”。

2. CSMA/CD 发送处理

图 2—30 为 CSMA/CD 的基本工作流程。图中，n_r 是已经检测到的碰撞次数，每检测到一次碰撞，n_r 增加 1；n_{max}是设定的最大碰撞次数。

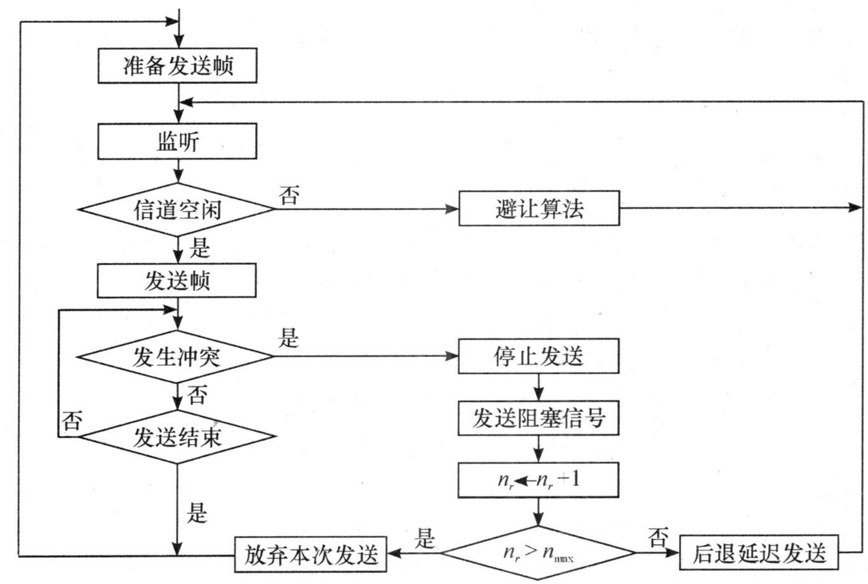

图 2—30　CSMA/CD 的基本工作流程

3. CSMA/CD 的关键技术

（1）帧间隙

以太网进行帧传送时，为确保前后两个帧互不重叠干扰，要求帧间必须保留有 12 个字节（96 位）的帧间隙（interframe gap）。这个帧间隙，对 10M 以太网来说是 9.6μs 的时间间隔，对 100M 以太网来说是 0.96μs 的时间间隔。

（2）避让策略

对于 CSMA 来说，避让算法非常重要。设计避让算法的关键是减少碰撞。CSMA 可以考虑 3 种避让策略。

- 非坚持 CSMA（nonpersistent CSMA）；
- 1-坚持 CSMA；
- p-坚持 CSMA。

（a）非坚持 CSMA 算法规则：

- 当一个站点要发送数据时，首先要侦听信道，看是否有其他站点正在发送数据。
- 如果信道空闲，即将数据送出；若信道在使用中，就不再继续侦听，等待一个随机长时间，再试。

采用这种算法，有可能减低碰撞，但也有可能使信道空闲一段时间，信道利用率低。

（b）1-坚持 CSMA 算法规则：

- 当一个站点要发送数据时，首先要侦听信道，看是否有其他站点正在发送数据。
- 如果信道忙，就继续监听，等待信道空闲，将数据尽快送出。
- 若发生冲突，就等待一个随机长时间，再试。

采用这种算法，只要信道空闲，就可以发送，信道利用率高，但冲突不可避免。

（c）p-坚持 CSMA

p-坚持 CSMA 用于分隙信道。其工作过程如下：

- 当一个站点要发送数据时，首先要侦听信道，看是否有其他站点正在发送数据。
- 如果信道空闲，即将数据以 p 概率传送，并以 $1-p$ 概率把该次发送推迟到下一时隙；若下一时隙信道仍空闲，便再以 p 概率传送，并再以 $1-p$ 概率把该次发送推迟到下下时隙；如此重复，直到发送成功或另一站开始发送。
- 若信道忙，就继续侦听，到下一时隙重新开始上述过程。

假如介质忙时有 N 个站点等待数据发送，等到介质空闲时，只有 pN 个站点企图发送。与 1-坚持 CSMA 相比，冲突减少。冲突的多少取决于 p 的选择。如果 p 选得较大，冲突发生的几率就大；而 p 选得太小，则信道的利用率就会降低。

（3）后退算法

一旦检测出冲突，应立即停止发送，同时发出一个干扰信号（jamming

signal)，清除（丢弃）已发出的帧，并通知所有站点“冲突已经发生”，请所有站点都暂停发送，以免冲突持续造成网络瘫痪。这个等待停滞称为退避（back off)，其中发出的干扰信号是一串 32～48 位的“1”。

退避时间（backoff time）的选择要兼顾使各站点尽快将帧发出和能够实现网络的拥塞控制。显然，大家都采用一个固定的退避时间是不行的，那样会一而再、再而三地发生冲突。因此各站点采用随机退避时间，以便有效地减少冲突的连续发生。

最常用的后退算法是截断二进制后退算法。它用下面的公式计算退避时间：

$$t=R\times 2\tau,\ R\ 的取值范围为[0,2^N-1]$$

式中，2τ 为时间片（IEEE 802.3 中为 512 位时）；N 为重发次数；R 为随机数，取值如下：

第 1 次重发时，R 的取值范围为 [0，1]；

第 2 次重发时，R 的取值范围为 [0，3]；

……

这样，等待时间就与冲突发生历史相关，发生过的冲突次数越多，就说明发生冲突的可能性越大，退避时间就应越长，以免无谓之功。表 2—3 为退避时间举例。

表 2—3　　退避时间的有关数据（对 10Mb/s 的以太网络）

重传次数	工作站点数	随机数范围	退避时间
1	1	0～1	0～51.2μs
2	3	0～3	0～153.6μs
3	7	0～7	0～358.4μs
4	15	0～15	0～768μs
5	31	0～31	0～1.59ms
6	63	0～63	0～3.23ms
7	127	0～127	0～6.5ms
8	255	0～255	0～13.1ms
9	511	0～511	0～26.2ms
10～15	1 023	0～1 023	0～52.4ms

一般情况下，重传 16 次后，仍发生冲突，就放弃发送。由于 MAC 子层上的帧还不是 MAC 帧，因此当 MAC 子层传到物理层时，还要加上一个由硬件生成的 8 字节的前导同步码，表示一个帧的开始。它是“1010……”交替

码，只是到了最后一位将 0 变为 1，表示前导同步码的结束。

4. CSMA/CD 接收处理

接收处理主要有两项工作：接收校验和本地处理。接收校验包括碎片校验、目的地址校验和完整性校验：

- 碎片校验：长度小于 512 位的帧是冲突碎片。
- 目的地址校验：用于判断是否是本地地址。
- 完整性校验：包括校验是否是畸形帧（长度>1 518 字节）、CRC 校验和定界符（长度必须是 8 位的整数倍）。

5. IEEE 802.3 帧结构

IEEE 802.3 标准定义的 CSMA/CD 帧格式如图 2—31 所示。它工作在 MAC 层，由 8 个字段组成。下面分段说明。

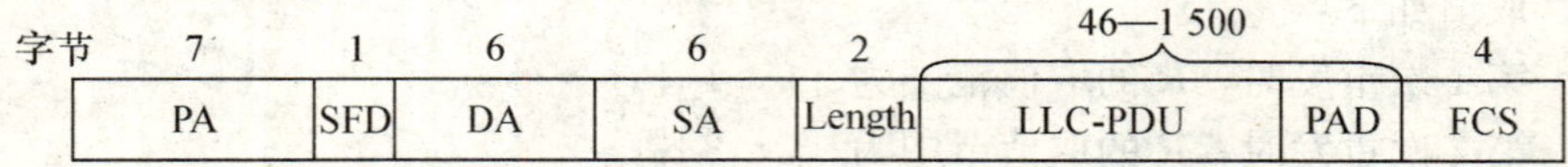

图 2—31 IEEE 802.3 标准定义的 CSMA/CD 帧格式

（1）PA（前同步码）

当 MAC 帧传递给物理层时，必须加上前同步码字段，它是 7B 的交替 1、0 序列，即 1010…，供接收方进行比特同步之用。

（2）SFD（帧起始界符）

紧跟在前同步码之后的是 MAC 帧的起始界符，占 1B，编码形式是 10101011，接收方一旦收到两个连续的 1 后，即得知一 MAC 帧的开始，后面的数据交给 MAC 层。

（3）DA（目的地址）和 SA（源地址）

这两个字段各占 6B，分别规定了该 MAC 帧准备发往的目的站地址和发送 MAC 帧的源地址。

（4）LLC-PDU（LLC 协议数据单元）

该字段的内容就是 LLC 层传递下来的 LLC 帧。

（5）Length（长度指示）和 PAD（填充）

IEEE 802.3 规定帧中的 LLC-PDU 合法长度范围为 46B～1 518B。太长（超过 1 518B）和太短（少于 46B 为帧碎片），接受方都不接收。为了检查方便，帧中用 2B 的 Length 字段标明本帧中 LLC-PDU 的长度。当 LLC 层传递下来的 LLC 帧的长度不足 46 个 B 时，就在其后面加上 PAD（若干个 0），以补足 46B，从而满足冲突检测的需要。

(6) FCS（帧校验序列）

帧校验序列字段占 4B，对整个帧进行校验（不包括起始界符）。

2.5.3　CSMA/CA 技术

无线局域网也是一种共享介质的网络，也面临着站点间的竞争发送问题。如前所述，在竞争发送的情况下，关键是检测冲突。在有线信道中，一旦发生冲突，就会引起载波信号电压变化，很容易检测出冲突来。而在无线网络中发生冲突后并不会产生载波电压的变化，并且无线通信常常遭受其他噪声干扰，因此无线产品的适配器很难检测信道是否真正存在冲突。这种情况下，CSMA/CD就无法见效。为此，IEEE 802.11 为无线局域网定义了带有冲突避免的载波侦听多路存取（carrier sense multiple access/collision avoidance，CSMA）竞争服务协议。

CSMA/CA 并不能完全避免冲突，但可以减少碰撞几率。如图 2—32 所示，CSMA/CA 的访问规则如下：

● 任何一个站点在发送数据之前，要先监听载波，确认信道空闲时，发送探询帧，仅当信道空闲一个 IFS（帧间隙）的时间后仍然空闲时，才发送数据。

● 如果介质忙（包括侦听中发现忙、在 IFS 时间内发现忙），站点要推迟一个随机时间后重新尝试。

● 一旦当前的数据传送完毕，站点要再延迟一个 IFS 时间；如果在这段时间内介质仍然忙，站点就使用二进制后退算法并继续监听介质，直到介质空闲。

● 接收端在收到数据后，等信道空闲一个 IFS 时间后才发出回答帧 ACK，否则推迟一个随机时间后重新尝试。

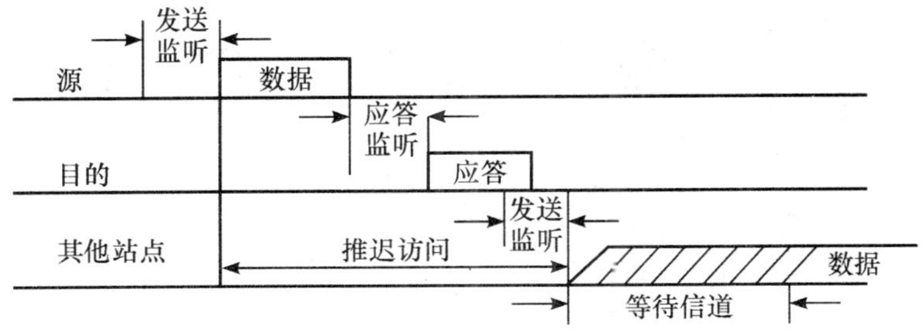

图 2—32　发送站点使用 IFS 的 CSMA 访问规则

为了实现优先级机制，DCF 使用了三种不同长度的 IFS。

● SIFS（短 IFS）：即最短 IFS，用于优先级最高、需要立即处理的情况，如发送确认（ACK）帧、发前清除（CTS，先发一个小的发送要求——RTF，成功后接收方立即用 CTS 响应，迫使其他站点推迟对介质的占用）以及轮询响应（在无竞争服务中使用）等。

● PIFS（点协调 IFS）：即中等优先级，在无竞争服务中使用。

● DIFS（分布式协调 IFS）：即最长 IFS，用于异步竞争访问的最小延时。

2.6　数据传输中的差错控制

差错控制是应对传输中出现错误的技术，流量控制是防止一个信道中的数据流量过大的技术。这两项技术常常一并进行。

2.6.1　数据传输差错及其基本对策

1. 数据传输中差错产生的原因

在数据传输中，接收到的数据与原来发送的数据不一致称为传输差错。信道噪声引起传输信号的畸变是产生差错的主要原因。如图 2—33 所示，信道噪声将在数据信号上叠加一些高次谐波，从而引起接收端判断错误。

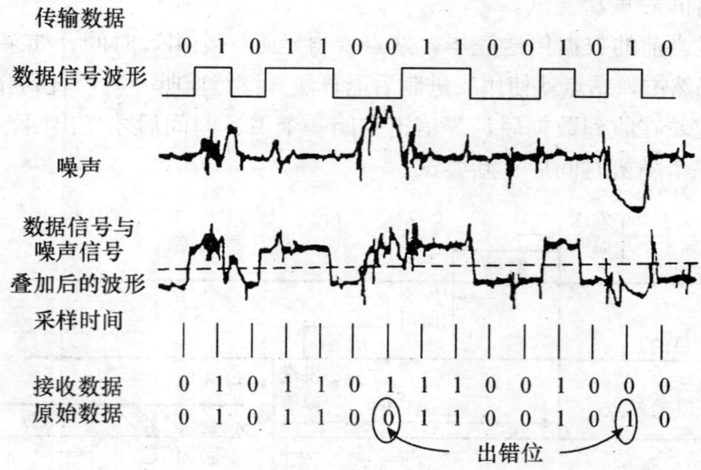

图 2—33　数据传输差错的产生

通信信道的噪声分为两类：热噪声和冲击噪声。

● 热噪声是内部噪声，由介质中电子热运动而引起，随机产生，强度与频率无关，频谱很宽，产生随机差错；

● 冲击噪声是外部噪声，由外界干扰引起，其幅值较大，产生突发性差错。

误码率是数据通信系统在正常工作情况下的传输可靠性指标，指信道传输信号的出错率，用下面的公式表示：

$$P=N_E/N$$

式中，N 为数据传输的总位数，N_E 为数据传输过程中出错的位数。通常计算机网络要求误码率低于 10^{-6}，即每传送 1 兆位数据，不能出现多于一个错误。

2. 数据传输的差错对策

在数据通信中，差错的基本应对策略有 3 个：

（1）提高信道质量

● 使用高质量的信道，即使用具有热噪声小、信号屏蔽能力强等优点的信道；

● 使用中继器，中继器的作用是每经过一定的传输距离将数据信号重新复制一次。

（2）提高数据信号的健壮性

● 纠错码：为传输的数据信号增加冗余码，以便能自动纠正传输差错；

● 检错码：为传输的数据信号增加冗余码，以便查出哪一位出错。

（3）采用合适的差错控制协议

与检错码相比，纠错码具有自动纠错功能，但实现复杂、造价高、传输效率低。通常做法是采用检错码检查出差错，由合适的差错控制协议来补救。

2.6.2　数据传输中的差错检测方法

差错检测的基本原理是通过在数据部分附加一定数目的冗余码来提供一种检测机制发现传输中的错误。最简单的冗余检错是奇偶校验。此外常用的还有校验和和循环冗余码校验。

1. 奇偶校验

奇偶校验也称奇偶校验和。其种类很多。最简单的奇偶校验是向数据添加一个奇偶校验位，使要传输的报文段中的 1 的个数保持为奇数个（奇校验）或偶数个（偶校验）。

- 奇校验：每个传输报文段（包括校验位）中的 1 的个数为奇数。
- 偶校验：每个传输报文段（包括校验位）中的 1 的个数为偶数。

设有效报文段为 $D_0D_1D_2\cdots D_n$，则在奇偶校验中，校验位的形成方法如下：

- 奇校验位：$P=\overline{D_0\oplus D_1\oplus D_2\oplus\cdots\oplus D_n}$
- 偶校验位：$P=D_0\oplus D_1\oplus D_2\oplus\cdots\oplus D_n$

这个生成方法，很容易用硬件实现。在接收方校验所传来的数据中的 1 的个数是否符合。校验的方法如下：

- 奇校验位：$P'=\overline{D_0\oplus D_1\oplus D_2\oplus\cdots\oplus D_n\oplus P}$
- 偶校验位：$P'=D_0\oplus D_1\oplus D_2\oplus\cdots\oplus D_n\oplus P$

2. 校验和（checksum）

（1）校验和计算的基本方法

为了说明什么是校验和，首先看一个例子：假定要传输的 4 个数字为 1、2、3、5，它们的和为 B（十六进制），则实际发送的是 1235B（将和连同数据一起发送），即

0001 0010 0011 0101 1010

接收方，收到数据后，再重新计算一遍数据的和。如果不是 B，则说明传输中发生了错误。使用校验和，计算简单，校验和占用的位数少。但是，有时可能出现漏检。如表 2—4 所示，虽然传输中有错误，但接收到的校验和和发送的数据的校验和保持一致。

表 2—4　　一个漏检的例子

发送的数据		接收到的数据	
0001	1	0010	2
0010	2	0011	3
0011	3	0101	5
0101	5	0001	1
校验和	B	校验和	B

（2）IP 数据报首部校验和计算方法

IP 协议是一个在路由器—路由器之间进行点对点的传送协议。在一个广域网中，从源主机到目标主机要经过许多这样的中间结点，在每一个中间结点上都进行差错校验和控制，势必增加很大的开销。为了提高传输效率，IP 遵照“尽力传送”原则工作，不在中间结点上进行数据的差错控制，而是把差错控制的任务交给上层处理。其上层根据数据可靠性要求，决定是否进行数据校验，并可以选择自己的校验方法。

但是，IP 的首部是 IP 协议在上层数据分组上的包装，在上层没有这些内容，当然上层负不了校验是否正确的责任，必须 IP 自己处理。所以 IP 数据报中的校验和仅仅是对于 IP 首部的校验，不包括数据部分。

例 2.1　参照图 1—20，假定有一个 IP 数据报，其首部长度为 5，数据总长度为 128B，标识为 1，标志为 0，片偏移为 0，TTL＝4，协议＝6（封装 TCP 数据），源主机地址和目标主机地址分别为 192.168.20.86 和 192.168.21.20，则生成首部校验和的过程如图 2—34 所示。

① 先将首部校验和设置为 0；

② 按顺序将 IP 首部分割成 16 b 的小块；

③ 用 1 的补码对所有 16 b 的数据块求和（若有进位，要加上进位）；

④ 对结果求补码，得到校验和。

	加入校验和前的数据报首部	计算校验和	加入校验和前的数据报首部
版本、首部长度、服务类型	4	5	0	01000101 00000000	4	5	0
数据报总长度	128	00000000 10000000	128
标识	1	00000000 00000001	1
标志、片偏移	0	0	00000000 00000000	0	0
TTL、协议	4	6	00000100 00000110	4	6
首部校验和	0	00000000 00000000	3 005
源IP地址	192	168	11000000 10101000	192	168
	20	86	00010100 01010110	20	86
目的IP地址	192	168	11000000 10101000	192	168
	21	20	00010101 00010100	21	20
		11110100 01000001	
加进位		1	
和数		11110100 01000010	
求补码得到校验和		00001011 10111101 → 3 005	

图 2—34　生成 IP 数据报首部校验和

数据传送下一个结点（对于 IP 数据报来说是下一个路由器）后，接收方要对收到的 IP 数据报首部进行校验。用校验的方法计算收到的 IP 数据报首部的校验和（注意这时首部中的校验和字段已经不再是 0，而是发送时添加的校验和）。当结果为 0 时，表明没有错误。图 2—35 为本例中接收方计算校验和的过程。

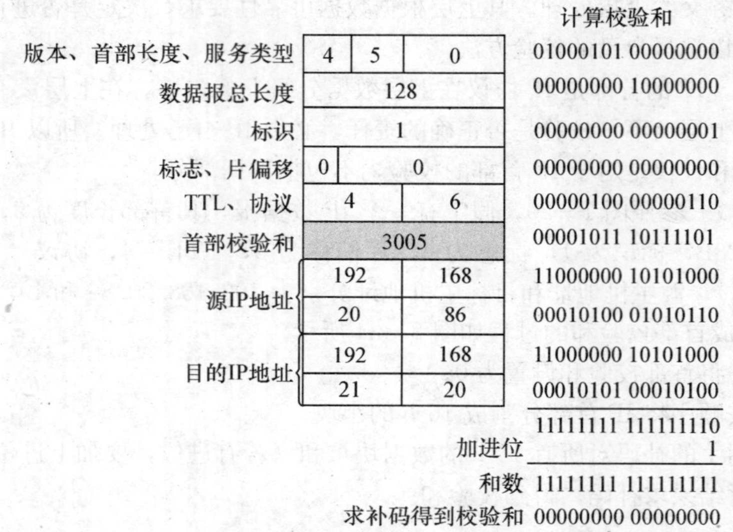

图 2—35　接收方对 IP 数据报首部的校验方法

（3）TCP 报文段校验和计算方法

TCP 是一种基于不可靠通信子网的可靠传输层协议，它肩负了 IP 层转嫁来的数据校验任务，从端对端的角度对数据的完整性负责。它所采用的校验方法还是校验和方法，但是所校验的内容却扩大为三个部分：

- TCP 报文段的首部。这个首部包括源端口、目标端口、校验和和其他有关信息。
- 数据。
- 伪首部。

伪首部的内容如图 2—36 所示，校验内容之所以要加上伪首部，是因为 TCP 报文段到达目的端口后，在网络层已经将这些信息拆包了并丢弃了。为了验证 TCP 报文段是否正确地到达了目的端，还必须在网络层拆包时保留一部分 IP 数据报中的有关信息组织成 TCP 的伪首部。

4B	4B	1B	1B	2B
源 IP 地址	目的 IP 地址	0	协议	TCP 长度

图 2—36　TCP 伪首部结构

具体的校验和计算方法与 IP 数据报首部校验和的计算方法相同。

（4）UDP 数据报的校验和计算

UDP 数据报的校验和计算与 TCP 基本相同。只是 UDP 是一个基于不可靠通信子网的不可靠传输层协议。其校验和是可选的。当不进行校验时，这个域为 0。因此，基于 UDP 的应用程序必须自己解决可靠性问题，如报文丢失、报文重复、报文失序、流量控制等。也就是说，UDP 可以根据数据可靠性要求，再把差错控制的皮球推给应用层，让应用程序自己决定要不要进行差错控制以及采用什么方法进行。

3. 循环冗余码校验（cyclic redundancy check，CRC）

循环冗余码是一种能力相当强的检错码，并且实现编码和检码的电路比较简单，常用于串行传送（二进制位串沿一条信号线逐位传送）的辅助存储器与主机的数据通信和计算机网络中。

循环冗余码通过某种数学运算实现有效信息与校验位之间的循环校验。编码步骤如下：

① 将待编码的 n 位信息码组 $C_{n-1}C_{n-2}\cdots C_i\cdots C_2C_1C_0$ 表达为一个 $n-1$ 阶的多项式 $M(x)$：

$$M(x)=C_{n-1}x^{n-1}+C_{n-2}x^{n-1}+\cdots+C_ix^i+\cdots++C_1x^1+C_0x^0$$

② 将信息码组左移 k 位，形成 $M(x)\cdot x^k$，即 $n+k$ 位的信息码组：

$$C_{n-1+k}C_{n-2+k}\cdots C_{i+k}\cdots C_{2+k}C_{1+k}C_k00\cdots00$$

③ 用 $k+1$ 位的信息码组生成多项式 $G(x)$ 对 $M(x)\cdot x^k$ 作模 2 除运算，得到一个商 $Q(x)$ 和一个余数 $R(x)$。显然有：

$$M(x)\cdot x^k=Q(x)\cdot G(x)+R(x)$$

生成多项式 $G(x)$ 是预先选定的。

模 2 运算是指以按位模 2 加减为基础的四则运算，运算时不考虑进位和借位。模 2 加减的规则为：两数相同为 0，两数相异为 1。模 2 除，就是求用 2 整除所得到的余数，每求一位商应使部分余数减少 1 位。取商的原则是：当部分余数为 1 时，商取 1；当部分余数为 0 时，商取 0。如

```
                 1 0 1------商
1 0 0 1 /  1 0 1 1 1 0
           1 0 0 1
           ---------
             1 0 1------部分余数为：010
             0 0 0
           ---------
             1 0 1 0------部分余数为：101
             1 0 0 1
           ---------
               0 1 1------余数为：011
```

④ 将左移 k 位的待编码有效信息与余数 $R(x)$ 作模 2 加，即形成循环冗余校验码。

例 2.2　对 4 位有效信息 1100 作循环冗余校验码，选择生成多项式 $G(x)$ 为 1011（$k=3$）。

① $M(x)=x^3+x^2=1100$

② $M(x)\cdot x^3=x^6+x^5=1100000$　（$k=3$，即加了 3 个 0）

③ 模 2 除，$M(x)\cdot x^k/G(x)=1100000/1011=1110+010/1011$，即 $R(x)=010$

④ 模 2 加，得到循环冗余校验码 $M(x)\cdot x^3=Q(x)\cdot G(x)+R(x)=1100000+010=1100010$

下面分析 CRC 的纠错原理。

由于 $M(x)\cdot xk=Q(x)\cdot G(x)+R(x)$，根据模 2 加的规则，有

$$M(x)\cdot x^k+R(x)=Q(x)\cdot G(x)+R(x)+R(x)=Q(x)\cdot G(x)$$

所以合法的循环冗余校验码应当能被生成多项式整除，如果循环冗余校验码不能被生成多项式整除，就说明出现了信息差错。并且，有信息差错时，循环冗余校验码被生成多项式整除所得到的余数与出错位有对应关系，因而能确定出错位置。表 2—5 为例 2.1 所得到的循环冗余校验码的出错模式。

表 2—5　　　　循环冗余校验码的出错模式

	D_7	D_6	D_5	D_4	D_3	D_2	D_1	余数			出错位
正确	1	1	0	0	0	1	0	0	0	0	—
错误	1	1	0	0	0	1	1	0	0	1	1
	1	1	0	0	0	0	0	0	1	0	2
	1	1	0	0	1	1	0	1	0	0	3
	1	1	0	1	0	1	0	0	1	1	4
	1	1	1	0	0	1	0	1	1	0	5
	1	0	0	0	0	1	0	1	1	1	6
	0	1	0	0	0	1	0	1	0	1	7

进一步分析还会发现，当循环冗余校验码有 1 位出错时，用生成多项式作模 2 除将得到一个不为 0 的余数，将余数补 0 继续作模 2 除又得到一个不为 0 的余数，再补 0 再作模 2 除……于是余数形成循环。如上例，最终形成 001，010，100，011，110，111，101；001，010，100，011，110，111，101……的余数循环，这也就是“循环码”的来历。

并不是任何一个多项式都可以作为生成多项式。从检错的要求出发，生成多项式应能满足下列要求：

- 任何一位发生错误都应使余数不为 0；
- 不同位发生错误应使余数不同；
- 对余数继续作模 2 运算应使余数循环。

生成多项式的选择主要靠经验。有 3 种多项式已经成为标准，具有极高的检错率，即：

$$\text{CRC}-12=x^{12}+x^{11}+x^{3}+x^{2}+x+1$$

$$\text{CRC}-16=x^{16}+x^{15}+x^{2}+1$$

$$\text{CRC}-\text{ITU}-\text{T}=x^{16}+x^{12}+x^{5}+1$$

2.6.3　自动重传请求机制

当接收方检测出数据错误后，就不应当接受，应当要求发送方重新传输。这种机制成为差错控制。差错控制需要接收与发送双方配合进行，为此需要运行相应的差错控制协议。在差错控制协议中，通常采用自动请求重传（automatic repeat-request，ARQ）机制，即接收方检测出错误后，要求发送方重传出错的数据。

ARQ 的具体实现，可以采用两种不同的策略：停等 ARQ 和连续 ARQ。

1. 停等 ARQ

停等 ARQ（stop-and-wait ARQ）的工作原理如图 2—37 所示。当主机 A 发送一个数据帧到主机 B 时，若 B 正确地收到，便会立即发一个确认应答帧 ACK 给 A，A 接到确认应答帧，就可以再发下一个数据帧；若 B 收到的数据帧不正确，便立即发一个否认应答帧 NAK 给 A，A 接到否认应答帧，就将数据帧重发一次。

这里还有两个问题要解决：

（1）当 A 发出的数据帧丢失，B 收不到时不会发任何应答帧。这时 A 一

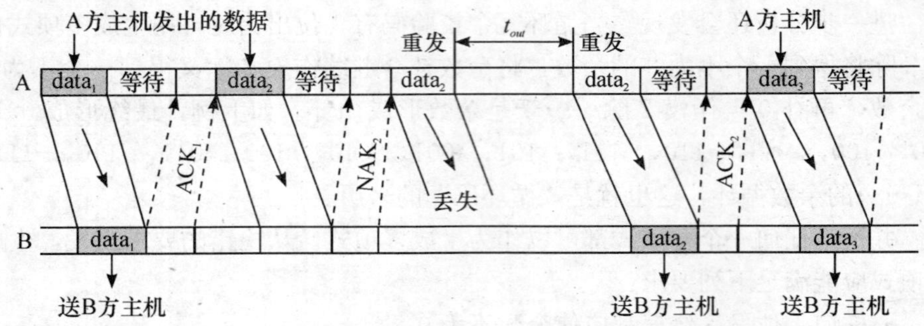

图 2—37　停等 ARQ 的工作原理

直等待，当等待时间超过一个限度 t_{out} 时，就将数据帧重新发送一次。

（2）B 虽然收到了 A 发来的数据帧，也发出了应答帧（可能是 ACK，也可能是 NAK），A 却没有收到。这种情况下，A 等待超过一定时限时，也要将数据帧重新发送一次。

停等 ARQ 协议简单，但系统效率较低。

2. 连续 ARQ

连续 ARQ 是在发完一个数据帧后，不再等待，而是连续地发送若干个数据帧，具体实现方式有拉回 N 帧（go-back-N）方式和选择重发（selective repeat）方式。

拉回 ARQ 的工作原理如图 2—38 所示。在发送方 A 连续地发送数据帧的同时，接收方对接收到的数据帧进行校验，并向 A 方发送应答帧；当 A 接收到一个数据帧对应的应答帧为 NAK 时，就从这个数据帧开始将此后所发送过的数据帧重发一遍。例如，A 方发送了 1～5 号数据帧，其中第 2 号数据帧出错，B 将其后已收到的帧（2～5 号）丢弃，A 收到 NAK_2 后，要进行拉回重

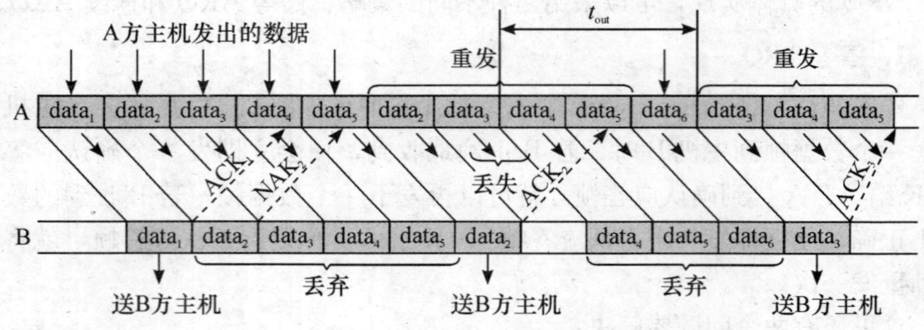

图 2—38　连续 ARQ 的工作原理

发。出现超时时，也要拉回重发，如 3 号帧丢失后，要将已发送的 3～6 号帧拉回重发。

选择重发 ARQ 与拉回 ARQ 的不同之处在于它只重发出错的数据帧。

2.6.4 ICMP 协议

在 TCP/IP 网络中，IP 协议是一种尽力传送数据分组的协议，即它发送数据分组以后，无论目的主机接收到的数据分组正确与否，都不做验证，不进行确认，也不保证 IP 分组的正确顺序，有关可靠性的工作都由传输层处理。其目的是追求传输的高效率。但是，一个数据分组在多个网际部件的传送途中，总会出现传送错误，或者出现目的主机不响应，或者包拥塞及超时等情况。这时 IP 协议将无能为力。因为它没有差错报告和差错纠正机制。然而，这些问题又必须处理，为此在 IP 层引入了一个子协议——网际控制消息协议 ICMP（Internet control message protocol）。

1. ICMP 提供的服务

ICMP 是一种差错报告机制，它为路由器或目标主机提供了一种方法，使它们能把遇到的差错报告给源主机。具体地说，ICMP 提供如下服务：

- 测试目的主机的可到达性和状态，如接收设备接收 IP 分组时缓冲区是否够用；
- 将不可到达的目的主机报告给源主机；
- 进行 IP 分组流量控制；
- 向路由器发送路由改变请求；
- 检测循环（由此会引发“广播风暴”）或超长路由；
- 报告错误 IP 分组头；
- 获取网络地址；
- 获取子网掩码。

2. ICMP 分组

ICMP 分组的格式如图 2—39（a）所示。它由分组头和数据两部分组成，并且封装在 IP 分组中传输，如图 2—39（b）所示。

在 ICMP 的首部，首先标识的是 ICMP 分组的类型。按照协议的功能，ICMP 分组可以分为三种类型：差错报告分组、控制分组和测试（请求/应答）分组。更详细的分类见表 2—6 所示。

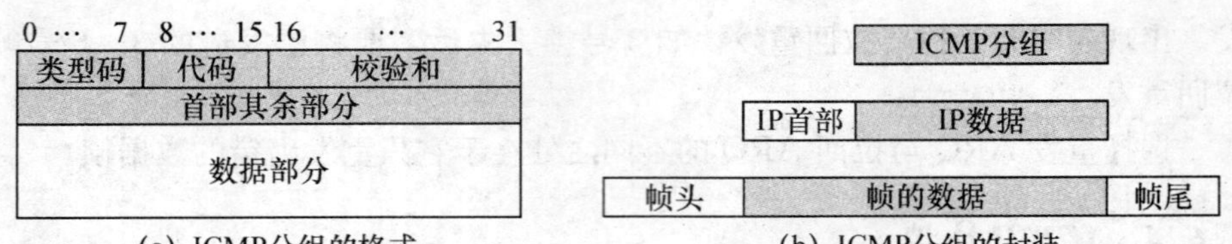

(a) ICMP分组的格式　　(b) ICMP分组的封装

图 2—39　ICMP 分组

表 2—6　　主要 ICMP 分组

基本类	类型码	分组名称	代码	说明
差错报告	3	目的站不可达	0～15	代码段指明了 16 种不可达具体原因
	11	超时	0	TTL 超时（只由路由器使用）
			1	重组超时（只由目的主机使用）
	12	参数出错	0	在首部的一个字段中有差错或二义性
			1	缺少所需选项部分
控制	4	源站抑制	0	拥塞控制和源站抑制
	5	重定向	0	对特定网络路由的改变
			1	对特定主机路由的改变
			2	基于指明服务类型对特定网络路由的改变
			3	基于指明服务类型对特定主机路由的改变
测试	8	回应请求	0	测试可达性
	0	回应应答	0	
	13	时间戳请求	0	测试 IP 分组在两台机器之间往来所需时间
	14	时间戳应答	0	
	17	地址掩码请求	0	测试子网掩码
	18	地址掩码回答	0	
	10	路由器询问	0	测试路由器地址及其是否正常工作
	9	路由器通告	0	

ICMP 虽然是第三层的一部分，但又好像第四层那样调用 IP 的服务，并且 ICMP 与 IP 一样，都是不可靠传输，ICMP 的信息也可能丢失。为了防止 ICMP 信息无限制地连续发送，对 ICMP 分组传输中的问题不能再使用 ICMP 解决。

3. ICMP 应用举例

ICMP 作为 IP 协议的补充，使一个路由器或一台目的主机可以通知源主机有关数据分组处理中的错误，并可以进行必要的处理。下面介绍它的两种简单而广泛的应用。

（1） ping

ping 是 TCP/IP 网络中一个最简单而又非常有用的 ICMP 应用程序。它使用 ICMP 回应请求/应答，测试一台主机的可达性，验证一个 IP 安装是否正确，具体可以用于下列场合：

- 验证基础 TCP/IP 软件的操作；
- 验证 DNS 服务器的操作；
- 验证一个网络或网络中的设备是否可以被访问。

ping 在不同的实现中语法格式有所不同。下面是在 UNIX 中的应用格式：

ping [-t] [-a] [-n count] [-l length] [-f] [-i ttl] [-v tos] [-r count] [-s count] [[-j computer-list] | [-k computer-list]] [-w timeout] destination-list

参数说明：

-t ：一直由 ping 指定的计算机，直到从键盘按下 Control-C 中断。

-a ：将地址解析为计算机 NetBios 名。

-n ：发送 count 指定的 ECHO 数据包数。通过这个命令可以自己定义发送的个数，测试发送数据包的返回平均时间，及时间的快慢程度。默认值为 4。

-l ：发送指定数据量的 ECHO 数据包。默认为 32B，最大值是 65 500B。

-f ：在数据包中发送“不要分段”标志，数据包就不会被路由上的网关分段。

-i ：将“生存时间”字段设置为 TTL 指定的值。指定 TTL 值在对方的系统里停留的时间。同时检查网络运转情况的。

-v ：tos 将“服务类型”字段设置为 tos 指定的值。

-r ：在“记录路由”字段中记录传出和返回数据包的路由。通过此参数可以设定想探测经过路由的个数。限定能跟踪到 9 个路由。

-s ：指定 count 指定的跃点数的时间戳。与参数-r 差不多，但此参数不记录数据包返回所经过的路由，最多只记录 4 个。

-j ：利用 computer-list 指定的计算机列表路由数据包。允许的最大数量为 9。

-k ：computer-list 利用 computer-list 指定的计算机列表路由数据包。允许的最大数量为 9。

-w：timeout 指定超时间隔，单位为毫秒。

destination-list：指定要 ping 的远程计算机。

（2）traceroute

traceroute 程序用来确定通过网络的路由 IP 数据分组。它先把一个 TTL=1 的 IP 分组发送给目的主机，在经过第 1 个路由器时把 TTL 减到 0，遂丢弃该分组并把 ICMP 超时消息返回给源主机，从而标识了第 1 个路由器。以后，不断增加 TTL 值重复上述过程，就可以依次标识出通向目的主机的路径上的各路由器。

2.7 数据传输中的流量与拥塞控制

2.7.1 流量与拥塞控制概述

1. 拥塞与死锁

在道路上，人流多到一定程度，大家的速度就不得不减慢，严重时会出现谁也走不动的现象。计算机网络也是如此。无论是计算机装置还是通信设备，对数据的处理能力总是有限的。当网上传输的数据量增加到一定程度时，网络的容量便开始变小，吞吐量下降，这种现象称为“拥塞”（congestion）。传输数据增加严重时，丢弃的数据帧不断增加，从而引起更多的重发；它们所占用的缓冲区得不到释放，又引起更多的数据帧丢失；这种连锁反应将很快波及全网，使通信无法进行，网络处于“死锁”（deadlock）状态，陷于瘫痪。图 2—40 给出了网络系统吞吐量与输入负载的关系。

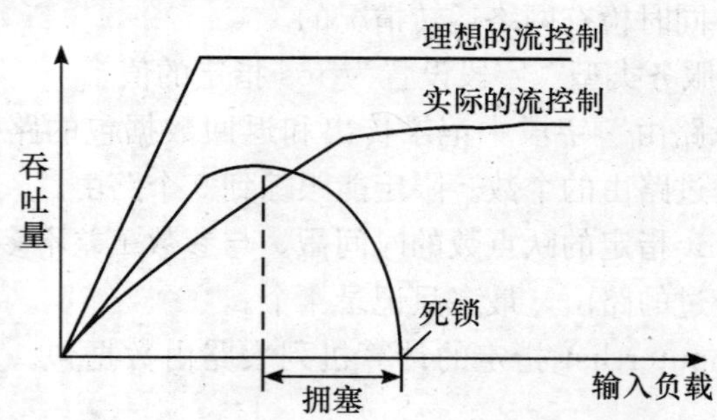

图 2—40 网络系统吞吐量与输入负载的关系

2. 流量控制的基本原理

防止拥塞和死锁的办法是制定网上交通规则，进行流量控制。从原理上说，拥塞和死锁是网上可用资源不能满足各用户资源需求造成的，即

$$\sum 用户资源需求 \geqslant 可用资源$$

由此，可以得到进行流量控制的基本策略：

（1）增加用户可用资源；

（2）限制用户资源需求。

3. 流量控制的级别

计算机网络是一个复杂的系统，如图 2—41 所示，从网络的组成环节上看，涉及相邻结点间（段级）的流量控制、结点间（入口出口级）的流量控制、主机与结点间（进网级）的流量控制和主机间（端口间）的流量控制；从网络的体系结构上看，涉及物理层、数据链路层、网络层和传输层。这二者之间是有联系的：

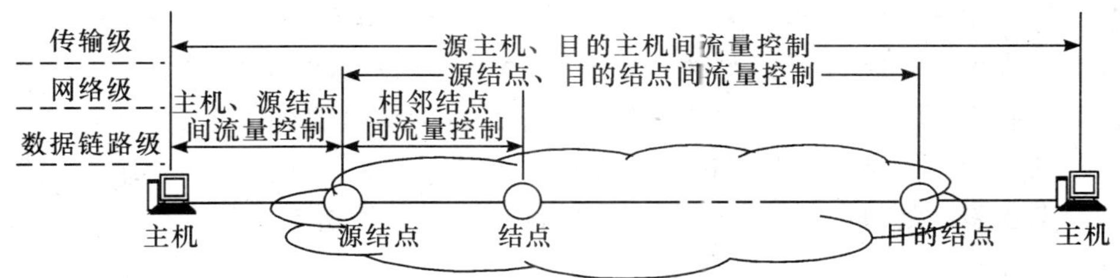

图 2—41　流量控制的级别

- 物理层提供了系统最基本的可用资源；
- 段级流量控制在链路层实现；
- 入口出口级的流量控制在网络层实现；
- 进网级的流量控制在网络层和数据链路层实现；
- 主机（端口）间的流量控制在传输层实现。

其中，物理层流控的主要目的是提供网络的基本可用资源，基本策略有：

- 合理选择路径，均衡网上负荷；
- 增加通道带宽、增加信息速率；
- 增加缓冲区；

……

其他层的流控策略主要是限制用户资源需求。

4. 用户资源需求限制策略

下面介绍几种利用限制用户资源需求来控制流量的策略。

（1）等待传输法

当接收结点的缓冲区将占满、死锁之前，向发送结点发送暂停发送信息；当危险解除后，再通知发送结点恢复发送。

（2）预约缓冲区法

源主机在开始传输数据之前，首先了解目的主机的可用缓冲区大小，预约一定大小的缓冲区，根据分配的缓冲区大小控制数据的发送。当缓冲区用完后，等待对方重新分配缓冲区。

（3）数据单元丢弃法

当目的主机有缓冲区时就接收数据单元，无缓冲区时就将数据单元丢弃；被丢弃的数据单元由于源主机得不到确认而重发。

（4）许可证法

这是一种全网流量控制策略。其基本方法为：网络初启时，给每个结点各分配一定数量的许可证；一个结点上的主机要发送数据，必须从该结点获得一个许可证，将许可证与数据一起发送，这时发送结点将减少一个许可证，没有许可证可用的结点不能发送数据；目标结点收到一个数据的同时，也收到一个许可证，供自己的主机发送数据使用。为了防止某一个结点积累的数据太多，超过限量时，将把多余的许可证单独发送或让数据单元捎带到别的结点上。

2.7.2 滑动窗口协议

目前，典型的流量控制技术是采用滑动窗口协议。滑动窗口协议是从发送和接收两方来限制用户资源需求，并通过接收方来控制发送方的发送数量。其基本思想是：某一时刻，发送方只能发送编号在规定范围内，即落在发送窗口内的几个数据单元，接收方也只能接收编号在规定范围内，即落在接收窗口内的几个数据单元。这不仅可以用于流量控制，还兼有差错控制的功能。

使用滑动窗口协议，会涉及两个方面的问题：

- 数据单元的编号问题（这与数据单元中用于编号的位数有关）；
- 窗口的大小即缓冲区大小问题。

下面用数据单元3位进行数据单元的编码（即数据单元采用模8编码），发送窗口的大小为5，接收窗口的大小为4，来说明滑动窗口协议的工作原理。

1. 发送器窗口的工作原理

发送器窗口的大小（宽度）规定了发送方在未接到应答的情况下允许发送的数据单元数。也就是说，窗口中能容纳的逻辑数据单元数就是该窗口的大小。

图 2—42 说明了发送窗口移动的规则，其窗口大小为 5。

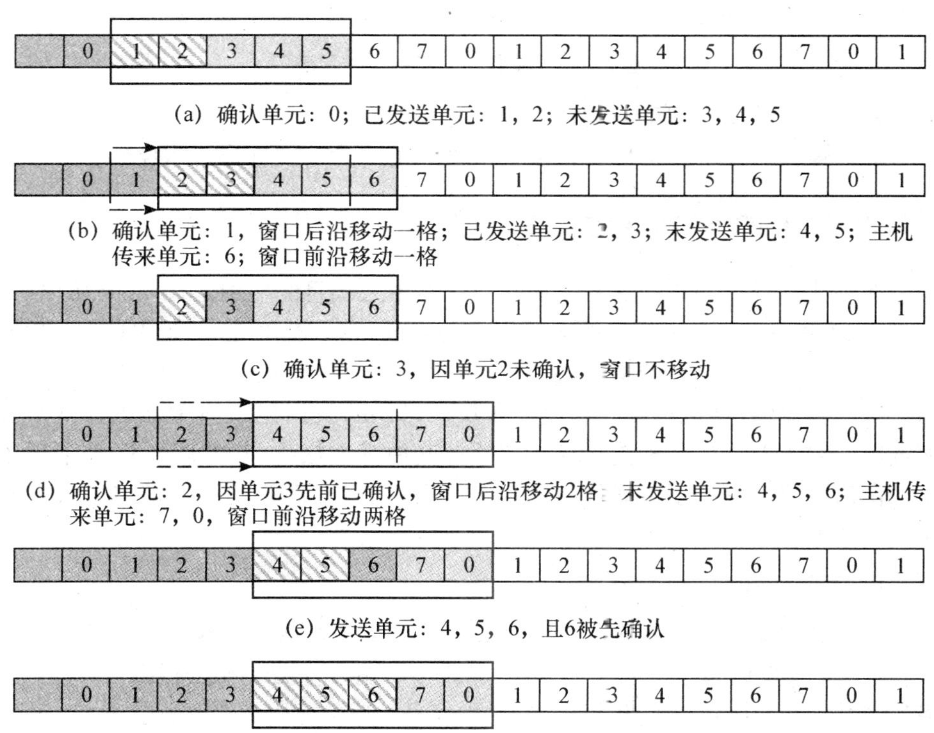

图 2—42　发送器窗口的工作原理

2. 接收器窗口的工作原理

图 2—43 说明了接收窗口的移动规则，其窗口大小为 4。

前面介绍了用滑动窗口进行流量控制的基本原理，具体实现时还有一些问题要处理，如：

- 窗口宽度的控制是预先固定，还是可适当调整；
- 窗口位置的移动控制是整体移动，还是顺次移动；

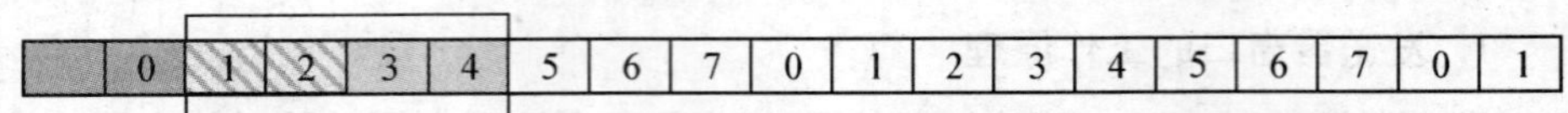

(a) 经校验向主机传送单元：0；已接收单元：1，2；还可以接收单元：3，4

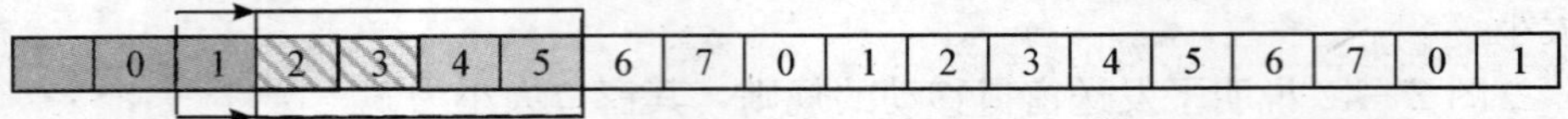

(b) 经校验向主机传送单元：1，窗口移动1格；接收新单元：2，3；还可以接收单元：4，5

图 2—43 接收器窗口的工作原理

- 接收方的窗口宽度与发送方相同还是不同。

滑动窗口协议不仅可以进行流量控制，也同时可以进行差错控制。

2.7.3 TCP 的滑动窗口协议关键技术

在现代计算机网络中，滑动窗口协议最令人瞩目的应用是在 TCP 协议中。TCP 协议是 TCP/IP 模型中的运输层主要协议。TCP/IP 是一套追求效率的协议。为了提高效率，它的 IP 层主要是网际寻址，没有包括流量控制和差错控制，在进行 IP 数据包传输时，接收端收到错误的数据包就简单地丢掉，不要求重传。对于差错控制和流量控制的任务交由其上层 TCP 处理。TCP 采用了滑动窗口协议，承担了可靠传输的任务。下面介绍 TCP 的滑动窗口协议的一些关键技术。

1. 字节编号

TCP 协议是面向字节的，它将所要传送的报文看成字节流。为了便于对字节的确认，需要给每个字节一个编号（在数据链路层中是为帧进行编号）。另外，字节序号并不是从 0 或 1 开始的。初始的序号是通信开始时双方商定的。

对传送数据编号的目的是为了便于进行确认。TCP 接收方送向发送方的确认是接收到的最后一个序号＋1——期待接收的数据的编号，即前面的字节都已经正确收到。例如，接收端已经正确地接收到了 201～300 号字节的数据，则发给对方的确认号为 301。

2. 数据重传

TCP 在发送一段报文时，要同时在自己一侧存放该报文的一个副本。若收到确认，则删除该副本；若在超时之前没有收到确认，则重传该报文段。

3. TCP 数据传输

经过三次握手，双方就可以传输数据了。下面介绍数据传输过程中的一些关键技术。

（1）确认和超时重传机制

TCP 传输的可靠性在于其使用了序号和确认：发送方通知发送序号，接收方在此基础上确认（用期望序号表示）。同时，为了防止发送后接收方收不到的情况，TCP 每发送一个报文，就在自己的重发队列中存放一个该报文的副本，并对此报文设置一个计时器，为超时重发作准备。如果一个 TCP 段在规定的时间片内收不到确认（接收端没有收到报文或报文错误，都不发确认），就重传该报文。

（2）流量与拥塞控制

TCP 协议采用滑动窗口进行流量和拥塞控制。TCP 的流量控制“窗口”是一种可变窗口。当接收方用户没有及时取走滞留在 TCP 缓冲区的数据时，由于占用了系统资源，窗口就将变小；当接收方用户取走在 TCP 缓冲区的数据时，由于释放了系统资源，窗口就将变大。也就是说，TCP 允许随时改变窗口大小，这样不仅可以提供可靠传输，还可以提供很好的流量控制。

与可变窗口相配套的是窗口通告（window advertisement）。即每个确认中，除了要指出已经收到的字节序号外，还包括一个窗口通告，用于说明接收方窗口（接收缓冲区）还有多大——能接收多少个字节数据。发送方要以当前记录的接收方最新窗口大小为依据决定发送多少字节。发送方即可根据接收方的窗口通告调整发送窗口的上限值，形成接收端控制发送端的情形。所以通常也把接收端窗口（receiver window，rwnd）称为通告窗口（advertised window）。

（3）校验和

TCP 采用校验和进行检错。这种方法检错能力不强，但效率比较高。这符合 TCP/IP 的设计原则。同时随着低层网络质量的改善，这种方法也达到了要求。

4. 拥塞控制的慢开始与拥塞避免算法

TCP 可以通过通告窗口，使得发送端的发送能力不大于接收端的接收能力。但是，这样并不能完全避免网络拥塞。因为网络是一个多结点的系统，其拥塞状况并不完全决定于某个接收方的接收能力。在这种情况下，为了避免网络拥塞状况恶化，发送端还需要根据网络的拥塞程度调整自己的发送能力。为此，除了要设置一个按照接收方接收能力决定的通告窗口外，还要设置一个按照网络拥塞程度决定的发送窗口限制——拥塞窗口（congestion window，cwnd）。显然，实际的发送窗口的上限应当取通告窗口与拥塞窗口中的小者。

慢开始和拥塞避免算法是早期使用的决定拥塞窗口大小的两个算法。

（1）慢开始算法：首先设置 cwnd 为 1 个 MSS（maximum segment size，

最大报文段中的数据字节数），以后每收到其ACK后，将cwnd增加至多一个MSS值，再发送相应数量的报文段。这样，在不出现拥塞的情况下：

第1次发送后，cwnd将增加为2个MSS，即一次具有2个MSS的发送能力；

第2次发送后，cwnd将增加为4个MSS，即一次具有4个MSS的发送能力；

……

拥塞窗口按指数增长。

（2）拥塞避免算法不是按照收到的ACK数量增加cwnd，而是按照时间，即每经过一个往返时延RTT，增加一个MSS大小，使cwnd成线性增长。这种方法称为“加法增大”方法。

为了控制拥塞状况，要设置一个门限ssthresh（通常设置为65 535B，即16个报文段），形成如下拥塞控制算法：

（1）比较cwnd与ssthresh：

- cwnd < ssthresh，继续执行慢开始算法；
- cwnd > ssthresh，停止慢开始算法，改用拥塞避免算法；
- cwnd = ssthresh，可执行慢开始算法。也可执行拥塞避免算法。

（2）将发送窗口设置为通告窗口与拥塞窗口中的小者。

（3）网络出现拥塞（出现某个报文段的超时），就将ssthresh的值设置为当前窗口（通告窗口与拥塞窗口中的小者）的一半（但不能小于2MSS），重新从开始执行慢开始算法。这种使拥塞窗口下降为一半的方法，称为“乘法减小”。

按照上述算法，可以得到图2—44所示的TCP拥塞窗口变化规律。

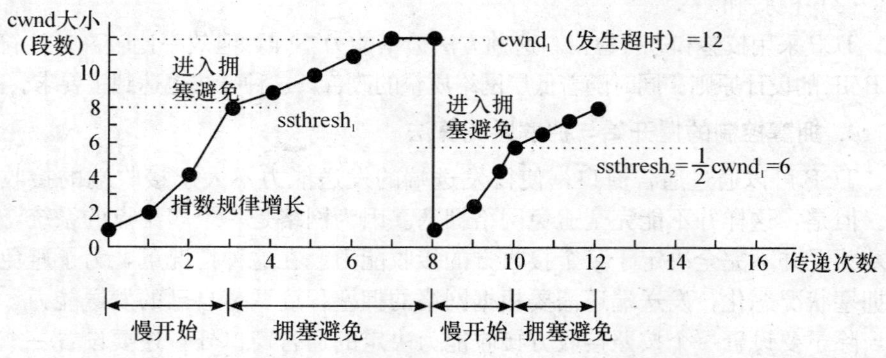

图2—44 采用慢开始和拥塞避免算法的TCP拥塞窗口变化规律

5. 拥塞控制的快重传和快恢复

慢开始和拥塞避免算法在有些情况下会让TCP等待某个报文段的超时后

才重新开始发送丢失的报文段。例如，发送端连续发送报文段 M_1～M_6。则接收方在收到 M_1 和 M_2 后，将会发出 ACK_2 和 ACK_3。若所发送的报文 M_3 丢失，则收到 M_4 后发出的仍然是 ACK_3；收到 M_5 后发出的仍然是 ACK_3，收到 M_6 后发出的仍然是 ACK_3。尽管收到这么多 ACK_3，但是发送段还是要等到 M_3 的重传计时器超时后，才重传 M_3。

快重传（fast retransmit）的思想是早些重传丢失报文段，它规定只要收到某个报文段的 3 个重复的 ACK，就要立即重发该报文段，而不必等待其重传计时器超时。

在尽早开始重传的同时，还可以使用快恢复算法（fast recovery）在网络出现拥塞后尽快使网络恢复到正常工作状态。将快重传和快恢复结合起来，形成下面的算法：

① 当发送端收到三个连续的 ACK 时，按照“乘法减小”的原则，重新设置慢开始门限 ssthresh。

② 设置拥塞窗口 cwnd 为 ssthresh$+n\times$MSS。n（$\geqslant 3$）为收到的 ACK 的数量。因为收到的 n 个重复的 ACK，是接收端对已经到达的 3 个报文的应答。这 n 个报文段已经保存在接收端的缓存区中。所以网络中不是堆积了报文，而是减少了报文。这比慢开始将拥塞窗口设置为 1，要恢复得快。

③ 若发送窗口还允许发送报文段，就按拥塞避免算法继续发送报文段。

④ 若收到了确认新的报文段的 ACK，就将 cwnd 缩小到 ssthresh。

这是一种可以明显改进 TCP 性能的算法。

2.8 小　结

2.8.1 数据传输技术的层次性

这一章介绍了数据传输的一些基本技术。正如在第 1 章中所介绍的，这些技术被使用在计算机网络体系的不同层次中。图 2—45 描绘了它们的分布情况。

可以看出，为了保证传输的可靠性，在数据链路层、网络层和传输层都可以进行差错控制和流量控制。但是，随着物理线路质量的提高，在每层都进行这些工作会降低计算机通信的效率。所以，对于 Internet 来说，IP 层不再有差错控制和流量控制的功能，只使用子协议 ICMP 进行错误报告。

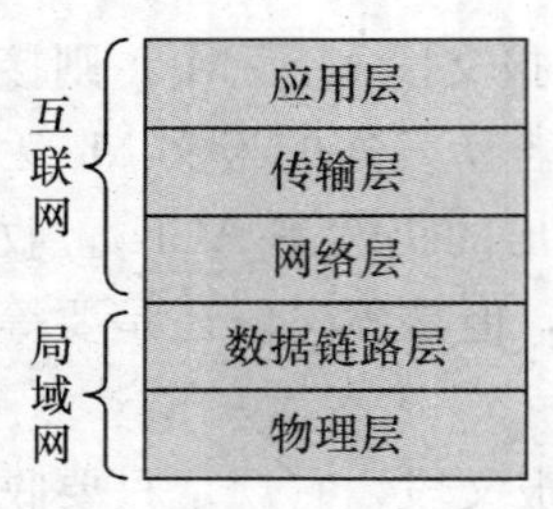

图 2—45 不同计算机网络层中的数据传输技术

2.8.2 网卡的功能与结构

网络接口卡（network interface card，NIC）也称为网络适配器，简称网卡，是连接计算机与网络的硬件设备，工作在 OSI 的物理层和数据链路层，可以实现 IEEE 802 的功能。具体地说，网卡有如下一些功能：

● 给定计算机的 MAC 地址：用网卡的出厂编号作为计算机在网络中的 MAC 地址，以便判定网上传输的数据是否是发送到本机的。

● 帧的组装和分解，形成一定格式的 MAC 帧，拆开后送 MAC 子层。

● 编码/译码。

● 数据收发。适时将所连设备需发送的数据发送到网上，或从网上接收信息。网卡接收和发送数据的速率，要与网络的带宽匹配，例如接入 100Mb/s 的网络要使用 100Mb/s 的带宽。

● 数据格式转换。发送数据时，网卡会进行组帧并将数据转换为网络上可以识别的数据格式；接收数据时，网卡会将从网络上接收到数据帧解包，并转换计算机可以识别的数据格式。

● 介质访问控制：侦听、延时重发、发阻塞信号、冲突检测等。

图 2—46 为网卡的一般结构。

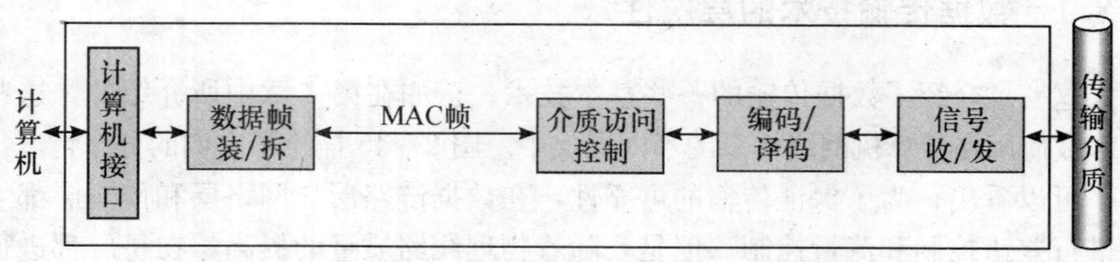

图 2—46 网卡的一般结构

显然，网卡一部分工作在物理层，一部分工作在 MAC 层。

习　题

一、选择题

1. 在同一个信道上的同一时刻，能够进行双向数据传送的通信方式是（　　）。

A. 单工　B. 半双工　C. 全双工　D. 上述三种均不是

2. 在 OSI 参考模型中，保证端一端的可靠性是在（　　）上完成的。

A. 数据链路层　B. 网络层

C. 传输层　D. 会话层

3. LAN 参考模型可分为物理层和（　　）等三层。

A. MAC，LLC　B. LLC，MHS

C. MAC，FTAM　D. LLC，VT

4. 令牌总线的媒体访问控制方法是由 IEEE（　　）定义的。

A. 802.2　B. 802. 3　C. 802.4　D. 802. 5

5. MAC 层是（　　）所特有的。

A. 局域网和广域网　B. 城域网和广域网

C. 城域网和远程网　D. 局域网和城域网

6. 以下各项中，IEEE（　　）是令牌总线媒体访问控制方法的标准。

A. 802.3　B. 802.4　C. 802.6　D. 802.5

7. IEEE802.3 标准是（　　）规范。

A. 逻辑链路控制

B. CSMA/CD 访问方法和物理层

C. 令牌总线访问方法和物理层

D. 令牌环网访问方法和物理层

8. 局域网具有的几种典型的拓扑结构中，一般不包括（　　）结构。

A. 星型　B. 环型　C. 总线型　D. 全互联

9. 一个以太网帧的最小和最大尺寸是（　　）字节。

A. 46 和 64　B. 64 和 1 518

C. 64 和 1 600　D. 46 和 28

10. 以太网采用 IEEE（　　）标准。

A. 802.3　B. 802.4　C. 802.5　D. Ethernet

11. 无线局域网所采用的协议为（　　）。

A. CSMA/CD　B. Taken ring

C. CSMA/CA　D. PPP

12. 以太网媒体访问控制技术 CSMA/CD 的机制是（　　）。

A. 争用带宽　B. 预约带宽

C. 循环使用带宽　　D. 按优先级分配带宽

二、简答题

1. 数字信号与模拟信号有何区别？
2. 数字信号的编码方式有几种类型？各有何特点？
3. 试绘出二进制数据 00110101 的下列编码波形：
   （1）单极性不归零码；　（2）双极性不归零码；
   （3）单极性归零码；　（4）双极性归零码；
   （5）曼彻斯特码；　（6）差分曼彻斯特码。
4. 说明最基本的几种调制方法的特点。
5. 物理信道与逻辑信道有何区别与联系？
6. 何谓单工、半双工和全双工？它们各用于何种场合？
7. 何谓基带传输、频带传输？
8. 电视频道的带宽为 6 MHz，假定没有热噪声，当数字信号取 4 种离散值时，可获得的最大数据率是多少？
9. PCM 复用与数字复接有何区别？当前广泛采用数字复接技术的理由是什么？
10. 简述光 WDM 的工作原理与特点。
11. 简述光波分复用器的种类及工作原理。
12. 简述 CSMA/CD 的 MAC 帧中各字段的功能。
13. 简述 CSMA/MA 的 MAC 帧中各字段的功能。
14. 已知 CRC 生成多项式为 $G(x)=x_4+x+1$，设要传送的码字为 10110（从左到右发送），试计算校验码。
15. 某一数据通信系统采用 CRC 校验，并且生成多项式 $G(x)$ 的比特序列为 11001，目的结点接收到的比特序列为 110111001（含 CRC 校验码）。请判断传输中有无差错，并说明道理。
16. 在数据通信系统中，完整的差错控制应包含哪些方面？
17. 试述流量控制的策略。
18. 简述滑动窗口协议的工作原理。
19. 试述 TCP 如何进行流量控制。

三、实践题

1. 查找资料，了解以太网帧的长度由什么决定。
2. 试用 ping 测试自己的计算机到其他一些网站的连通性。
3. 试编写一个实现奇偶校验的程序。
4. 试编写一个实现传—重传协议的程序。
5. 试编写一个实现滑动窗口协议的程序。

第 3 章

数据交换技术

3.1 数据交换的基本概念

3.1.1 交换连接与交换网络

1. 从点一点连接到交换连接

图 3—1（a）为一种最初级的通信系统，在这种系统中为了实现任意两个用户之间的通信，所有用户终端之间都有点一点的线路连接，并使用开关加以控制，这种连接方式称为点一点直接相连。采用这种连接方式，当有 N 个用户时，就需要设置 $N*(N-1)$ 对连接线路和（$N-1$）个控制开关。若用户数量有微小增加，就将会导致连接线路数量急剧增加，这不仅极不经济，而且很难操作。

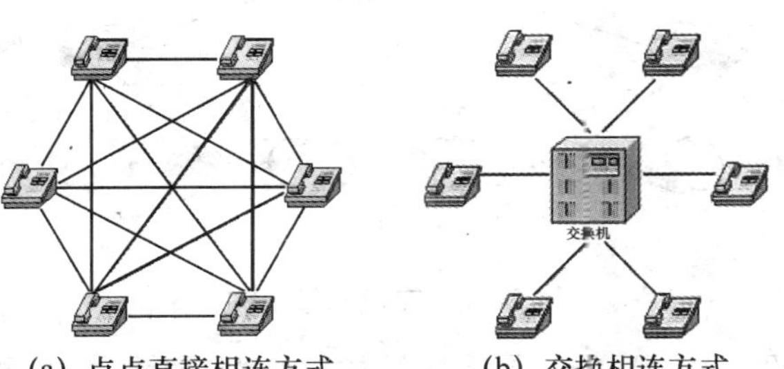

(a) 点点直接相连方式　　(b) 交换相连方式

图 3—1　点一点连接和交换连接

解决这个问题的一个可行的办法是给为数众多的用户引入一个公用的互联设备——交换机，如图 3—1（b）所示，任意两个用户之间的通信通过交换机的连接来实现。

2. 传输网络与交换网络

虽然交换连接获得了巨大发展，但是点一点的连接也不是被完全废止了，它还在许多场合被使用，例如专线接入等。于是，现代通信网络被分为传输网络（如 DDN、ISDN 等）和交换网络两种。

当用户数量较多、分布地域较广时，就需要在交换网络中设置多个交换结点。各结点的交换机通过传输线路按照一定的拓扑结构（如星型网络、环型网络、树型网络、混合型网络等）互联即组成交换网络。图 3—2 为三种交换网络示意图——电话网、交换局域网和 IP 网。

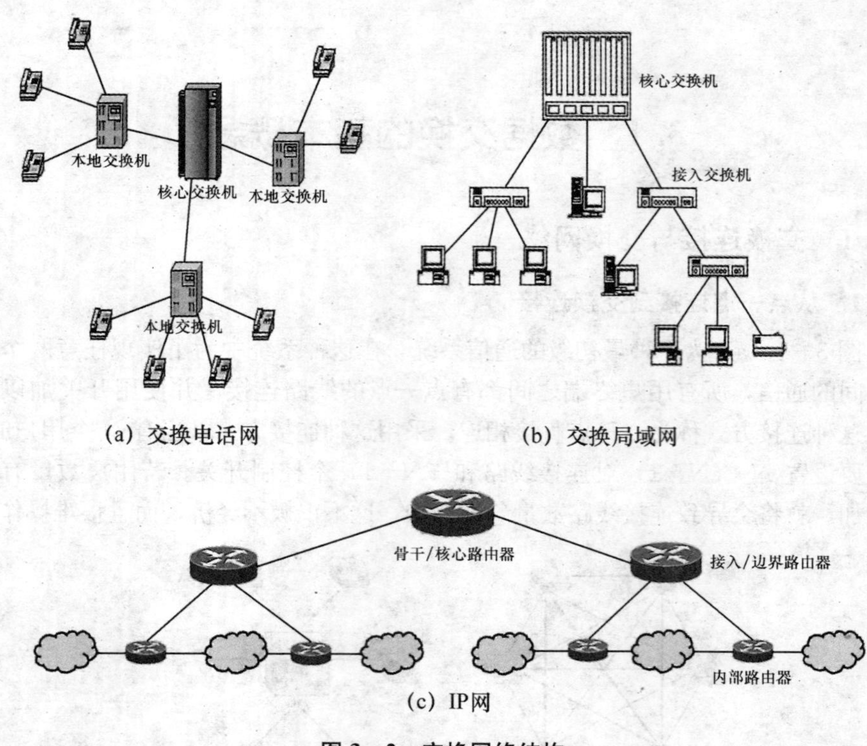

图 3—2　交换网络结构

图 3—2 中的（a）和（b）是 2 层结构。大型交换网络常被分成 2 或 3 个层次。表 3—1 中列出了三种网络的三层结构中交换机的功能。

表3—1　三种交换网络的交换机的层次

层次项目		电话网	交换局域网	IP网
高层	名称	长途交换机	核心交换机	核心路由器
	说明	位于长途局	进一步汇聚骨干交换机的流量	在不同的地域或园区网之间转发数据
中层	名称	汇接交换机	汇接（骨干）交换机	边界路由器
	说明	位于汇接局汇聚本地交换机信号	汇接接入交换机的流量，也连接一些服务器	在不同的自治域（网络组）之间转发数据
低层	名称	本地交换机	接入交换机	内部路由器
	说明	位于支局或大型客户端连接客户电话机	连接客户计算机	在局域网之间转发数据

3.1.2　线路交换

1. 在线路交换网络中物理信道的建立过程

线路交换是早期的电话网中采用的一种交换技术，其作用是在源结点与目的结点之间直接形成一条物理信道。图3—3演示了在线路交换网络中源结点A通过交换结点B、C到目的结点D建立一条物理信道的过程。这个过程分为3个阶段：连接建立、数据传输和连接释放（拆除）。

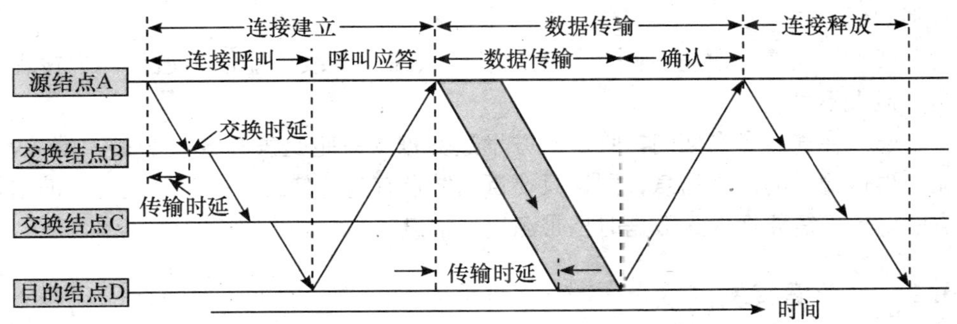

图3—3　电路交换的基本过程

（1）连接建立阶段

这个阶段执行的操作如下：

① 发送数据方（A）沿可以到达目的结点的方向向一个相邻结点（被叫方B）发出请求连接呼叫；该中间结点如果允许，就建立一个局部连接。即该交换机中把请求到来信道与朝向目的结点的信道连接起来。接着，呼叫继续向前推进，建立下一个局部连接，直到源结点与目的结点（D）之间逐点接通一

条物理线路。这个过程相当于打电话时主叫方的拨号过程。

② 目的结点收到连接请求，如果同意进行通信，就沿已经建立的物理信道，反向返回一个同意连接的信息。这个过程相当于打电话时被叫方拿起话筒接受呼叫。

至此，连接完成。

（2）传输数据阶段

① 开始发送数据。

② 数据发送结束，接收方收到并验证正确后，向发送方发回一个确认信息。

（3）连接拆除阶段

数据传输结束，双方中的任何一方都可以提出拆除连接请求，并沿到达对方的方向依次拆除连接，即交换机将原来的物理连接拆除。图 3—3 为由 A 发起拆除连接的情形。

2. 电路交换的特点

电路交换有如下特点：

（1）由于建立连接需要时间，故适合传输大量数据，在传输少量数据时效率不高；连接一旦建立，便可以固定的速率传输数据，除了传输延迟外，不再有别的延迟。

（2）一旦连接建立，就等于建立了一条临时专线，即使不通话，也被占用，他人不可使用。

（3）在连接存在期间，只要一方发送数据就一定是发往连接的另一端的，无须再传输目的地址信息；同样只要目的结点有应答信息，一定是送往目的结点的，也不需要在发送数据时携带源地址信息。

3.1.3 存储转发交换

1. 存储转发交换的概念

存储转发交换（store and forward switching）是一种不要求建立专用物理线路的交换技术。当发送方发送信息时，要把目的地址先加到报文（message）中，然后靠地址把报文从发送结点起，一个结点一个结点地转送到目的结点。转送的方法是，当把报文转送到一个中间结点时，该中间结点要先把报文暂时存储，然后根据目的地址选择一个信道进行排队转发。由于存储转发交换不像线路交换那样要独占一条固定的物理信道，线路利用率高；当有多条路径可以到达目的结点时，还可以根据网络中的流量分布动态地选择一条合适的报文通过路径，系统效率高，所以它得到了广泛的应用。

由于存储转发往往要经过多个结点，为了能让目的结点知道这些数据是哪个结点发来的，以便进行差错控制，在每个报文中不仅要添加目的地址，还要添加源地址。

在报文交换网络中，每一个中间结点上，都要先存储、后转发；传送到达目的地后，再重新装配成完整的报文，因而除了会产生线路上的传送延迟外，还会产生交换延迟。通常交换延迟包括：

- 处理延迟　检查分组的有关信息，以将其转发到合适的链路上；
- 发送延迟　分组被发送到输出链路上后进行排队等待发送。

图 3—4 为连续的 4 个结点之间用存储转发交换方式进行数据传输的基本过程。请读者将其与图 3—3 进行比较。

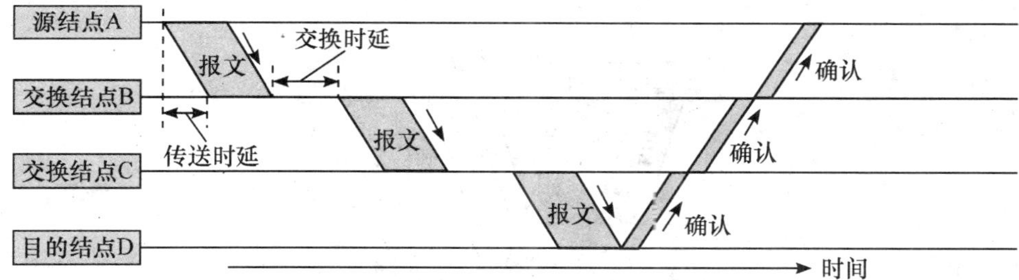

图 3—4　报文交换的基本过程

进行存储转发交换的条件是交换设备必须具有存储功能，同时所传输的必须是数字数据。这些都得益于计算机技术。

2. 分组交换

早期的存储转发交换以报文形式进行，称为报文交换。由于报文较大，因而传输延时较长，并且当一个报文中有一个错误时就要将整个报文重新传输一遍，传输效率比较低。

为此，在报文交换的基础上，研制出分组交换（packet switching），也称包交换。在分组交换网中，要先把一个报文分割成规定长度的信息组，即分组打包，然后在每个包上贴上标签，按编号一批一批地将"数据包"发送出去；在每个中间结点上，都要先存储、后转发；传送到达目的地后，再重新装配成完整的报文。图 3—5 为对报文进行分组的示意图。其中，报头也称分组头，包含了源地址、目标地址、同步信息、校验字段等信息。不同网络（协议）所规定的分组大小和具体交换方式各不相同。

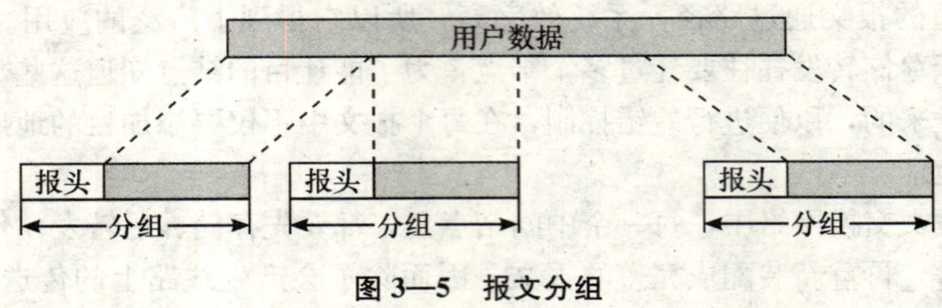

图 3—5 报文分组

采用分组交换以后，传输效率可以大幅度提高，原因如下：

（1）报文分组以后，每个报文可以选择不同的交换结点传送，即使在同一个交换结点上传输，也可以以流水形式（如图 3—6 所示）进行，这大大缩短了交换延迟时间，提高了传输效率。报文越大，交换时延的缩短效果越明显。

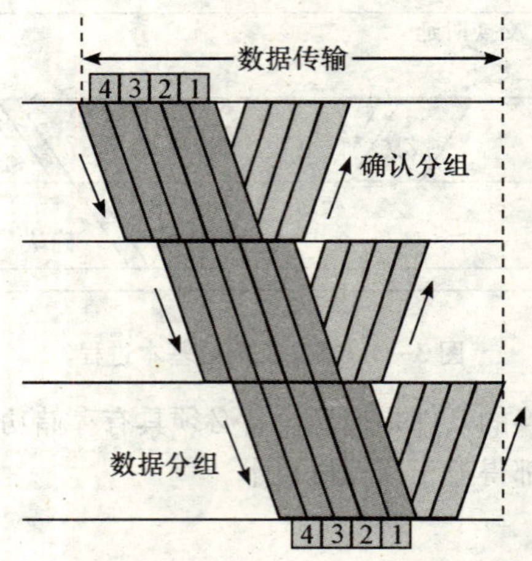

图 3—6 分组交换中的流水交换过程

（2）采用分组交换以后，哪一个分组出现传输错误，就只需要重新传输哪一个分组。这样差错控制的时间大大节省。

当然，采用分组传输要增加分组的拆分和组装的开销。

3.1.4 虚电路和数据报

分组交换可以为上层提供虚电路（virtual circuit）和数据报（datagram）两种服务。

1. 虚电路服务

为了说明虚电路的概念，先看一支部队从A地向B地运动的过程：

- 先派侦察兵侦察出一条安全的通道，侦察工作完成后，向指挥部发回报告；
- 部队接到通道已经侦察好的报告，开始以支队为单位沿侦察好的通道运动；
- 部队运动结束，A地通知B地，该通道的任务完成，停止使用。

虚电路服务也分三个阶段。图3—7说明了在A→B→C→D四个结点之间以虚电路方式进行数据传输的时序关系。

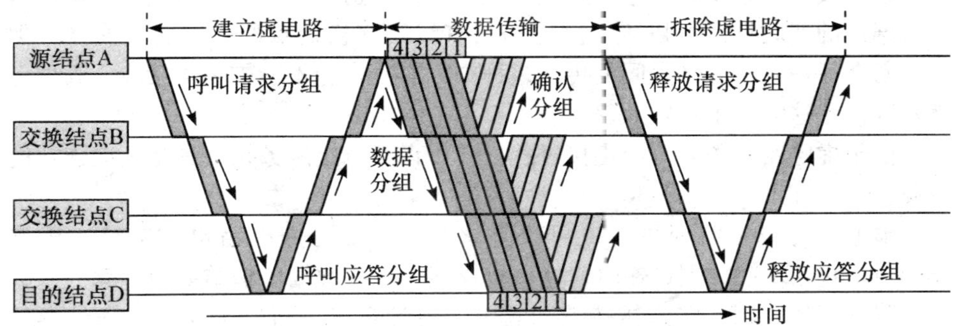

图3—7　虚电路工作原理示意图

(1) 建立虚电路

A启动路由算法，选择下一个结点B，并向B发送一个“呼叫请求包”；接着B启动路由算法，选择下一个结点C，并向C转发“呼叫请求包”；同样，C再向D转发“呼叫请求包”。于是“呼叫请求包”沿A—B—C路径到达目的结点D。目的结点D则沿D—C—B—A路径返回“呼叫应答包”。至此虚电路建立。

(2) 数据传输

A将报文分组打包，不需再加目的主机的全地址，只需带上到B的虚电路号（A对可能到达的结点的编号）即可，按照该虚电路号将各数据包发送到B。B如法炮制，将各数据包发送到C，由C再发送到D。

(3) 拆除虚电路

报文传送完毕，A沿A—B—C—D发送“释放请求包”到D；D返回“释放应答包”，将虚电路拆除。

虚电路与线路交换都有呼叫连接、数据传送和连接释放三个阶段。但它们有如下不同：

（1）线路交换所连接的是物理信道，而虚电路所进行的连接是逻辑信道，这就是称为“虚”电路的原因。由于同一条物理信道可以同时被划分为多个逻辑信道，如图3—7中的B—C段就可以被另一条虚电路共享，这是存储转发交换比线路交换的优越之处之一。

（2）线路交换中的物理信道中一般将报文作为整体发送，而虚电路中传输的数据以分组（包）为单位。这样如果在某个结点上检验出某个包有错，只要重发该包即可，不需将全部报文重发，这是包交换比报文交换的优越之处。

（3）虚电路传输时，数据分组中要附加地址信息，而线路交换不需要。

此外，采用虚电路方式可以连续地发送数据包，数据包上附加的地址信息少，且接收到的数据包顺序与发送的顺序一致，这又有些像线路交换，可以保证数据包的实时性。所以说，虚电路具有线路交换优点的存储转发交换。但是，若在每一对相邻结点间的传输过程中，有一个包不能被正确接收，其他包就要等待，这降低了传输效率。

由于虚电路服务有一个连接过程，所以说虚电路服务是一种是面向连接的服务。

虚电路可以是临时的，也可以是永久的。临时虚电路也称交换虚电路（SVC），它在每次数据传输时建立一次连接，每次数据传输结束便拆除。永久虚电路（PVC）则是将连接持续到其中一台计算机关机时为止，在连续存续期间两端用户可以随时使用该逻辑信道。

2. 数据报服务

数据报服务方式犹如大部队化整为零后分头向某地行进集结，每个分组都加有目的地地址，并且按“各自为战”的策略，依据网络的运行情形各自选择合适的路径，向目的地进发。这样，就会呈现以下几个传输特点。

（1）每个分组所走过的路径可能是不相同的，例如对于有A、B、C、D四个结点的全连通网络，要从结点A发送数据到结点B，可能有下列传输途径：

- A→B→D；
- A→C→D；
- A→B→C→D；
- A→C→B→D；
- A→D。

图3—8展示了一个只有A、B、C、D四个结点的网络在数据报方式下进行传输的示意图。

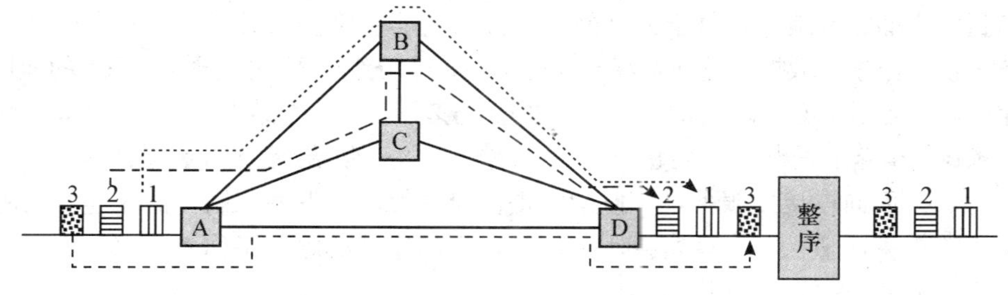

图 3—8 数据报工作原理示意图

(2) 由于传输路径不同，各结点交换处理的时间不等，到达目的地的时间也不相同，这样就会出现到达目的地后各分组的顺序与发送时的顺序不同，因此，必须重新排序，再装配成报文。

(3) 数据报服务要求在传送过程中每一个数据分组都要带有目的地址和源地址。同时在传送到目的地后，有可能出现乱序、重复与丢失现象，因而传输延时较大，所以它适合于突发性通信，不适合于长报文通信。

3. 虚电路与数据报的比较

采用虚电路服务的数据传输过程是通过一系列的握手过程进行的：

- 在数据传输前要有一个与电路交换类似的“呼叫请求—呼叫应答”的虚电路建立过程。
- 在数据传输中，分组在每两个结点之间传输都需要确认，之后才能传输下一个分组。
- 数据传输后，要有一个与电路交换类似的“呼叫请求—呼叫应答”的虚电路拆除过程。

而数据报服务没有这些过程。这是虚电路服务与数据报服务最明显的一个差别。它带来虚电路服务与数据报服务的下列不同：

(1) 虚电路服务也称面向连接的服务，它有连接时延和拆除时延。数据报服务也称无连接的服务，没有连接时延和拆除时延。

(2) 数据报没有连接过程，各分组是以各自为战的方式传输，传输路径不一定相同，并且每进行一次转发都要进行一次路由选择，再加上链路上的拥挤情况和带宽不同等因素的影响，在目的端的接收缓冲区中各分组的顺序会与源端不同，需要重新装配。而面向连接（虚电路）服务的传输是按顺序进行的，不需要在目的端重新装配。

(3) 对数据报服务来说，为了不断地进行路由选择，每个数据包都必须具有目的方的完整地址。对于大型网络，目的地址字段会非常长。而对虚电路服务来说，由于在数据传输前路径已经确定，每个分组中不一定再需要完整的地址字段，只需用简短的虚电路号代之。虚电路号表明经过一个结点时，下一步将从哪一条逻辑电路上发出去。为此，要为每个结点建立一张结点逻辑电路管理表。

（4）面向连接的服务，可以同时提供流量控制和拥塞控制，而无连接的服务不能提供流量控制和拥塞控制。通常，面向连接的虚电路称为可靠传输，而无连接的数据报称为不可靠的传输。

典型的虚电路技术是 TCP，典型的数据报技术是 IP 和 UDP。所以 IP 分组常被称为“IP 数据报”，UDP（user data protocol）数据单元常被称为“用户数据报”。

3.1.5 TCP 的连接与释放

TCP 协议是一种基于不可靠网络的可靠传输层协议。它的可靠性除了在第 2 章中介绍的差错和流量控制机制外，还包括可靠的连接和可靠的连接释放。

1. 与连接有关的信息

在 TCP 报文段首部中，提供有下列与可靠连接有关的字段。

（1）控制位（control bits）。也称标志位，用于设定和检查控制标志的值。控制位共 6 个，各占 1 位。其中与连接有关的控制位有：

- ACK（acknowledgment flag）：ACK=1，表示确认字段有效。
- RST（reset flag）：连接复位——即强制终止一个通信连接。
- SYN（synchronize flag）：序号同步——建立一个连接请求，设置发送序列号。
- FIN（fin flag）：发送方字节流结束，后面不再发送报文段。

（2）发送序号（sequence number，SEQ_N）。为了进行可靠传输，TCP 要为 TCP 连接中传送的数据流的每个字节都依次编上序号（占用 4 个字节），并且在建立连接时双方要互相通报本次连接使用的序号 SEQ_N，它是一个报文段的第 1 个数据字节（除含有 SYN 的段外）的序号。在 SYN 报文中，SEQ_N 是 SYN 的序号，即建立本次连接的初始序号，在该连接上发送的第 1 个数据字节的序号为初始序号+1。

（3）确认号（acknowledgment number，ACK_N）即应答号。ACK=0，则该报文段不含应答信息——ACK_N 无效；ACK=1，ACK_N 表示本地希望接收

的下一个数据字节的序号，即已经确认的序号 SEQ_{N+1}。例如，$ACK_N=501$，则表明已经正确地接收到了 500 号以前的数据。

2. 建立 TCP 连接

TCP 的建立应当是可靠的。TCP 建立可靠连接的方法是采用三次握手（three-way handshaking）方法。握手也称联络，是在两个或多个网络设备之间通过交换报文序列以保证传输同步的过程。图 3—9 为用三次握手方式建立 TCP 连接的过程。

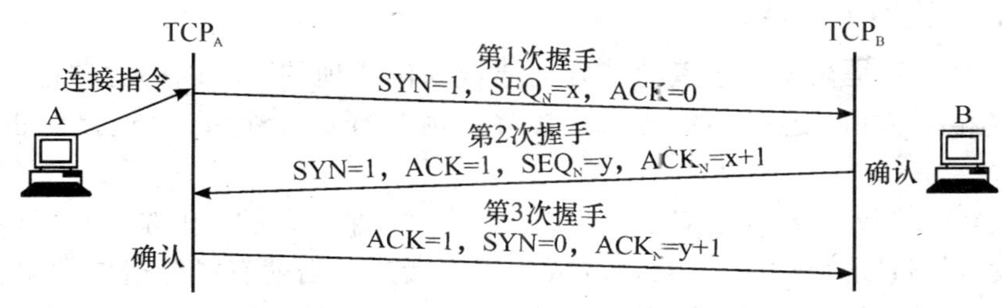

图 3—9　三次握手建立可靠 TCP 连接的过程

第 1 次握手：主机 A 发出主动打开（active open）命令，TCP_A 向 TCP_B 源主机发出请求报文，内容如下：

- $SYN=1$，$ACK=0$：表明该报文是请求报文，不捎带应答；
- $SEQ_N=x$：自己的序号为 x，后面要发送的数据序号为 x+1。

第 2 次握手：TCP_B 收到连接请求后，如同意连接，则发回一个确认报文，内容如下：

- $SYN=1$，$ACK=1$：该报文为接受连接确认报文，并捎带有应答；
- $ACK_N=x+1$：确认了序号为 x 的报文，期待接收序号以 x+1 为第一字节的报文；
- $SEQ_N=y$：自己的序号为 y，后面要发送的数据序号为 y+1。

这时，TCP_A 和 TCP_B 会分别通知主机 A 和主机 B，连接已经建立。

到此为止，似乎就可以正式传输数据报文了。但是，问题没有这么简单。因为虽然 B 端同意了接收由 TCP_A 发起的连接，准备好了接收由 TCP_A 发来的数据，而 A 端还没有同意由 TCP_B 发起的连接。所以这时的连接仅仅是全双工通信中的半连接——TCP_A 到 TCP_B 的连接，TCP_B 到 TCP_A 的连接并没有建立起来。

所以，只有两次握手的连接是不可靠的。为了避免这种情况，必须再来一次握手。

第 3 次握手：TCP_A 收到含两次初始序号的应答后，再向 TCP_B 发一个带两次连接序号的确认报文，内容如下：

- ACK＝1，SYN＝0：该报文是单纯的确认报文，但不携带要传输数据的序号。
- ACK_N＝y＋1：确认了序号为 y 的报文，期待第 1 字节序号为 y＋1 的数据字段。

这样，双方才可以开始传输数据，并且不会出现前面的问题了。

3. 释放 TCP 连接

TCP 连接是在硬件连接的基础上通过软件实现的，所以称为软连接。软连接后就要占用硬连接的资源。连接释放就是释放一个 TCP 连接所占用的资源。

正常的释放连接是通过断连请求及断连确认来实现的。但是，在某些情况下，没有经过断连确认，也可以释放连接。断连不当就有可能造成数据丢失。图 3—10 所示的是一种断连不当引起数据丢失的情形：A 方连续发送两个数据后，发送了断连请求；B 方在收到第 1 个数据后，先发出了断连请求，结果第 2 个数据丢失。

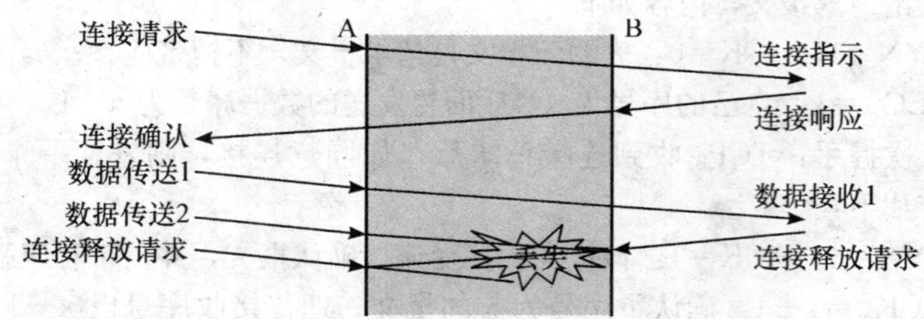

图 3—10　断连不当引起数据丢失

为了防止因断连不当引起的数据丢失，断连应选择在确信对方已经收到自己发送的数据并且自己和对方不再发送数据时进行。由于 TCP 连接是双工的，它包含了两个方向的数据流传送，形成两个“半连接”。在撤消时，一方发起撤消连接但连接依然存在，要在征得对方同意之后，才能执行断连操作。

下面分两种情况考虑连接释放问题：传输正常结束释放和传输非正常结束释放。

(1) 传输正常结束释放

数据传输正常结束后，就应当立即释放这次 TCP 连接所占用的资源。所以连接的双方都可以发起释放连接。图 3—11 为一个由 A 方先发起的连接可靠释放过程。

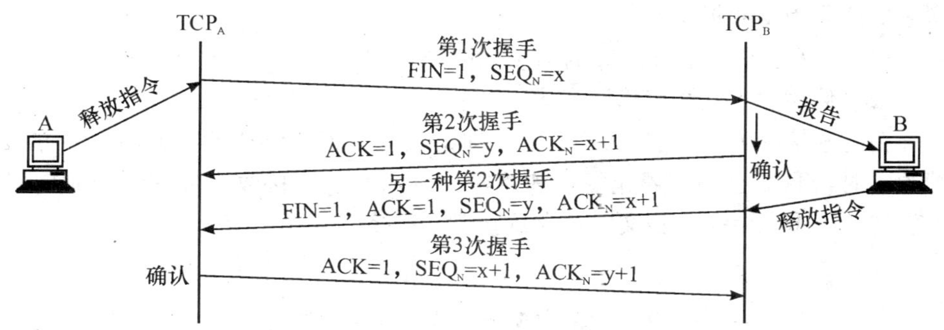

图 3—11　由 A 方先发起的连接可靠释放过程

第 1 次握手：主机 A 先向 TCP_A 发出连接释放指令，并不再向传输层发送数据；TCP_A 向 TCP_B 发送释放通知报文，内容如下：

- FIN＝1：A 已经没有数据发送，要求释放从 A 到 B 的连接。
- SEQ_N＝x：本次连接的初始序列号（即已经传送过的数据的最后一个字节的序号加 1）为 x。

第 2 次握手：TCP_B 收到 TCP_A 的连接释放通知后，向 TCP_A 发确认报文，内容如下：

- ACK＝1：确认报文。
- ACK_N＝x＋1：确认了序号为 x 的报文。
- SEQ_N＝y：自己的序号为 y。

这时，从 TCP_A 到 TCP_B 的半连接就被释放。而从 TCP_B 到 TCP_A 的半连接还没有释放，从 TCP_B 还可以向 TCP_A 传送数据，连接处于半关闭（half-close）状态。如果要释放从 TCP_B 到 TCP_A 的连接，还需要进行类似的释放过程。这一过程可以在第 1 次握手后开始，即选择另一种第 2 次握手。

另一种第 2 次握手：TCP_B 收到 TCP_A 的连接释放通知后，即向主机 B 中的高层应用进程报告，若主机 B 也没有数据要发送了，主机 B 就向 TCP_B 发出释放连接指令，并携带对于 TCP_A 释放连接通知的确认。报文内容如下：

- FIN＝1，ACK＝1：释放连接通知报文，携带了确认。
- SEQ_N＝y，ACK_N＝x＋1：确认了序号为 x 的报文，自己的序号为 y。

第 3 次握手：TCP_A 对 TCP_B 的释放报文进行确认。报文内容如下：

- ACK＝1：确认报文。
- SEQ_N＝x＋1，ACK_N＝y＋1：本报文序列号为 x＋1；确认了 TCP_B 传送来的序号为 y 的报文。

这时，从 TCP_B 到 TCP_A 的连接也被释放。

（2）传输非正常结束释放

在有些情况下，希望 TCP 传输立即结束。为了提供这种服务，当一方突然关闭时，TCP 会立即停止发送和接收，清除发送和接收缓冲区，同时向对方发送一个 RST＝1 的报文，要求重新建立连接。

3.2 X.25 协议与帧中继

3.2.1 X.25 协议的提出

1. 分组交换公共数据网络

20 世纪 60 年代，随着计算机技术的发展，数据通信技术有了很大的发展，分组技术走向实用，人们开始建立面向一个国家乃至世界范围的公共电信服务数据通信网——公共数据网（public data network，PDN）。

分组交换公共数据网的设备主要分为三大类：用户终端设备、网络接口设备和结点交换设备。

（1）用户终端设备

用户终端设备是用户的工作平台，大致可分为两种类型：分组式终端和非分组式终端。

① 分组式终端（PT），一计算机主机或通信控制器，具有直接与结点交换机通信的能力。

② 非分组式终端（NPT），有分组装拆功能和实现通信规程的能力，必须通过分组装拆设备（packet assembler disassemble，PAD）来完成这些功能。

（2）网络接口设备

网络接口设备（NIE）包括：集中器、多路复用器、分组装拆设备、接口处理机、网络接口机等。它们的功能不一，在不同的网络中叫法也不一样，但功能无外乎以下 4 个方面：

- 数据集中；

- 分组多路复用；
- 分组装拆；
- 实现网络接入协议。

（3）结点交换设备

结点交换设备（PSK）也称为分组交换机，是分组交换子网的核心设备，由分组收/发设备处理装置和存储器等组成，能在PT、NIE以及PSE间进行分组交换处理。它的主要功能是：

- 高速处理分组的传输与交换；
- 路由选择；
- 流量控制。

2. 分组交换公共数据网的用户进网接口标准

对于广大用户来说，最关心的问题是如何接入分组交换公共数据网。20世纪70年代初，ITU-T开始制定用户进网接口标准，即计算机、终端以及其他按分组方式工作的设备与子网结点交换机之间的接口标准。如前所述，对于分组交换公共数据网来说，用户分为分组式终端和非分组式终端两类，因此用户进网接口标准也相应地分为两类。图3—12表明它们在分组交换公共数据网中的位置。

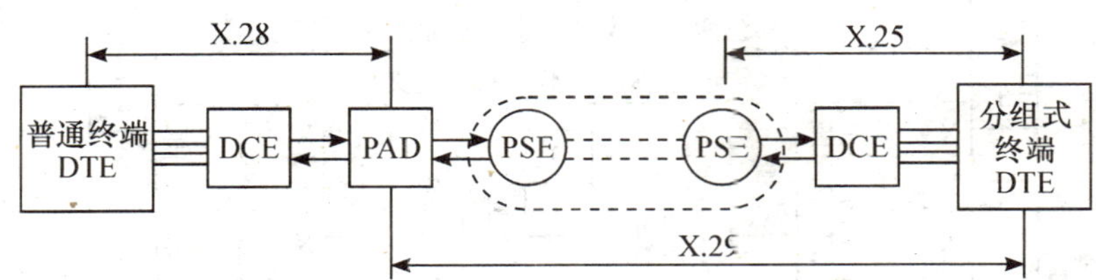

图3—12 分组交换公共数据网中的用户进网接口标准

（1）非分组式终端DTE/DCE进网接口标准有如下三种：

① X. 3建议。它规定了公共数据网内PAD的基本功能和工作环境。

② X. 28建议。它规定了在非分组式终端与PAD之间采用的协议，用于完成如下功能：

- 建立终端接入PAD的连接；
- 按要求设置终端参数；
- 建立终端与目的DTE之间的虚呼叫连接（动态建立的虚电路）；
- 控制终端与PAD之间的数据通信；
- 拆除虚呼叫连接。

③ X. 29 建议。它规定了在远程分组式终端与 PAD 之间相互作用的控制过程。

（2）分组式终端 DTE/DCE 进网接口标准——X. 25 建议。

3. 2. 2 X. 25 建议

X. 25 是 ITU-T 于 1974 年提出的“在公共数据网（PDN）上以分组方式工作的数据终端设备 DTE 与数据线路终结设备 DCE 之间的接口”，于 1976 年 3 月首次作为一项国际标准，1980 年、1988 年、1992 年又对其进行了修订。

1. X. 25 的层次结构

严格地说，从 ISO/OSI 的分层体系结构概念来看，X. 25 不是一个接口，实际上是如图 3—13 所示的 DTE 和 DCE 之间的三个下层（物理层、链路控制层和分组网络层）的同等协议。由于 X. 25 建议是分组数据网中最重要的协议，因此有人也把分组数据网叫作 X. 25 网。

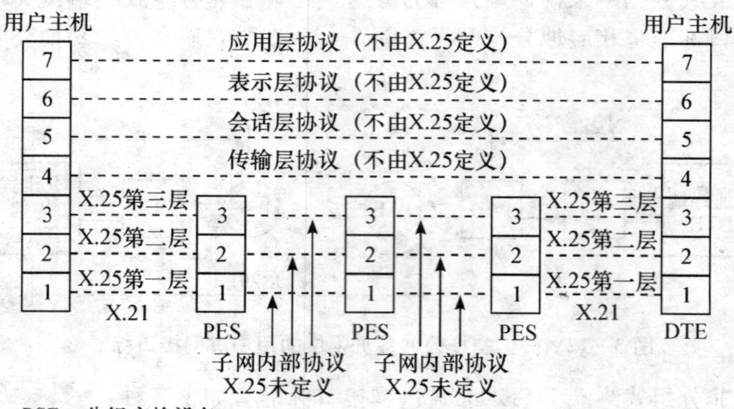

图 3—13 X. 25 网的层次结构及其在 ISO/OSI 中的位置

实际上，X. 25 建议由如下三个协议层组成：

- 物理层：用户主机或终端（DTE）与网络（DCE）之间的接口——X. 21 建议；
- 链路控制层：提供可靠的数据传输链路的连路接入规程——LAPB 规程；
- 分组网络层：提供外部虚电路服务的 X. 25 分组层协议——PLP 协议。

（1）X.21 建议

ITU-T 的 X.21 建议规定了在公共数据网上同步工作的 DTE 与 DCE 之间的通用接口。

（2）LAPB 规程

LAPB（Link Access Procedure Balanced，平衡型链路访问规程）是 ISO 制定的一个高级数据链路控制协议，是一种由 OSI 支持的位同步全双工规程。

（3）X.25 的分组层协议——PLP

分组层协议是 X.25 建议的核心，它不仅规定了关于 DTE 通过连接到 PSE 的实际访问线路来建立、维护和清除呼叫的约定，而且规定了 DTE 与 PSE 之间传输分组的协议，具有网络层的功能。具体地说，它的功能为：

- 将分组数据和控制信息装配成标准分组格式传输；
- 管理进入分组交换网（通信子网）的数据流。

2. 通过 X.25 各层中的数据单元

图 3—14 为在 X.25 网的各层中，数据传输单元的变化。通常，从高层来的数据在 X.25 的分组层被分为 128 个 8 位组的数据块，并在其前面加上分组标题成为一个分组。在分组层作适当处理后，送往 X.25 的数据链路层（即链路控制层），在数据链路层加上 HDLC 标题、FCS 以及标志 01111110，形成一个帧，被送往 X.25 的物理层，进行传输。

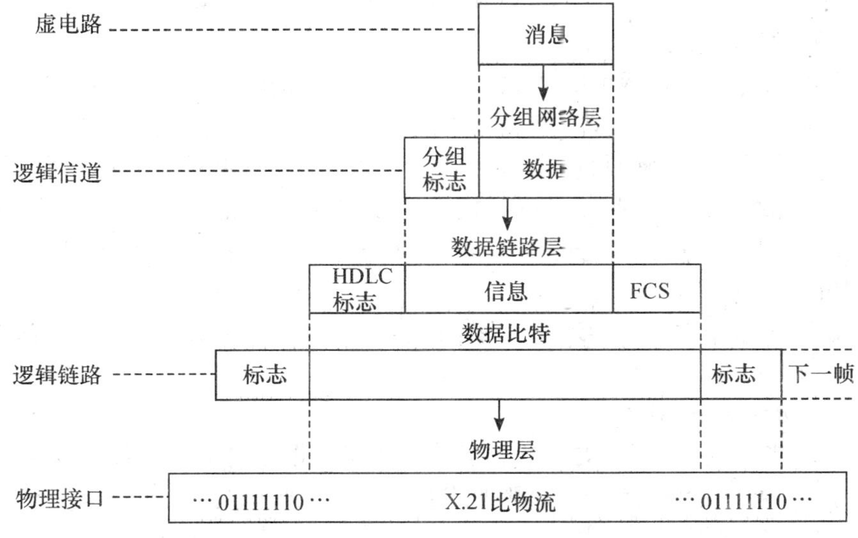

图 3—14　通过 X.25 各层中的数据单元

3. X. 25 分组格式

如图 3—15 所示，X. 25 分组由分组首部（标头域）和分组数据域两部分组成。下面介绍各部分的具体意义。

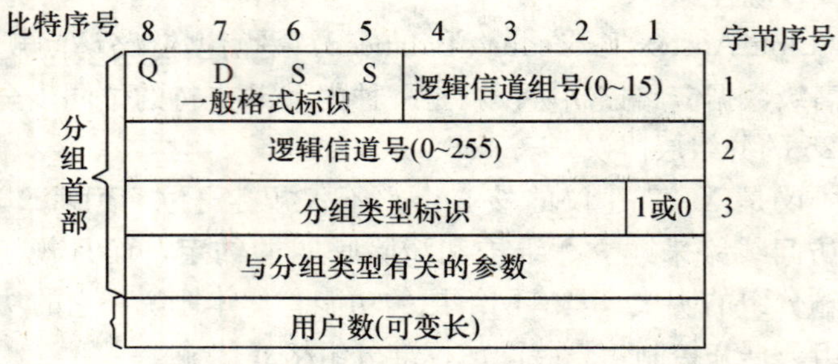

图 3—15　X. 25 分组的一般格式

（1）一般格式标识

在分组中，第 1 字节的第 5～8 位是一般格式标识，其中：

SS：说明分组序号 P（S）和 P（R）的编号方式：

- SS＝01，占 3 位；
- SS＝10，占 7 位。

Q：区分数据区的内容是分组数据（Q＝1），还是控制信息（Q＝0）。

D：D＝1，表示传送呼叫和传输阶段中的确认信息；其他情况下置“0”。

（2）逻辑信道号

X. 25 分组层提供两种虚电路服务：虚呼叫（virtual calls，VC）和永久虚电路（permanent virtual circuit，PVC）。虚呼叫是动态建立的虚电路，分呼叫建立、数据传输和呼叫清除三个阶段。永久虚电路是由网络指定的固定虚电路，如同专线，不需呼叫便可以直接传输数据。X. 25 的分组层定义了 4 096 个逻辑信道号，虚呼叫（分呼入和呼出）和永久虚电路各占不同的号区，分配情形如图 3—16 所示。

X. 25 分组用 12 位（第 1 字节的高 4 位和第 2 字节）标识一个 DTE/DCE 接口上的不同逻辑信道号。

（3）分组类型标识

X. 25 共规定了 14 种类型的分组，主要有数据（包括用户数据和控制数据）分组、呼叫请求分组、进入呼叫分组、呼叫接收分组、呼叫建立分组、重置分组、中断分组等。

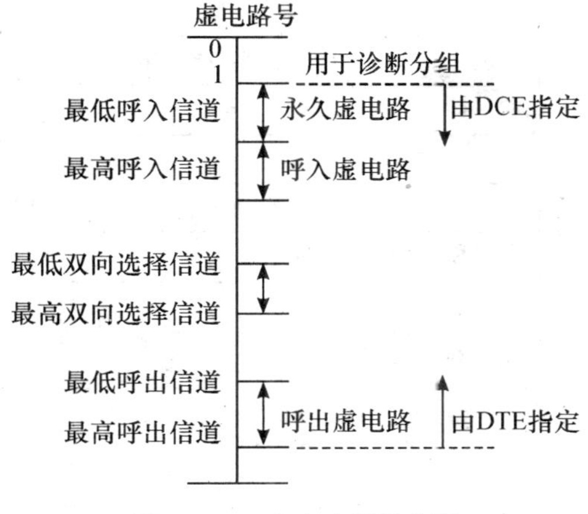

图3—16 虚电路号的分配

4. 呼叫虚电路的建立和清除

X. 25的呼叫虚电路建立与释放过程如图3—17所示。

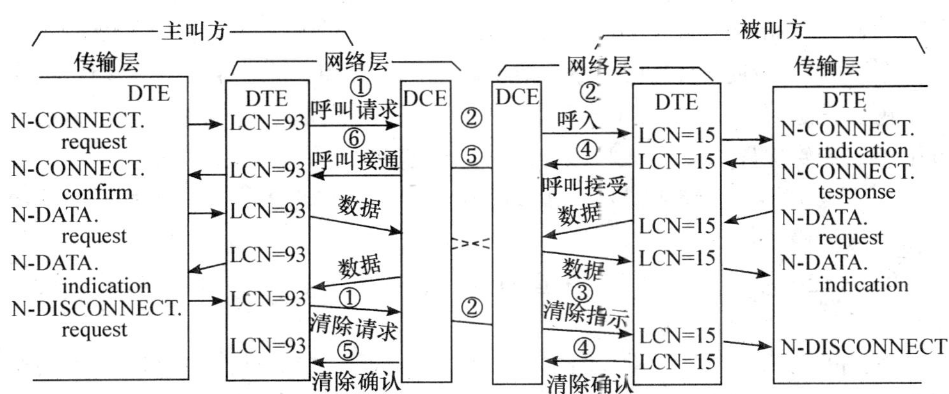

图3—17 X. 25呼叫虚电路的建立与释放过程

(1) 呼叫建立

① 发起呼叫。发起呼叫的DTE（或主叫DTE）从空闲的逻辑信道号中按照“先大后小”原则，选择一个逻辑信道号（图3—17中为93）作为呼出虚电路号，向自己的DCE发送一个呼叫请求分组。呼叫请求分组的格式如图3—18所示，携带有虚电路号（逻辑信道号LCN)、主叫DTE地址和被叫DTE地址等信息。

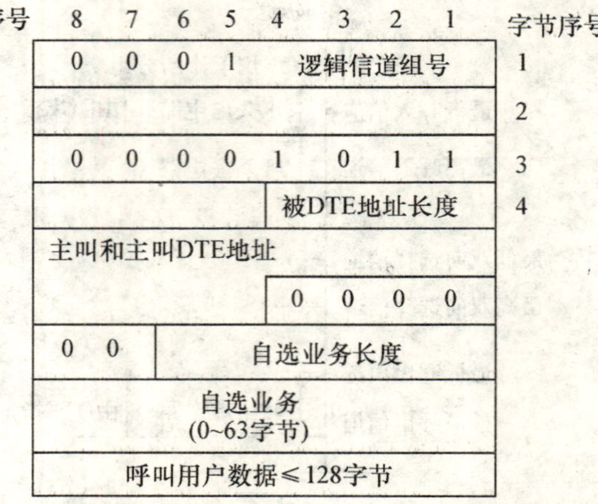

图 3—18　呼叫请求分组格式

② 呼叫请求分组的传送。X. 25 网选择合适的路由，将呼叫请求分组传送到被叫方的 DCE。当然在传输过程中要经过“呼方 DCE—分组—帧—比特流传输—帧—分组—被叫方 DCE”的过程。

③ 呼入。被叫 DCE 收到呼叫请求分组后，按照“先小后大”原则，选择一个逻辑信道号 LCN（图 3—17 中为 15）作为呼入虚电路号，换掉呼叫请求分组中的逻辑电路号，形成呼入分组，发向被叫 DTE。

④ 接收呼叫。若被叫 DTE 接收呼叫，则发出呼叫接收分组，其逻辑信道号与呼入分组相同。

⑤ 传送呼叫接收分组。网络按照呼叫建立时的路由将呼叫接收分组传回主叫 DCE。

⑥ 呼叫接通。主叫 DCE 向主叫 DTE 发送呼叫接通分组。这时使用的逻辑电路号与呼叫请求分组相同。

（2）传输数据

呼叫建立一结束，即转入数据传输阶段。在已建立的虚电路上可用全双工方式传输数据分组。这时使用的逻辑电路号与呼叫建立阶段采用的逻辑电路号相同。但主叫方和被叫方使用的逻辑电路号是不同的。

（3）释放虚电路

数据传输完毕，主叫和被叫的任何一方都可以发起清除虚电路的请求分组。图 3—19 所示的是主叫 DTE 发起清除请求分组。其过程如下：

① 请求清除

主叫 DTE 向自己方的 DCE 发送清除请求分组，格式如图 3—19 所示。

比特

8	7	6	5	4	3	2	1	字节
0	0	0	1					1
逻辑信道号								2
分组类型标识 0	0	0	1	0	0	1	1	3
清除码								4
诊断码								5

图 3—19　清除请求/清除指示分组格式

② 主叫 DCE 收到清除请求分组后，一方面向 DTE 发回清除确认分组，一方面将清除请求分组传送到被叫 DCE。

③ 被叫 DCE 向被叫 DTE 发送清除指示分组。

④ 被叫 DTE 向本地 DCE 发一个清除确认分组。

⑤ 本次使用的虚电路号被释放。

5. X. 25 的流量控制和差错恢复

X. 25 将确认分组捎带在数据分组上。它的分组层设置的分组发送号和接收号是为了进行流量控制。X. 25 规定每条虚电路默认的窗口大小为 2，但对模 8 编号的窗口可设置的窗口号为 0，1，2，3，4，5，6，7，对模 128 编号的窗口可设置的最大窗口号为 127。

X. 25 差错控制设置在分组级，主要靠重置（reset）和再启动（restart）两个过程进行恢复。重置用于重新初始化处于数据传输阶段的一条呼叫或永久虚电路，清除在每一方向上传送的数据和中断分组。再启动用于清除 DTE—DCE 接口上的所有呼叫虚电路，重置所有永久虚电路，然后重新建立虚电路，恢复通信。

3. 2. 3　帧中继

1. X. 25 建议的简化和改进

分组交换是 20 世纪 70 年代推出的基于铜线模拟传输的交换技术。其前提是在不太可靠的物理链路上传输数据单元。为保证传输的可靠性，X. 25 采用三层协议，在分组层和数据链路层都采取了可靠性措施：用虚电路技术构造了一个可靠的确认型的面向连接的公用网络，在网内每两个结点之间的数据传输都要经过校验和确认，采用重置和再启动机制进行差错恢复。这样的结果必然要付出传输速率和网络吞吐量的代价。

20 世纪 80 年代以后，计算机技术和通信技术取得了长足的进步，例如：

- 传输介质中铜缆的主流地位逐渐被光缆取代。数字光纤网比铜缆电话网的误码率大大减少，可以基本上不出差错。
- 用户设备的处理速度越来越快，局域网已从 10 兆提高到百兆、千兆。
- 用户设备的智能化程度日益增强，能提供相当完善的通信功能。

这些变化一方面要求公共网提供高速度、高效率的数据传输服务，另一方面也提供了不再把可靠性作为前提的可能性。帧模式承载业务（frame mode bearer service），简称帧中继（FR，frame relay），于是应运而生。它于 1992 年起步，1994 年开始获得了迅速发展。

帧中继是一种减少结点处理时间的技术。它以分组交换为基础对 X. 25 进行了一些改进：

（1）X. 25 是三层结构，它在分组层要进行如下操作：对报文进行分组和重组以及对相邻结点都要有确认、重发，导致了网络资源的大量消耗，增加了时延。帧中继省略了 X. 25 中的分组层，避免了分组层的处理消耗，以数据链路层的帧为基础进行多条逻辑链路的统计复用和转换，所以称之为“帧中继”。

（2）帧中继的帧长度是可变的，允许最大帧长在 1 000 字节以上，没有 X. 25 分组层固定长度的限制，从而保证了网络的吞吐量。

（3）X. 25 是一种确认型网络，各个结点都要对用户数据进行检错和纠错（重传）。帧中继则是非确认型网络，对于数据链路层，它也只留用了核心子层部分（包括透明传输和错误检测），省去了帧编号、流量控制、窗口、应答和监视等功能，帧不需要确认就能够在每个交换结点中直接通过，检查出错误就将之丢弃；流量控制、纠错等交给智能终端完成，这大大节省了交换机的开销，缩短了时延，提高了吞吐量。这种收到帧即转发的交换方式，被称为快速分组交换。图 3—20 为帧中继与 X. 25 网的比较。

帧中继作为一种公用网络，具有如下特点：

- 传输速率高，其所提供的速率大于 2 Mbps（X. 25 为 64 kbps）；
- 可靠性高；
- 兼容性好，可为多种网络提供高速连接；
- 低时延，高吞吐量；
- 按需分配带宽，充分利用网络资源，节省通信费用。

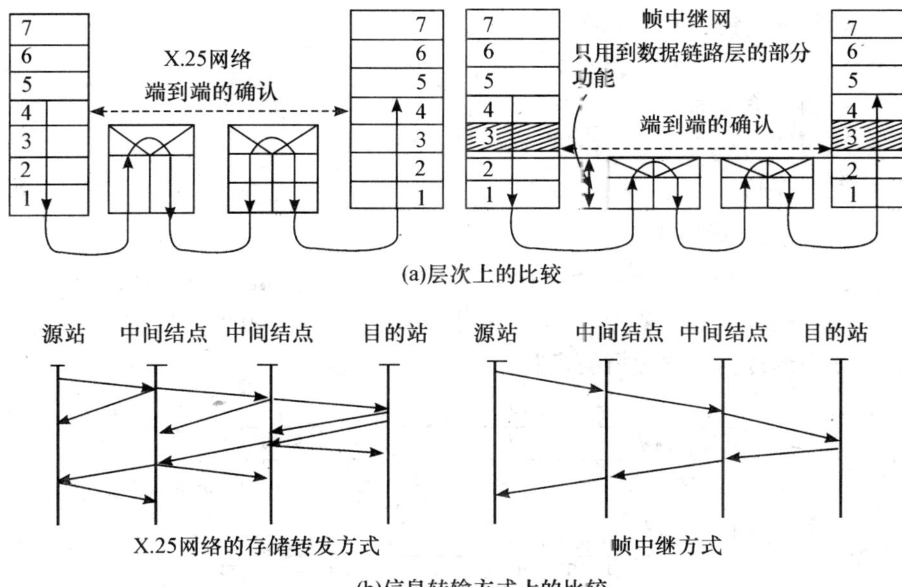

(a)层次上的比较

(b)信息转输方式上的比较

图 3—20　帧中继与 X. 25 网络的比较

2. 帧中继的协议结构

如前所述，帧中继在第二层以简化的方式传输数据，仅完成物理层和数据链路层的核心功能。如图 3—21 所示，智能化的终端将数据发送到数据链路层并封装在 ITU-T 的 Q. 922 核心层的帧结构中，实施帧为数据单元的信息传输。

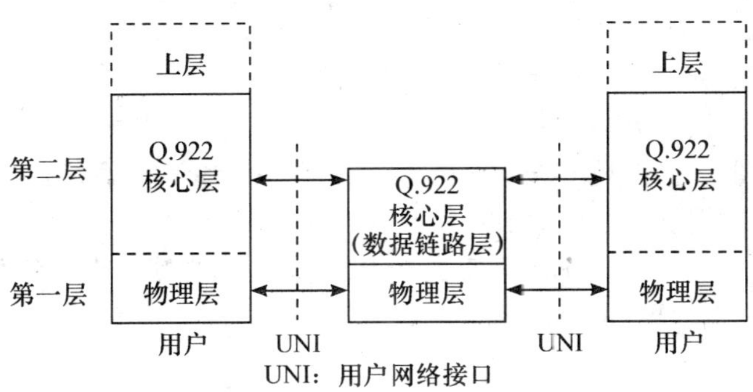

图 3—21　帧中继的协议结构

Q. 922 核心层可完成的功能有：

- 帧定界、定位和透明性；

- 帧传输差错检测（但不纠错）；
- 检测帧长（不能太长或太短）；
- 检测传输帧插“0”或去“0”后是否由字节组成；
- 使用帧头中的地址字段进行帧复用/分用；
- 拥塞控制。

3. 帧中继的帧格式

图3—22为Q. 922的用户操作平面协议LAPF（link access procedure for frame bearer service）核心中定义的帧中继的帧格式。用帧格式能够非常清楚地说明帧中继传输用户数据的机制。

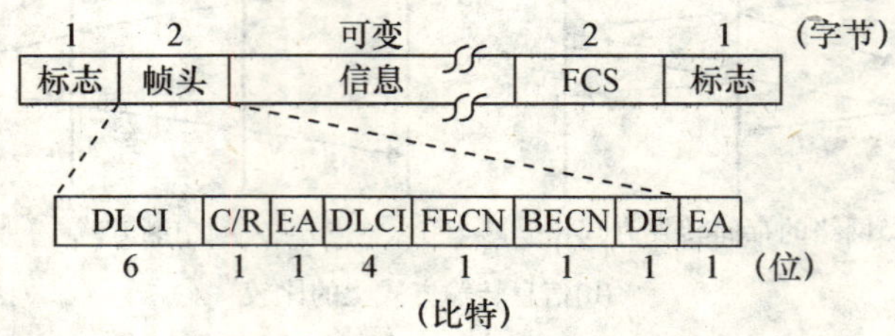

图3—22 帧中继的帧格式

在帧中继的帧中没有控制字段，它只携带用户数据，没有帧序号，也不进行流量控制和差错控制。下面是主要地址字段的作用，其他与X. 25基本相同。

帧头一般为2字节，也可以扩展成3字节或4字节，由如下几部分组成：

- 数据链路连接标识符（DLCI）。占10位，用于标识永久虚电路PVC、呼叫控制或管理信息。
- 命令/响应（C/R）。与高层有关，帧中继本身不使用。
- 扩展地址（EA）。EA为0时，表示下一字节还是地址。
- 正向拥塞通知（FECN）和反向拥塞通知（BECN）。结点将得知的网络拥塞状态，让帧捎带通知前面的结点。
- 丢弃指示（DE）。DE为1的帧是不太重要的帧。当网络发生拥塞时，可以将其丢弃以保留DE为0的帧。

3.3 ATM交换

20世纪80年代是计算机技术飞速发展的时期，计算机开始处理多媒体数据。而当时出现的 X. 25 等分组交换网络的传输逗度远不能适应传输多媒体数据的需要。于是人们开始研究快速分组交换网络，例如英国的异步时分复用（ATD）技术、美国的快速分组交换（FPS）技术等。这些技术有很大的相似之处。国际电信联盟 ITU-T 经过协调研究，在它们的基础上，于 1988 年正式提出名为 ATM（asynchronous transfer mode，异步传输模式）的标准。下面主要介绍 ATM 的交换原理。

3. 3. 1　ATM 网络与信元结构

1. ATM 网络结构模型

ATM 网络包含两种网络元素：ATM 端点和 ATM 交换机。如图 3—23 所示，ATM 端点是在 ATM 网中能够产生或接收信元的源站或目标站。ATM 交换机是进行信元交换的站点。ATM 端点通过点到点的链路与 ATM 交换机相连。ATM 交换机应支持两类接口：用户—网络端口（user-network interface，UNI）和网络—结点端口（network-node interface，NNI）。UNI 是 ATM 端口与其所连接的交换机之间的接口，NNI 是 ATM 中两个交换机或两个 ATM 网之间的接口。

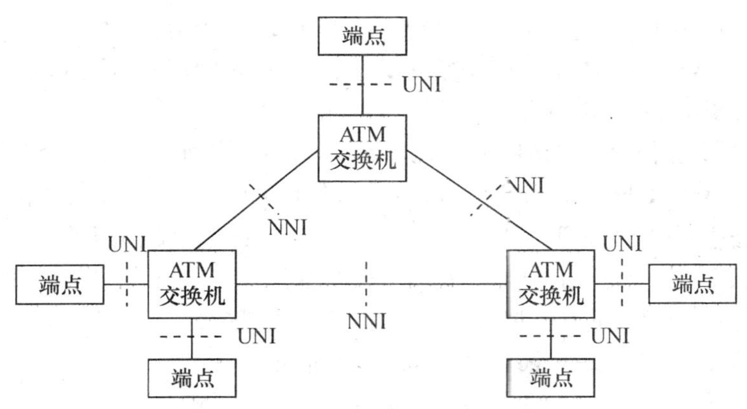

图 3—23　ATM 网络组成

2. ATM 信元结构

ATM 采用固定长度为 53B 的分组，这种分组称为信元（cell）。每个信元包括 5B 的信头和 48B 的信息域。这种固定长度的信元，使得交换可以由硬件进行处理，提高了处理速度，加大了传输容量。再加之去除了不必要的数据校验，其交换速率大大高于 X. 25 等传统数据网。同时这种短小而固定的信元，灵活机动，可以携带任何类型的信息（数字、语音、图像、视频），既可以像电路交换那样传输语音业务，又可以像分组交换那样传输数字业务。

图3—24给出了信元的结构。可以看出，对于UNI和NNI，信元头不太相同。

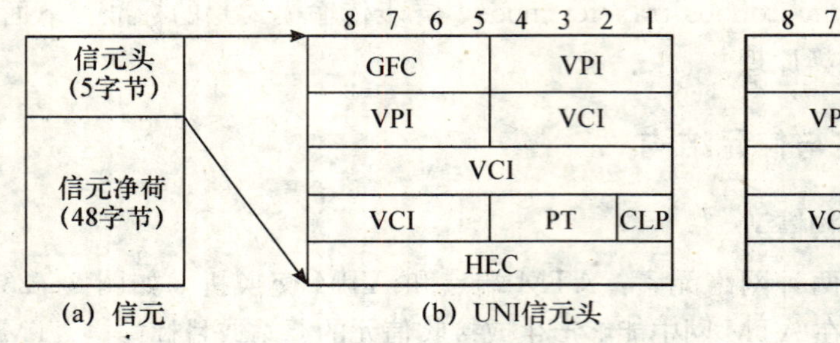

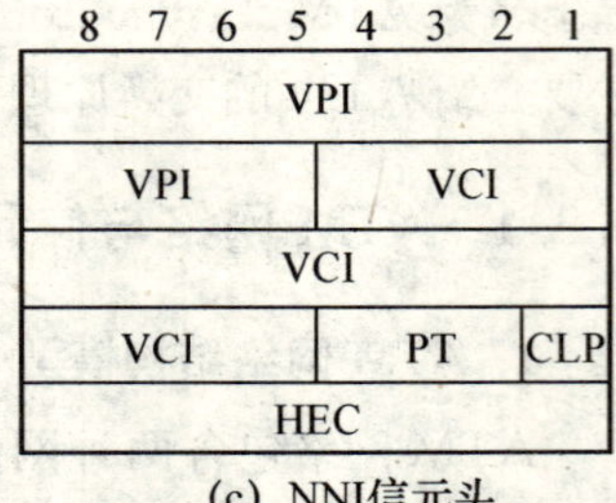

图3—24　信元结构

（1）GFC（generic flow control）：4b，只用于UNI，进行一般流量控制，防止信道过载。

（2）VCI（virtual channel identifier，虚通路标识）：16b。

（3）VPI（virtual path identifier，虚路径标识）：在一个接口上将若干个虚通路（virtual channel，VC）集中起来组成一个虚路径（virtual path，VP）。VPI/VCI一起标识一个虚连接，成为ATM网络管理的基本单位。在UNI中为8b，在NNI中为12b。

（4）HEC：信元头差错控制，8b，检测有错误的信元头。另一个作用是进行信元定界，利用HEC字段和它之前的4字节的相关性可识别出信元头位置。由于在不同的链路中VPI/VCI的值不同，所以在每一段链路都要重新计算HEC。

（5）PT（payload type）：3b，载荷类型指示，用于指明信元中的载荷（数据域中携带的数据）类型。比特3为0表示为数据信元、为1表示为OAM（operation and maintenance，操作和维护）信元。

- 对OAM信元，1，2比特位表明了OAM信元的类型。
- 对数据信元，比特2用于前向拥塞指示当经过某一结点出现拥塞时，就将这一比特置为1；比特1用于表示后面还有无数据。

（6）CLP（cell loss priority）：1b，信元丢失优先级，用于拥塞控制。当网络出现拥塞时，首先抛弃CLP等于1的信元。

在传输网上免除了差错控制和流量控制，使差错控制和流量控制在用户端进行，直接运用硬件加快传输速度，从而简化了传输机制，并有效地提高了交换与复用效率。

3.3.2　VP交换与VC交换

ATM虽然用信元作为信息转移的基本单位，但仍然是一种面向连接的转移模式。各信元在网络内以连接为单位进行路由选择，即属于同一连接的信元具有相同的转移路径。但是这种连接不是电路交换系统那样的实电路连接，而是通过与分组交换相似的虚电路连接（逻辑连接）进行。

ATM是一种寻址型特殊分组转移模式，为了提高连接的效率，它的虚电路被分为两个级别：虚通路（VC）和虚路径（VP）。如图3—25所示，在ATM中，一个物理传输信道被分成若干个虚通路，每个虚路径可以用复用方式容纳多达65 536个虚通路，属于同一虚路径的信元群拥有相同的虚通路识别号（VCI），属于同一虚路径的不同虚通路拥有相同的虚路径识别号（VPI）。传输通道、虚路径和虚通路是ATM技术中的三个重要概念。

图3—25　传输通道、虚路径（VP）和虚通路（VC）之间的关系

ATM信元交换既可在VP级进行，又可在VC级进行。即ATM信元交换有三种不同的情况：VC交换、VP交换和不交换。图3—26给出了VP/VC交换示意图。

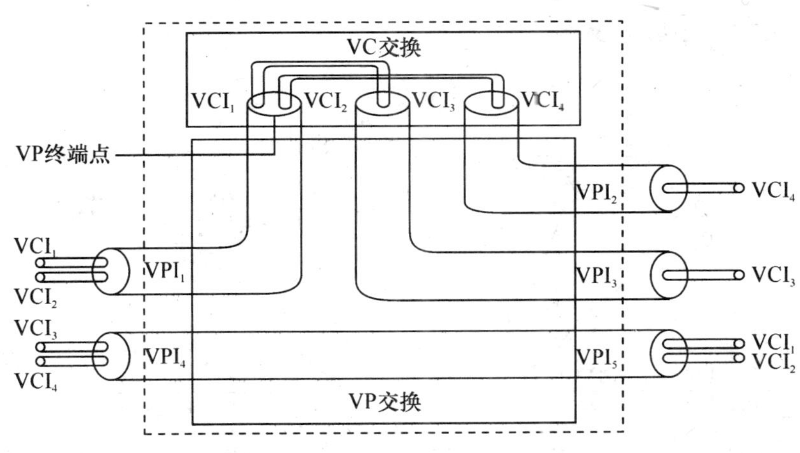

图3—26　VP/VC交换

ATM 具体连接过程如下。

（1）当发送端要和接收端通信时，首先通过用户网络接口（IYNI）发送一个请求建立连接的控制信号。接收端通过网络收到该控制信号并同意建立连接后，网络中的各个交换结点经过一系列信令交换后就会在发送端与接收端之间建立起一个虚电路，虚电路用一系列 VPI/VCI 来表示。在虚电路中，相邻两个交换结点间信元的 VPI/VCI 值保持不变，此两点间形成一 VC 链，一串 VC 链相连形成 VC 连接，VP 链和 VP 连接也以类似方式形成。

（2）在虚电路的建立过程中，虚电路上所有的交换结点都会建立线路映射表，即建立输入 VPI/VCI 值到输出 VPI/VCI 值之间的转换关系。

（3）虚电路建立之后，需要发送的信息被分割打包，形成包含 5 个字节信元头、48 个字节信息的信元，经过网络传送到对方。信元在某个链路上传输时，其 VPI/VCI 值与该链路上的 VPI/VCI 相同。当信元经过某交换结点时，该结点根据事先建立的线路映射表，对其进行 VP 交换或 VC 交换。进行 VP 交换时，将输入信元的 VPI 值改为可导向接收端的新 VPI 值，VCI 值保持不变；进行 VC 交换时，VPI、VCI 都要改变。

（4）最后根据 VPI/VCI，选择合适端口转发出去，完成交换过程。

图 3—27 为 ATM 网络中，端点 A 通过 ATM 交换机 X、Y、Z 建立的一条到端点 B 的逻辑连接。图中，当 VCI＝12 的信元由 X 的 4 号入端口到达后，X 就按 VCI 转换表将其从 2 号出端口发出，并将 VCI 转换为一个 X 未使用的 VCI 号。在 Y、Z 接点上情况相似。

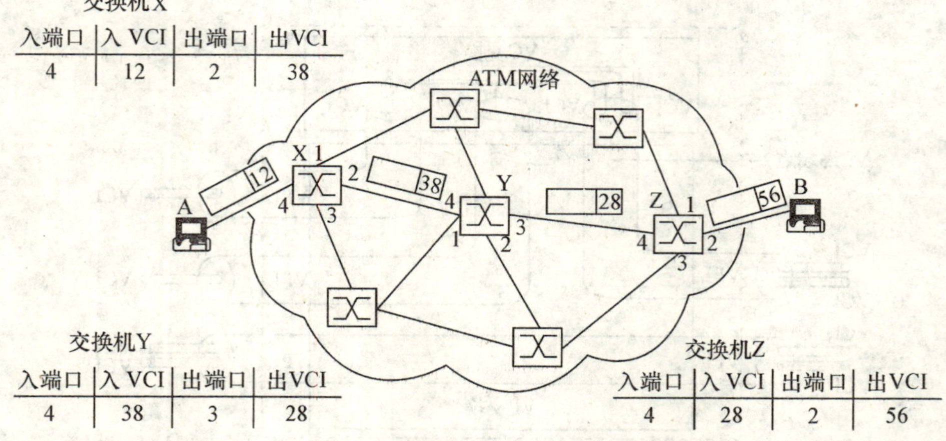

交换机X

入端口	入 VCI	出端口	出VCI
4	12	2	38

交换机Y

入端口	入 VCI	出端口	出VCI
4	38	3	28

交换机Z

入端口	入 VCI	出端口	出VCI
4	28	2	56

图 3—27　端点 A 通过 ATM 交换机 X、Y、Z 建立的一条到端点 B 的逻辑连接

3.3.3　ATM 交换机

ATM 交换技术是一种融合了线路交换方式和分组交换方式优点而形成的新型交换技术。ATM 交换有两个重要特征：

- 具有物理端口编号，为了提供交换功能，输入端口必须与输出端口相关联；
- 具有虚连接（VP/VC）标识符，输入 VPI/VCI 要与输出 VPI/VCI 相关。

也就是说，ATM 交换具有两方面的功能：一方面是空间交换，即将信元从一条传输线路转移到另一条传输线路上；另一方面是时间交换，即将信元从一个时隙改换到另一时隙。由于 ATM 的逻辑信道与时隙无固定关系，逻辑信道要靠信头来标识，时隙交换要靠信头翻译来实现。

如图 3—28 所示，ATM 交换机由入/出线处理（I/O 接口单元）、交换结构和接续控制单元三大模块组成。

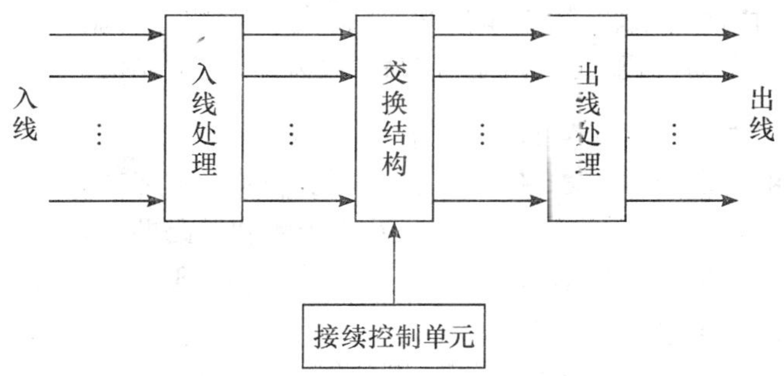

图 3—28　ATM 交换机的功能结构

1. 入线处理部件

用于接收输入信元，将其转换成为适合送入 ATM 交换结构的形式，主要的处理功能有：

（1）将串行码的光信号转换成并行码的电信号。

（2）信元的定界和分离：因为输入信元是嵌入到某种传输帧格式中的，例如 PDH 或 SDH 的帧结构。入线处理部件需从信元所在的帧结构中，定界各个信元并将其从帧结构中分离出来。还要处理帧结构携带的线路 OAM 信息以判断线路状况，一旦发现故障应发出告警。

（3）信元的有效性检验和类型分离：信元在线路传送过程中可能产生误码，应对分离出来的信元进行 HEC 检验以便抛弃损坏的信元。还要根据 PTI

对信元分类，挑出不需要交换的信元。例如：对空闲信元应该抛弃、对 OAM 信元应该处理其中的维护管理信息。

（4）为信元通过交换结构进行路由选择，确定输出信道、检查 VPI/VCI 的有效性等。

2. 出线处理部件

出线处理部件与入线处理部件的功能相反，它将 ATM 交换结构输出的信元转换成为适合在线路上传输的形式。主要的处理功能有：

（1）与 OAM 信元流的复合：交换结构输出的信元流与有关的 OAM 信元流合成，形成送往出线的带有操作维护管理信息的信元流。

（2）速率适配：当 ATM 信元流的传输速率比输出线上的传输速率低时，需要添加空闲信元；当比输出线上的传输速率高时，应该设置缓冲存储器对信元进行缓存。

（3）形成线路码流：产生特定的传输帧结构（如 PDH 或 SDH），将信元嵌入，并产生传输帧结构中需要的 OAM 信息。

经以上处理后，即获得可以送往线路传输的二进制码流。

3. 交换结构

交换结构是交换机的核心模块，它提供了信元（大多数情况下也包括交换管理和控制信息）的通路，通过交换单元的排队和选路两个基本功能，将信元从一个端口交换到另一个端口，从一个 VP/VC 交换到另一个 VP/VC。此外，交换单元还完成部分流量控制功能。

交换的基本功能就是转发业务流，将输入端口与输出端口对应起来。ATM 交换单元的实现由于其所用的交换网络结构不同，一般可以分为三类：共享内存型、共享介质型和交叉点矩阵型。

（1）共享内存型

图 3—29 为共享内存型 ATM 交换模块结构，其核心是一个 RAM。各个输入端口的信元流复接成一条高速信元流后，根据信元中的 VPI/VCI 写入 RAM

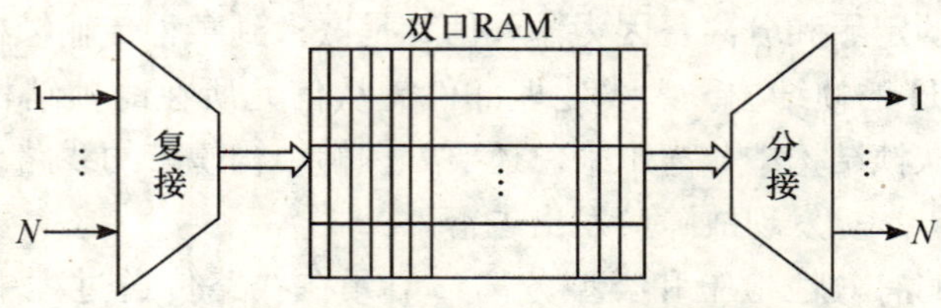

图 3—29　共享内存型 ATM 交换模块结构

中与每个输出端口对应的队列中。输出时，轮流从各个队列读出一个信元，输出信元流经分接后到达各个输出端口，完成交换过程。

共享内存型ATM交换模块是低价的小型交换机中常见的一种结构，其优点是能够在一台交换机中同时支持不同类型和速率的局域网。

(2) 共享介质型

在共享介质型ATM交换模块中，各个输入端口的信元被同步地分时复接到一组高速介质（如时分复用总线等）上，各个输出端口也与这组高速介质相连。输出端口利用地址过滤器（AF）将发往本端口的信元接收下来。很像商店里出售处理品的柜台，售货员将各种要处理的商品倒在摊位上，顾客经过过滤挑选自己需要的商品。图3—30是一种称为ATOM的共享介质型ATM交换模块结构。

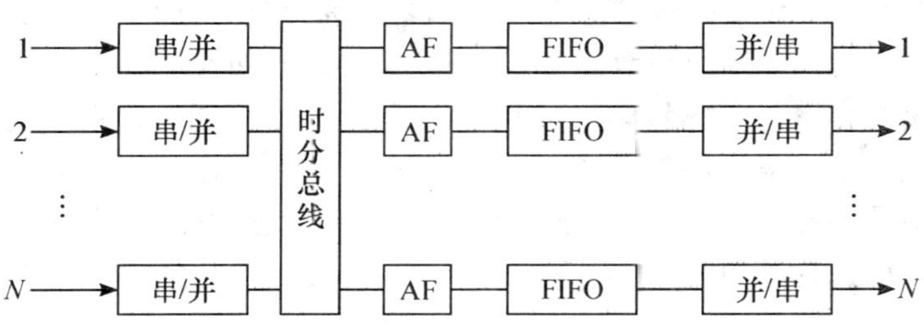

图3—30 ATOM模块结构

共享介质型交换机有一个高速背板，用于交换单元间的互联。因而共享介质结构常用于模块化的交换机中，以实现较高的端口密集度。

(3) 交叉点矩阵型

图3—31为一个简单的交叉点矩阵，它的 N 路输入线和 N 路输出线之间

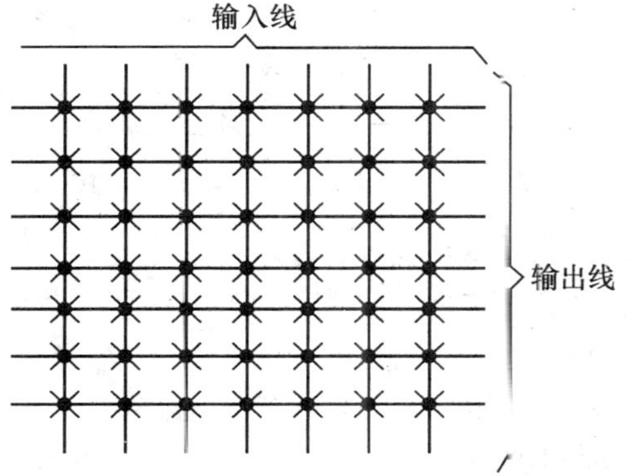

图3—31 一个简单的交叉点矩阵

有 N^2 个接点。通常这些接点是触点开关或电子开关，只要适当地控制这些开关的接通或断开，即可在任一路输入线和输出线之间构成通路。当输入线、输出线数目增加时，交换矩阵的接点数将按平方关系增长，使控制系统复杂化。所以，对于大容量的交换机一般采用多级交换方式。

4. 接续控制单元

接续控制单元是交换机的中枢神经系统，它完成 ATM 信令处理、资源管理和流量控制中的连接、接纳控制，以及设备管理、网络管理等功能。

5. ATM 交换机的工作过程

每次接续时，根据输入接续路由表内容，通过硬件将信头 VPI/VCI 值转换成交换单元可以识别的路由标签（信头翻译）。经过交换单元后，根据输出标签变换表内容将路由标签转换成相应的输出 VPI/VCI。路由表的内容是在呼叫时由控制单元根据信令或管理命令设定的。交换单元根据路由标签选择交换路径，由硬件自选路由完成交换过程。控制单元根据信令控制交换并完成一定的运行、维护管理功能。

3.3.4 ATM 业务

图 3—32 为 ATM 简化的协议分层示意图。可以看出 ATM 采用了 AAL1、AAL2、AAL3/4、AAL5、多种适配层，以适应 A 级、B 级、C 级、D 级四种不同的用户业务。

高层	信令	A 级	B 级	C 级	D 级
ATM 适配层	信令	AAL	AAL	AAL3/4 或 AAL5	
	ATM 层				
	物理层				

图 3—32　ATM 简化的协议分层结构

A 级：固定比特率（CBR）业务：ATM 适配层 1（AAL1），支持面向连接的业务，其比特率固定，常见业务为 64Kbit/s 话音业务，固定码率非压缩的视频通信及专用数据网的租用电路。

B 级：可变比特率（VBR）业务：ATM 适配层 2（AAL2）。支持面向连接的业务，其比特率是可变的。常见业务为压缩的分组语音通信和压缩的视频传输。

C级：面向连接的数据服务：AAL3/4。该业务为面向连接的业务，适用于文件传递和数据网业务，其连接是在数据被传送以前建立的。

D级：无连接数据业务：常见业务为数据报业务和数据网业务。在传递数据前，其连接不会建立。AAL3/4或AAL5均支持此业务。

3.4 局域网中的交换技术

3.4.1 冲突域划分与网桥

1. 局域网中站点增加带来的问题及其解决思路

多点共享信道有点像许多人在一个大房间中。当任何一个人想与另外一个人通信时，他说的话会被大家都听到。这时若有两个以上的人想讲话，就会发生冲突，都要停下来。虽然采用令牌控制或CSMA/CD可以有效地保障通信有效地进行，但毕竟降低了通信效率。特别是当网络中的站点增多时，监听/检测—退避—监听/检测—退避……碰撞的现象不断发生，造成大量带宽浪费，甚至产生恶性循环，使网络无法正常运行。

这个问题如何解决呢？一个基本的想法是将网络分段。通过分段缩小冲突域（collision domain）。显然，若把网络（介质）分成两段，就可以由两个站点同时发送数据；分成三段，就可以由三个站点同时发送数据……剩下的问题是解决各段之间的通信问题了（尽管较好的分段可以把大量通信集中在段内进行，但也必须考虑段间的通信问题）。

网桥（bridge）是解决这个问题的一种设备。

2. 网桥的作用

网桥也称桥接器。简单的网桥有两个端口，复杂的网桥可以有多个端口。网桥的每个端口属于一个网段，并且每个端口都会接收所连接网段上传输的各种帧。每收到一个帧，都要先判断所接收的帧的目的地址是否与接收端口在同一网段：若是，就将之抛弃，因为它不需要通过网桥转发；若不是，则将收到的帧发送到对应的端口，进入相应的网段中。图3—33为网桥将从101发出、目的地为204的帧，发送到网段2的情形。

网桥可安装在文件服务器上，称为内桥；也可以安装在工作站上，称为外桥。图3—34为用网桥连接局域网和远程网的示意图。

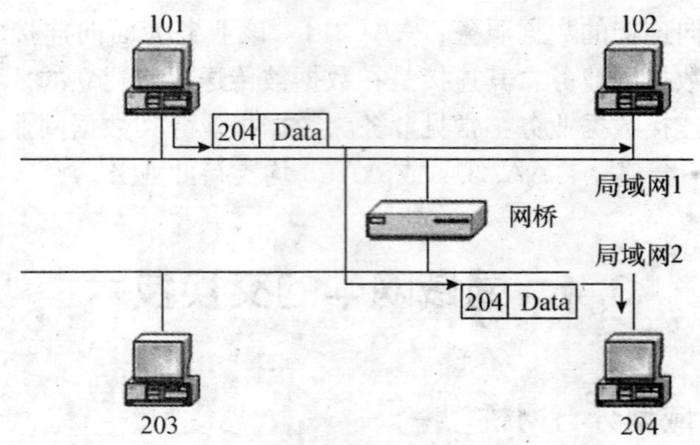

图 3—33　网桥在网段间传送帧

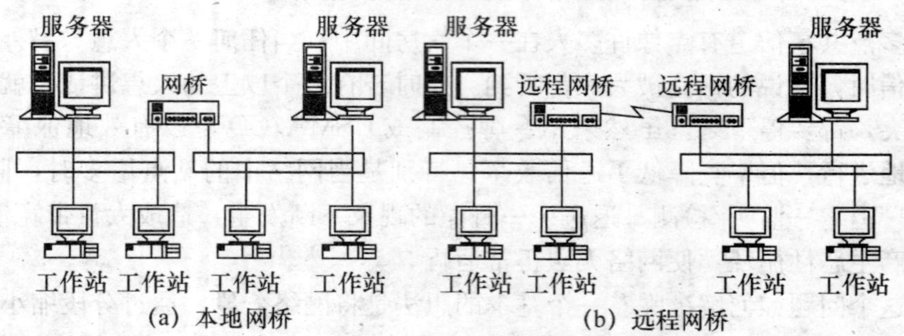

图 3—34　用网桥连接局域网和远程网示意图

3. 网桥的工作原理

图 3—35 为一个两端口网桥的基本原理示意图。网桥是通过软件工作的，其关键部件是一张 MAC 地址表。每有帧通过一个端口传来，网桥就先查找 MAC 地址表，以确定该帧的目的地址与接收端口属于不属于同网段，以及哪个端口在同一网段中。

在双端口网桥中，两端口网桥连接两个网段。由于每段都是一种广播传送方式，系统工作时，若不是发往别的网段的帧，就将之丢弃，因为本端会有网站接收，不需要发往别的网段，不增加别的网段的负担。网桥工作的特点是，收到 MAC 帧后，不剥离 MAC 域，而是完整地把帧转发到目的站点所在的网段中。

网桥工作在 MAC 层，并通过内部的端口管理软件和网桥协议工作。

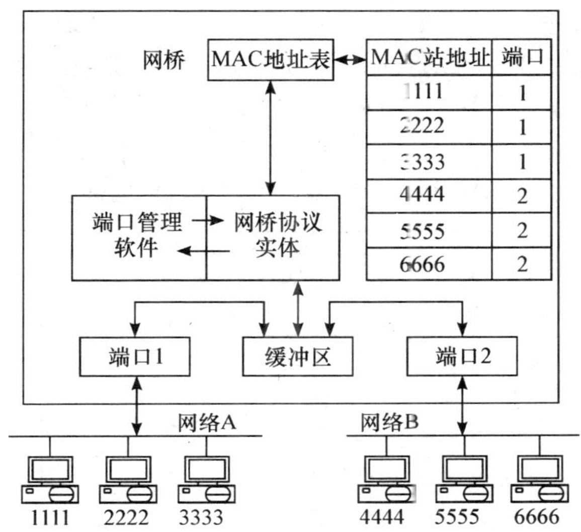

图 3—35 网桥的基本原理

3.4.2 交换式局域网

1. 交换局域网的工作原理

网段微化减少了站点对总线的竞争，但在较大型的网络中，过多地分隔会使得整个网络的结构和管理变得十分复杂，并使成本随之增加。交换机可以从根本上改变共享介质的工作方式，按照目的地址转发数据，从一个端口进入的数据被送到相应的目的端口，不影响其他端口。如图 3—36 所示，交换机有多个端口，它可以在多端口之间实现多个并发连接，可以实现多个结点间的并发通信。交换机的每个端口为一个冲突域（如以太网）或一个环（如环网），具有专用的信息通道，享有规定的带宽，这样可以改善网络性能和服务质量。

交换式网络的核心部件是交换机。目前的局域网交换机主要是针对 Ethernet 设计的。

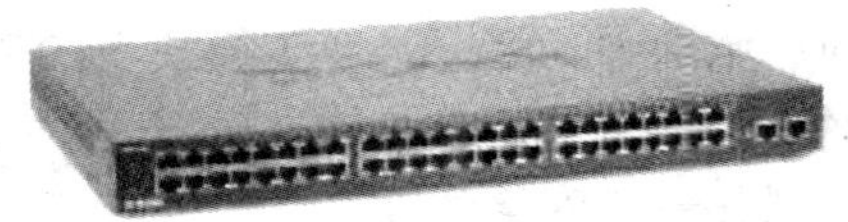

图 3—36 交换机有多个端口

在图 3—37 所示的交换式局域网中，交换机共有 6 个端口，其中的 4 个端口 1、4、5、6 连接有结点 A、B、C、D。交换机中的“端口号—MAC 地址映射表”可以建立端口号与结点的 MAC 地址间的对应关系。端口之间的连接可以根据需要同时建立多条。当有两个结点要同时发送数据（如结点 A 要向结点 C，结点 D 要向结点 B 发送数据）时，只要分别在帧中写上目标地址，交换机根据“端口号—MAC 地址映射表”可以实现同时转发。

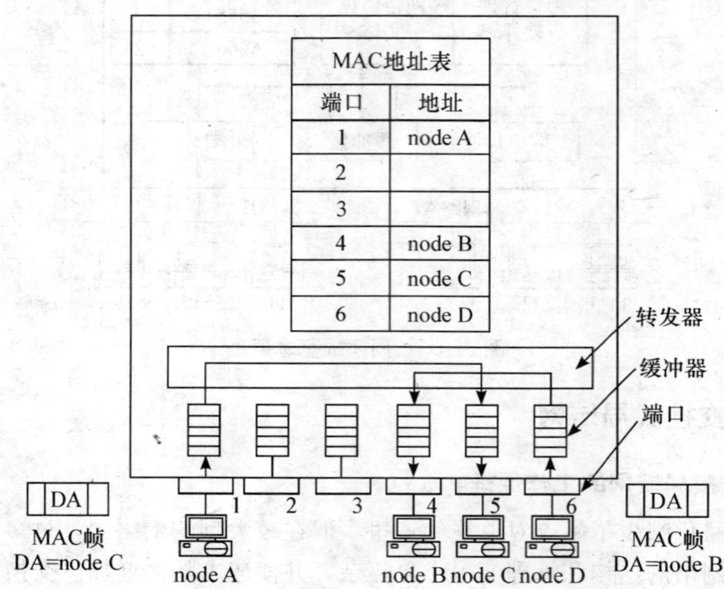

图 3—37　一个交换式局域网的工作过程

2. 交换式以太网的特点

交换式以太网具有以下几个特点。

（1）与共享以太网相比，交换式以太网有如下优势：

- 在交换式以太网中，交换机将每一个端口作为一个专用的信息通道，除非两个源端口企图同时将信息发往同一个目的端口，否则多个源端口与目的端口之间可同时进行通信而不会发生冲突，从而提高了通信效率。实验测试表明，在多服务器组成的局域网中，处于半双工模式下的交换式以太网的实际最大传输速度是共享式网络的 1.7 倍，而工作在全双工状态下的交换式以太网的实际最大传输速度可达到共享式网络的 3.8 倍。

- 共享式以太网是共享带宽，而交换机可以为每个端口设置专用带宽，无须同其他端口中的设备竞争带宽。

（2）升级容易。由于大多数以太网采用 HUB 组成星型结构，升级为交换网络时，不需要改变网络拓扑结构和其他硬件，包括网线和用户的网卡，仅需要用交换机替换原有的HUB即可，网络升级成本较低。

（3）与网桥连接的网段相比，交换式以太网有如下优势：

- 网桥采用软件转发实现交换，而交换机采用硬件实现交换，提高了转发速度。有些交换机还支持直通转发，减少了网络抖动和延迟。
- 交换机在同一时刻可进行多个端口对之间的数据传输。每一端口都可视为独立的网段——一个冲突域，无须同其他设备竞争使用。

（4）与路由器相比，以太网交换机在用于局域网互联时可以提供更宽的带宽、更小的响应时间、同时具有更低的成本。

3. 以太网交换技术的类型

交换机是构成整个交换网络的关键设备。交换机所使用的技术影响着交换网络的性能。根据具体采用的交换技术的不同，交换机可分为不同的类型。目前常用的是如下三种技术：存储转发（store and forward）、直通（cut through）和无碎片直通（fragment free cut through）。

（1）存储转发方式。存储转发方式是指交换机接收到数据帧后，先存储在一个共享缓冲区中，然后进行过滤（滤掉不健全的帧和有冲突的帧）和差错校验，之后才将数据按目的地址发送到指定的端口。

（2）直通方式。直通方式交换机只对接收到的数据帧的目的地址信息进行检查，然后立即按指定的地址转发出去，不做差错和过滤处理。

（3）无碎片直通方式。“碎片”是指在信息发送过程中突然发生冲突时，由于双方立即停止发送数据帧在网上形成的残缺不全的帧。碎片是无用的信息垃圾，必须将它们清除。无碎片直通方式首先存储接收到的数据帧的部分字节（前64个字节），然后进行差错检验，发现有错，立即滤除，并要求发送方重发该帧；如未发现错，则立即转发出去。

在三种交换方式中，存储转发方式具有较高的交换质量，但速度慢，适合于网络主干的连接。直通方式是其中速度最快的一种，但由于对任何帧都不做过滤处理，因而误码率较高。无碎片直通方式是前两种方式的折中。

4. 以太网交换机

以太网交换机（ethernet switch）在OSI/RM的第二层（或者说在IEEE 802.2层）上运行，采用帧交换技术。它在功能上与多端口网桥有些类似，但有显著不同。网桥一般用于连接各个网段，而局域网交换机既能连接网段又能连接单机，并且多是连接单机的。它有辨认MAC地址的能力，能将主机和它所连接的端口相联系，在收到数据帧时能根据目的地址将其转发到相应的端口。

5. 以太网的发展

表3—2概括了以太网的发展过程。

表3—2 以太网的发展路径

名称	10BASE-T	100BASE-T/FX	1000BASE-T/CX/SX/LX	万兆以太网
IEEE 802标准	802.3	802.3u	802.3ab/z	802.3ae
标准完成时间	1983年	1995年6月	1997年	2002年6月
连接设备	集线器	交换机	交换机	交换机
带宽使用方式	共享	分配	分配	分配
通信交互方式	半双工	半双工/全双工	半双工/全双工	全双工
使用CSMA/CD	使用	使用/不使用	使用/不使用	不使用
帧格式	802.3帧格式	802.3帧格式	802.3帧格式	802.3帧格式
传输介质	铜线	铜线/光纤	铜线/光纤	多模/单模光纤
传输距离	100m	100m	100m/25m/275m/550m/5km	65m～300m/40km

以下做两点说明：

（1）使用IEEE 802.3定义的帧格式，是以太网的重要标志。

（2）以太网中的交互方式有两种：半双工和全双工。在半双工方式下，存在竞争；在全双工方式下，不存在没有信道的争用问题，也就不再使用CSMA/CD协议。

3.4.3 虚拟局域网

交换技术的发展，允许区域分散的组织在逻辑上成为一个新的工作组，而且同一工作组的成员能够改变其物理地址而不必重新配置结点，这就是所谓的虚拟局域网（virtual LAN，VLAN）技术。由于交换式以太网改变了以太网通信中广播的寻址方式，因此可以很好地支持虚拟局域网技术的实现。利用以太网交换机建立虚拟网即是使原来的一个广播式的局域网（交换机的所有端口）在逻辑上被划分为若干个子区域，在子区域里的数据包只会在该区域内传送，其他的区域是无法收到的。虚拟局域网技术通过交换技术将通信量进行有效分离，从而更好地利用带宽，并可从逻辑的角度出发将实际的局域网设施分割成多个子网，它允许各个局域网运行不同的应用协议和拓扑结构。此外不同子区域之间的数据传输被物理分割，因此也提高了数据传输的安全性。

近年来，交换局域网由于其性能较高而交换成本低廉，已经基本上取代了共享介质局域网，得到了广泛的应用，同时也促进了交换技术的发展。在此基础上，一种新的网络技术——虚拟局域网又呈现在人们的面前。

VLAN 是建立在交换技术的基础上的。通过交换机"有目的地"发送数据，可以灵活地进行逻辑子网（广播域）的划分，而不像传统局域网那样把站点束缚在所处的物理网络之中。

VLAN 的形成方法很多，区别主要在对其成员资格的定义上。下面介绍 4 种通用的方法。

1. 端口定义 VLAN

图 3—38 为两种形式的端口定义 VLAN：单交换机 VLAN 和多交换机 VLAN。它们都是 LAN 交换机。可以简单明了地看出，通过交换机的端口定义，可以将连接在一台交换机上的结点划分为不同的子网，也可以将连接在不同交换机上的结点划分在一个子网中。

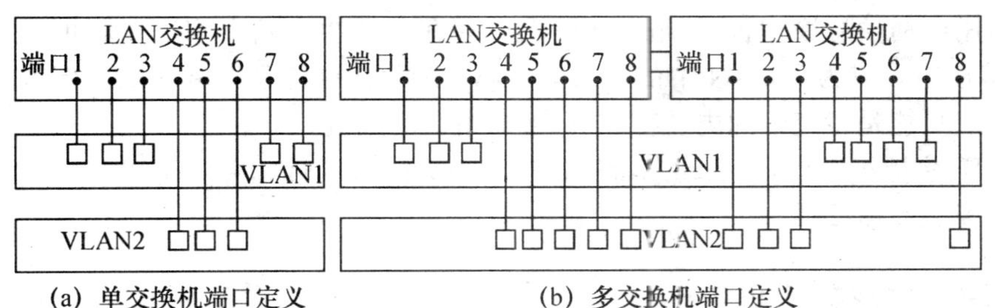

图 3—38　端口定义 VLAN

端口定义 VLAN 是早期的 VLAN 定义方法。它虽配置简单，但有一定的限制：不允许不同的 VLAN 包含相同的物理网段，并且要将用户从一个端口移动到另一个端口时，必须对 VLAN 的成员重新配置。

2. MAC VLAN

MAC VLAN 是一种基于用户的 VLAN，它用终端系统的 MAC 地址来定义 VLAN。由于 MAC 地址是与硬件相关、固定于工作站的网络接口卡（NIC）之内的，因此 MAC 定义的 VLAN 允许工作站移动到网络的其他物理网段中，同时又能保持原来的 VLAN 成员资格，因为它的 MAC 地址没有变。

MAC VLAN 的不足之处在于，它要求所有用户在初始阶段必须配置到至少一个 VLAN 中；初始配置必须由人工完成，然后才可以自动跟踪用户。这对用户较多的大型网络是非常烦琐的。

3. 第三层 VLAN

第三层 VLAN 是用物理层地址或协议类型（若支持多协议）来定义 VLAN 的成员资格。在第三层 VLAN 有以下优点：

● 减少交换机之间交换 VLAN 成员信息的工作量；

● 用户可以随意移动工作站而无须重新配置网络地址，特别适合 TCP/IP 用户（对其他协议，如 IPX，DECnet 要差一些）；

● 按协议类型定义 VLAN 成员，有利于组成面向业务或应用的 VLAN。

第三层 VLAN 的不足之处是性能较差，因为查看第三层网络地址要比 MAC 地址耗费更多的时间。

4. IP 多播组 VLAN

IP 多播组 VLAN 具有一组 IP 结点，它们由称为“代理”的设备进行管理，提供服务。当具有多点广播地址的多播帧要送达多个目标结点时，就动态地建立 VLAN 代理。这个代理和多个 IP 结点组成 IP 多播组 VLAN。组网时，网络用广播信息通知各 IP 站，表明网中存在多播组。站点响应，就可以加入 IP 多播组，成为 VLAN 中的一员，与 VLAN 中的其他成员通信。但是，一个站点只能是特定时间内、特定 IP 多播组中的成员。

IP 多播组 VLAN 的动态特性提供了极大的灵活性，并且可以跨越路由器形成 WAN 连接。

3.4.4 生成树协议

1. 交换环路

在由交换机构成的交换网络中，为了防止单点失效——由于一个结点或链路出现故障而导致整个网络功能的丢失，通常采用有冗余链路和设备的结构。但是，这样虽然提高了网络的可靠性，但会导致环路的产生。而环路又会造成广播风暴、帧的多次复制和不稳定的 MAC 地址表。

在物理网中传播的帧，可以分为 3 种：单播帧、多播帧和广播帧。单播帧属于“点对点”通信。多播帧可以理解为一个人向多个人（但不是在场的所有人）说话，这样能够提高通话的效率。广播帧可以理解为一个人向在场的所有人说话，即发向网内所有站的帧，其目的 MAC 地址是“FF. FF. FF. FF. FF. FF”。广播帧并非完全人为产生，病毒、网卡损坏、网络环路等，都可能产生广播帧。对于广播帧，交换机执行的操作是将之转发到所有端口。

交换机虽然可以分隔冲突域，减少碰撞，但不能避免或减少广播流。当系统具有回路时，广播帧就会由于回路中各结点不断重复广播转发，使网上的广播帧急剧增长。这样，不仅占用了大量的网络带宽，而且还将占用计算机大量的 CPU 处理时间，就像一场风暴一样袭击计算机网络，所以称为"广播风暴"（broadcast storm）。广播风暴将导致请求或者响应分组源源不断地产生，使网络中的分组不断增加，形成网络拥塞，降低网络的性能以至于使之陷入瘫痪。曾经在一次网络故障排除中人们发现，导致网络性能急剧下降，打开网页都非常困难的原因，竟是把一条双绞线的两端插在同一个交换机的不同端口上。这种故障，就是典型的网络环路。如此这般，即使交换环路中没有广播帧的发送，也常会使一个帧被反复转发。随着网络上分组数目的增加，拥塞会随之出现，从而降低网络的性能以至于使之陷入瘫痪。

消除交换回路的副作用的办法，是采用生成树协议（spanning tree protocol，STP）。

2. STP 的基本思想与功能

STP 是 SUN 微系统公司著名工程师拉迪亚·珀尔曼博士（Radia Perlman）发明的。按 IEEE 802.1D（一种链路管理协议）定义，其目的是在有路径冗余的网络中防止产生环路作用。

图 3—39 是一个含有环路的拓扑结构。在这个结构中，如果这些交换机不采用生成树协议，每一台交换机将无限地复制它们收到的第一个数据分组，直到内存耗尽和系统崩溃为止。在数据链路层，没有任何方法能够阻止这种环路中的广播风暴，除非将其中的①、②两条连接线路拆除。然而，拆除这些连接线路，又会产生单点失效问题。生成树协议则可以从逻辑上解决这个问题。其基本思想是：当当前可用连接有效时，就逻辑地关闭一个或者更多其他冗余连接；一旦当前连接出现故障后，再启用这些被关闭的冗余连接。

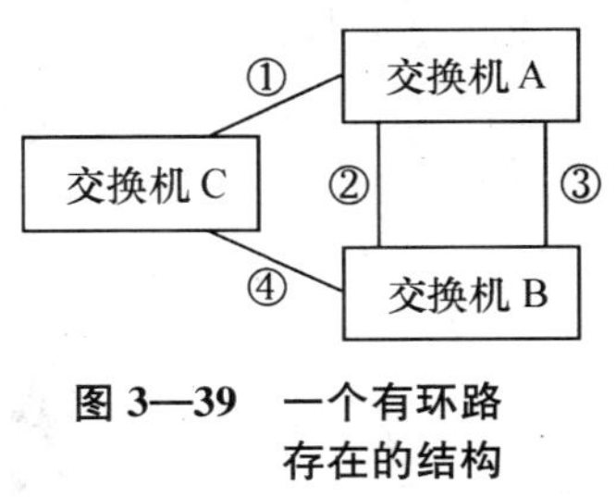

图 3—39　一个有环路存在的结构

生成树协议的主要功能有两个：一是利用生成树算法，在以太网络中，创建一个以某台交换机的某个端口为根的生成树，避免环路。二是在以太网络拓扑发生变化时，通过生成树协议达到收敛保护的目的，可以有效地隔离"广播风暴"。

3.5 路由器与IP技术

Internet是由许许多多的物理网络组成的网上之网，其中每一个小型网络都是由信道和结点组成。由于两个结点可能在同一个物理网络之中，也可能不在同一个物理网络之中，因此关键就是如何从源结点出发找到目标结点，这就是寻址问题。

为了能在不同的网络中进行数据传送，IP协议规定了相应的数据分组格式。这已经在1.5.1节中作过介绍。IP协议除了IP数据分组的格式外，为了确保一个IP地址对应一台主机，IP协议还提供了整个Internet通用的地址格式。这就是IP地址系统。这样，一个IP数据分组到达一个路由结点时，才能被统一处理。实现具体路由任务的设备称为路由器。

图3—40为一个路由器示例。它似乎与交换机有些相似，它也有许多端口。但是路由器是工作在TCP/IP的网际层（或OSI的网络层）——第三层的设备。而交换机是工作在OSI的数据链路层——第二层的设备。作为不同网络之间互相连接的枢纽，路由器系统构成了基于TCP/IP网络——Internet的主体脉络或骨架。因此，在园区网、地区网乃至整个Internet研究领域中，路由器技术始终处于核心地位，其发展历程和方向成为整个Internet研究的一个缩影。

图3—40　路由器示例

路由器进行路由选择的根据是IP数据分组中的IP地址。IP协议是关于IP分组格式的规定。这里重点介绍IPv4地址系统的有关规则。

3.5.1　IPv4地址系统

1. IP编址方案

如图3—41所示，每个IP地址占用32位，并被分为A、B、C、D和E

五类，分别用0，10，110，1110和11110标识。

1 2 3 4
0 1 2 3 4 5 6 7 8 9 0 1 2 3 4 5 6 7 8 9 0 1 2 3 4 5 6 7 8 9 0 1

A类	0	网络标识符（7位）	主机编号（24位）
B类	10	网络标识符（14位）	主机编号（16位）
C类	110	网络标识符（21位）	主机编号（8位）
D类	1110	多个广播地址（28位）	
E类	11110	实验保留地址	

图3—41 五类IP地址结构

IP地址是32位的二进制地址，例如某地址为：

10000000 00001010 00000010 00011110

由于它以“10”打头，所以是一个B类地址。IP地址太长，而且不便于记忆，因而常用4个十进制数分别代表4个8位二进制数，在它们之间用圆点分隔，以X.X.X.X的格式表示，称为点分十进制计数法（dotted decimal notation）。

上述地址可以写为：

128.10.2.30

其网络地址为128.10，网络内主机地址为2.30。

A、B、C是三类基本地址类型，都由三个部分IP数据组成：类型标志、网络标识符（NetID）和主机编号（HostID）。这三类基本地址类型的区别仅在于网络大小不同：

A类地址是给巨型网络分配的IP地址，它用1位“0”作为类型标志，HostID占24位，网内主机可达1 600万个；NetID占8位（实际是7位），因而在Internet中，可以有126个（除去127）具有A类地址的网络，如ARPANet、NSFNet等。

B类地址是给大型网络分配的IP地址，它用“10”作为标志，HostID占16位，网内主机最多65 534个；NetID占16位（实际是14位），取值范围为128.1～191.254，最多网络数为16 384个。

C类地址是给小型网络分配的IP地址，它用“110”作为标志，HostID占8位，网内主机最多可达254个；NetID占24位（实际是21位），一般可以选用211.1.1～223.253.254之间的数，最多网络数达200万个。

D类地址是一种多点广播地址格式，用4位的“1110”作为标志。E类地址是为实验保留的地址。

2. 子网掩码与网关地址

任何一个A、B、C类地址都对应着一定规模（主机数目）的网络。当某实际的网络规模接近IP地址的HostID上限时，该IP地址就得到充分利用。如一个实际网络中的主机数为250台左右时，申请一个C类地址最为合理。若实际的网络规模较小，如只有30台左右的主机时，独自占用一个C类地址会造成地址资源的浪费，而改用D类地址又会给网关的路由选择表和寻址增加很大复杂性，较合理的做法是将一个C类地址分给若干个小的网络共同使用。具体办法是将这些较小的网络看作一个网络的子网，并从HostID域中借用某几位高位作为子网的SubnetID域。

网络管理员使用子网掩码来借用HostID域中的某几位高位作为子网的SubnetID域，即用一个与IP地址格式相同的屏蔽码对网络IP地址进行“与”操作，用来限定一个网络的IP地址范围。利用子网掩码，可以把一个大的网络划分为几个子网。

当网络中没有子网时，A、B、C三类网络的缺省掩码分别为：

- A类网络：11111111 00000000 00000000 00000000，即255.0.0.0；
- B类网络：11111111 11111111 00000000 00000000，即255.255.0.0；
- C类网络：11111111 11111111 11111111 00000000，即255.255.255.0。

这些数据与同类型的网络地址进行“与”运算时，所得出的值不变。而当网络中有子网时，就要在上述三类网络缺省掩码的“0”的部分从高到低占用几位。

例3.1 将一个有256台主机、网络号为200.15.192的C类网络分为2个相同的各拥有128台主机的子网。

在网络号为200.15.192的C类网络中，主机的编号为200.15.211.0～200.15.211.256。由于要将一个C类网络分为两个子网，因而要在其HostID域中借用最高一位，子网掩码由C类的缺省掩码255.255.255.0变为255.255.255.128，即

11111111.11111111.11111111.10000000

由此类推，要划分为4个子网，应借用2位；要划分为8个子网，应借用3位……

例3.2 对于一个C类网络202.113..240，可以使用子网掩码255.255.255.224划分为8个子网，每个子网有32个IP地址：

202. 113. 240. 0 ～202. 113. 240. 31

202. 113. 240. 32 ～202. 113. 240. 63

⋮

202. 113. 240. 224～202. 113. 240. 255

应当注意，不管如何划分，一个网络中可容纳的主机总数不会增多。

3. IP 地址的无分类编址

IP 地址的无分类编址，也称无分类域间路由选择（classless inter-domain routing，CIDR），它有如下三个特点：

（1）使用变长的“网络前缀”（network-prefix）代替分类地址中的网络号和子网号，形成＜网络前缀＞＋＜主机号＞的两层 IP 地址结构。其中，网络前缀的位数可以由网络管理员自行定义。与三层的编址相比，CIDR 可以更有效地利用 IPv4 的地址空间。

常用的 CIDR 编址是采用斜线记法（slash notation），即在地址后面加斜线标以网络前缀占用的位数。如 127. 16. 33. 20/20，表示前 20 位（即 01111111 00010000 0010）为网络前缀，后 12 位（即 0010 00010100）表示主机号。

斜线记法还允许省略低位连续的 0。如 127. 0. 0. 0/22，可以写为 127/22。

（2）CIDR 将网络前缀相同的连续 IP 地址称为“CIDR 地址块”。CIDR 地址块用地址块的起始地址和地址块中的地址数定义，并且也可以用斜线记法表示。例如，130. 20. 32. 0/20 表示该地址块的起始地址为 130. 20. 32. 0，共有 2^{12}个地址。用下面的二进制可以看得比较清楚：

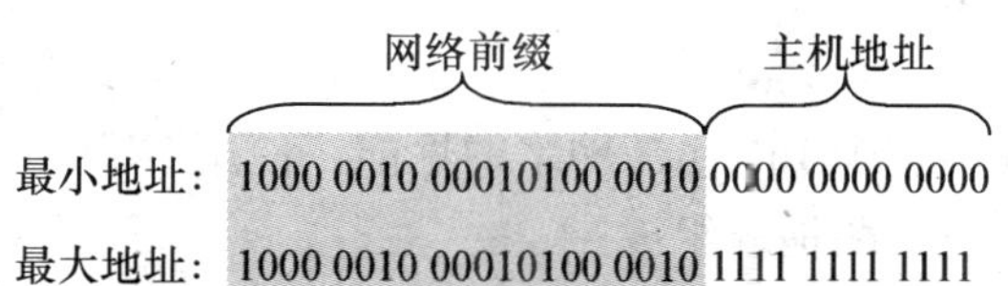

这个 CIDR 地址块中的最小地址中的主机地址为全 0，最大地址为全 1。这两个地址一般不用，真正使用的是这两个地址之间的地址。

斜线记法可以标记单地址，也可以标记块地址。两者的区分要通过上下文分析。表 3—3 为常用 CIDR 地址块。这是网络前缀位数在 13～27 之间的地址块。其他的地址块比较少用。

表 3—3　　　　常用（网络前缀位数在13～27之间的）CIDR地址块

CIDR 前缀长度	起始地址	包含的地址数	包含的分类网络数
/13	255.248.0.0	512k	8个B类或2 048个C类
/14	255.252.0.0	256k	4个B类或1 024个C类
/15	255.253.0.0	128k	2个B类或512个C类
/16	255.255.0.0	64k	1个B类或256个C类
/17	255.255.128.0	32k	128个C类
/18	255.255.192.0	16k	64个C类
/19	255.255.223.0	8k	32个C类
/20	255.255.240.0	4k	16个C类
/21	255.255.248.0	2k	8个C类
/22	255.255.252.0	1k	4个C类
/23	255.255.253.0	512	2个C类
/24	255.255.255.0	256	1个C类
/25	255.255.255.128	128	1/2个C类
/26	255.255.255.192	64	1/4个C类
/27	255.255.255.224	32	1/8个C类

使用CIDR，不仅可以划分出比C类网络小的CIDR地址块，还可以聚合形成比C类网络大的CIDR地址块。这样，在路由表中，使用一个网络前缀项目就可以表示多个原来分类地址的路由，形成路由聚合（route aggregation）或构成超网（supernetting）。

（3）路由聚合可以大大减少路由表中的项目数，减少路由器之间的路由选择信息的交换，提高整个Internet网络的性能。使用CIDR后，路由表的栏目改为由网络前缀和下一跳地址组成。

CIDR的RFC文档（RFC 1517～1520）于1993年形成，现在CIDR已经成为Internet的建议标准协议。

3.5.2　路由器及其原理

路由器通过路由决定数据的转发，转发策略称为路由选择（routing）。路由器的处理速度是网络通信的主要瓶颈之一，它的可靠性则直接影响着网络互联的质量。

1. 路由器的基本功能

(1) 路由——选择信息传送的路径

路由就是路径的选择。因此，路由器工作在网络层，处理的对象的IP地址，可以根据IP数据包中的目标地址，分析要将数据包放在本地网中处理，还是通过其某个端口转发到别的网络中。简单地说，其主要工作就是为经过路由器的每个数据包寻找一条最佳传输路径，将该数据有效地传送到目的站点。所以，选择最佳路径的策略即路由算法是路由器的关键。为此，路由器中要保存各种传输路径的相关数据——路径表，并尽可能选择通畅快捷的捷径，以提高通信速度，减轻网络系统通信负荷，节约网络系统资源，提高网络畅通率，让网络系统发挥出更大效益。

(2) 连通不同的网络

路由器位于不同网络的边界处，起异种网络互联与多个子网互联的作用。另一方面，也可以把一个网络连接到Internet或其他广域网络。图3—42为将一个园区网接入到Internet的实例。

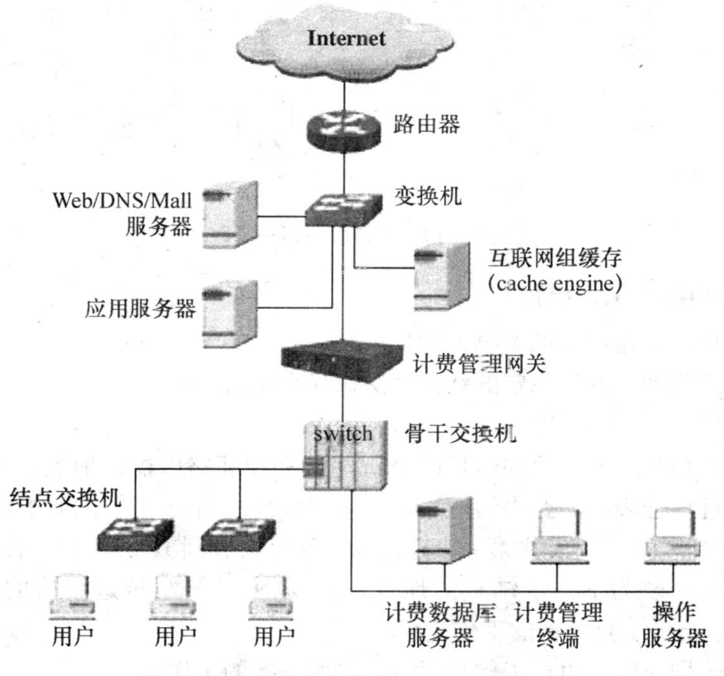

图3—42 通过路由器接入Internet的实例

（3）隔离广播、划分子网

抑制广播风暴的基本方法是隔离广播域。显而易见的解决方法是限制以太网上的结点，这就需要对网络进行物理分段。路由器能将不同的用户划分到各自的广播域中。或者说，将网络进行物理分段的传统方法是使用路由器。图 3—43 为使用路由器将一个网络划分为几个子网的实例。

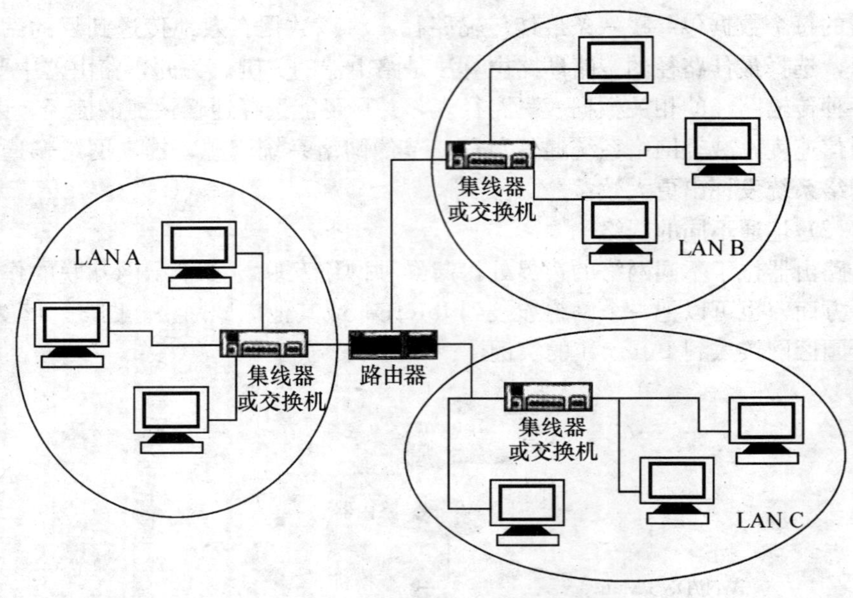

图 3—43　用路由器划分子网

2. 路由器的工作流程

简单地说，路由器的主要工作是：

- 路径判断，使用一定的路由算法选择合适路径；
- 转发。

发送数据时，源主机知道目的主机地址和相邻路由器的地址，并在 IP 分组中用物理地址表指向路由器的地址，用协议地址指明目标主机的地址，接着按物理地址将 IP 分组发往第一个路由器。路由器收到 IP 分组后，按照路由表将物理地址修改为下一个结点的地址，直到将 IP 分组传送到目的主机。图 3—44 所示给出了路由器的工作流程。

下面分别介绍路由器工作流程中各步所进行的工作。

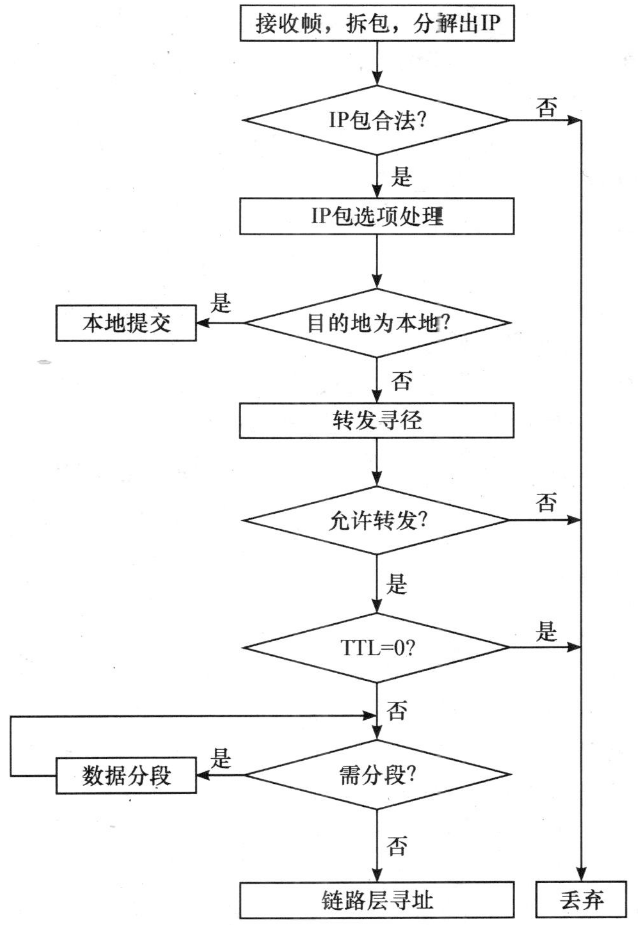

图 3—44　路由器工作流程

（1）接收帧，分解出 IP 分组

当封装有 IP 分组的数据帧沿某个物理网传送到路由器的某个端口时，路由器的低层驱动程序按照相应的数据链路协议接收这个帧，并从中分解出 IP 分组交给 IP 层处理。

（2）验证 IP 包的合法性

对 IP 分组按下列项目进行合法性验证：

- 帧的长度必须能容纳下 IP 分组；
- IP 校验和正确；
- 目前 IP 版本号为 4；

● IP 报头长度必须足够大，可以容纳下最小的 IP 分组（20 字节）；

● IP 分组必须足够大，要能容纳下 IP 分组头。

（3）IP 分组选项处理

根据不同的路由选项类型，路由器在选项数据域中写入不同的内容：

● 记录路由选项，写入自己的 IP 地址；

● 时间戳选项，写入自己的 IP 地址以及当前世界标准时间计算值（以毫秒为单位）；

● 源路由选项，先写入自己的 IP 地址，然后做进一步处理。

（4）确定 IP 分组是本地提交还是转发

路由器收到一个 IP 分组后有三种处理方式：

● 转发　IP 分组中含有一个源路由选项时；

● 本地提交　IP 分组的目的地址或非转发组播地址与路由器的一个端口地址相符；

● 既转发又提交　IP 目的地址是广播地址或是一个组播地址时这样处理。

（5）转发寻径

IP 选择路由是基于目的网络号，而不是基于目的主机。一个路由表包含许多（N，G）对，N 是目的 IP 网络号，G 是通过路由表可以将 IP 分组送到网络 N 的网关（连接物理网络的路由器）的 IP 地址。当收到一个 IP 分组时，首先通过网络掩码屏蔽从目的 IP 地址中找出目的网络号，接着按目的网络号在路由选择表中查找匹配的表项：

● 未找到相匹配的表项时，把该 IP 包放入默认的下一路径对应的发送缓冲区中，排队输出。

● 找到相匹配的表项时，把该 IP 包放入路由选择表指定的发送缓冲区中排队输出。

（6）转发验证

在转发数据包之前，路由器要有选择地进行一些验证工作，提供一定的安全措施，防止外部主机伪装成内部主机来进行攻击，如：

● 将 IP 源地址和目的地址不合法的数据包丢弃；

● 将非法广播和组播数据包丢弃；

● 通过设置包过滤和访问列表功能，限制某些方向上的数据包转发。

（7）TTL 处理

生存时间（time to live，TTL）用于限制数据包的生存时间，由一个倒计时时钟控制。通常数据包每经过一个路由器，该时钟减 1。当 TTL ＝ 0 时，传送超时，该数据包即被丢弃。

(8) 数据包分段

当要转发的 IP 分组长度大于输出到物理网络的 MTU (maximum transfer unit，最大传输单元) 时，路由器就要对该数据包分段。分段的原则是提高网络的传输效率，节省带宽，并有利于提高传输路径上路由器的处理效率。Internet 中常用的分段方法有以下几种：

- 第 1 段取当前路径上最有效的 MTU，其余平均分配在比 MTU 小一些的段中，这样可减少以后的分段操作。
- 按 MTU 大小分段，余下 (小于 MTU) 的为最后一段。
- 将 IP 分组都分作不大于 576 字节的段，这可以减少后面的分段，但会增加网络的传输负荷，也会增加目的主机的计算工作量。

在路由器初始化时，网络管理员为每个转发的网络都配置了一个相应的端口。由这个端口值，可以得到要输出的网络的物理网络类型和它的 MTU 以及相关驱动程序入口。

(9) 链路寻址

路由器在完成了 IP 层的功能后，接下来是找一个相应的物理端口将数据包从链路层发送出去。具体实现时，IP 层只要把 IP 分组的包长、目的物理网络地址、下一站的 IP 地址告诉驱动程序即可。驱动程序把 IP 分组封装在数据链路层的帧中，并利用 ARP 等地址解析协议把 IP 地址转换为物理地址。

3. 路由器的构成

一个路由器是一种具有多端口的计算机系统。图 3—45 (a) 为一个路由器的分组转发功能结构，它由一个交换机构、一组端口组成。图 3—45 (b) 画出了从一个端口向另一个端口转发数据时分组所经过的层。

(1) 端口

由图 3—45 可以看出，路由器的每个端口都由物理层处理、数据链路层处理和网络层处理三部分组成。在输入端口，物理层负责比特流的接收；数据链路层识别出帧，并将帧头和帧尾剥掉，将数据字段——分组送网络层处理；在网络层，按照分组头中目标地址查找转发表，转发到合适的输出端口的队列中。在输出端口，分组将要在数据链路层组帧，再交到物理层，以比特流在某信道上传输。

端口通常由线卡提供，一块线卡一般支持 4、8 或 16 个端口。输入端口是物理链路和输入包的进口处。一个输入端口具有如下功能：

- 进行数据链路层的封装和解封装。

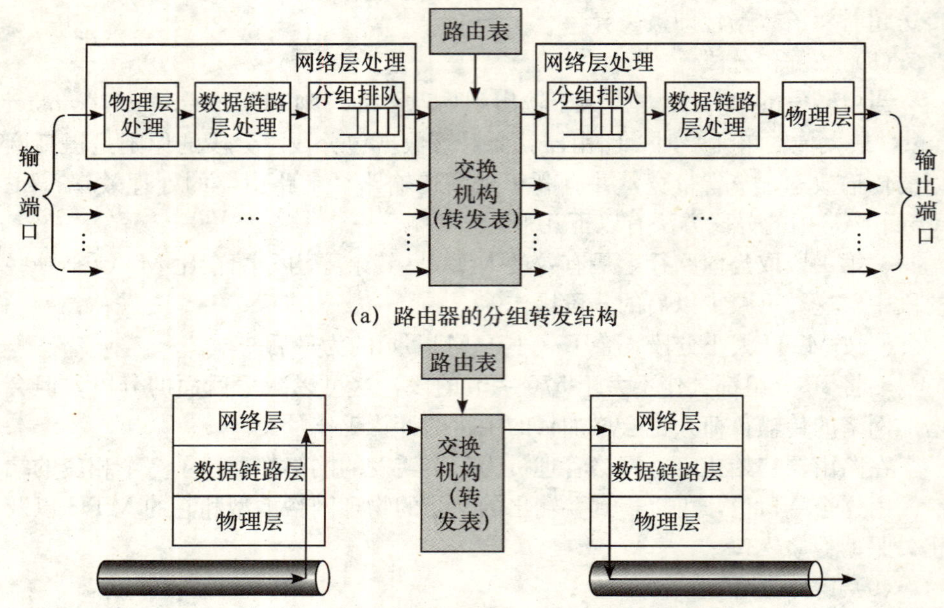

图 3—45　路由器转发分组的过程

● 在路由表中查找输入包目的地址从而决定目的端口（称为路由查找），路由查找可以使用硬件实现，如在每块线卡上嵌入一个微处理器来完成。

● QoS（服务质量），端口要对收到的包分成几个预定义的服务级别。

● 参加对公共资源（如交换开关）的仲裁协议：一旦路由查找完成，必须用交换开关将包送到其输出端口。如果路由器是输入端加队列的，则有几个输入端共享同一个交换开关。这时，就需要对公共资源（如交换开关）的使用进行仲裁。

输出端口在包被发送到输出链路之前对包存储，可以实现复杂的调度算法以支持优先级等。输出端口还要能支持数据链路层的封装和解封装，以及许多较高级协议。

如图 3—46 所示，路由器的接口主要有串口、以太口和 CONSOLE 口等。串口连接广域网，以太口连接局域网。而 CONSOLE 口用于连接计算机或终端，配置路由器。路由器在使用前必须进行相应的配置，才能正常工作。通常可以将一台计算机连接到路由器的 CONSOLE 口上，通过计算机对路由器进行相应的配置。

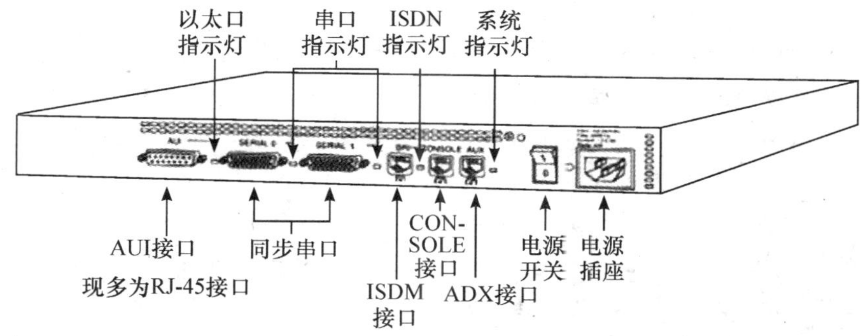

图 3—46　路由器的端口

需要强调的是，一个路由器的各个端口分别属于它所连接的网络。该端口就称为其所在网络的一个网关。每一个网络都要对属于它的每一个网关进行编址。这就是网关地址。

[知识库 3—1]　　网　关

关于网关（gateway），有两种不太相同的理解和定义。一种是较为狭义的定义，认为网关是网间连接器或协议转换器的代名词。认为网关是作用在 OSI 参考模型的第 4 层～第 7 层、实现不同的高层网络协议之间的协议转换——互联的设备。当一个数据包到达网关要传送到另一个网络时，网关就要对数据包重新打包，以适应目的系统在协议、数据格式、语言、体系结构等方面的需求。同时，网关还可以提供过滤和安全功能。例如在传输层实现代理功能的电路级网关、在应用层实现代理功能的应用网关等。

另一种是较为广义的定义，认为网关就是一个网络连接到另一个网络的“关口”。在基于 TCP/IP 的网络中，将路由器的端口称为网关，就是其中一例。

由于上述原因，对于网关的称呼也就具有广泛性了。一般说来，对于网关可以从不同的角度进行分类。

从功能的角度，网关可以分为：

(1) 协议网关。通常在使用不同协议的网络区域间做协议转换。这一转换过程可以发生在 OSI 参考模型的第 2 层、第 3 层或 2、3 层之间。

(2) 应用网关。在使用不同数据格式时翻译数据的系统。典型的应用网关接收一种格式的输入，将之翻译，然后以新的格式发送。输入和输出接口可以是分立的也可以使用同一网络连接。例如 Email 网关等。

（3）安全网关。不提供转换的功能，但具有重要且独特的保护作用，其范围从协议级过滤到十分复杂的应用级过滤。例如电路网关和应用网关。

从应用领域的角度，网关可以分为：

（1）电子邮件网关。通过这种网关可以从一种类型的系统向另一种类型的系统传输数据。例如，电子邮件网关可以允许使用 Eudora 电子邮件的人与使用 Group Wise 电子邮件的人相互通信。

（2）IBM 主机网关。通过这种网关，可以在一台个人计算机与 IBM 大型机之间建立和管理通信。

（3）TCP/IP 网关。这种网关允许并管理局域网与 Internet 间的接入，并可以限制某些局域网用户对于 Internet 的访问或反方向的访问。

（4）局域网网关。通过这种网关，运行不同协议或运行于 OSI 模型不同层上的局域网网段间可以相互通信。路由器和远程访问服务器（允许远程用户通过拨号方式接入局域网）都属于这种网关。

在电信部门也广泛使用网关的概念，例如：

（1）信令网关 SG。主要完成 7 号信令网与 IP 网之间信令消息的中继。在 3G 初期，对于完成接入侧到核心网交换之间的消息的转接（3G 之间的 RANAP 消息，3G 与 2G 之间的 BSSAP 消息），另外还能完成 2G 的 MSC/GMSC 与软交换机之间 ISUP 消息的转接。

（2）中继网关。又叫 IP 网关，是同时满足电信运营商和企业需求的 VoIP 设备。中继网关（IP 网关）基于中继板和媒体网关板而建构，单板最多可以提供 128 路媒体转换，两个以太网口，机框采用业界领先的 CPCI 标准，扩容方便具有高稳定性、高可靠性、高密度、容量大等特点.

（3）接入网关。是基于 IP 的语音/传真业务的媒体接入网关，提供高效、高质量的话音服务，为运营商、企业、小区、住宅用户等提供 VoIP 解决方案。

（2）交换机构

交换机构由交换开关、路由处理器和路由表组成。

交换开关可以用多种不同的技术实现。迄今为止使用最多的交换开关技术是总线、交叉开关和共享存储器。

路由处理器承担计算转发数据包的功能，实现路由协议，并运行对路由器进行配置和管理的软件。此外，它还处理那些目的地址不在线卡转发表中的包。

路由表（routing table）中保存着子网的标志信息、网上路由器的个数和下一个路由器的名字等内容。以目的地址作为关键字，可以从路由表中查出下一站路由器的地址以及它所在的接口。所以，路由表就成为路由器的中枢，它决定了每个数据包的转发方向。

路由表可以是由系统管理员固定设置好的，也可以由系统动态修改；可以由路由器自动调整，也可以由主机控制。于是可将路由表分为静态路由表和动态路由表两大类。

- 静态路由表一般是在系统安装时就根据网络的配置情况预先设定的，它不会随未来网络结构的改变而改变。
- 动态（dynamic）路由表是路由器根据网络系统的运行情况而自动调整的路径表。这时，要求路由器能自动学习和记忆网络运行情况，在需要时自动计算数据传输的最佳路径。

3.5.3　IP 地址解析

1. 协议地址和物理地址

IP 地址称为高级协议地址，是站在 Internet 网络的角度按照 IP 协议为主机和路由器所做的编号，是抽象地址。

每台主机都是属于某个特定的物理网络的。在每个具体的物理网络中，每台主机又各有一个物理地址。例如，对以太网来说，每一个网卡的卡号就是使用该网卡的主机的物理地址，由于全世界的以太网卡是统一编号的，因此网卡号就可以唯一地指定一台机器。在以太网中运行的协议是 IEEE 802.3，而 IEEE 802.3 所辨认的只是以太网地址，而非 IP 地址。因此，具体的物理网（组成 Internet 的局域网或广域网）并不知道如何通过协议地址来定位一台计算机。

2. 地址解析

IP 地址是由软件进行维护的软地址，而物理地址是由硬件管理的硬地址。物理网络无法直接根据软地址定位一台主机。为此，要想通过一个物理网进行帧的传送，必须含有目的地的硬件地址（如以太网地址）。将一台计算机的 IP 地址翻译成等价的硬件地址的过程称为地址解析或称地址映射，也称为地址绑定。

应当注意，地址解析是同一个网络内部的局部过程，即一台计算机只能够解析位于同一网络中的另一台计算机地址。如图 3—47 所示，主机 A 上的一个应用程序要传输一条报文到主机 F 上，由于 A 与 F 不在同一个网络上，因此 A 上的软件无法解析 F 的地址，于是这个报文的传输要经过如下过程：

①主机 A 上的软件首先确定要将报文传输到 F 必须经过路由器 R_1，于是解析位于同一网络中路由器 R_1 的地址，将报文传送到 R_1；

②路由器 R_1 上的软件确定要将报文传输到 F 必须经过路由器 R_2，于是解析位于同一网络中路由器 R_2 的地址，将报文传送到 R_2；

③路由器 R_2 上的软件确定 F 就在同一网络上，于是解析位于同一网络中主机 F 的地址，将报文传送到 F。

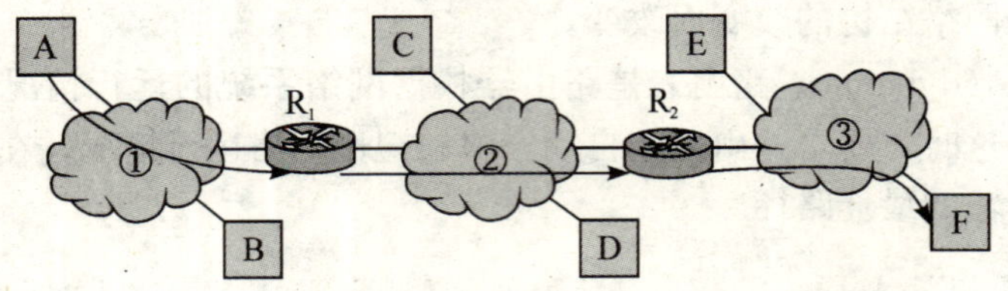

图 3—47　地址解析实例

3.5.4　动态路由

1. 基本概念

在第 1 章介绍了几个静态路由算法。静态路由算法适合比较简单的网络环境。下面介绍两个重要的动态路由算法和有关概念。

（1）距离向量（distance vector）算法

距离向量算法的原理非常简单，它把每经过一个路由器称为一跳，一条路由上的跳数称为“距离”，然后动态地选择最短距离作为路径。图 3—48 所示的是一个简单的距离向量路由表示的例子，图中给出了 R_2、R_3 和 R_4 三个路由器的距离向量路由表。

距离向量算法的主要优点是易于实现和调试。它主要用于小型网络中。

（2）链路状态（link state）算法

链路状态是路由器上的接口（网络地址和网络类型等）描述及其与相邻路由器关系的总称。这些链路状态的集合形成了一个链路状态数据库（link-state database）。

用链路状态算法确定网络拓扑的过程非常直截了当。

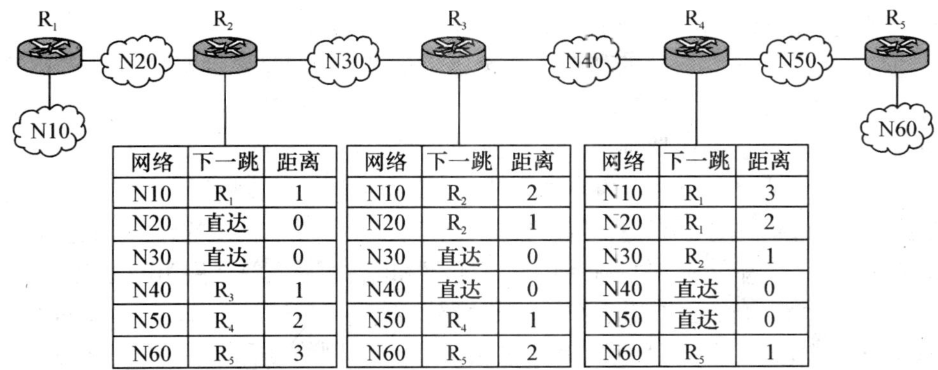

网络	下一跳	距离
N10	R_1	1
N20	直达	0
N30	直达	0
N40	R_3	1
N50	R_4	2
N60	R_5	3

网络	下一跳	距离
N10	R_2	2
N20	R_2	1
N30	直达	0
N40	直达	0
N50	R_4	1
N60	R_5	2

网络	下一跳	距离
N10	R_1	3
N20	R_1	2
N30	R_2	1
N40	直达	0
N50	直达	0
N60	R_5	1

图 3—48　距离向量路由示例

在 Internet 中广泛使用的最短路径优先（shortest path first，SPF）就是一种分布式链路状态协议（link state protocol）。它提供了网络的树状表示。树根是运行 SPF 的设备，用来计算到达每个目的网络的最短路径列表。图 3—49 所示的是路由器 R_1 上执行最短路径算法的例子。

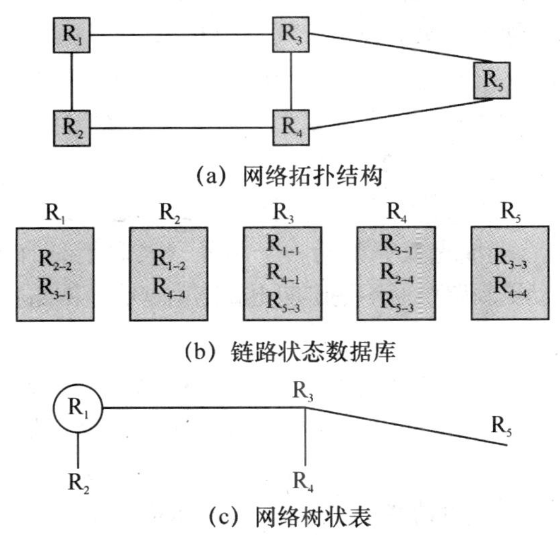

图 3—49　在路由器 R_1 上执行最短路径算法

SPF 有如下特点：

① 每个路由器标识与它直接相连的网络上的所有路由设备。

② SPF 将实际网络、路由器和链路集抽象成有向图，两个路由器间的一系列链路由一对有向弧表示，各指向一方，且它们的权值可能不同。然后根据

有向弧上的权值计算最短路径。这些权值用专用名词“度量”（metric）称呼，其值可以是 1～65 535 中的任何一个无量纲的数。“度量”的具体内容可以是费用、距离、时延、带宽等，它们都由网络管理人员决定。在图 3—49（b）中，R_{i-j}表示当前路由器到 R_i 的路径上的度量为 j。

SPF 处理服务类型路由的办法是保留多张有向图，一张标注以时延为度，一张标注以吞吐量为度，一张标注以可靠性为度（虽然 3 张有向图的计算工作量是一张图的 3 倍，但却分别提供了按时延、吞吐量和可靠性优先选择路由的可能）。

③ 每个路由器通过与网络中的其他路由器交换 LSA（link state advertisement，链路状态公告）通知所有与之直接相连的网络链路以及每个链路关联的度。

每个路由器使用这些 LSA 建立一个详细记录当前网络拓扑结构的链路状态数据库（因为每个路由器处理相同的 LSA 集合，所以每个路由器建立的链路状态数据库是相同的）。只要网络拓扑发生变化，该链路状态数据库就能很快进行更新，并通过各路由器之间频繁地交换信息，维持链路状态数据库在全网的一致性，即维持各路由器链路状态数据库的同步。

④ SPF 提供了网络的树状表示。树根是运行 SPF 的设备，用来计算到达每个目的网络的理想路径。虽然每个路由器的链路状态数据库相同，但是由于每个设备占据了网络中的一个不同位置，SPF 将为每个路由器产生不同的树。

（3）混合（hybrid）路由算法

混合路由算法试图综合距离向量算法和链路状态算法的优点：

- 使用“度量”把优先权分配给一个路径（吸取距离向量算法的优点）；
- 通过事件驱动更新路由而不是定期更新路由（吸取链路状态算法的优点）。

（4）自治系统

路由器间相互交换网络信息的规范由路由协议定义。在 Internet 中运行着大量路由协议，这些协议基本上属于动态自适应、分布式路由选择协议。由于各 ISP 有自己的利益，不愿意提供自身网络的详细路由信息，因而整个 Internet 不适合运行单一的路由协议。为了保证各 ISP 利益，便于进行路由选择，Internet 按运营被划分成许多较小的单位——自治系统（autonomous system，AS）。每个 AS 通常由一个组织中的互联网络构成，由一个单独的管理机构管理（即由一个 ISP 运营），有权自主地决定本系统内部的路由协议。

划分了自治系统后，就可以把 Internet 中使用的协议分为两大类：

- 内部网关协议（interior gateway protocol，IGP）——在一个自治系统内部使用的路由选择协议与其他自治系统中采用什么路由选择协议无关，主要有 RIP、OSPF 等。

● 外部网关协议（external gateway protocol，EGP）——当两个自治系统中使用不同的路由选择协议时，在两个自治系统之间进行数据报文的转换路由选择协议，主要有边界网关协议（border gateway protocol，BGP），后文会具体介绍。

2. 路由信息协议

路由信息协议（routing information protocol，RIP）是一种内部协议网关。它采用距离向量算法，用于小型自治系统口，并且将源代码嵌入了基于 BSD UNIX 的操作系统中。其工作原理如下：一个自治系统开始工作时，各路由器首先建立自己的初始路由表；然后周期性地（通常每隔 30s）更新它的距离向量表，及时交换因拓扑结构变化引起的路由信息，维护相邻路由器的关系，同时根据收到的路由信息计算自己的路由表。图 3—50 所示的是使用 RIP 建立路由表的过程举例。

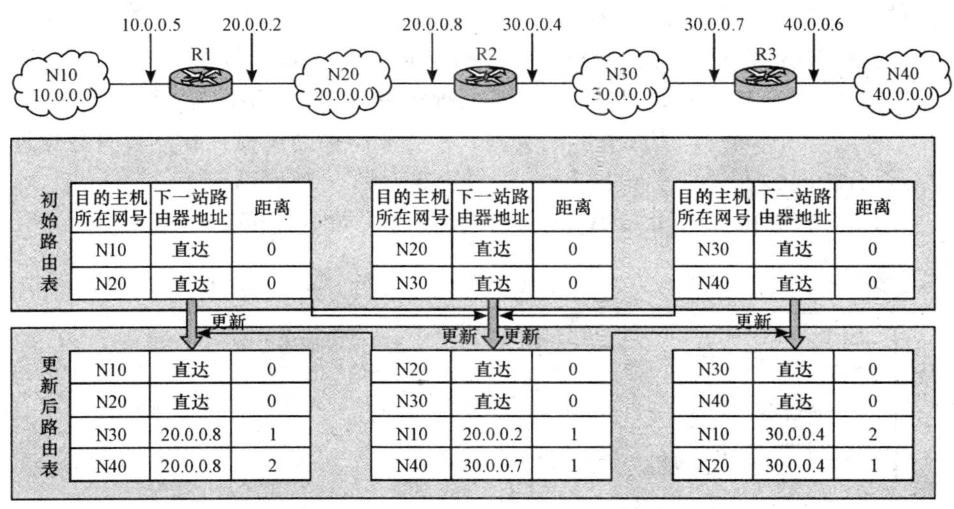

初始路由表：

目的主机所在网号	下一站路由器地址	距离
N10	直达	0
N20	直达	0

目的主机所在网号	下一站路由器地址	距离
N20	直达	0
N30	直达	0

目的主机所在网号	下一站路由器地址	距离
N30	直达	0
N40	直达	0

更新后路由表：

目的主机所在网号	下一站路由器地址	距离
N10	直达	0
N20	直达	0
N30	20.0.0.8	1
N40	20.0.0.8	2

目的主机所在网号	下一站路由器地址	距离
N20	直达	0
N30	直达	0
N10	20.0.0.2	1
N40	30.0.0.7	1

目的主机所在网号	下一站路由器地址	距离
N30	直达	0
N40	直达	0
N10	30.0.0.4	2
N20	30.0.0.4	1

图 3—50　使用 RIP 建立路由表的过程举例

RIP 采用分布式处理模型，其基本特点称为“好消息传得快，坏消息传得慢”。即如果路由器发现了一条更短的路由，更新消息就会传播得很快；而当网络出现故障时，要经过较长时间才能将此信息传送到所有路径。坏消息传播得慢，会使许多更新过程的收敛时间过长。

RIP 允许一条路由最多只能包含 15 个路由器，即最多 15 个跳数（hop count）。也就是说，当距离的最大值要达到 16 时，就称为不可到达。可见

RIP 只适用于小型网络。

3. 开放式最短路由优先协议

开放式最短路由优先协议（open shortest path first，OSPF）是针对 RIP 的缺点于 1989 年开发出来的一种路由协议。其工作过程包括建立邻接关系、同步 LSA 数据库、计算路由表。

（1）建立邻接关系

一个路由器运行 OSPF 协议后，就试图与相邻路由器建立邻接关系。它定期地向各个网络接口（包括虚拟网络接口）发送 Hello 报文。在 Hello 报文中，含有自己的 ID（即某一接口的 IP 地址）、优先权和相邻路由表。接收到 Hello 报文的路由器如果发现自己在对方的相邻路由表中，就表明双方都收到了对方的 Hello 报文。

（2）同步 LSA 数据库

建立了邻接关系的路由器之间相互交换各自 LSA 数据库内信息的过程称为数据库的同步。每一个 LSA 数据库中包括许多 LSA。每一个 LSA 代表某一个路由器的局部信息，由头部和实例（instance）组成。

每当路由器发送新的 LSA 时，其序列号将增加 1。路由器接收到一个新的 LSA 后，可以根据 LSA 头部的类型、标志和广播路由器判断其自身数据库中是否有相同的 LSA，并根据 LSA 序号决定对哪一个 LSA 更新。

两台邻接路由器之间 LSA 数据库同步的过程如图 3—51 所示。

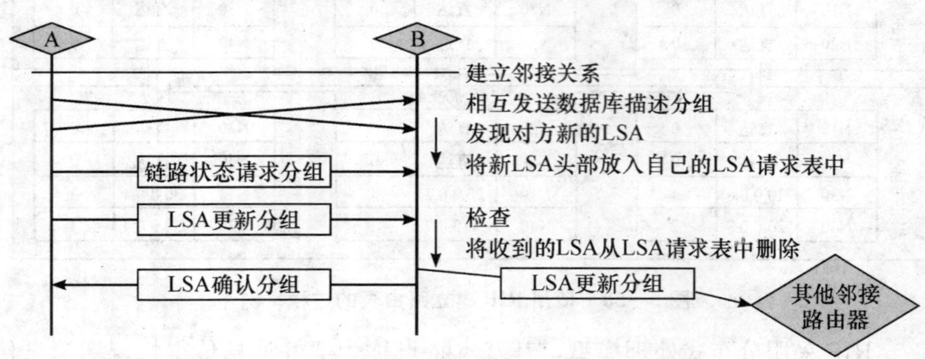

图 3—51　两台邻接路由器间 LSA 数据库的同步过程

① 假设路由器 A 与路由器 B 刚建立起邻接关系，路由器 A 和 B 将相互发送数据库描述报文。在数据库描述报文中包括多个 LSA 头部。

② 一方（如 B）发现对方（如 A）的数据库描述报文中一些 LSA 头部所

代表的LSA自己的数据库中没有，或比自己的新，则会将该LSA头部放入自己的LSA请求表中，然后向对方发送链路状态请求报文，要求得到具体的LSA信息（实例）。

③ 对方（如A）收到LSA请求报文后，将向请求方（如B）发送LSA更新报文。更新报文的数据部分是所请求LSA的完整信息。

④ 请求方（如B）收到每一个LSA更新报文后，进行检查，将收到的新的LSA从自己的LSA请求表中删去，并向发送方（如A）发出LSA确认报文。

⑤ 如果两个路由器间的LSA请求表为空，则表明两者的数据库达到一致，同步成功。

同步是一个扩散过程。一个路由器在其链路状态发生变化或收到其他路由器发送的LSA更新报文后，也要向其邻接路由器主动发送LSA更新报文，以便其他路由器尽快更新其拓扑数据库。

（3）计算路由表

在接收到新的链路状态更新报文以及在实现了数据库同步后，路由器都要根据拓扑数据库重新计算它到各子网的最短路径，建立路由表。由于OSPF将Internet分成区域、AS和AS外部三个层次，所以路由的计算也要分三个层次进行。

① 根据所在区域的数据库，利用本区域内的路由器LSA和网络LSA，计算路由器到本区域内各网络的路由。

② 根据ABR（area border router，区域边界路由器）向本区域散发的网络综合LSA，计算路由器到本地AS其他区域内各子网的可达信息。计算方法为：

$$\begin{matrix}\text{本地路由器到}\\\text{目的网络距离}\end{matrix}=\begin{matrix}\text{边界网关到}\\\text{目的网络距离}\end{matrix}+\begin{matrix}\text{本地路由器到}\\\text{边界网关距离}\end{matrix}$$

路由器选择到目的地的最优路径记录在路由表中。

③ 根据ASBR（AS border router，自治系统边界路由）综合LSA和外部LSA，计算路由器到AS外部的网络的可达性。计算方法为：

$$\begin{matrix}\text{本地路由器到}\\\text{目的网络的距离}\end{matrix}=\begin{matrix}\text{本地路由器到}\\\text{ASBR 的距离}\end{matrix}+\begin{matrix}\text{ASBR 到目的}\\\text{网络的距离}\end{matrix}$$

其中，本地路由器到ASBR的距离可以从前两步中得到；ASBR到目的网络的距离可以从AS外部LSA中得到。

4. 边界网关协议

边界网关协议（BGP）是一种外部网关协议。其开发初衷旨在提供一种自治系统之间交换路由信息的非循环方法，它基于路径向量路由选择，通过 ISP 边界的路由器加上一定的策略，选择过滤路由，把 RIP、OSPF、BGP 等的路由发送到对方，处理各 AS 之间的路由传递。Internet 是 BGP 处理多个 ISP 间路由的实例。BGP 的出现，引起了 Internet 的重大变革，它把多个 ISP 有机连接起来，使得 Internet 真正成为全球范围内的网络。

（1）BGP 网络结构

图 3—52 所示的是一个 BGP 网络的组成。由于 BGP 是一种外部（边界）网关协议，因此它主要运行在每个 AS 的边界路由器间。在每个 AS 内部，可以运行 OSPF 或 RIP。运行 BGP 的路由器称为 BGP 说话者（BGP Speaker）。BGP 在一对邻接 BGP 说话者之间交换路由信息。这一对邻接的 BGP 称为 BGP 邻居（BGP Neighbor），BGP 邻居分为如下两种类型：

- IBGP（内部 BGP 邻居）：位于同一 AS 中的一对 BGP 邻居；
- EBGP（外部 BGP 邻居）：位于不同 AS 中的一对 BGP 邻居。

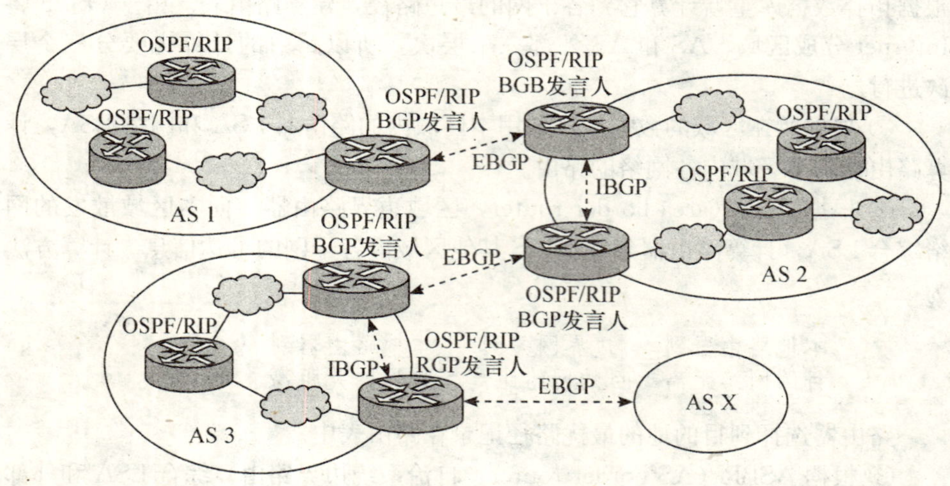

图 3—52　BGP 网络的组成

显然，一个 BGP 网络主要由一些 AS 和一些 BGP 说话者组成，并且通过 BGP 邻居交换路由信息。

（2）流量类型和 AS 类型

BGP 定义了两种类型的流量：本地流量和传输流量。本地流量是在 AS 中发出、在AS中终止的流量。除此之外的流量都是传输流量。BGP的一个目标就是最小化传输流量的总量。

BGP还定义了三种AS：

- Sub AS：只与另一个AS连接，并只承载本地流量。
- 多穴AS：与一个或两个AS连接，但被配置成不转发传输流量。
- 传输AS：与一个或两个AS连接，并被配置成承载本地流量和传输流量。

BGP在处理路由时，使用AS号和AS路径：

- AS号：唯一标识一个AS的一个16位串。
- AS路径：描述通过网络路由的AS号列表。

（3）路由策略

BGP是外部网关协议，实现AS之间的路由。其路由策略的设置，一般要考虑政治、经济以及安全等多方面的因素。按照到达的目的地，可以将BGP的路由策略分为三类。

- 第一类策略：控制从本AS到其他AS的路径。例如，制定策略限制本AS发出的数据，使之不能经过某些中间自治系统。
- 第二类策略：控制本AS是否为某相邻的AS传递过境数据。
- 第三类策略：实现AS内部的协调。

3.5.5　路由器性能与分类

1. 路由器的性能

路由器的性能可以用下列指标衡量：

（1）全双工线速转发能力。路由器最基本、最重要的功能是数据包的转发。全双工线速转发能力是指以最小包长（以太网为64字节，POS口为40字节）和最小包间隔（按协议规定）在路由器端口上双向传输而不引起丢包的能力。这是路由器性能的重要指标。

（2）吞吐量。吞吐量即路由器的包转发能力，包括端口吞吐量和设备吞吐量。

端口吞吐量指某一个端口上的包转发能力，用包/秒（pps）度量，通常采用两个相同速率的接口进行测试。

设备吞吐量指整机的包转发能力，也用包/秒（pps）度量。设备吞吐量通常小于路由器所有端口吞吐量之和。

（3）背板能力。背板能力通常指路由器背板容量或总线能力。

（4）丢包率。丢包率指路由器在稳定的持续负荷下由于资源缺少，在应该转发的数据包中，不能转发的数据包所占的比例。

（5）转发时延。转发时延指一个数据包的第 1 个比特进入路由器到最后一个比特从路由器输出的时间间隔。

（6）路由表能力。路由表能力指路由表可以容纳的路由表项数量的极限。

（7）可靠性。可靠性指路由器的可用性、无故障工作时间和故障恢复时间等。

（8）背靠背帧数。背靠背帧数指以最小帧间隔发送最多数据包不引起丢包时的数据包数量。它可以表明路由器的缓存能力。有线速全双工转发能力的路由器，该指标为无限大。

2. 路由器分类

（1）按照路由器在自治域中的位置可分为：

- 内部路由器——在自治域内部转发数据包；
- 边界路由器——在不同自治域之间转发数据包。

（2）按所支持的协议可分为：

- 单协议路由器——仅支持单一协议传送；
- 多协议路由器——可以支持多种协议传送。

图 3—53 为用单协议路由器连接同构局域网的实例，图 3—54 为用多协议路由器连接异构局域网的实例。

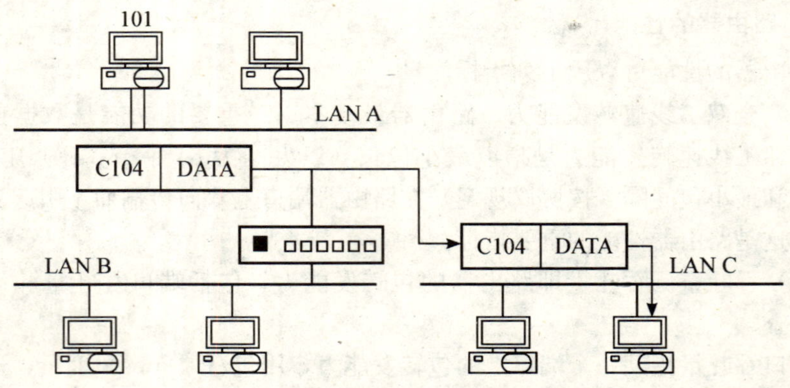

图 3—53　用单协议路由器连接同构局域网

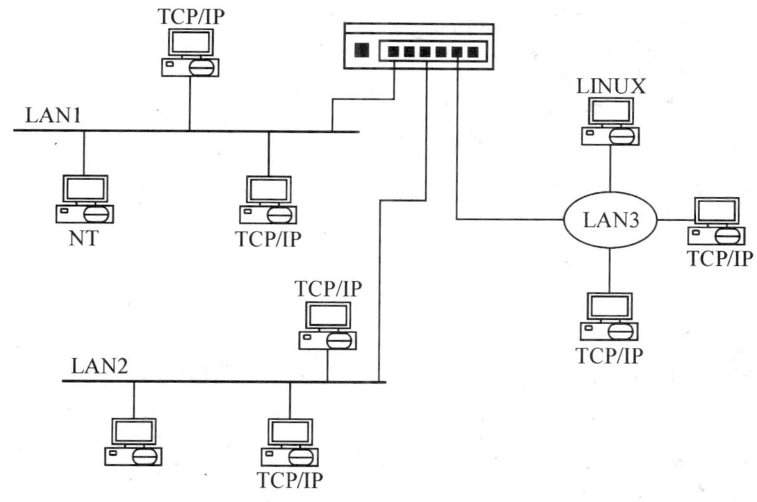

图 3—54　用多协议路由器连接异构局域网

（3）按所连接的范围可分为：

● 接入路由器——连接家庭或 ISP 内的小型企业客户。接入路由器不仅要提供 SLIP 或 PPP 连接，还支持诸如 PPTP 和 IPSec 等虚拟私有网络协议；

● 企业或校园级路由器——主要目标是以尽量便宜的方法实现尽可能多的端点互联，并且支持不同的服务质量要求；

● 骨干级路由器实现企业级网络的互联。对它的要求是速度和可靠性，而代价则处于次要地位。

（4）按结构可分为：

● 模块化路由器；

● 非模块化路由器。

通常，高端路由器是结构化的。

（5）面向连接和无连接的路由器：

OSI/RM 允许两种类型的网络互联，一种是面向连接的虚电路子网的级连，另一种是数据报互联网连接。

虚电路方法的基本特点是从源端通过若干路由到目的地建立虚电路，各路由有表格，说明有哪些虚电路经过、路径通向何处以及新的虚电路号是什么。

在提供数据报服务的网络互联模型中，一般是将多个 LAN 通过 WAN 连接起来，实现局域网间的远距离通信。

（6）按能力可分为：

- 高端路由器：背板交换能力大于 40G；
- 低端路由器：背板交换能力小于 40G。

（7）按性能可分为：

- 线速路由器：通常是高端路由器；
- 非线速路由器：通常是中低端路由器。

3.5.6 第三层交换技术

1. 问题的提出

在局域网中引入交换机，将共享带宽网络变成端口间可独享带宽，并行地维护几个独立的、互不影响的通信进程，消除了无谓的碰撞检测和出错重发，提高了传输效率。由于交换机是在第二层进行点到点的、快速有效的交换，比路由器快得多，而且价格便宜得多。

但是，第二层交换也会暴露出先天的弱点，它对广播风暴、异种网络互联等问题不能有效地解决。若某一结点在网上发送广播或组播时，或某一结点发送了一个交换机不认识的 MAC 地址封包时，交换机上的所有结点都将收到这一广播信息，将整个交换环境构成一个大的广播域，随着广播风暴的出现。网络的效率就将大打折扣。

从另一方面讲，路由器可以分割广播域，可以有效地处理异种网络互联问题。但是，传统的路由器是基于软件工作的，与局域网速度相比，其协议复杂，数据传输的效率较低。此外，由于路由器常常作为网段（子网，VLAN）互联的枢纽，随着 Internet 和 Intranet（内联网，即执行 TCP/IP 协议的企业网）的迅猛发展和 B/S 计算模式的广泛应用，用户的数据往往越过本地的网络在网际间传送，跨地域、跨网络的业务急剧增长，路由器的负担不断加重。由于多年来，作为网络核心、起到网间互联作用的路由器技术却没有质的突破，因此，一个解决方案是更换性能更强的超级路由器，但这样做开销太大。所以改进路由技术迫在眉睫。第三层交换技术就是在这样的需求下出现的技术。

第三层交换技术也称为 IP 交换技术、高速路由技术等。简单地说，它是带有第三层路由功能的第二层交换技术。但是，它并不是简单地把路由器设备的硬件及软件叠加在局域网交换机上，而是二者的有机结合。

第三层交换技术的出现，改变了局域网中网段划分之后，网段中子网必须依赖路由器进行管理的局面，解决了传统路由器低速、复杂所造成的网络瓶颈问题。

2. 第三层交换技术的基本原理

第三层交换的目标是，只要在源地址和目的地址之间有一条更为直接的第二层通路，就没有必要经过路由器转发数据包。第三层交换使用第三层路由协议确定传送路径，此路径可以只用一次，也可以存储起来，供以后使用。之后数据包通过一条虚电路绕过路由器快速发送。

假设两个使用IP协议的站点A、B通过第三层交换机进行通信，发送站点A在开始发送时，把自己的IP地址与B站的IP地址比较，判断B站是否与自己在同一子网内。若目的站B与发送站A在同一子网内，则进行第二层的转发。若两个站点不在同一子网内，如发送站A要与目的站B通信，发送站A要向"缺省网关"发出ARP（地址解析）封包，而"缺省网关"的IP地址其实是第三层交换机的第三层交换模块。当发送站A对"缺省网关"的IP地址广播出一个ARP请求时，如果第三层交换模块在以前的通信过程中已经知道B站的MAC地址，则向发送站A回复B的MAC地址。否则第三层交换模块根据路由信息向B站广播一个ARP请求，B站得到此ARP请求后向第三层交换模块回复其MAC地址，第三层交换模块保存此地址并回复给发送站A，同时将B站的MAC地址发送到第二层交换引擎的MAC地址表中。从这以后，当A向B发送的数据包便全部交给第二层交换机处理，信息得以高速交换。由于仅仅在路由过程中才需要第三层处理，绝大部分数据都通过第二层交换转发，因此第三层交换机的速度很快，接近第二层交换机的速度，同时比相同路由器的价格低很多。

3. 第三层交换机种类

第三层交换机可以根据其处理数据的不同而分为纯硬件和纯软件两大类。

（1）纯硬件的第三层技术相对来说技术复杂，成本高，但是速度快，性能好，带负载能力强。其原理是，采用ASIC芯片，用硬件的方式进行路由表的查找和刷新。在数据由端口接口芯片接收进来以后，首先在第二层交换芯片中查找相应的目的MAC地址，如果查到，就进行第二层转发，否则将数据送至第三层引擎。在第三层引擎中，ASIC芯片查找相应的路由表信息，与数据的目的IP地址相比对，然后发送ARP数据包到目的主机，得到该主机的MAC地址，将MAC地址发到第二层芯片，由第二层芯片转发该数据包。

（2）基于软件的第三层交换机技术较简单，但速度较慢。其原理是，采用CPU用软件的方式查找路由表。

在数据由端口接口芯片接收进来以后，首先在第二层交换芯片中查找相应的目的MAC地址，如果查到，就进行第二层转发，0否则将数据送至CPU。

CPU 查找相应的路由表信息，与数据的目的 IP 地址相比对，然后发送 ARP 数据包到目的主机得到该主机的 MAC 地址，将 MAC 地址发到第二层芯片，由第二层芯片转发该数据包。因为低价 CPU 处理速度较慢，因此这种第三层交换机处理速度较慢。

3.5.7 IPv6

1. 问题的提出

（1）当前 Internet 面临的问题

Internet 最先出现在 20 世纪 60 年代。当初的建造者们怎么也没有想到，它的发展能够如此迅速，应用的领域能够如此广泛；也没有想到，如此迅速的发展和广泛的应用，也给 Internet 自己带来无法回避的严重问题。

①IP 地址空间问题

随着 Internet 的广泛应用和用户数量的急剧增加，只有 32 位（地址数量为 4.3×109）的 IPv4（IPv1～IPv3 从来没有被正式使用过，IPv5 仅用来命名 Internet 面向连接的协议 STP）地址危机已经展现在人们眼前。有人估计，大约到了 2013 年±8 年，IPv4 的地址资源将会枯竭。因此，人们普遍认为到了 2005 年，就应当能够获得新的 IP 地址。

②QoS 保证问题

QoS（Quality of Services，服务质量）通常是指通信网络在承载业务时为业务提供的品质保证。不同的通信网络对于 QoS 的定义不同。数据网络的 QoS 通常用业务传输的延迟、延迟变化、吞吐量和丢包率来衡量。

IP 采用无连接的分组转发方式传输数据。它的分组转发采取了“尽力而为”的机制。这样的机制，对于流量较少、对实时性要求不高的应用来说，没有多大问题。但是，随着数据流量的增加（如多媒体数据），传输延迟就会明显，信息传输就会出现中断现象。图 3—55 表明当 A 和 B 都有数据要通过 Internet 传输到 C 时，分组就会出现间断现象。

图 3—55 Internet 传输出现的分组间断现象

早期的 Internet 主要用于数据传输。随着多媒体业务的兴起，语音和视频也开始在 Internet 上传输。而语音和视频业务要求一定的连续性、相关性和实时性，对网络的 QoS 有较严格的要求，这是目前的 Internet 难于保证的。

③与新标准、新协议兼容问题

当初的 Internet 以高效率为目标，为了提高结点处理数据包的速度，网络结点根据数据包头的内容对数据包进行一致性处理。而 IP 数据包的包头中虽然有几个可选项，但基本上是固定的。这虽然简化了结点的协议处理，但增加了容纳新标准、新协议的困难度。

④移动通信设备的连接问题

目前的 Internet 中，主机的 IP 地址与其地理位置（网络）有关。这就为移动设备的连接带来了困难。

⑤安全问题

当初的 Internet 主要面向教育、科研服务，并且以信息共享为宗旨，对管理和安全考虑不足。随着其应用范围的扩大，安全的脆弱性迅速暴露。

（2）IPv6 的目标

面对 IPv4 的危机，1990 年 Internet 工程任务组（Internet engineer task force，IETF）开始着手一个新的 IP 版本——IPng（IP next-generation，下一代 IP 协议），其主要目标是：

- 具有非常充分的地址空间；
- 简化协议，允许路由器更好地处理 IP 分组；
- 减少路由表大小；
- 提供身份验证和保密等进一步的安全性能；
- 更多地关注服务类型，特别是实时性服务；
- 允许通过指定范围辅助多投点服务；
- 允许主机 IP 地址与地理位置无关，为移动设备的连接提供方便；
- 可以承前启后，可以与 IPv4 共存，又允许进一步演变。

1992 年 6 月，IETF 公开征集对 IPng 的设计方案，并收到了若干提案，到 1994 年形成最终方案，1995 年 1 月“下一代 IP 建议书”——RFC1752 发表，这就是现在的 IPv6。

2. IPv6 分组结构

IPv6 协议数据单元（IP 分组）如图 3—56 所示，它的头由 IPv6 头和扩展头两部分组成。

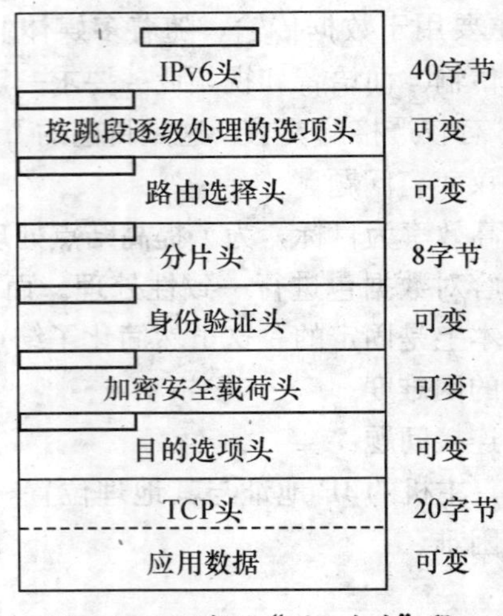

图 3—56 IPv6 的协议数据单元结构

IPv6 简化了 IP 分组头，由 IPv4 的 12 个段减为 8 个段，从前的一些必要的段变为可选的段，使路由器能快速地处理 IP 分组，改善路由器的吞吐率。带有可选扩展头是 IPv6 的重要特色，即 IPv6 头是必须的，而其他扩展头是可选的，这些扩展头有：

- 按跳段逐级处理的选项头：定义在每段都要予以处理的特别选项。
- 路由选择头：提供扩展的路由选择信息，相当于 IPv4 的源路由选择。
- 分片头：包含分割与重组信息。
- 身份验证头：提供 IP 分组完整性和身份验证。
- 加密安全载荷头：提供保密性。
- 目的地选项头：包含由目的结点查看的可选信息。

IPv6 分组固定头（即 IPv6 头）是 IPv6 分组所必需的，它具有固定的 40 字节长度，如图 3—57 所示。IPv6 分组固定头由版本号、优先级、流标记、载荷长度、跳段限制、源地址和目的地址等 8 个段组成。

（1）版本号（4 位）

版本号的值为 0110（6）。

（2）优先级（4 位）

当一个源发出多个 IP 分组时，该段可以为每个 IP 分组指定一个独立的传递和投递优先级。在指定时，首先区分 IP 分组是属于拥挤控制的交通，还是非拥挤控制的交通；然后将每一类分为 8 个优先级别。表 3—4 列出了优先级别类别和等级的含义。

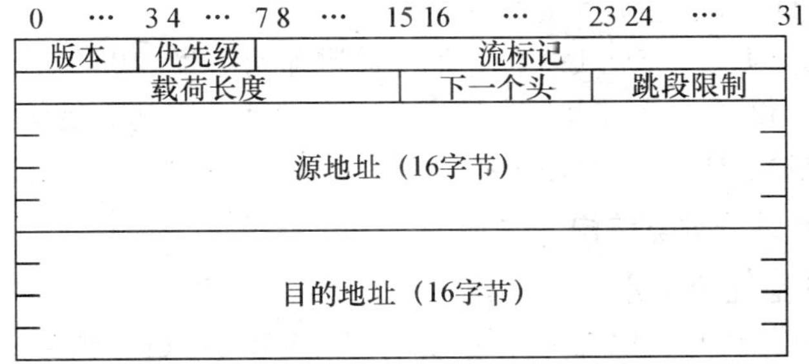

图 3—57 IPv6 固定头结构

表 3—4 **优先级别类别和等级的含义**

优先性	拥挤控制的交通		非拥挤控制的交通	
低	级别	说明	级别	说明
↓	0	非特征化交通	8	愿最先丢弃的交通（如高保真视频）
	1	填充交通（如网络新闻）	9	⋮
	2	无人值守交通（如邮件）	10	⋮
	3	（保留）	11	⋮
	4	有人值守的大块数据传送（如 FTP）	12	⋮
	5	（保留）	13	⋮
	6	交互交通（如 Telnet）	14	⋮
高	7	Internet 控制交通（如路由协议）	15	最不愿丢弃的交通（如低保真视频）

非拥挤控制的交通是实时性交通，如实时视频和声频，它们需要恒定的数据速率和恒定的投递延迟，因此优先级别高于拥挤控制的交通。

（3）流标记（24 位）

流是主机为特别的源结点发往特别的目的地并希望中间路由器进行特别处理的 IP 分组序列所作的标记。

（4）载荷长度（16 位）

载荷长度指明除 IPv6 头外其他部分（扩展头和传输层 PDU）的长度，单位为字节数。

（5）下一个头（8 位）

下一个头指明紧随该 IPv6 头的扩展头的类型。

（6）跳段限制（8 位）

跳段限制相当于 IPv4 的生存时间段，由源结点设置最大值，然后被所转发的结点减 1。如果跳段限制被减至 0，该 IP 分组即被丢弃，这比 IPv4 的生存时间段所需的处理简单。

（7）源地址（128位）和目的地地址（128位）

IPv6将IP地址扩充到128位，地址数增加到4.3×10^{38}个。这两个地址要比IPv4地址（32位）长得多。这是一个巨大的地址空间，足够给地球上的每一粒沙子提供一个独立的IP地址。

3. IPv6地址分类与结构

（1）IPv6地址的冒分十六进制表示

一个128位的IPv6地址，即使用点分十进制写，也是相当长的。例如：

10.220.136.100.255.255.255.255.0.0.18.128.140.10.255.255

为了减少地址的书写长度，便于记忆，IPv6的设计者们建议使用一种更紧凑的书写格式——冒分十六进制表示法（colon hexadecimal notation）。这样，上述地址就可以记为：

69DC：8864：FFFF：FFFF：0：1280：8C0A：FFFF

在此基础上，人们又提出压缩零（zero compression）表示法。例如地址：

69DC：0：0：0：0：0：0：B1

可以压缩地表示为

69DC：：B1

（2）IPv6地址层次结构

IPv6的地址格式与IPv4的相比，一个重要的变化是地址结构层次的变化。IPv4是两层次地址结构：网络地址和主机地址，而IPv6的单播地址为图3—58所示的三层次地址结构：全局已知公共拓扑、某个网点和某个网络接口。

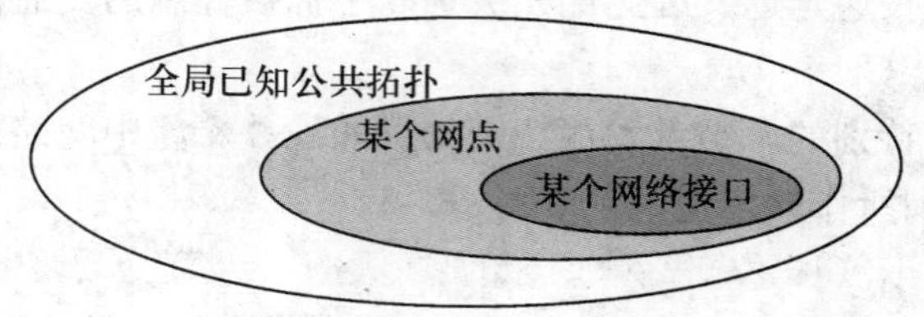

图3—58　IPv6地址的层次结构

网点和网络接口指定了可以确认的实体，其中网点对应了一组计算机和网络，隐含着邻近的物理连接以及拥有设备的单个组织；网络接口为最低层，对应附属于计算机和网络的单个附件；公共拓扑（public topology）是最高层，在IPv6中没有具体定义，现在仅预想了两种类型——ISP（提供远程服务）和交换（exchange），与主ISP相连，并在它们之间传递通信量，也为单个订户（subscriber）服务，为订户分配一个地址。

（3）IPv6 的地址类型

在 IPv6 中，地址不是赋给某个结点，而是赋给结点上的具体接口。一般来讲，一个 IPv6 地址可以归纳为以下三种类型。

● 单播（unicast）地址：标识单个接口，IP 分组将选择一条最短路径到达目的接口。

● 多播（multicast）地址：标识一组接口，该组接口可以属于不同的结点。IP 分组将发送给使用该多投点地址的所有接口。

● 任播（cluster）地址：标识一组接口，该组接口可以属于不同的结点。IP 分组只发送给其中的一个接口。

（1）IPv6 单播地址

IPv6 的单播地址有多种，图 3—59 所示的是其中四种的格式。

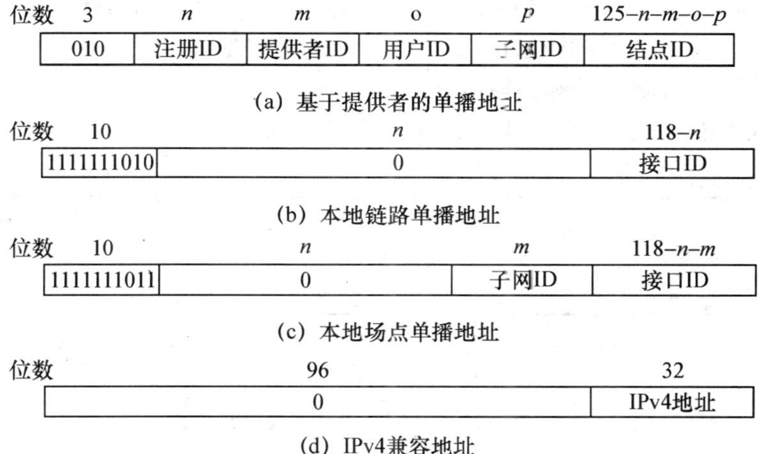

图 3—59 IPv6 单播地址格式

有关字段的含义为：

● 注册 ID：$n=5$ 指出注册地址的机构。

● 提供者 ID：m=变长，标识用户的 ISP。

● 用户 ID：o=变长，标识一个 ISP 的某个用户。

● 子网 ID：p=变长，当用户有几个不同的子网时，标识其中的某一子网。

● 结点 ID：定义连接到子网的单个结点接口。

基于提供者的单播地址为联网的主机提供全球唯一地址。

IPv6 定义了两种类型本地使用的单播地址：本地链路（link-local）和本地场点地址（site-local）。本地链路地址限制在单个链路上，并且在自动地址配置、邻居发现或链路上没有路由器时使用。这时，路由器不需要为本地链路地址的数据包到其他链路传送任何源地址或目的地址。本地场点地址限制在单个站点上，以便进行站点内部编址时可不考虑全球前缀。

IPv4 兼容地址可以使 IPv6 分组封装在 IPv4 分组内，在 IPv4 路由器上传输，成为一种 IPv4 向 IPv6 过渡的策略。

单播地址 0：0：0：0：0：0：0：1 称为本地回路地址，结点可以使用这个地址给自己发送 IPv6 分组，以进行测试。

还需要进一步说明，IPv6 单播地址对应单个接口，每个接口都属于一个结点。不同类型或范围的多个 IPv6 地址可以同时分配给单个接口，并且该结点的任何一个接口的单播地址都可以当作该结点的一个标识。但是，所有的接口都至少需要一个本地链路单播地址。这对那些点到点的通信接口是非常方便的，因为它们不需要分配范围超出本地链路的单播地址。

（2）IPv6 任播地址和多播地址格式

IPv6 任播地址和多播地址的结构如图 3—60 所示。

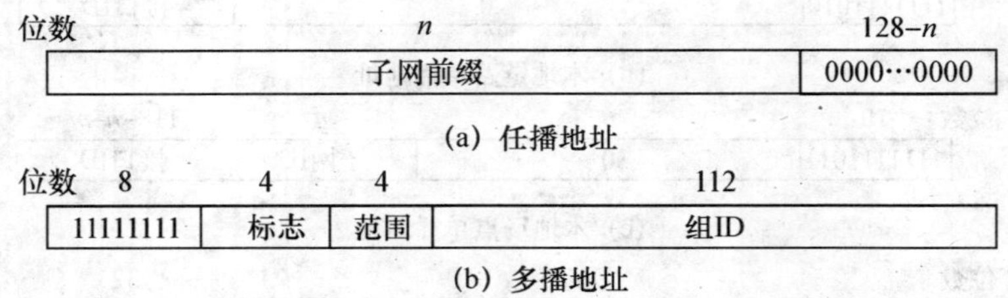

图 3—60　IPv6 任播地址和多播地址格式

图中：

- 标志：由 3 个 0 加一个 T 位组成。T＝0 表示一个永久分配的地址；T＝1 表示一个非永久地址。
- 范围：限制多播组的范围，即 1 为本地结点，2 为本地链路，5 为本地场点。
- 组 ID：标识给定范围内的一个多播组，可以是永久的，也可以是暂时的。

IPv6 使用地址空间的扩充技术和自动设定地址等技术，能影响路由表的地址构造。与 IPv4 相比路由数可以减少一个数量级，并能提高安全保密性。

在主机数目大量增加，决定数据传输路由的路由表不断加大，路由器的处理性能跟不上这种迅速变化的形势下，这些技术的使用，将 Internet 连接变得简单，而且使用容易。

4. 从 IPv4 向 IPv 6 的过渡

随着 IPv4 地址即将枯竭（估计在 2005—2010 年间将分配完毕），如何从 IPv4 转向 IPv6 即从 IPv4 向 IPv6 过渡的问题越来越突出。但是由于 IPv6 与 IPv4 不兼容，这一转换过程有许多困难。目前，IETF 的研究从 IPv4 向 IPv6 过渡的专门工作组已经提出了许多方案，这些方案主要有以下几类。

（1）双协议栈技术

如图 3—61 所示，IPv6 与 IPv4 虽然格式不兼容，但它们具有功能相近的网络层协议，都基于相同的物理平台，而且加载于其上的 TCP 和 UDP 完全相同。因此，如果一台主机能同时运行 IPv4 和 IPv6，就有可能逐渐实现从 IPv4 向 IPv 6 过渡。

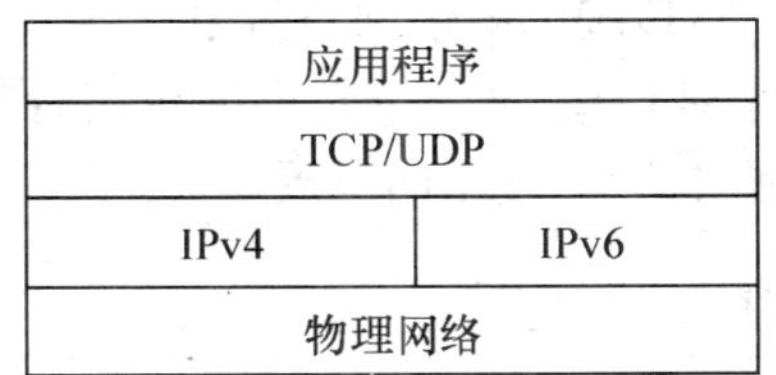

图 3—61 IPv4/IPv6 双协议栈的协议结构

（2）网络地址转换——协议转换（NAT-PT）技术

NAT-PT（network address translation-protocol translation）技术通过与 SIIT 协议转换和传统的 IPv4 下的动态地址翻译（NAT）以及适当的应用层网关（ALG）相结合，实现只安装了 IPv6 的主机与只安装了 IPv4 的主机间大部分应用的相互通信。

（3）6 over 4 隧道技术

6 over 4 隧道技术就是设法在现有的 IPv4 网络上开辟一些“隧道”将这些局部的 IPv6 网络连接起来。具体方案是，将 IPv6 数据分组封装入 IPv4，送入隧道，以 IPv4 分组的源地址作为隧道入口，以 IPv4 分组的目的地址作为隧道出口。IPv4 分组穿过隧道后，在出口处再取出 IPv6 分组转发给目的站点。由于隧道技术只在隧道入口和出口处进行修改，因此实现起来比较容易。但无法实现 IPv6 主机与 IPv4 主机间的直接通信。

（4）6 to 4 隧道技术

6 to 4 隧道技术是一种自动构造隧道的技术。它在 IPv4 NAT 协议中加入对 IPv6 和 6 to 4 隧道技术的支持，成为一个非常吸引人的方案。6 to 4 隧道技术的关键是它可以自动从 IPv6 地址的前缀中提取一个 IPv4 地址。这样，当用隧道将一个 IPv6 的出口路由器与其他 IPv6 域建立连接时，IPv4 隧道的末端就能从 IPv6 的地址中自动提取出来，从而在 IPv4 的海洋中将各个 IPv6 孤岛相互连接起来。

3.5.8 基于光纤网络的 IP 技术

当前是一个电信技术与 Internet 应用业务共同发展、相互渗透的时代。在通信方面，光纤传输从 PDH 走向 SDH，155 Mbps、622 Mbps、2.5 Gbps 的 SDH 设备已经被大量采用；DWDM 技术经济而有效地增加了光纤容量，从 2×2.5 Gbps、4×2.5 Gbps、8×2.5 Gbps、16×2.5 Gbps 直到 n×10 Gbps、n×20 Gbps、n×40 Gbps 的 DWDM 系列正在逐步走向市场。另一方面，Internet 应用的迅速发展，给传统的电信网络带来了巨大的冲击和挑战，并且大有取代传统电信之势。于是，IP 业务与光纤网络结合的技术便应运而生。图 3—62 描述了基于光纤网络的 IP 技术的发展趋势。

ATM上的多业务	IP over ATM	IP over SDH/SONET	IP over WDM
数据	图像 话音 数据		
图像 话音 IP	IP	图像 话音 数据	
ATM	ATM	IP/PPP	图像 话音 数据
SONET/SDH	SONET/SDH	SONET/SDH	IP/PPP
WDM/DWDM	WDM/DWDM	WDM/DWDM	WDM/DWDM
物理光纤层	物理光纤层	物理光纤层	物理光纤层
目前	IP上的多媒体业务		

基于光纤网络的IP技术的发展趋势

图 3—62 基于光纤网络的 IP 技术的发展趋势

1. IP over SDH

IP over SDH 是以 SDH 作为 IP 数据网络的物理传输网络，也称 POS（Pocket over SDH）。基本思想是把 IP 数据报封装在 PPP 协议帧中，然后再把 PPP 帧放在 SDH 的净负荷中。PPP 协议用于两个对等实体间传送分组的简单链路上，这些链路同时提供双方的全双工操作，并按先后次序传送分组，为各种主机、桥接设备和路由器之间提供连接方式。具体地说，它提供如下功能：

- 用于建立、配置和监视串行连接的链路控制协议（LCP）；
- 允许若干个网络层协议通过同一个串行通道复用一簇网络控制协议（NCP）；
- 提供封装格式。

2. IP over DWDM

IP over DWDM是直接在DWDM上建立IP交换的技术，也称光互联网络。图3—63描述了光互联网络的协议堆栈和功能，包括客户层（IP层）协议（包括IPv4、IPv6等协议）、IP适配层协议（用于IP多协议封装、分组定界、差错检测以及QoS控制等）、光通路协议（包括数字客户适配、带宽管理、连接性证明等功能）、DWDM光复用段（包括带宽复用、线路故障分段、保护切换以及其他传输网维护等功能）、DWDM光传输段（包括高速传输、光放大器故障分段等功能）等。

协议	功能
IP	• 客户数据报：IPv4、IPv6
IP适配	• IP多协议封装 • 分线定界 • 差错检测 • QoS控制
光通路	• 数字客户适配和带宽管理（比特率和数字格式透明） • 连接性证实
DWDM光复用段	• 带宽复用 • 线路故障分段和保护切换 • 其他传输网维护功能
DWDM光传输段	• 高速传输（色散补偿） • 光放大器故障分段

图3—63　光互联网络的协议堆栈和功能

3.6　光交换

光交换（photonic switching）是指不经过任何光/电转换，将输入端光信号直接交换到任意的光输出端。光交换是全光网络（all optical network，AON）的关键技术之一。

所谓全光网络，是指信号只是在进出网络时才进行电/光和光/电的变换，而在网络中传输和交换的过程中始终以光的形式存在。在现代通信网中，全光网络是未来宽带通信网络的发展方向。全光网络可以克服电子交换在容量上的瓶颈限制；可以大量节省建网成本；可以大大提高网络的灵活性和可靠性。

3.6.1　光交换系统的构成

1. 光交换系统的基本构成

如图 3—64 所示，光交换系统主要由输入接口、光交换矩阵、输出接口和控制单元四部分构成。

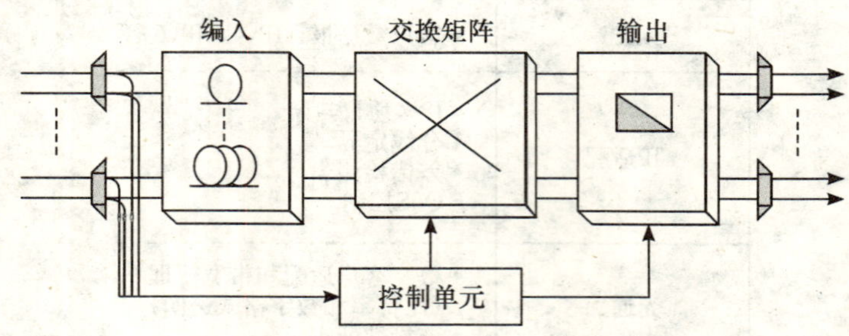

图 3—64　光交换系统的构成

由于目前光逻辑器件的功能还较简单，不能完成控制部分复杂的逻辑处理功能，因此现有的光交换控制单元还要由电信号来完成，即所谓的电控光交换。在控制单元的输入端进行光电转换，而在输出端需完成电光转换。随着光器件技术的发展，光交换技术的最终发展趋势将是光控光交换，即全光交换。

2. 光交换系统的核心部件

（1）光逻辑器件：该类器件由光信号控制它的状态，用来完成光信号的各类布尔逻辑运算。目前光逻辑器件的功能还较简单，比较成熟的技术有对称型自电光效应（S-SEED）器件、基于多量子阱（DFB）的光学双稳器件和基于非线性光学的与门等。

（2）光缓存器件。光缓存器件对光信号进行缓存，为实现光分组交换中的光信号存储转发提供了可能，是实现光分组交换的关键技术，目前还没有全光的随机存储器，只能通过无源的光纤延时线（FDL）或有源的光纤环路来模拟光缓存功能。常见的光缓存结构有：可编程的并联 FDL 阵列、串联 FDL 阵列和有源光纤环路。

（3）波长转换器。波长转换器实现光信号传输波长的变换，是在波分复用光网络中实现全光交换的关键部件。波长转换器有多种结构和机制，目前研究较为成熟的是以半导体光放大器（SOA）为基础的波长转换器，包括交叉增益饱和调制型（XGM SOA）、交叉相位调制型（XPM SOA）以及四波混频型波长转换器（FWM SOA）等。

3.6.2　光路交换与光分组交换

与传统的基于电的交换类似，光交换技术可分成光路交换和光分组交换两种主要类型。

1. 光路交换

光路交换（optical circuit switch，OCS）技术类似于现存的电路交换技术，采用光交叉连接器（optical cross connection，OXC）、光分插复用设备（optical add/drop multiplexer，OADM）等光器件设置光通路，中间结点不需要使用光缓存。

根据交换对象，OCS 又可以分为如下几种。

（1）光空分交换。空分交换是根据需要在两个或多个点之间建立物理通道，信息交换通过改变传输路径来完成。其基本方法是将光交换元件组成门阵列开关，并适当控制门阵列开关，即可在任一路输入和输出光纤之间构成通路。按照交换元件的不同，光空分交换可分为机械型、光电转换型、复合波导型、全反射型和激光二极管门开关型等。

（2）光时分交换。时分复用是通信网中普遍采用的一种复用方式，光时分交换就是在时间轴上将复用的光信号的时间位置 t1 转换成另一个时间位置 t2。与光空分交换不同之处是，光时分交换模块中则需要有光存储器（如光纤延迟存储器、双稳态激光二极管存储器）、光选通器（如定向复合型阵列开关）以进行相应的交换。

（3）光波分交换。光波分交换是指光信号在网络结点中不经过光/电转换，直接将所携带的信息从一个波长转移到另一个波长上。

（4）光码分交换（OCDMA）。光码分交换的原理就是将某个正交码上的光信号交换到另一个正交码上，实现不同码字之间的交换。

OCS 的协议机制相对简单，技术成熟，易于实现。它的工作机制类似于电路交换，需要建立和拆除过程，要花费一定的时间，并且该时间与它连接的保持时间无关。连接保持时间比较短时，将会导致信道的利用率变差。因此不适合于持续增长且变化频繁的 TCP/IP 流量，如网页浏览、FTP 文件传输、电子邮件等。进一步说，未来的光网络要求支持多粒度的业务，其中小粒度的业务是运营商的主要业务，业务的多样性使得用户对带宽有不同的需求，而 OCS 在光子层面的最小交换单元是整条波长通道上数 Gb/s 的流量，很难按照用户的需求灵活地进行带宽的动态分配和资源的统计复用，所以光分组交换应运而生。

2. 光分组交换

光分组交换系统根据对控制包头处理及交换粒度的不同，可以分为以下几类：

（1）光分组交换（optical packet switching，OPS）。它以光分组作为最小的交换颗粒，数据包的格式为固定长度的光分组头、净荷和保护时间三部分构成。在交换系统的输入接口完成光分组读取和同步功能，同时用光纤分束器将一小部分光功率分出送入控制单元，用于完成如光分组头识别、恢复和净荷定位等功能。光交换矩阵为经过同步的光分组选择路由，并解决输出端口的竞争。最后输出接口通过输出同步和再生模块，降低光分组的相位抖动，同时完成光分组头的重写和光分组再生。

（2）突发数据交换（optical burst switching，OBS）。它的特点是数据分组和控制分组独立传送，在时间上和信道上都是分离的，控制分组和信号分组都不需要光同步，对光开关和光缓存的要求降低。控制分组先于数据分组传送，通过“数据报”或“虚电路”路由模式指定路由器分配空闲信道，实现数据信道的带宽资源动态分配；数据分组则无须进行光电/电光转换和电子路由器的转发，直接在端到端的透明传输信道中传输。它以光突发作为最小的交换单元，采用单向资源预留机制，大大提高了资源分配的灵活性和资源的利用率，并能够很好地支持突发性的分组业务，被认为很有可能在未来互联网中扮演关键角色。

（3）光标记分组交换（optical multi-protocol label switching，OMPLS）。也称为通用多协议标签交换（generalized multi-protocol label switching，GM-

PLS)，是多协议标签交换（multi-protocol label switching，MPLS）技术与光网络技术有机结合的结果。

光标记的产生和提取是光标记交换的核心技术。光标记信号一般是 Mbps 量级的低速率信号，而光包的传输速率都在 Gbps 量级上。目前光标记的产生方法大多数是从光调制（调幅、调频和调相）方面入手。光标记的提取本质上是把光标记从复用信号中分离出来。

光分组交换在带宽利用率、延时和适应性等方面比较好，从长远的角度来考虑，是一种很有前途的技术。但是它的实现比较复杂，其中的关键技术，如光逻辑处理技术、光随机存储器（ORAM）技术都还在研究之中。

3.7　小结——网络连接设备综述

图 3—65 形象地描述了几种常用网络连接设备在 OSI 层次结构中的位置和所处理的数据形式。表 3—5 对这些设备进行了进一步分析比较。

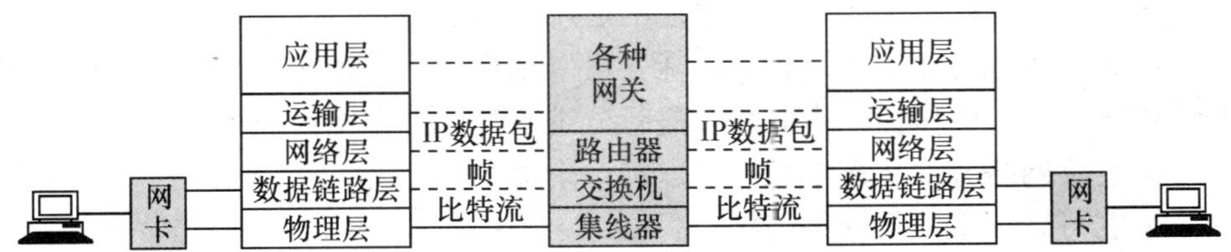

图 3—65　几种网络连接设备的位置和作用

表 3—5　几种网络连接设备的比较

设备	使用层次	处理对象	作用			
网卡	物理层/数据链路层	比特流/MAC 帧	连接计算机到网络			
集线器	物理层	比特流	连接网段和计算机	数据汇聚		
交换机	数据链路层	帧	连接网段和计算机	数据汇聚	分隔碰撞域	划分网段
路由器	网络层	IP 数据包	接入到广域网，连接物理网络	路由选择	分隔广播域	划分物理网
网 关	高层	协议	协议翻译			

要特别了解路由器和交换机的区别。交换机和路由器都能将网络分段，但它们的作用和结构有所不同：

（1）要区别交换机和路由器，首先要区分广播域和碰撞域。交换机的主要功能是将 LAN 的碰撞域分段成一些较小的碰撞域，有效地解决了带宽问题。

但它们还属于同一广播域。一个广播域中产生的业务，仍然会转发给它的各个碰撞域。

路由器的一个重要功能是流量隔离以判断故障，它的每一个端口都是一个子网，或者说它将网络分解成一些子网，广播业务不经过路由器转发。因此，采用路由器连接的网络有边界问题。正确定义网络的边界，可以将广播动荡、配置不当、抖动的主机以及设备故障隔离开来，将这些灾难性事件限制在产生它们的一个局部，防止蔓延到其他子网。

（2）路由器工作在 OSI/RM 的第三层，比交换机了解更多的信息，具有数据包的过滤作用，它只允许特定的数据包通过，限制了广播风暴扩散的可能性，限制了不支持协议的数据包的发送，并限制了以未知网络为目的地的数据包的发送，可以提供防火墙服务。

而交换机的转发策略只按每一帧中的 MAC 地址相对简单地决定转发目的地，不考虑数据帧中隐藏更深的其他信息。

（3）网桥和交换机仅支持广播型拓扑结构，不支持环型拓扑结构。路由器可以支持复杂网络拓扑结构。

（4）路由器是一种具有一定智能的通用设备，如：

- 它具有智能化的分组转发功能，可以选择最优路径转发分组，也可以限制路由选择信息的传播，借此可以进行分组滤波，提供网络安全；
- 它将网络分解成多个域，可以提供附加带宽；
- 它可以支持网状网络结构。

交换机则是一种专用设备，它所连接的各碰撞域属于同一广播域，主要功能是提供附加带宽，能进行带宽分配，用于满足一个组织的各部分对带宽的要求。例如，可以将 100 Mbps 的带宽分配给一些 100 Mbps、10 Mbps 的用户。

习　题

一、选择题

1. ATM 是（　　）。

A. 电路交换　　　　B. 分组交换

C. 同步传递模式　　D. 异步传递模式

2. 下面关于以太网的描述正确的是（　　）。

A. 数据是以广播方式发送的

B. 所有结点可以同时发送和接受数据

C. 两个结点相互通信时，第三个结点不检测总线上的信号

D. 网络中有一个控制中心，用于控制所有结点的发送和接收

3. 下列哪种说法是正确的：（ ）。

A. 集线器可以对接收到的信号进行放大

B. 集线器具有信息过滤功能

C. 集线器具有路径检测功能

D. 集线器具有交换功能

4. 以太网交换机中的端口/MAC 地址映射表（ ）。

A. 是由交换机的生产厂商建立的

B. 是交换机在数据转发过程中通过学习动态建立的

C. 是由网络管理员建立的

D. 是由网络用户利用特殊的命令建立的

5. 下列说法中，（ ）是错误的。

A. 以太网交换机可以对通过的信息进行过滤

B. 以太网交换机中端口的速率可能不同

C. 在交互式以太网中可以划分 VLAN

D. 利用多个以太网交换机组成的局域网不能出现环路

6. 以太网交换机的矩阵交换结构（ ）。

A. 利于简单堆叠　　B. 利于交换机的性能监控

C. 交换速度快　　D. 利于运行管理

7. 建立 VLAN 能够（ ）。

A. 提高路由速度　　B. 提高网络速度

C. 提高交换速度　　D. 提高管理效率

8. 全双工以太网传输技术的特点是（ ）。

A. 能同时发送和接收帧，不受 CSMA/CD 限制

B. 能同时发送和接收帧，受 CSMA/CD 限制

C. 不能同时发送和接收帧，不受 CSMA/CD 限制

D. 不能同时发送和接收帧，受 CSMA/CD 限制

9. IP 地址 205.140.36.86 的（ ）表示主机号。

A. 205　　B. 205.140　　C. 86　　D. 36.86

10. IP 地址 129.66.51.89 的（ ）表示网络号。

A. 129.66　　B. 129　　C. 192.66.51　　D. 89

11. 假设一个主机的 IP 地址为 192.168.5.121，而子网掩码为 255.255.255.248，那么该主机的子网号为（ ）。

A. 192.168.5.12　　B. 121

C. 15　　D. 168

12. 局域网要用局域网专用的 IP 地址段来指定 IP 地址，以下 IP 地址中（ ）不符

合要求。

A. 192.168.0.254　　B. 192.168.255

C. 192.168.255.254　　D. 192.168.0.256

13. 在通常情况下，下列说法中（　　）是错误的。

A. 高速缓冲区中的 ARP 表是由人工建立的

B. 高速缓冲区中的 ARP 表是由主机自动建立的

C. 高速缓冲区中的 ARP 表是动态的

D. 高速缓冲区中的 ARP 表保存了主机 IP 地址与物理地址的映射关系

14. 对 IP 数据报分片的重组通常发生在（　　）上。

A. 源主机　　B. 目的主机

C. IP 数据报经过的路由器　　D. 目的主机或路由器

15. OSI 参考模型中的网络层的功能主要是由网络设备（　　）来实现的。

A. 网关　　B. 网卡　　C. 网桥　　D. 路由器

16. RIP 的最大 HOP 数为（　　）。

A. 3　　B. 7　　C. 15　　D. 31

17. 路由器的缺点是（　　）。

A. 不能进行局域网连接　　B. 成为网络瓶颈

C. 无法隔离广播　　D. 无法进行流量控制

二、填空题

1. 局域网从介质访问控制方法的角度可以分为两类：共享介质局域网与________局域网。

2. 交换机从逻辑机理上，各端口的信息流是________的，通过系统控制后，信息就可以________。

3. VLAN 基本上可以看成是一个________即一组客户工作站的集合。这些工作站不必处于同一个物理网络上，它们可以不受地理位置的限制而像处于同一个 LAN 上那样进行通信和信息交换。

4. 在转发一个 IP 数据报过程中，如果路由器发现该数据报报头中的 TTL 字段为 0，那么，它首先将该数据报________，然后向________发送 ICMP 报文。

5. IP 地址由________位二进制组成，分为网络号和主机号两部分。其中网络号表示________，主机号表示________。

6. 路由器可以根据实际需求将整个网络分割成不同的________，换句话说，路由器可以将不同的网络互联。

7. 每台路由器都要维护一个路由表，其中的每一个表项有四项：目的地、下一站地址、下一站网络接口号和________。

8. 路由器可以根据________、________、________、数据类型来监控、拦截和过滤通过路由器的信息。

三、简答题

1. 试分析几种交换方式的优缺点。
2. 为什么要采用分组作为数据传输的单位？
3. 查阅资料，尽可能详细地对几种路由算法进行比较。
4. 试述 X.25 呼叫虚电路的建立和清除过程。
5. 根据 X.25 的分组结构，说明 X.25 的流量控制机制。
6. 试从以下几个方面对线路交换、X.25、帧中继、ATM 进行比较：是否时隙复用、端口共享、高吞吐量、时延小。
7. 试述帧中继的拥塞控制策略。
8. 在帧中继网中，DLCI 有什么作用？
9. 信元有何特点？
10. 在 ATM 信元中，VC 和 VP 有什么用途？
11. 试述 ATM 交换机的工作原理。
12. 简述 TCP/IP 协议对应于 OSI 七层协议的位置及其作用。
13. 某 IP 地址的十六进制表示为：C22F1588，请将其转换成带点十进制表示。
14. 举例说明子网屏蔽。
15. 某 B 类网络，其子网掩码为 255.255.240.0，每个子网的最大主机数是多少？
16. 已知某计算机所使用的 IP 地址是：195.169.20.25，子网掩码是：255.255.255.240，经计算写出该机器的网络号、子网号、主机号。
17. 地址解析协议的作用是什么？试述地址解析过程。
18. 简述路由器的功能和工作原理。
19. 试比较网桥、路由器、交换机，指出它们的区别和联系。
20. 收集各种网络中的分组长度。分析为什么 IP 分组是不定长的。

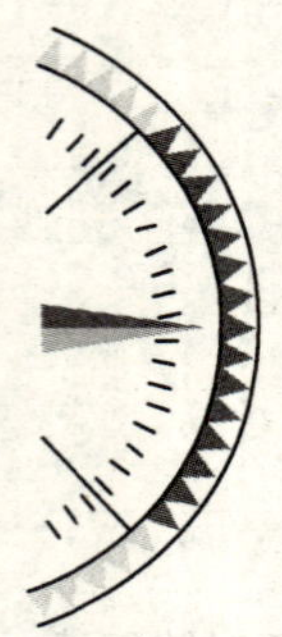

第4章

传输服务与应用层协议

传输层位于通信子网与资源子网之间，对下隔离通信子网的实现细节，对上提供源主机与目的主机间的端对端通信连接服务，起着承上启下的作用，是计算机网络中非常重要的一层。要学习应用层的工作情况，离不开对于传输层服务的理解。

应用层协议是为最终用户提供服务的协议。每个应用层协议都是为了解决一类应用问题而制定的。但是，任何一个具体的服务都是有一定的局限性的，不可能满足所有的需要，许多情况是制定时无法预料或虽然预料到了但又难于顾及。要让协议能适应一些特殊需求的聪明办法是协议的制定者要提供协议的可扩展能力。

4.1　传输层模型与传输服务

4.1.1　传输层模型及其设计思想

1. 传输层模型

传输层是整个协议层次结构的中心，它下靠传输服务提供者（transport service provider）——通信子网的支持，上为传输服务用户（service transport service user）——上面的3层提供从源端机到目的端机的可靠的、价格合理的数据传输服务。图 4—1 是传输层的一个抽象模型。其中，TSAP（transport service access pointer）为传输层服务访问点，NSAP（network service access pointer）为网络层服务访问点，传输层实体（transport entity）为完成传输层任务的硬件和软件，TPDU（transport protocol data unit）是传输协议数据单元。

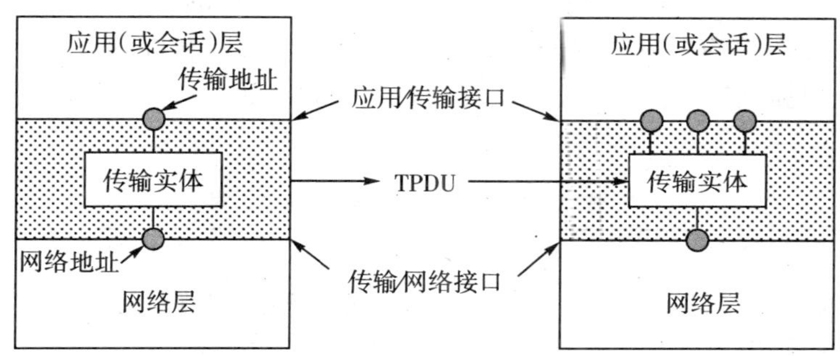

图 4—1 传输层抽象模型

2. 传输层的基本开发思想

传输层建立在网络层之上。网络层向传输层提供的两类服务——面向连接的服务和数据报服务，实际上代表了网络的两种设计思想，即将分组的差错和顺序控制等复杂的功能放在通信子网中——每个结点上，还是放在传输层——两个端主机中。Internet 的网络层提供无连接服务，它以效率第一为宗旨，把复杂的处理放在主机之中，不需要在网络层的每个结点（路由器）上处理。ATM 网络开发者的基本思想是，通信子网是一项重要的公共基础设施，应当能为多种需求服务，其中包括对子网质量要求高的用户（如银行系统），这对子网的可靠性提出了较高的要求，它要在每个中间结点（交换机）上进行上述处理。另一方面，这样重要的基础设施，不能朝建夕改，应当有一定的超前性和稳定性。这两种思路，孰优孰劣，极难定断，它们各自都在向前发展。

3. 传输层协议类型与网络层服务质量的关系

传输层的主要功能是增强和优化网络层提供的服务质量。因此，传输层的工作情形依赖于网络层提供的服务质量。网络层提供的服务愈完善，传输层协议就愈简单；反之，网络层提供的服务愈简单，传输层协议就愈复杂。

按照质量，可以把网络层的服务分为A、B、C三级：

- A级网络提供完善的服务，分组的丢失、重复和错序极少；
- C级网络提供的服务几乎是不可靠的，它会出现分组丢失和重复分组；
- B级网络服务介于A级和C级之间。

基于A级服务的传输层协议非常简单，基于C级网络服务的传输层协议非常复杂。广域网几乎不能提供A级服务，面向连接的广域网常提供B级服务，面向无连接的广域网则提供C级服务；少数局域网可以提供A级服务。根据网络层提供的服务，ISO/OSI把传输层协议分为0～4等5类，如表4—1所示。

表4—1　网络层的服务等级与传输层协议类型

传输层协议类型	网络层等级	说明
0类：简单类	A	最简单：不进行排序和流控
1类：基本错误恢复类	B	不需错误检测和流量控制
2类：多路复用类	A	允许多个连接向一个网络发送数据
3类：出错恢复和多路复用类	B	集中了1、2类协议的特点
4类：出错检测和恢复类	C	最复杂：必须能处理分组丢失、重复、出错问题

4.1.2　传输服务原语

1. 原语的概念

服务在形式上由一组原语（primitive）描述。原语规定了一个实体应当完成的功能，供用户和其他实体访问该服务时调用，并通知服务提供者采取某些行动或报告某个对等实体的活动。

对应于网络的每一层实体，都有相应的服务原语。一般地，（N）服务原语可以由（N）层实体向（N+1）层实体发送，也可以由（N）实体向（N+1）实体发送。原语是通过分组传输的。在典型的情形下，当（N）层接收到一个（N+1）层服务原语时，（N）层协议实体将读取（N+1）层原语中的参数，并把（N+1）层PDU与附加的协议控制信息（PCI）相结合形成该层的（N）PDU；所产生的（N）PDU再放到带有附加参数的服务原语的用户段中，以便传给（N−1）层。这个过程如图4—2所示。

随着分组一层一层地向下层传输，数据分组被一层一层地封装，最后到达物理层按比特流传输。图4—3表明了这一层层封装的过程。

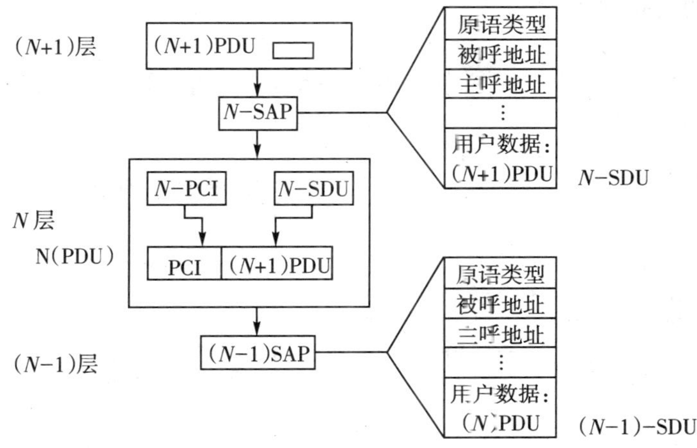

图 4—2　原语与上、下层间的交互作用

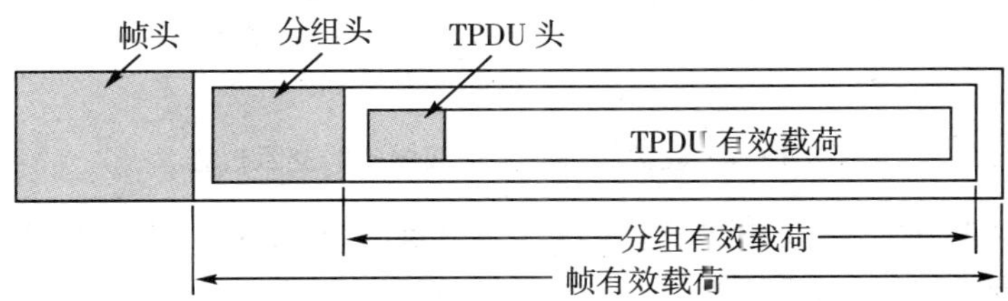

图 4—3　TPDU 分组的层层封装过程

2. 服务原语的种类

ISO/OSI 定义了表 4—2 所示的 4 种类型的服务原语。

表 4—2　　ISO/OSI 定义的 4 种类型的服务原语

名称	格式	发送方向	含义
请求原语	(N) -PRIMITIVE NAME request (a_0，…，a_{n-1})	$(N+1)\rightarrow(N)$	请求(N)层实体的服务
指示原语	(N) -PRIMITIVE NAME indication (a_0，…，a_{n-1})	$(N)\rightarrow(N+1)$	通知服务已开始
响应原语	N-PRIMITIVE NAME response (a_0，…，a_{n-1})	$(N+1)\rightarrow(N)$	已响应最近一次指示
证实原语	N-PRIMITIVE NAME confirm (a_0，…，a_{n-1})	$(N)\rightarrow(N+1)$	请求的服务已完成

服务有“有证实”（confirmed）和“无证实”（unconfirmed）之分。有证实服务包括请求、指示、响应和证实四个原语，无证实服务只包括请求、指示两个原语。图 4—4 以 A 方给 B 方打电话通知开会为例，说明有证实服务和无

证实服务的交互过程。

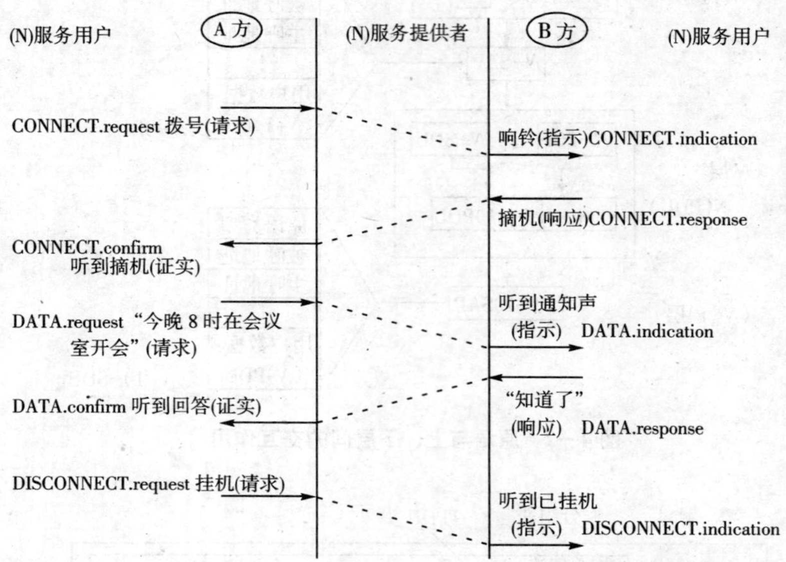

图 4—4 证实服务和无证实服务的交互过程

这里，CONNECT 和 DATA 过程是有证实的服务，DISCONNECT 是无证实的服务。

大部分原语都带有参数。例如一个传输连接请求原语可以写为：

T-CONNECT. request（被叫地址，主叫地址，…）

这里，T-CONNECT 是原语名称，request 是原语类型，中间用圆点分隔，“被叫地址”和“主叫地址”是原语参数。

3. 传输服务原语

传输服务原语允许传输用户访问传输服务，并且这种访问是直接的和不透明的。也就是说，很多程序（或程序员）都可以看到传输服务原语。这是传输服务原语与网络服务原语的不同之处。一般情况下，很少有程序（或程序员）能直接看到网络服务原语。

表 4—3 是一个较小的传输层服务原语集合，它有 5 条。这对于大多数的应用来说已经够用。其中，“阻塞”是指操作命令发出后，因条件不具备需等待而使进程进入睡眠状态，要等条件具备后才被唤醒执行。好像汽车到达路口，遇上红灯等待时离合器脱开，绿灯时才合上离合器。

表 4—3　**一个较小的传输服务原语集合**

原语	TPDU 中传输内容	说明
LISTEN	(无)	阻塞，直到某个过程试图连接
CONNECT	CONNECT. request	连接请求
SEND	DATA	发送数据
RECEIVE	(无)	阻塞，直到一个分组到达
DISCONNECT	DISCONNECT. request	释放连接请求

在传输服务原语中，要涉及如下一些参数：

- callee：被呼方传输实体使用的地址（即被呼方 TSAP 的地址）；
- caller：呼叫方传输实体使用的地址（即呼叫方 TSAP 的地址）；
- exp-wanted：是否加快数据发送（布尔值）；
- qos：希望的服务质量；
- user-data：传输服务用户数据；
- responder：目标方作为响应的传输地址；
- reason：连接释放原因。

每种传输服务各有自己的访问原语。ISO/OSI 服务原语是提供给面向连接的和无连接的服务使用的。传输服务原语也分两大类：面向连接的传输服务原语和无连接的传输服务原语。

图 4—5 表示了几种典型的传输服务过程的原语时序关系。图中，两条竖线将空间分为三部分：中间为传输服务提供者，两侧为进行通信的两个传输服务用户。

4. 有连接的传输服务

传输服务有虚电路和数据报两种。这里重点介绍有连接的传输服务——虚电路服务的基本内容。

(1) 建立连接

面向连接的服务是从使用服务原语建立连接开始的。然而，一个应用程序要与一个远程应用程序建立连接，首先必须明确是与哪个远端应用程序建立连接，也就是要确定一对传输地址 TSAP。每一个传输地址都与一定的功能相联系。一般说来，本地传输地址不难确定，可以依据传输服务用户（进程）所依附的 TSAP 确定。而远端的 TSAP 确定则不这么简单。

传输地址 TSAP 有点像电话的号码，每个电话号码是与特定的用户或用途相联系的。但是有的人有电话，还可能有几部电话；而有的人没有固定电话

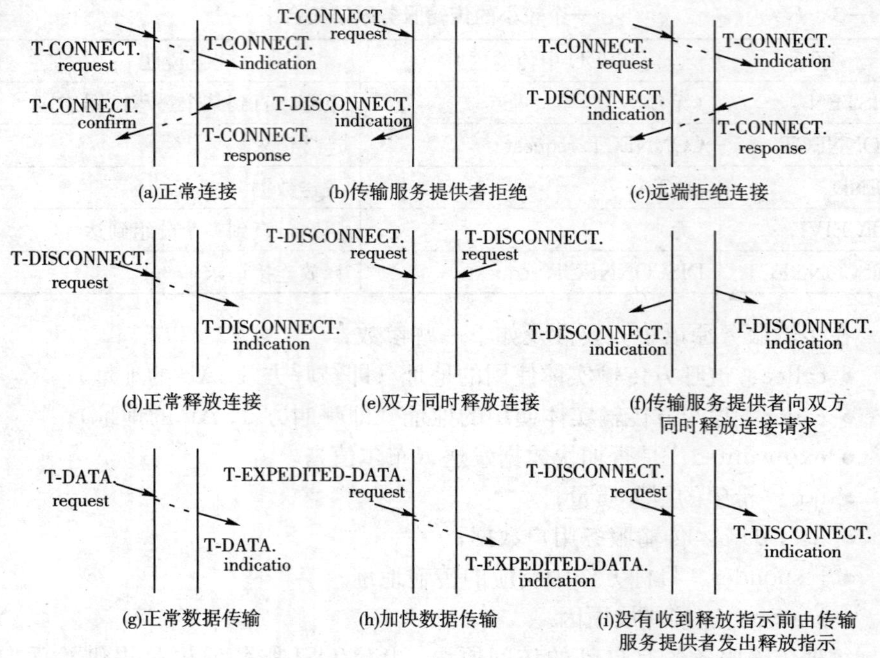

图 4—5　几种典型的传输服务过程的原语时序关系

可用，别人要找他，就得借助一些固定电话。传输地址也有这样的情况，有的 TSAP 是约定俗成的，具有不变功能；有的则是临时分配的，传输服务用户无法直接知道。

端—端通信向上提供的服务最终表现为面向应用程序的服务。应用程序间的通信具体由多个进程实现，在多用户、多任务的网络中要求一台主机能并发地处理多个进程。为此，传输层顶端提供了多个“端口”（传输地址）的服务，一个端口对应一个进程，以满足一台主机同时并发地处理多个进程的要求。

一个人要是没有固定电话，而别人要与他通信，就得借助他人的固定电话（如秘书的电话）。具体可能有多种方式。例如，请求通话者先打一个电话到某固定电话（秘书处），让该固定电话通知他，如果他愿意与请求者通话，（秘书）就为他选定一台电话并把这台电话的号码通知请求者，再由请求者打过来。

通过公用传输地址 TSAP 与非固定传输地址进行连接，也有许多方法。其中一种方法是：主机为远程进程的使用提供注册程序或进程连接服务程序（相当于秘书）；该程序可常驻内存并附在固定 TSAP 地址上（这个地址可以在网络使用手册中找到）。

（2）数据传输

两个要通信的传输服务用户进程一旦建立了连接，便可以立即开始数据传输。传输层要向传输用户提供可靠的、透明的和价格合理的数据传输。传输实体在数据传输过程中要处理的内容包括：

● 数据封装。在源端，传输层接收来自高层的服务数据单元（TSDU），然后加上报头进行封装，使之成为传输层的协议数据单元（TPDU）。这时，如果报文太长，则应将其分段；如果报文太短，则应将它们组装。与之对应，在目的端再恢复原状。

● 拼接和分割。从传输层向下层看，TPDU 实际上是要通过网络层进行实际的数据传输的。为此，要按网络层的 NPDU 大小，对传输层的 TPDU 进行拼接或分割。

● 多路复用和分流。传输连接是建立在网络连接基础上的，网络连接是建立在虚电路的概念上的。多路复用是指当传输服务进程产生的数据流较少时，可以将几条传输数据流映射到同一物理连接（即一条虚电路）上，以充分利用网络的带宽，减少网络连接，降低费用。分流是指当用户进程发送的数据量大于网络连接的容量时，该传输连接可以打开多个网络连接（即多条虚电路），以提高带宽。

● 流量控制和缓冲管理。流量控制就是控制发送数据量，使其不超过接收者的能力。这一点与数据链路层的流量控制概念相同，并且它们都是基于滑动窗口技术的。但是，数据链路层线路较少，通信量大，常采用固定大小窗口；而传输层则由于所需的连接个数远比数据链路层多，但同时建立连接的可能性又比较小，为了提高缓冲区的利用率，常采用可变大小窗口以及动态缓冲分配技术。

（3）释放连接

当数据传输完毕或出现异常情况时，就需要释放连接。正常的释放连接是通过断连请求及断连确认来实现的。但是，在某些情况下，没有经过断连确认，也可以释放连接。

图 4—5（c）、（e）、（f）、（i）就是四种非正常的断连过程。断连不当就有可能造成数据丢失。图 4—6 为一种断连不当引起数据丢失的情形：A 方连续发送两个数据后，发送了断连请求；而 B 方在收到第一个数据后，先发出了断连请求。结果第 2 个数据丢失。

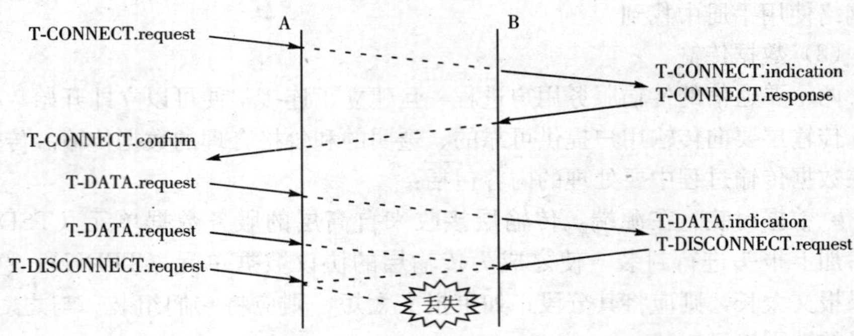

图 4—6 断连不当引起数据丢失

为了防止因断连不当引起的数据丢失，断连应选择在确信对方已经收到自己发送的数据并且自己和对方不再发送数据时。换句话说，就是要在征得对方同意之后，才能执行断连操作。为了进行可靠的连接释放，比较有效的方法是三次握手（three way hand shake）方法。

（4）连接表

传输连接是建立在网络层服务基础上的。考虑网络层服务的无连接性，传输实体要维护一个称为“连接表”的一维数组，来记录连接号与连接端点的对应关系。在该一维数组中，每一个数组元素都是一个称为“连接表项”的结构体：

{状态，远端网络地址，远端端口，本地网络地址，本地端口，工作区指针}

连接号就是访问连接表一维数组时使用的下标。

下面对各连接表项加以说明。

① 远端/本地网络地址：用于区分远端/本地计算机；远端/本地端口：用于区分远端/本地计算机上的应用进程。

② 工作区指针：工作区包括一个报文段缓冲区、发送序号变量、确认序号变量、总长度变量、偏移变量等。该工作区是动态分配的。

③ 状态：不同的状态将决定传输实体对一些事件的响应。每个连接可以处于如下状态中的一种上：

IDLE：空闲状态，表示该连接表项尚未分配，其他各字段均无意义。

IN：入连接状态，表示一个远端系统正在请求连接，需要本地上层实体接受以建立连接，或拒绝以释放连接表项。

OUT：出连接状态，表示本地向远端系统发出了请求，尚未得到答复。需要对方接受以建立连接，或拒绝以释放连接表项。

CONNECTED：已连接状态，此后可以进行数据传输。

CLOSING：正在关闭状态，表示本地向远端系统发出了断连请求，尚未得到答复。需要对方接受以释放相应连接表项。

4.1.3 TCP/UDP 服务

1. UDP 服务

UDP 是一个基于不可靠通信子网的不可靠运输层协议。它提供数据报服务，在发送时无须建立连接，仅仅向应用程序提供了一种发送封装的原始 IP 数据报的方法（如图 4—7 所示）。它不提供流量控制，不解决传输中的可靠性问题，虽然有校验和可以提供简单的差错验证，但这也是可选的，并且不对数据报进行确认。因此，要求 UDP 的运行环境应当具有高可靠性、低延迟性。但是，UDP 的效率比较高。如果运行的网络环境也是不可靠的，则 UDP 的应用程序必须自己解决可靠性问题，如报文丢失、报文重复、报文失序、流量控制等。

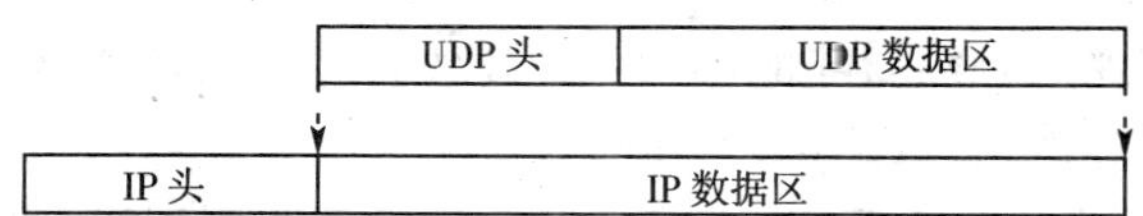

图 4—7　UDP 数据报的封装方法

UDP 的优点在于其效率比较高，没有连接的建立与释放过程，并且它也比较简单，往往应用在交易型数据传输中，一次交易只要一来一往就可以完成。图 4—8 为 UDP 数据报格式。

源端口（16b）	目的端口（16b）
UDP总长度（16b）	校验和（16b）
数据（必须填充为16b的整数倍）	

图 4—8　UDP 数据报的格式

2. TCP 及其服务

TCP 是传输层的一个主要协议，图 4—9 说明了 TCP 与 IP 的关系。图中，两台主机通过两个网络和一个路由器进行通信。从 TCP 来看，通信只是两台主机间的一种连接，两台主机间的数据传输是通过调用 IP 来完成的。

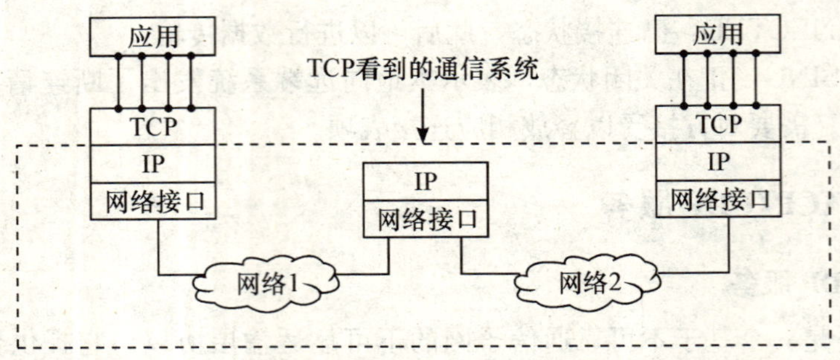

图 4—9　TCP 与 IP 的关系示例

（1）TCP 服务的特征

从应用程序的角度来看，TCP 提供的服务有如下特征：

① 端对端的通信：TCP 是在网络层提供的服务基础上，提供一个直接从一台计算机上的应用到另一台远程计算机上的应用的连接。由于每一个 TCP 连接有两个端点，所以是一种端对端的协议。

② 虚电路连接：TCP 提供面向连接的服务，一个应用程序必须首先请求一个到目的地的连接，然后才能使用该连接传输数据。由于该连接是通过软件实现的，所以是虚连接（virtual connection）。

③ 全双工通信：一个 TCP 连接允许任何一个应用程序在任何时刻发送数据，使数据在任何 TCP 的任何一个方向上流动。因此，TCP 连接是由两个“半连接”组成的。

④ 面向数据流的服务：两个应用程序（用户进程）传输大量数据时，是以八位一组的数据流的形式进行的。这种数据流是无结构的，即不提供记录式的表示法，也不确保数据传递到接收端应用进程时保持与发送端有同样的尺寸。因此，使用数据流的应用程序必须在开始连接之前就了解数据流的内容并对格式进行协商。

⑤ 有缓冲的传输：当建立一个 TCP 连接时，连接的每一端分配一个缓冲区来保存输入的数据。通常把缓冲区中的空闲部分称为窗口。当交付的数据不够填满一个缓冲区时，流服务提供“推（push）”机制，应用程序可以用其进行强迫传输。

⑥ 完全可靠性。完全可靠性包括：

● 可靠连接的建立：当两个应用进程创建一个新连接时，两端必须遵从该新连接，且旧连接不影响新连接。

● 可靠数据传输：TCP 确保通过一个连接发送的数据会与发送时一样正

确地传输，而不发生数据丢失或乱序。

- 从容关闭：确保关闭连接之前传递所有的数据。

(2) TCP 报文段格式

TCP 的报文段格式如图 4—10 所示。

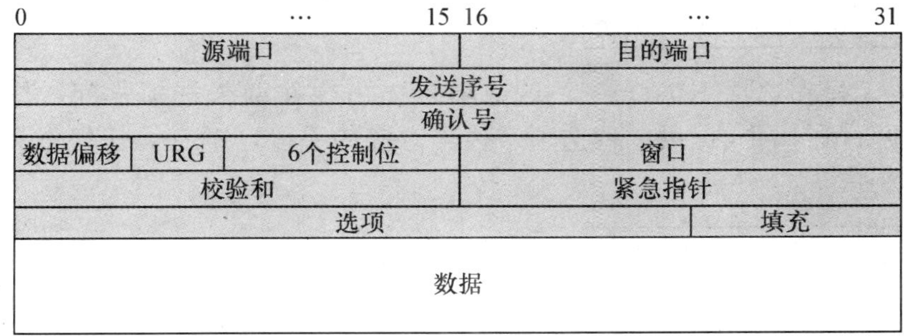

图 4—10　TCP 的报文格式

① 源端口 (source port) 和目的端口 (destination port)。各占 2 个字节。源端口即本地通信端口，支持 TCP 的多路复用机制。目的端口即远地通信端口，支持 TCP 的多路分用机制。

② 控制位 (control bits)。也称标志位，用于设定和检查控制标志的值。控制位共 6 个，各占 1 位。

- URG (urgent flag)：紧急指针域有效，即该段中携有紧急数据。
- ACK (acknowledgment flag)：ACK=1，表示确认字段有效。
- RST (reset flag)：连接复位——即强制终止一个通信连接。
- SYN (synchronize flag)：序号同步——建立一个连接请求，设置发送序列号。
- FIN (fin flag)：发送方字节流结束，后面不再发送报文段。
- PSH (push flag)：认定该段为推进段，即接收到的数据不再送缓冲区，尽快交给应用程序。

③ 发送序号 (sequence number，SEQ-N) 和确认号 (acknowledgment number，ACK-N，即应答号)。

④ 窗口 (window) 尺寸。

⑤ 校验和 (checksum)。

⑥ 任选项 (options)。任选项位于 TCP 头的尾端，有单字节和多字节两种格式。单字节格式只有选项类型；多字节格式由一个字节的选项类型、多字

节的实际选项数据和一个字节的选项长度（三部分的长度）组成。下面说明 TCP 协议必须实现的选项。

● 选项表尾选项 KIND＝0。表示 TCP 头中由全部选项组成的选项表结束，其格式为：

0	0	0	0	0	0	0	0

● 无操作选项 KIND＝1。该选项可能出现在两个选项之间，作为一个选项分隔符，或提供一种选项字边界对齐的手段，本身无任何意义。其格式：

0	0	0	0	0	0	0	1

● 最大段长选项 KIND＝2，LENGTH＝4。该选项主要用于通知通信连接的对方本地能够接收的最大段长。它只出现在 TCP 的初始创建连接请求中（SYN 段）。如果在 TCP 的 SYN 段中没有给出该选项，就意味着有能力接收任何长度的段。其格式为：

0	0	0	0	0	0	1	0	0	0	0	0	0	1	0	0	最大段长

⑦ 填充（padding）。当 TCP 头由于含有了选项而无法以 32 位边界对齐时，将会在 TCP 头的尾部出现若干字节的全 0 填充。

⑧ URG 位和紧急指针（urgent pointer）。运输层协议使用带外数据（out-of-band，OOB）机制来传输一些重要数据，如通信的一方有重要的事情通知对方，需要加速传送这些通知数据。TCP 支持一个字节的带外数据，并提供了一种紧急模式：在数据分组中设置 URG＝1，表示进入紧急模式，同时用紧急指针表明从该段序号开始的一个正向位移，指向紧急数据的最后一个字节。

3. TCP 与 UDP 服务的比较

表 4—4 从特点和应用等方面对 TCP 与 UDP 进行了比较。

表 4—4　　TCP 与 UDP 比较

项目	用户数据报协议 UDP	传输控制协议 TCP
连接性	无连接	面向连接
可靠性	低	高
效率	高	低

续前表

项目	用户数据报协议 UDP	传输控制协议 TCP
传输特点	一次传输交换少量数据	一次传输交换大量数据
复杂性	低	高
应用	DNS（域名转换）、TFTP（文件传送）、RIP（路由选择协议）、BOOTP/DHCP（IP 地址配置）、SNMP（网络管理）、NFS（远程文件服务）、IGMP（多播）、IP 电话、流媒体通信	SMTP（电子邮件）、HTTP（超文本传输）、FTP（文件传送）、TELNET（远程终端接入）

4.1.4　TCP/UDP 端口

传输层是为应用进程提供端到端的通信服务。在 UDP 和 TCP 中使用了与应用层接口处的端口（port）与上层的应用进程进行通信。因此，端口是个非常重要的概念，用 OSI 的术语，端口就是运输层的服务访问点 TSAP。通过端口，应用层可以将报文段向下交付给运输层传输，也可以将运输层传输来的报文段向上交给应用进程处理。

TCP/UDP 使用协议端口号（通常简称端口号）来标识一台机器上的多个目的进程，每个协议端口号都是 16b 的号码。

协议端口号的分配有两种基本方式：统一分配和动态绑定。统一分配（universal assignment）是静态分配方式，由中央管理机构分配端口号。这些端口号要求所有的软件在设计时都要遵从。所以，这些端口常被称为众所周知端口（well-known port assignment）。TCP 与 UDP 的标准端口号是各自独立编号的。这两组标准端口号是所有采用 TCP/IP 协议的标准服务器必须遵守的，因而是固定的、全局性的公认端口，即众所周知的端口，也称保留端口。表 4—5 列举的是一些当前分配的 TCP 和 UDP 的端口号。

表 4—5　　一些当前分配的 TCP 和 UDP 端口号

端口号	关键字	UNIX 关键字	说明	UDP	TCP
7	ECHO	echo	回显		Y
13	DAYTIME	daytime		Y	Y
19	CHARACTER GENERATOR	Character generator		Y	Y
20	FTP _ DATA	ftp _ data	文件传输协议(数据)		Y

续前表

端口号	关键字	UNIX 关键字	说明	UDP	TCP
21	FTP _ CONTRAL	ftp	文件传输协议(命令)		Y
22	SSH	ssh	安全命令解释程序		Y
23	TELNET	telnet	远程连接		Y
25	SMTP	smtp	简单邮件传输协议		Y
37	TIME	time	时间	Y	Y
42	NAMESERVER	name	主机名服务器	Y	Y
43	NICNAME	whois	找人	Y	Y
53	DOMAIN	nameserver	DNS（域名服务器）	Y	Y
69	TFTP	tftp	简单文件传输协议	Y	
70	GOPHER	gopher	Gopher		Y
79	FINGER	finger	Finger		Y
80	WEB	Web	WEB 服务器		Y
101	HOSTNAME	hostname	NIC 主机名服务器		Y
103	X400	x400	X. 400 邮件服务		Y
104	X400 _ SND	x400 _ snd	X. 400 邮件发送		Y
110	POP3	pop3	邮局协议版本 3		Y
111	RPC	rpc	远程过程调用	Y	Y
119	NNTP	nntp	USENET 新闻传输协议	Y	Y
123	NTP	ntp	网络时间协议	Y	Y
161	SNMP	snmp	简单网络管理协议	Y	
179	BGP		边界网关协议		Y
520	RIP		路由信息协议	Y	

保留端口之外的其他端口称为自由端口或临时端口。自由端口号是局部的，由本地主机随机地临时分配，用于区别一台主机中的多个进程。当一个进程发生时，本地主机的操作系统即给该进程分配一个自由端口号以与本主机上的其他进程相区别；该进程终止，此端口号即被释放，可以再分配给其他进程。而要知道另一台机器上的端口号，就必须送出一个请求报文询问，目的主

机回答后，把正确的端口号送回来。这种分配方式称为动态绑定（dynamic binding）。

自由端口号具有大于 1 023 的值，通常在 1 024～65 535 之间。

一种应用如果要访问公认端口，只需在 URL 中标明协议即可；而若使用自由端口号，则不仅要在 URL 中标明协议，还要附加上端口号，否则将访问不到。

4.2　客户机/服务器计算模式

4.2.1　客户机/服务器计算模式的概念

客户机/服务器的概念最早用于描述一种软件体系。在这种软件体系中，有两类协作程序：一类称为客户机程序，一类称为服务器程序。它们可以运行在一台计算机中，也可以运行在网络环境中的两台或多台计算机中。客户机程序是用户接口，用以接收用户操作，向服务器程序发出请求；服务器程序接收并处理客户机程序的请求，然后将处理结果回送客户机。

客户机/服务器计算模式中客户机的主动性和服务器的被动性，特别适合 TCP/UDP 协议的工作方式。也就是说，客户机与服务器的区分，主要在于谁先发起通信。如图 4—11 所示，在 UDP 协议的应用中，客户机首先向服务器的某个知名端口发送报文请求服务，服务器端的守候程序可以从收到的请求报文中的源地址识别出客户机的 IP 地址，然后根据决策的结果向客户机端返回服务应答。

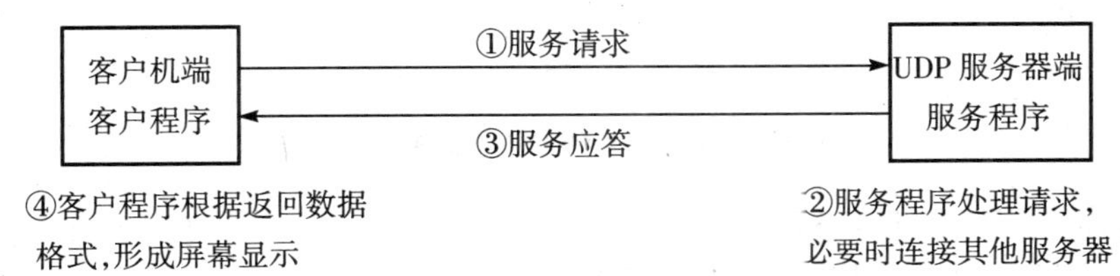

图 4—11　使用 UDP 传递数据的客户机/服务器模型

再如图 4—12 所示，在 TCP 协议的应用中，连接的发动者是客户机端，服务器端则在知名端口上消极地等待连接，是连接的被动端。连接成功后，服务器端在连接上等待由客户机端发来的服务请求；服务器端收到请求后，返回应答报文；服务结束后，双方拆除连接。

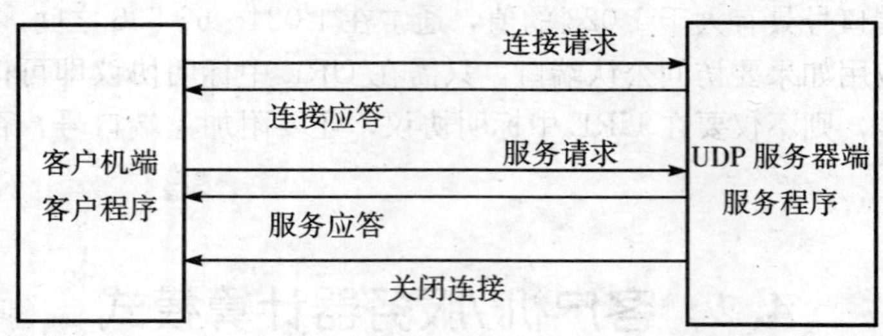

图 4—12　使用 TCP 传递数据的客户机/服务器模型

在网络环境下，一个网络中可以存在多台服务器，也可以存在多台客户机；一台客户机可以访问多台服务器，一台服务器可以为多台客户机服务。图 4—13 为一台计算机中的多台服务器被多台客户机访问的过程。

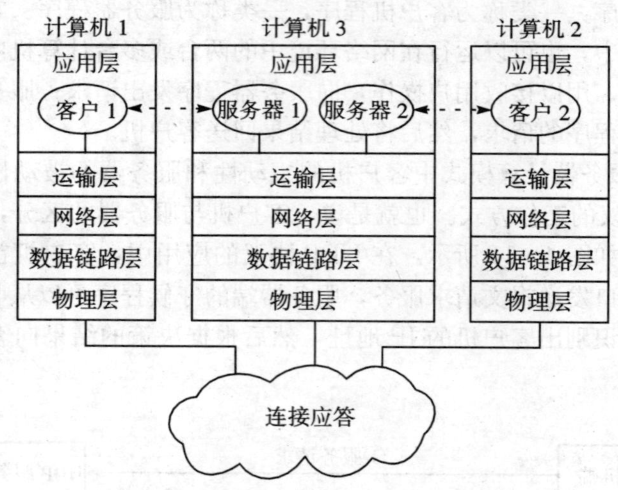

图 4—13　一台计算机中的多台服务器被多台客户访问的过程

还需要强调的是，在客户机/服务器计算模式中，客户机和服务器指的是客户机进程（应用程序）和服务器进程（应用程序）。也就是说，它们可能装在一台计算机中，也可能分别装在两台计算机中。然而，由于它们对硬件资源的要求不同，为了更经济，通常分别选用不同档次的计算机。

目前的计算机网络基本上都是采用客户机/服务器计算模式的，原因就是它能带来如下一些益处：

（1）增强系统的稳定性和灵活性

客户机/服务器计算模式将应用与服务相分离，使得系统具有即插即用的特点，减少了因系统变更带来的影响，模块易于替换、增减、移植，增强了系统的稳定性和灵活性。

（2）能够为作业配备较佳资源

客户机/服务器计算模式可以针对应用和服务的不同要求，以及针对不同的处理要求来配置相应的资源，取得最佳的性能/价格比，提高服务质量、集成水平和事务处理能力。

（3）大大降低系统的开发成本和风险

客户机/服务器计算模式，便于类似系统的开发，它提供了一个开发框架，缩短了解决问题的时间，减少了风险，有利于快速解决问题，能将开发过程中的重复劳动减少到最少。同时，它可以在较低廉的工作站上开发完成，然后再移植到较昂贵的产品系统中，大大减少了开发费用。

（4）便于维护和应用

客户机/服务器计算模式为系统人员提供了一个共同的后台（服务器）环境，为用户提供了一个友好的操作环境，便于维护和使用。

4.2.2　客户机/服务器应用方式

客户机/服务器计算模式可以有4种应用方式，下面分别介绍它们的特点。

1. 客户机类应用方式

在客户机类应用方式中，所有的处理均由客户机承担，服务器仅提供文件类服务，如磁盘服务、文件服务和打印服务等。这种应用方式也称为胖客户机方式。由于全部任务都放在客户机中进行，使得配置较高的服务器的CPU优势不能得以有效发挥，系统的效率不高（特别是在进行大量的数据检索时，要把每一条记录都读到工作站内存，通信的开销很大），数据的一致性、安全性难于保证（由于每一台计算机中，都要存放数据库的一个副本）。

2. 服务器类应用方式

在服务器类应用方式中，所有的处理均由服务器承担，客户机仅作为仿真终端注册到服务器。这类应用方式是一种瘦客户机方式。所谓的Windows终端就是一种最典型的瘦客户机，其100％的处理在服务器上进行。

3. 客户机/服务器类应用方式

这是最典型的客户机/服务器计算模式：处理由客户机和服务器共同承担，服务器运行后台进程、集中处理作业，客户机负责同用户打交道，从而真正发挥了网络优势。所谓的浏览器/服务器（browser/server）就是一种典型的客户机/服务器类应用。

4. 分布处理类应用方式

在分布处理类应用方式中，多台服务器协同承担处理工作。图4—14给出了集中式服务器结构与分布式服务器结构的区别。

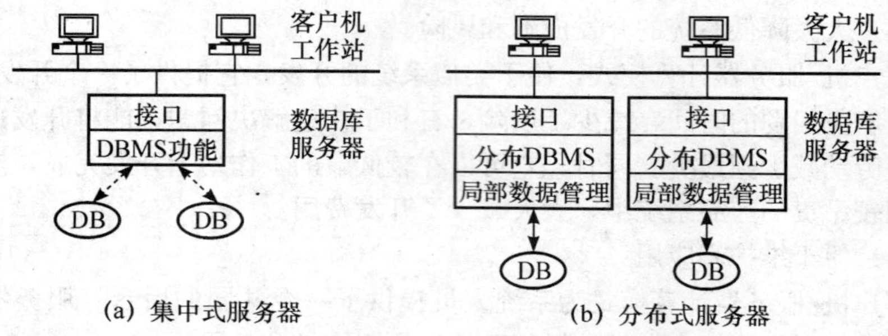

图4—14　集中式服务器结构与分布式服务器结构的区别

4.2.3　TCP/UDP服务器的并发处理

客户机/服务器计算模式体现了数据集中存放和集中处理的思想，适合于一台服务器向较多数量的工作站提供服务。这时，服务器要并发地处理来自多台客户机的请求。图4—15和图4—16分别为UDP服务器和TCP服务器向多台客户机提供服务时的情形。

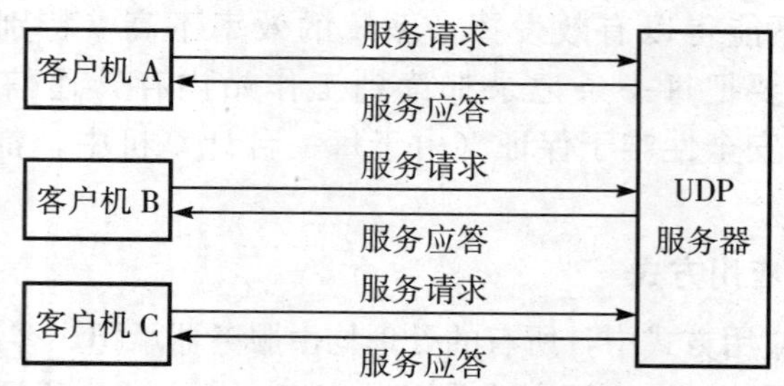

图4—15　UDP服务器向多台客户机提供服务时的情形

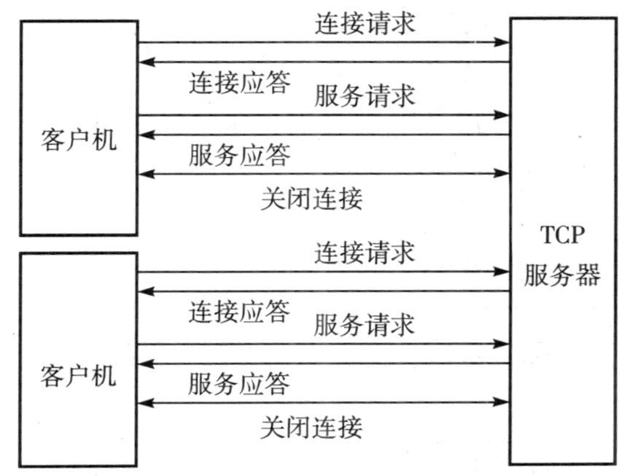

图 4—16　TCP 服务器向多台客户机提供服务时的情形

在 Windows 操作系统环境下，服务器软件可以使用三种技术处理来自多台客户机的服务请求：多线程、消息驱动和循环处理。

1. 循环处理的 UDP 服务器

为了支持一台客户机可以访问多台服务器、一台服务器可以为多台客户机服务的需求，TCP/IP 的运输层协议以提供多个端口方式使一台主机能并发地执行多个应用程序。或者说，每一个端口就是一个潜在的通信通道，它能为服务器上的不同服务提供不同的通道。客户机/服务器计算模式的运行涉及进程间的交互模式：进程总是由客户机（客户程序）发起，服务器（服务程序）总是随时等待客户机进程请求，并予以响应、提供相应的进程服务。

由于进程发起和消失的随机性，客户机在发起进程时要向本地主机操作系统申请一个端口号，这个端口号是只涉及本地主机的一个逻辑号。这对本地主机来说，是非常容易的。问题是如何知道服务器的端口号，以便建立连接。这就是使用众所周知端口号的目的。众所周知端口号是分配给标准服务进程的。

在 TCP/IP 网络中，客户机/服务器间的进程交互过程为：当一台客户机（客户程序）发出一个服务请求时，由本地主机给其分配一个本主机的自由端口号，同时根据要求的服务类型可以与服务器的保留端口号建立连接（注意，这里也使用了“连接”，但是与 TCP 中的连接的概念不同。这里的连接仅仅指一次数据传送）。连接建立后，服务器使用一个自由端口号代替保留端口号与客户机的自由端口号连接，释放保留端口号，以便响应另一个服务请求。

UDP 提供不保证顺序的用户数据报传输服务。在比较简单的应用中，客户机常常只用单个 UDP 报文来发送请求，服务器也用单个报文回送应答。这种情况下，UDP 服务器和客户机间的交互程序采用循环结构是非常有利的。图 4—17 表明了这种处理结构。

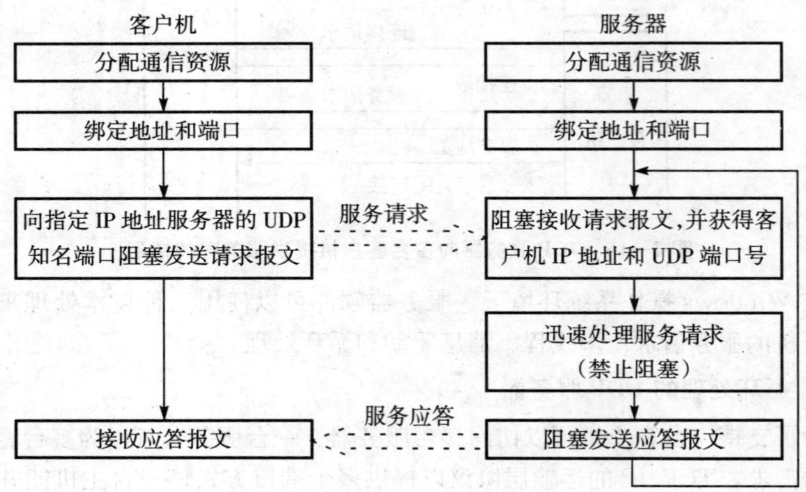

图 4—17　采用循环结构的 UDP 服务器与客户机间的交互程序

计算机网络中两个结点间要进行 UDP 通信，发送数据的源结点必须知道接受数据的目的结点的 IP 地址和 UDP 端口号。一般说来，服务器具有相对固定的 IP 地址（或域名），并且一直在知名端口守候，因而客户机可以首先向服务器发送请求。对于服务器端来说，在接收 UDP 数据报时功能调用会同时给出发送端的 IP 地址和端口号——端地址。

2. 消息驱动的并发 TCP 服务器

消息驱动是面向对象的程序中的基本机制。它的核心思想是由消息触发事件，从而引起代码的执行，而不像循环处理那样要不停地向系统询问某事件是否发生或要等待事件发生后调用才会返回。消息—事件机制是 Windows 程序的基本运行机制。

图 4—18 为采用消息驱动的 TCP 客户机/服务器交互事件的程序结构。可以看出，在使用连接端口、接收连接等容易产生阻塞的调用时，消息驱动程序将既不等待也不反复查询，而是要求系统完成调用后给出消息（通知调用的结果是成功还是失败），遂调用某段事件处理程序。

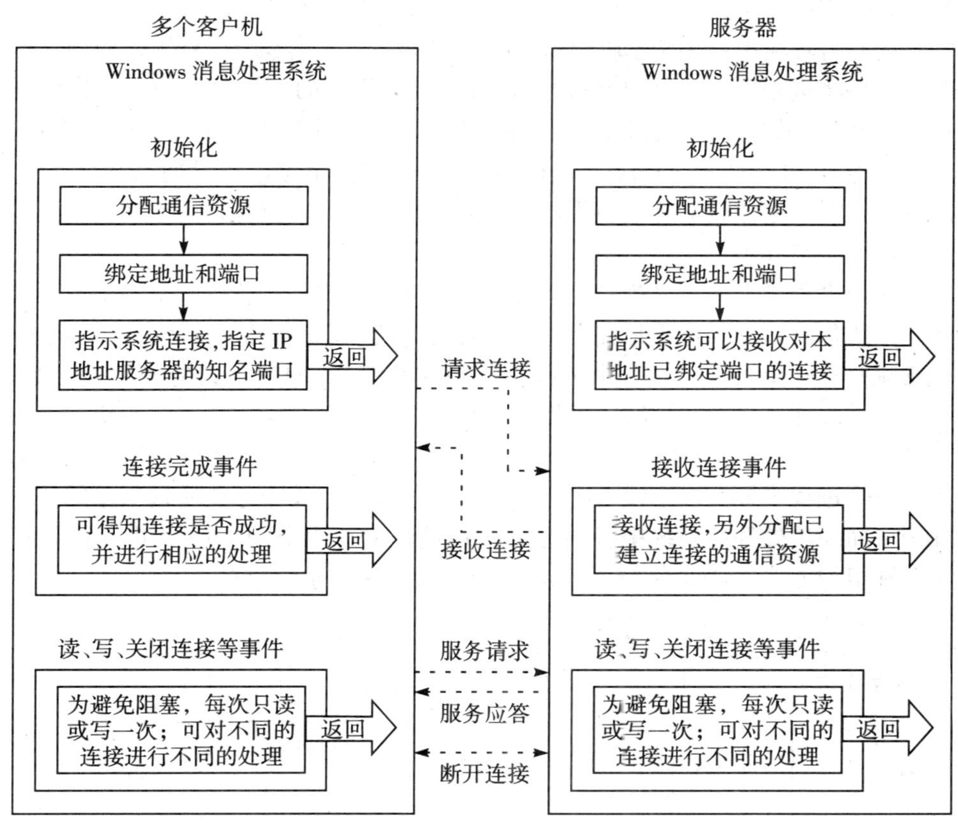

图 4—18 消息驱动的并发 TCP 服务器

3. 多线程并发 TCP 服务器

(1) 程序、进程和多线程

程序、进程和多线程是有关计算机任务、执行方式和资源分配的三个概念。

当一个 CPU 只有一个任务（用户）时，计算机的资源（CPU、地址空间、全局变量、打开的文件、定时器、子进程、信号量等）都是分配给它的。但是，若一个 CPU 有多个任务（用户）时，一个程序就有可能生成对应于不用任务的多个拷贝，于是就会出现有的得到了系统资源——运行，有的等待系统资源——等待，有的即将可以执行——就绪，有的被撤消。为此，使用了进程的概念来作为多道程序执行时资源分配的单位。一个进程拥有的资源有：代码段、报文段和有关进程自己的控制信息——进程控制块 PCB。

在并行环境中，多个 CPU 或一个 CPU 被分时地作为多个 CPU 使用。这时，如果将进程拥有的资源分为两部分：围绕 CPU 的（程序计数器、栈和现场等）和其他的资源（地址空间、全局变量、打开的文件、定时器、子进程、信号量等），并用线程（thread）作为调度、分派的单位，它只拥有围绕 CPU 的一点资源。这样就避免了使用进程作为调度、分配单位时，由于反复切换造成的过多时空开销。

一个进程可以拥有一个线程，也可以拥有多个线程，还可以是多个进程共享一个线程。当一个进程只拥有一个线程时，就只有一个执行线索；当多个进程轮流共享一个线程时，一个进程主动释放 CPU 资源前，其他进程被挂起；当一个进程拥有多个线程时，就形成进程的并发执行过程，这是我们要讨论的重点。

一个进程中拥有多个线程时，只有在多处理机系统中才能实现真正的并行处理，而在单处理机系统中各线程分时地共享 CPU。图 4—19 为进程中线程的三种组织方式：调度者/工作者模型、组模型和流水线模型。

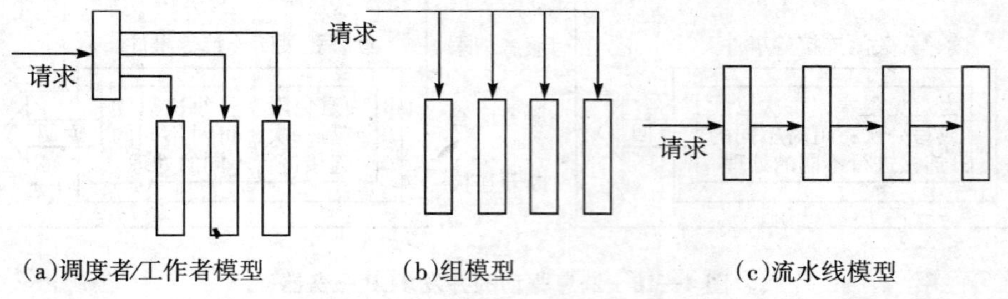

图 4—19　进程中线程的三种组织方式

在调度者/工作者模型中，一个称为调度者的线程从系统信箱中读取工作请求，稍作检查后选择一个空闲的工作者线程，将请求交给它，并唤醒它。

在组模型中，所有的线程都是平等的，不存在调度者。在组模型中可以将每个线程设计成专门处理某种特定的工作。在这种情况下，有可能工作来了，却没有空闲的线程处理。为此，要维持一个工作队列，将等待处理的工作放入该队列等待处理。

在流水线模型中，前一个线程产生一些数据后，将这些数据交下一个线程处理。

（2）多线程并发 TCP 服务器程序结构

Windows 的多任务调度技术可以让服务器给每一个已经连接的客户机创建一个线程，独立地处理请求和应答。这样，使得开发复杂的并发式 TCP 服务器程序变得比较容易。图 4—20 给出了多线程并发 TCP 服务器和客户机交互的程序结构。一个处理客户机请求的线程在收到完整的请求前，能够一直保持拥塞状态，而不会影响对其他客户机请求的处理。在收到请求后，阻塞调用返回，线程接着分析请求，将应答发送回客户机，并在数据发送上保持拥塞；应答发送完毕，线程或继续接收下一个请求，或关闭连接后直接退出。在图 4—20 中，客户机也利用了多线程的任务管理技术，以免由于网络通信 I/O 的拥塞而导致人—机交互的受阻。

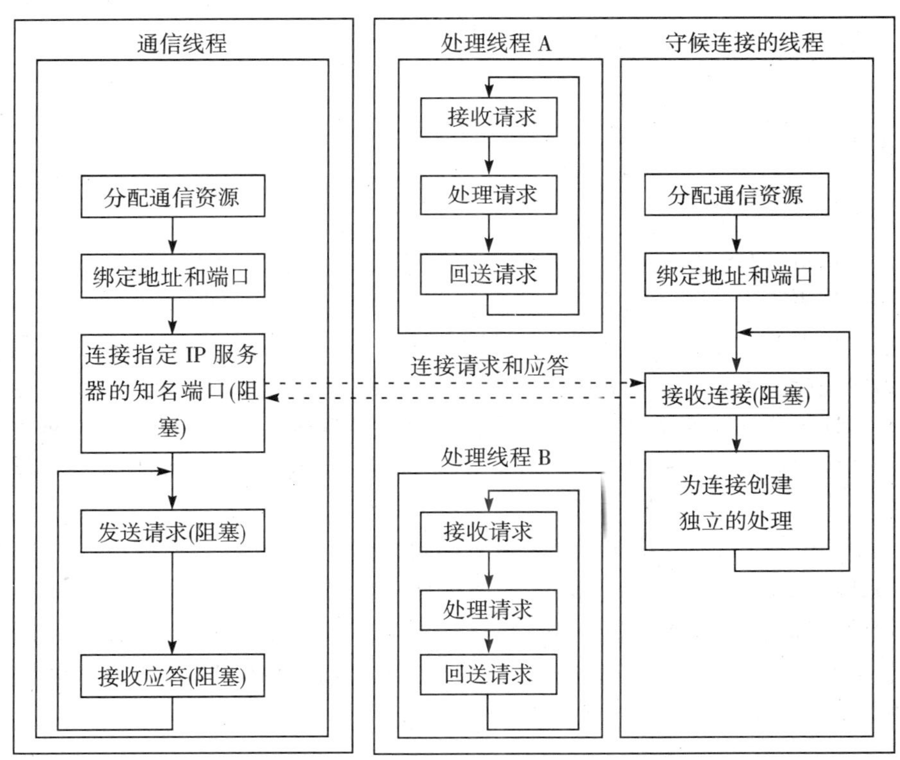

图 4—20　多线程并发 TCP 服务器和客户机交互的程序结构

在图 4—20 中没有画出连接的关闭和服务线程的终止过程。这可以分两种情形讨论：

在正常情况下，TCP服务器被动关闭，条件是：

- 应客户机请求建立的连接在回送应答；
- 收到客户机发送的退出服务的请求。

在一些非正常情况下，TCP服务器必须主动终止服务，关闭连接，终止服务线程。这些非正常情况有：

- 客户机不能够取得合法身份；
- 服务超时；
- 数据传输中产生严重错误；
- ……

4.3 套接字编程

4.3.1 中间件

1. 中间件的概念

客户机/服务器计算模式因其众多的优点，而得到广泛应用。但是，它给程序员带来不少困难，因为在网络环境下，要编写客户机端和服务器端的应用程序，将涉及多个平台、多个协议和多种程序设计语言。这对大多数程序员来说仍然是相当困难的：如果要针对网络的低层协议来编写应用程序，则将使程序过多地依赖低层网络技术，很难集成新的网络服务；如果程序在很多地方依赖于高层协议和网络软件，则程序将很难编写，也难于移植到其他操作系统环境中。

中间件（middleware）就是解决这一难题的一条出路。如图4—21所示，它的基本思路是在客户机与服务器或应用程序与操作系统之间增加一层可复用的软件，通过一个高层应用程序编程接口（application program interface，API），将低层网络协议与实现技术，即将网络与应用隔离开来，使程序员能将精力集中在应用软件的设计上。

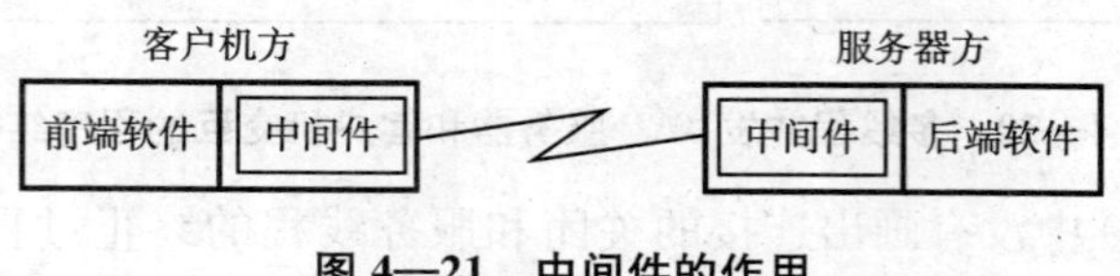

图4—21　中间件的作用

世界著名咨询机构 IDC 将中间件定义为：

- 中间件是一类软件，而非一种软件；
- 中间件是基于分布式处理的软件，它最突出的特点是其网络通信功能；
- 中间件不仅仅实现互联，还要实现应用间的互操作。

中间件可以为程序员提供高层、跨平台、多协议的接口，提供一些简单而功能强大的命令，使得在客户机/服务器计算模式下的编程变得简单而有效，同时还提供数据转换、差错检测、安全管理、队列和命令等多种功能。

世界著名咨询机构 Standish Group 在一份研究报告中归纳了中间件的十大优越性：

- 缩短应用的开发周期；
- 节约应用的开发成本；
- 减少系统初期的建设成本；
- 降低应用开发的失败率；
- 保护已有的投资；
- 简化应用集成；
- 减少维护费用；
- 提高应用的开发质量；
- 保证技术进步的连续性；
- 增强应用的生命力。

2. 中间件的类型

随着计算机软件技术的发展，中间件技术已经日渐成熟，并开始商品化。按照 IDC 的分类方法，中间件可以分为 6 类：

（1）消息中间件

信息中间件能够在客户机和服务器之间提供同步或异步的连接，并且在任何时刻都可以将消息进行传输或存储转发。消息中间件不会占用太多的网络带宽，可以跟踪事务，并通过将事务存储到磁盘上实现故障时的系统恢复。这类中间件的典型产品有 IBM CICS、BEA Message Q、东方通科技 TongLink/Q、清华紫光北美 TH-MT 等。

（2）交易中间件

交易中间件适合于联机交易处理系统，主要功能是管理分布于不同计算机上的数据的一致性、保障系统处理的效率和负载均衡。交易中间件遵循的主要标准是 X/OPEN DTP 模型，典型的产品有 IBM CICS、BEA Tuxedo、东方通科技 TongEasy。

（3）对象中间件

就像用集成模块和扩展板装配计算机一样，对象中间件能为用户或开发者提供即插即用的互操作性。主要的对象中间件标准是 CORBA 的软构件框架。典型的对象中间件产品有 Borland VisiBroker、东方通科技 TongBroker。

（4）应用服务器

应用服务器是一种基于组件的中间层集成框架，它为组件的运行提供运行时环境、基础服务和管理等功能。应用服务器和组件各司其职，它们之间由明确规定好的接口进行管理。这类中间件一般是基于 J2EE 工业标准的，主要典型产品有 IBM Websphere、BEA Webiogic、东方通科技 TongWeb、HP Total-e-Server

（5）安全中间件

安全中间件是以公钥基础设施（PKI）为核心，建立在一系列相关国际安全标准之上的一个开发式应用开发平台。它向上为应用系统提供开发接口，向下提供统一的密码算法接口及各种 IC 卡、安全芯片等设备的驱动接口。典型产品有东方通科技 TongSec。

（6）应用集成服务器

应用集成服务器能把工作流和应用开发技术（如消息及分布构件）结合在一起，能自动将构件、Script 应用、工作流行为结合在一起处理，同时也集成文档和电子邮件。典型产品有 IBM Flowmark。

4.3.2 套接字 API

在网络中，用户直接打交道的用户界面是应用层进程。这些应用进程要通过操作系统与另一方的应用进程进行通信。这两个进程在通信时，要涉及复杂的各层协议的实现细节。为了简化网络应用程序的设计，20 世纪 80 年代初期，加州大学的伯克利（Berkeley）分校的一个研究组在远景规划局（Advanced Research Projects Agency，ARPA）的资助下，将 TCP/IP 移植到了 UNIX（称为 Berkeley UNIX，或 BSD UNIX）中，并开发了一种称为套接字（socket）的应用程序接口（API）。套接字 API 由一些套接字函数实现。如图 4—22 所示，这些函数屏蔽了协议的实现细节，使应用程序变得简单了。

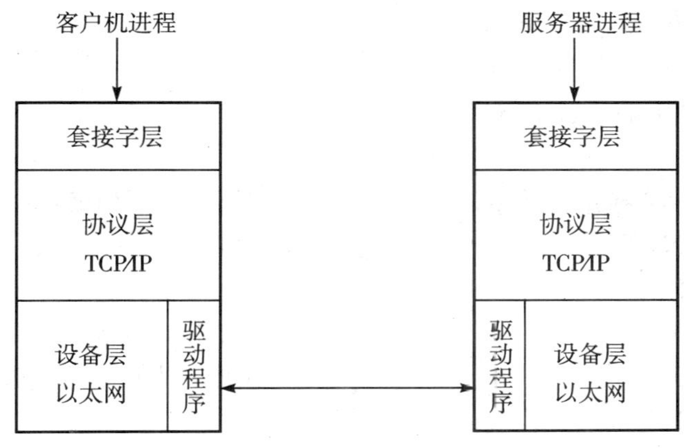

图 4—22　套接字通信模型

socket 为整个网络通信提供协议基础。进程间的通信就通过连接两个进程的通路进行，软件设计人员不必考虑这个通路是什么，只要知道如何把一个进程连接到通路的端点即可；通路端点的分配由逻辑文件 socket 进行，使得进程用文件描述符访问通路就像访问普通文件一样，大大简化了通信程序的设计。因此，尽管套接字最早是作为 BSD 规范提出来的，但它已经成为 UNIX 操作系统环境下 TCP/IP 网络编程标准，并且应用范围已经扩大到 Windows、Windows NT、OS2、Sun OS、Netware 等。

对于套接字的含义，介绍了套接字的实现后，将会有深入的理解。

4.3.3　基本 socket 调用

套接字 API 的实现，就是调用 socket 函数，实现一些功能。下面介绍几个基本的 socket 调用。

1. 创建 socket——服务绑定

在应用程序中使用套接字 API 时，首先要创建一个套接字——socket。为了说明什么是 socket，可以打个比方：一个电话插座，既可以接电话机打电话，也可以接传真机发传真，还可以接计算机上网。接上什么设备，就是绑定了什么服务。创建一个套接字，就是创建一个通信，需要指定提供什么服务，即为一个标识符绑定某个服务，并为之分配资源。这个标识就是该套接字标识。

应用程序调用 socket 函数将创建一个套接字，其定义为：

```
#include <sys/types.h>
```

```
#include <sys/socket.h>
int socket (int domain, int type, int protocol);
```

下面对其中的参数进行说明。

（1）domain

domain 用来指定套接字使用的协议族。它可以是下列值：

PF _ INET	IPv4 版本的 TCP/IP 协议族；
PF _ ISO	ISO 协议族；
PF _ CCITT	ITU-T 协议，XEROX 网络系统协议；
PF _ LOCAL	UNIX 域协议族，本机进程间通信时使用；
PF _ IPX	ISO 协议族；
PF _ X25	ITU-T、X. 25、ISO 8208 协议；
PF _ INET6	IPv6 版本的 TCP/IP 协议族；
PF _ UNIX	UNIX 域协议族，本机进程间通信时使用。

（2）type

type 表示套接字要使用的通信类型。根据传输数据的类型，套接字可分如下 5 种类型：

SOCK _ STREAM：面向连接的数据字节流套接字（stream socket）。字节流套接字是最常用的套接字类型，是由 TCP 协议使用的接口。它提供面向连接的（建立虚电路）、可靠的通信类型。

SOCK _ DGRAM：无连接的数据报套接字（datagram socket）。数据报套接字是 UDP 协议使用的接口。它提供无连接的服务，以独立的分组进行网络传输，分组最大长度 32KB，传输不保证顺序性、可靠性和无重复性，通常用于单个报文传输或不太重要的通信中。

SOCK _ RAW：原始数据报套接字（raw socket）。原始数据报套接字只对 Internet 有效，可以用来直接访问 IP 协议，一般不提供给普通用户，主要用于开发新的协议或用于提取协议较隐蔽的功能。

SOCK _ SEQPACKET：提供顺序的、可靠的、基于固定最大长度数据报的、有传输路径的双向连接。大致与 SOCK _ STREAM 相同。

SOCK _ RDM：提供一个可靠的数据报层，但不保证报文到达的顺序。

（3）protocol

protocol 表示套接字所使用的特定传输协议。通常设置为 0，表示使用默认协议，如对 Internet，当参数 type 为流套接字时，默认为 TCP 协议；当参数 type 为数据报套接字时，默认为 UDP 协议；当参数 type 为原始套接字类型时，由于对多种协议有效（如 ICMP、IGMP 等），需要指定 protocol 参数。

下面是创建一个 TCP 套接字的操作：

```
sockfd=socket (AFINET, SOCKSTREAM, 0);
if (sockfd<0){/* 创建 socket 不成功时的错误处理 */
    fprintf (stderr, "socket error: %s\n", strerror (error));
exit (1);
}
```

由 socket 使用的参数可以看出，它在创建时只与协议族、通信类型和特定传输协议有关。这些参数就是特定服务的提供者。

通常，跨机应用进程要在网络环境下进行通信，因此必须在网络的每一端都建立一个套接字，通过两个套接字间的读、写操作，便可以实现网络的通信功能。总之，套接字是网络通信的基本单元，它提供了不同主机间进程双向通信的端点。这些进程在通信前各自建立一个 socket，并通过对 socket 的读/写操作实现网络的通信功能。

2. 地址绑定

套接字被创建后，仅仅是定义了一个特定服务的描述符，既没有本地地址，也没有远程地址。为了进行通信，要将 socket 绑定在某一地址上，就好像将电话插座与某个设备连接后，还要给出用户账号和主机号一样。在介绍绑定方法之前，首先介绍一下套接字地址的数据结构。

（1）套接字地址

套接字的地址绑定就是给一个套接字赋予特定协议端口号，这个地址称为套接字地址。由于套接字可以被任意协议使用，因此套接字地址因协议族而不同，也随版本而异。为此，套接字 API 定义了一个用来表示套接字地址的一般格式。这个套接字的地址格式已经有了许多版本，最近的 Berkeley 代码定义的套接字地址的数据结构定义如下：

```
struct sockaddr{
    u_char sa_len;X          /* 地址总长 */
    u_char sa_family;        /* 地址族 **/
    char sa_data[14];        /* 地址本身 */
};
```

其中，sa _ family 是地址族，指出通信域的地址格式，常用的变量有：

AF _ ISO（或 AF _ OSI）：ISO 协议地址格式；

AF _ UNIX：UNIX 协议地址格式；

AF _ INET：TCP/IP 协议地址格式；

AF _ NS：XEROX 协议地址格式；

AF _ INET6：IPv6 协议地址格式；

AF _ IPX：Novell 网络地址格式；

AF _ ROUTE：内部路由协议地址格式；

AF _ APPLETALK：Apple Talk 网络地址格式；

AF _ DECnet：DEC 网络地址格式。

sa _ data 字段为实际地址。套接字 API 还要求每个协议族为 sockaddr 结构体中的 sa _ data 字段定义自己的确切格式。IPv4 协议族使用 sockaddrin 来定义套接字地址：

```
struct sockaddrin {
    u_char      sin_len;             /* 地址总长         */
    u_char      sin_family;          /* 地址族           */
    u_short     sin_port;            /* 协议端口号       */
    struct      in_addrsin_addr;     /* 计算机 IP 地址   */
    char        sin_zero[8];         /* 未用(全置为 0)   */
};
```

我们注意到，sockaddrin 的前两个字段对应一般 sockaddr 的前两个字段，后三个字段定义了 TCP/IP 协议所希望的确切地址格式。

(2) 绑定本地地址

调用函数 bind，可以将本地地址与套接字绑定在一起。其定义为：

```
#include <sys/types.h>
#include <sys/socket.h>
int bind (int sockfd, struct sockaddr * myaddr, int addrlen);
```

参数 sockfd 是函数 socket 返回的套接字描述符，myaddr 是本地套接字地址，addrlen 是套接字地址结构体的长度。函数 bind 调用成功时，返回 0；否则，返回 -1，并设置全局变量 errno 为错误类型 EADDRINUSER。

服务器程序和客户机程序都可以调用 bind 来绑定套接字地址。表 4—6 为地址绑定时 IP 地址和协议端口号的可行组合方式。

表 4—6　地址绑定时 IP 地址和协议端口号的可行组合方式

程序类型	IP 地址	协议端口号	说明
服务器	INADDR _ ANY	非零	指定服务器的公认端口号
服务器	本地 IP 地址	非零	指定服务器的 IP 地址和公认端口号
客户机	INADDR _ ANY	非零	指定客户机的连接端口号
客户机	本地 IP 地址	非零	指定服务器的 IP 地址和连接端口号
客户机	本地 IP 地址	零	指定客户机的 IP 地址

其中，为服务器指定公认端口号是最常使用的绑定方式。常数 INADDR _ ANY 允许低层的服务使用适当的网络地址，这在主机有多个网络接口和 IP 地址时能潜在地简化应用程序。下面是绑定操作的一般用法：

```
bzero (&myaddr, sizeof(myaddr));
myaddr    sin_family=AF_IENT;
myaddr    sin_port=htons (PORT);
myaddr    sin_addr.s_addr=htonl(INADDR_ANY);
if ((bind (sockfd,(struct sockaddr * )& myaddr,sizeof(myaddr))<0){
    fprintf (stderr, "Bind to port %d error \ n", PORT);
    exit (1);
}
```

（3）建立套接字连接——绑定远端服务器地址

函数 connect 可以让客户机程序建立一个与服务器的连接。其定义为：

```
#include <sys/types.h>
#include <sys/socket.h>
int connect (int sockfd, struct sockaddr * servaddr, int addrlen);
```

参数 sockfd 是函数 socket 返回的套接字描述符，myaddr 指定远程服务器的套接字地址，addrlen 是套接字地址结构体的长度。函数 connect 调用成功时，返回 0；否则，返回－1，并设置全局变量 errno 为下面的任何一种错误类型：ETIMEOUT、ECONNREFUSED、EHOSTUNREACH 或 ENETUNREEACH。

虽然 connect 的主要作用是建立连接，但是它也可以由无连接的客户程序调用。在面向连接的传输中使用时，connect 与指定的服务器建立一个传输连接；在无连接的传输中使用时，connect 在套接字中记录服务器地址，使客户机可以向同一服务器传输多条信息而不必在每条信息中都指明目的地。

3. 套接字被动转换

服务器是连接的被动方，必须能够接收客户机的连接请求。然而，用socket创建的套接字都是主动套接字，只可以用来进行主动连接，不能接收连接请求。因此，对服务器端来说，首先要用socket创建一个套接字，除要调用bind函数将它与服务器套接字地址绑定在一起外，还要调用listen函数将其转换为被动套接字，也称倾听套接字（listening socket），告诉操作系统该套接字可以接收连接请求。listen函数的定义为：

```
#include <sys/socket.h>
int listen (int sockfd, int backlog);
```

listen函数执行成功，返回0，服务器的TCP状态由CLOSED转变成LISTEN，成为被动模式；执行失败，返回－1。参数sockfd为要转换的已绑定本地地址的套接字描述符；参数backlog为设置请求队列的最大长度，表示被动（倾听）套接字能够接收的最大数目的未接收连接（相当于窗口通告）。

TCP协议为每个被动（倾听）套接字维护两个队列：

① 未完成队列：暂存尚未完成三次握手操作的TCP连接的队列。

② 完成队列：暂存已经完成三次握手操作，但尚未被应用程序处理的TCP连接的队列。参数backlog指定的就是完成队列的最大长度。

4. 从被动套接字的完成队列中接收一个连接请求

一个套接字被创建、用bind绑定本地地址并转换成被动模式后，必须接收一个连接请求。一旦接收了连接，服务器就能使用该连接与客户机进行通信。使用面向连接传输协议的服务器调用accept从被动（倾听）套接字的完成连接队列中接收下一个连接请求。如果该完成连接队列为空，则这个进程睡眠。函数accept的定义为：

```
#include <sys/types.h>
#include <sys/socket.h>
int accept (int sockfd, struct sockaddr * addr, int * addrlen);
```

参数sockfd为服务器已经创建并绑定到指定套接字地址的套接字描述符；addr是指向一个Internet套接字地址结构体的指针；addrlen是指向一个整型数的指针。当函数执行成功时，将返回三个结果：

- 函数返回值为一个标识所接收的连接的新的套接字描述符；
- addr指向的变量中存储客户机地址；
- addrlen指向的整数变量中存储客户机地址的长度。

在对客户机地址不感兴趣时，可以将参数 addr 和 addrlen 设置为 NULL。

5. 关闭一个套接字

函数 close 用于关闭一个套接字，其定义为：

```
#include <unistd.h>
int close (int sockfd);
```

6. 发送数据与接收数据

（1）从 socket 发送消息

函数 send 和 sendto 用来从 socket 发送消息，它们的原型如下：

```
int send(int sockfd,const void * msg,int len,unsigned int flags);
int sendto(int sockfd,const void * msg,int len,unsigned int flags,
           const struct sockaddr * to,int tolen);
```

（2）从 socket 接收消息

函数 recv 和 recvfrom 用来从 socket 接收消息，它们的原型如下：

```
int recv(int sockfd, void * buf, int len, unsigned int flags);
int recvfrom(int sockfd, void * buf, int len, unsigned int flags,
             const struct sockaddr * from, int fromlen);
```

（3）read 和 write 函数

read 和 write 本来是文件读写函数，在这里用于从套接字读、写数据。它们的原型为：

```
int read(int sockfd, char * buf, int len);
int write(int sockfd, char * buf, int len);
```

其中，buf 分别为接收/发送数据缓冲区，len 为接收/发送的数据量的大小。函数调用成功，返回读/写的数据量的大小；调用失败，返回－1。

7. 常用 socket 系统调用函数

表 4—7 给出了一些常用的 socket 函数。

表 4—7　UNIX 中 socket 的系统调用

系统调用名	功能	系统调用名	功能
accept	接收套接字上的一次连接	recv	在已连接的套接字上接收信息
adjtime	修正时间与系统时钟同步	recvfrom	在套接字上接收信息
bind	给套接字绑定一个地址	select	同步 I/O 多路复用
close	撤消一个套接字	send	向已连接的套接字发送信息
connect	对一个套接字进行连接初始化	sendto	向套接字发送信息
getpeername	获得连接的对等端点的名字	setsockopt	设置套接字上的选择

续前表

系统调用名	功能	系统调用名	功能
getsockname	获得套接字名字	shutdown	关闭全双工连接的部分功能
getsockopt	获得套接字上的选择	socket	创建一个套接字
listen	在套接字上收听连接请求		

8. Winsock

Winsock 是 Windows 中的套接字规范，它除了支持标准的 BSD 套接字外，还实现了一个真正与协议独立的应用程序接口，可以支持多种网络通信协议。例如，在 Winsock 2.2 中，把 send、sendto、recv 和 recvfrom 扩展成 WSASsend、WSASsendto、WSARecv 和 WSARecvto。

4.3.4 客户机/服务器编程初步

socket 系统调用很好地解决了客户机/服务器（C/S）模型实现中的同步问题。

1. C/S 模型时序图

图 4—23 是面向连接的 C/S 模型的典型时序图。该图说明，服务器必须首先启动，直到它执行 accept（）调用，进入等待状态，方可接收客户机请求。否则，客户机的 connect（）调用将返回出错代码，连接宣告失败。

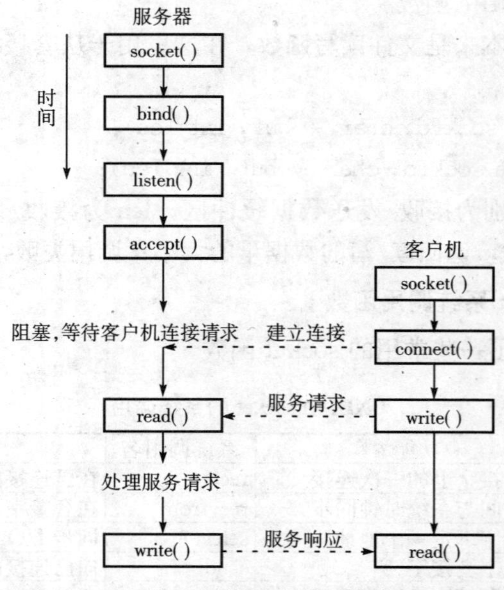

图 4—23 面向连接的 C/S 模型的典型时序图

图 4—24 是无连接 C/S 模型时序图。服务器也必须首先启动。无连接服务器通过 socket () 和 bind () 建立一个本地三元组。客户调用 bind () 也建立一个三元组。无连接的两个端点便建立起来，并分别用 socket 标识。然后，在发送数据阶段，发方指定本地和远方的 socket 号。于是，一个完整的五元组在数据收发过程中动态地建立起来，实现了无连接的客户机和服务器的相互识别。

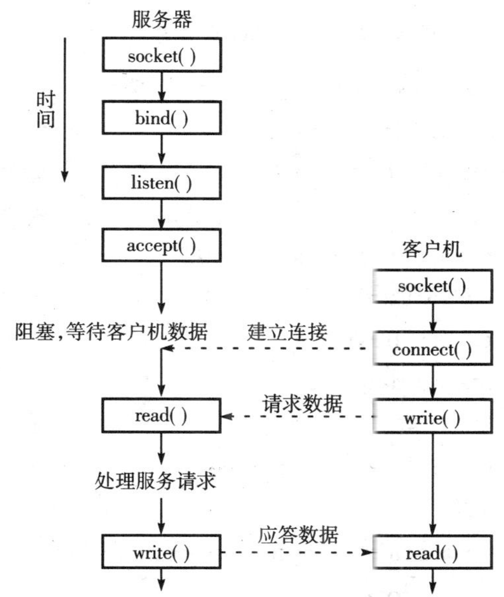

图 4—24　无连接 C/S 模型时序图

2. 服务器框架

服务器分为重复服务器和并发服务器。前者面向短时间能处理完的请求，由服务器自行处理。主要用于无连接的服务器，一般面向事务处理，一个请求一个应答就能解决问题。后者面向处理时间不定的请求。由于后者在面向连接的服务器中较多采用，过程较复杂，这里只讨论并发服务器。

并发服务器每接到一个请求，fork () 便创建一个子进程响应它，自己退回到等待状态，等待下一个请求。由子进程和客户机通信。accept () 调用为实现并发服务器提供了方便，因为它的调用要返回一个新的 socket 号。这一过程如图 4—25 所示。

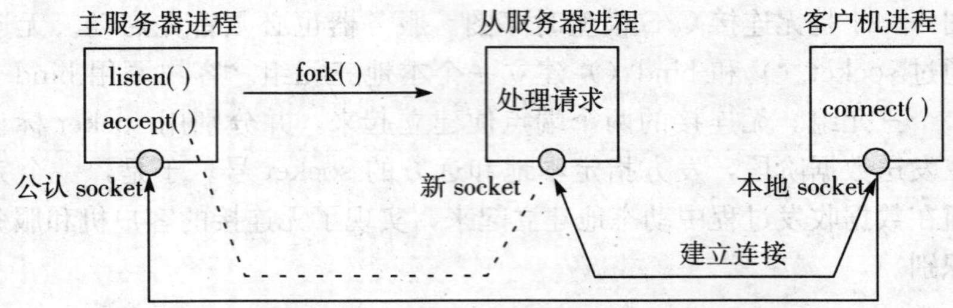

图 4—25　用 socket 建立并发服务器

以伪程序方式表示的并发服务器的典型框架为：

```
int initsockid,newsokid;
if(initsockid=socket(...))<0)?          //返回值小于 0 说明调用
                                          失败,下同
    error("can't creat socket");
if(bind(initsoxkid,...)<0)
    error("bind error");
if(listen(initsockid,5)<0)              //listen( )调用请求队列
                                          的最大长度为 5
    error("listen error");
for(;;){
    newsockid=accept(initsockid...); // 等待客户机连接请求
    if(newsockid<0)
        error("accept error");
    if(forl()= =0) {                    //由子进程,即从服务器执行
    close(initsoclid);                  //主服务器进程返回等待
                                          状态
    doservice(newsockid);               //从服务器处理请求
    exit(0);                            // 退出子进程
    }
close(newsockid);                       // 由父进程执行
}
```

accept（）执行完的结果是 newsockid 与客户机的 socket 建立五元组。子进程启动后，关闭继承下来的主服务器 socket 号 initsockid，并利用新的 socket 号 newsockid 与客户机进程通信。主服务器 initsockid 可继续等待新的客户连接请求。

3. 编程举例

程序功能：服务器进程先于客户机进程运行；当双方建立连接后，服务器进程通过该连接向客户机进程不断发送一个连续增长的序列数；客户机进程每收到 50 个序列数就在屏幕上显示一个“*”；显示 20 个“*”后换行，直至任一方进程被中断。

(1) 服务器端程序

```
/********** server.c **********/
#include <sys/types.h>
#include <sys/socket.h>
#include <netinet/in.h>
#include <netdb.h>

main()
{
   int sock, namelen, seg, netint;
   struct sockaddr_in server;                  // 存服务器 IP 地址
   char msgsock;

   // 创建 Internet 域的 TCP 协议字节流套接字
   sock=socket(AF_INET, SOCKS_TREAM, IPPROTO_TCP);

   // 将本地主机(服务器)地址捆绑到创建的套接字上
   server.sin_family=AF_INET;                  // Internet 域
   server.sin_addr.s_addr=INADDR_ANY;          // 使用任意合法地址
   server.sin_port=htons(1032);                // 公认的服务器端口号
   bind(sock, &server, sizeof(server));

   // 建立长度为 5 的监听队列,从套接字上收听连接请求
   listen(sock,5);

   // 拥塞至,客户机方有连接请求到来,建立一套新套接字用于通信
   namelen=sizeof(server);
   msgsock=accept(sock, & server, & namelen);
```

```
    // 连接已建立,开始通信
    for(seq=0; ;seq ++) {
        netint = htonl(seq);          // 主机字节顺序转为网络字节顺序
        write(msgsock, &netint, 4); // 向客户方写序列数
    }
}
```

(2) 客户端程序

```
/*********** clientv. c ***********/
#include  <sys/types.h>
#include  <sys/socket.h>
#include  <netinet/in.h>
#include  <netdb.h>
#include  <stdio.h>

main (int argc, char * *argv)
  {
    int sock, myseg = 0, recvseq;
    struct sockaddrin server;              // 存服务器 IP 地址
    char hostent * h;                      // 存主机信息

    // 创建 Internet 域的 TCP 协议字节流套接字
    sock = socket(AF_INET, SOCK_STREAM, IPPROTO_TCP);

    // 根据命令行参数提供的服务器主机名,取得服务器地址
    h = gethostbyname(argv[1]);

    // 与服务器连接
    bzero(& server, sizeof(server));       // 将服务器地址清 0
    server.sin_family = AF_INET;           // Internet 域
    bcopy(h-> haddr,
    &server.sin_addr,
    h-> hlength);                          //将取得的主机地址填入服务
                                             器地址
```

```
        server.sin_addr.s_port = htons(1032);  // 填入公认端口号
        connect(sock, &server, sizeof(server)); // 建立连接

        // 连接已建立,通过对套接字的读/写实现通信
        while(read(sock, &server, 4) = = 4) {
            recvseq = ntohl(recvseq);
            if(myseq ! = recvseq) {
               printf("sented = %d wanted = %d\n",recvseq, myseq);
               myseq = recvseq;
            }
            else
               myseq + +;
            if(! (recvseq %1000))
               fprintf(stderr, " * ");
            if(! (recvseq %5000))
               fprintf(stderr,"\n");
        }
    }
```

4.4 域名服务系统

随着 TCP/IP 成为网络的实际标准，IP 地址的记忆问题便浮现出来，成为 Internet 广泛应用的瓶颈。人们迫切希望能用容易记忆的名字串代替 IP 地址，于是开发了域名系统（domain name system，DNS）来实现域名管理及其与 IP 地址之间的转换。有了域名系统，为广大 Internet 用户提供了极大便利。

4.4.1 域名空间

DNS 将域名数据分类，并采用分布式与层次式方式进行处理。这个树型结构的域名系统，组成了图 4—26 所示的域名空间。

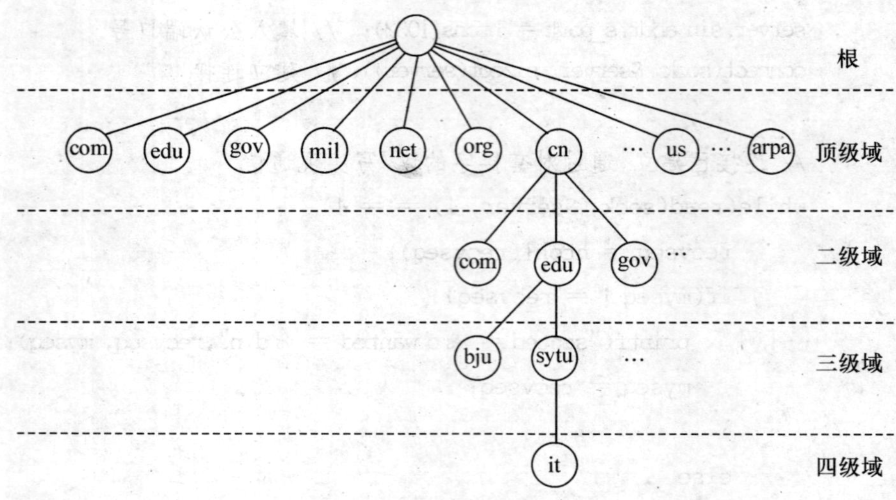

图 4—26　域名空间

1. 顶级域

顶级域（top level domain）又称一级域，可以分为 3 个主要域：通用顶级域（general top level domain，gTLD）、国家代码顶级域（country code top level domain，ccTLD）和反向域 arpa。

（1）通用顶级域（gTLD）

gTLD 是按照领域划分的。最先定义了 7 个域，后来又增加了 7 个。它们的描述如表 4—8 所示。

表 4—8　通用顶级域名

<table>
<tr><th colspan="2">域</th><th>描　述</th><th>说　明</th></tr>
<tr><td rowspan="7">传统通用顶级域名</td><td>com</td><td>商业机构（commercial organization）</td><td rowspan="3">全球域名</td></tr>
<tr><td>org</td><td>非营利机构（non-profit organization）</td></tr>
<tr><td>net</td><td>网络服务机构（network support center）</td></tr>
<tr><td>mil</td><td>美国军事机构（military agencies）</td><td rowspan="3">仅美国作顶级域</td></tr>
<tr><td>gov</td><td>美国的政府机构（government agencies）</td></tr>
<tr><td>edu</td><td>美国教育机构（education institution）</td></tr>
<tr><td>int</td><td>国际组织（international orgnization）</td><td></td></tr>
</table>

续前表

域		描 述	说 明
新增通用顶级域名	biz	商业公司	非限制性域
	info	提供信息服务的公司	
	name	个人	
	pro	个体专业机构	
	aero	航空运输业	只能用于专门领域
	coop	商业合作机构	
	museum	博物馆及相关非赢利机构	

说明：

● com、org 和 net 是全球顶级域名，任何国家、任何个人都可以用它们作顶级域名。

● mil、gov 和 edu 只有美国的有关机构可以作顶级域名，其他国家只能作二级域名。

● int 适合国际化机构的国际顶级域（international top level domain，iTLD）。

● biz、info、name 和 pro 没有什么限制，aero、coop 和 museum 只限于专门领域使用。

（2）国家代码顶级域（ccTLD）

ccTLD 也称地理域或国家域，以 ISO3166 中定义的国家或地区代码命名。目前有 240 多个国家或地区代码，表 4—9 为其中常用的一些。

表 4—9　常用 ccTLD 代码

域名	含 义	域名	含 义	域名	含 义
aq	南极大陆	fr	法国	nl	荷兰
ar	阿根廷	gb	大不列颠（同 uk）	no	挪威
at	奥地利	gr	希腊	nz	新西兰
au	澳大利亚	hk	中国香港	pl	波兰
be	比利时	hu	匈牙利	pr	波多黎各
bg	保加利亚	ie	爱尔兰	pt	葡萄牙
br	巴西	il	以色列	se	瑞典
ca	加拿大	in	印度	sg	新加坡
ch	瑞士	is	冰岛	su	苏联

续前表

域名	含　义	域名	含　义	域名	含　义
cl	智利	it	意大利	th	泰国
cn	中国	jp	日本	tw	中国台湾
de	德国	kr	韩国	uk	英国
dk	丹麦	kw	科威特	us	美国
ec	厄瓜多尔	lt	立陶宛	ve	委内瑞拉
eg	埃及	lu	卢森堡	yu	南斯拉夫
es	西班牙	mx	墨西哥	za	南非
fi	芬兰	my	马来西亚		

（3）反向域（arpa）

arpa 用于实现 IP 地址到域名的反向解析。

2. 次级域

次级域（second level domain）又称二级域名，是顶级域下面的域。对于顶级域的次级域，有两种次级域：类别域名和行政域名。

类别域名 6 个。其中，ac 适用于科研机构，其他 5 个为：com、edu、gov、net、nic、org。

我国的行政域名有 34 个，适用于我国各省、自治区、直辖市、特别行政区，具体见表 4—10 所示。

表 4—10　　我国的各省、自治区、直辖市、特别行政区域名

域名	含义	域名	含义	域名	含义
bj	北京市	sh	上海市	tj	天津市
cq	重庆市	he	河北省	sx	山西省
nm	内蒙古自治区	ln	辽宁省	jl	吉林省
hl	黑龙江省	js	江苏省	zj	浙江省
ah	安徽省	fj	福建省	jx	江西省
sd	山东省	ha	河南省	hb	湖北省
hn	湖南省	gd	广东省	gx	广西壮族自治区
hi	海南省	sc	四川省	gz	贵州省
yn	云南省	xz	西藏自治区	sn	陕西省
gs	甘肃省	qh	青海省	nx	宁夏回族自治区
xj	新疆维吾尔自治区	tw	台湾省	hk	香港特别行政区
mo	澳门特别行政区				

4.4.2　域名规则

1. 英文域名规则

（1）域名的组成

- 26 个英文字母；
- 数字“0”到“9”；
- 英文中的连词符“－”（不得用于开头及结尾处）。

（2）域名中字符组合规则

- 在域名中不区分英文字母的大小写；
- 空格及符号，如 ？ ∧；：@＃＄％^～＿＝＋，. 。＜＞等，都不能用在域名中；
- 英文域名命名长度限制在 2 到 46 个字符之间，三级域名长度不得超过 20 个字符；
- 各级域名之间用实点（.）连接。

（3）域名使用的限制

在我国，不得使用或限制使用以下名称：

- 注册含有“China”、“Chinese”、“CN”、“National”等需经国家有关部门（指部级以上单位）正式批准；
- 公众知晓的其他国家或者地区名称、外国地名、国际组织名称不得使用；
- 县级以上（含县级）行政区划名称的全称或者缩写需相关县级以上（含县级）人民政府正式批准；
- 行业名称或者商品的通用名称不得使用；
- 他人已在中国注册过的企业名称或者商标名称不得使用；
- 对国家、社会或者公共利益有损害的名称不得使用；

经国家有关部门（指部级以上单位）正式批准和相关县级以上（含县级）人民政府正式批准是指，相关机构要出具书面文件表示同意××××单位注册×××域名。如：要申请 beijing. com. cn 域名，则要提供北京市人民政府的批文。

2. 中文域名

英文域名不太符合汉语习惯。随着 Internet 用户爆炸式地增长，这一文化冲突也日益受到重视。1998 年 12 月，第一个中文域名“中国青年报”出现，用户只需在浏览器的地址栏中填入“中国青年报”即可访问《中国青年报》主页。

2000年1月，CNNIC中文域名系统开始试运行。2000年5月，美国I－DNS公司也推出中文域名注册服务。2000年11月7日，CNNIC中文域名系统开始正式注册。2000年11月10日，美国NSI公司的中文域名系统开始正式注册。这些都为汉语为母语的人群提供了方便。

中文域名的使用规则基本上与英文域名相同，只是它还允许使用2～15个汉字之间的字词或词组，并且中文域名不区分简繁体。CNNIC中文域名有两种基本形式：

- “中文.cn”形式的域名；
- “中文.中国”等形式的纯中文域名。

在 http://www.cnnic.net.cn/cdns/reg-manage.shtml 上可以查阅到《中文域名注册管理办法（试行）》。

［知识库4—1］　域名管理机构

NSI（network solutions inc.，http://www.nsi.com）是最早的国际域名管理机构，成立于1979年，1993年与美国政府签订独家Internet域名注册协议，垄断.com、.net、.org域名注册服务。随着Internet迅猛发展，垄断域名注册服务为NSI带来了超额利润。1997年在NASDAQ上市的NSI，连续十个季度赢利，1998年其总收入达到9 300万美元。

就在NSI春风得意，一个国际域名的注册收费达70美元，并已经卖出650万个的时候，在美国政府的干预下，一个专门负责域名注册服务及管理的机构互联网域名数字公司（Internet Corporation for Assigned Names and Numbers，ICANN）于1998年诞生。美国政府通过ICANN责令NSI将其掌控的域名数据库同其主营收入域名注册服务分离。在此基础上，ICANN负责审批和发展来自全世界的其他域名注册服务商。

目前，国内域名注册统一由中国互联网络信息中心——CNNIC进行管理，具体注册工作由通过CNNIC（China Internet Network Information Center，http://www.cnnic.net.cn/）认证授权的各代理商执行。

4.4.3　域名解析

DNS所提供的服务就是域名与IP地址之间的映射——域名解析。

1. 域名服务器

Internet 上的主机成千上万，并且还在随时不断增加。每个主机具有一个 IP 地址，又有一个域名，从而形成了巨大的名字空间。把巨大的名字空间存放在一个数据库中，由一个服务器进行解析，将会使名字解析的效率低到几乎无法进行的程度。因此，Internet 中的名字信息实际被存储在分布式域名数据库中。这些分布在全球 Internet 中的域名数据库，称为域名服务器或称为名字服务器（name server）。各域名服务器分布式地存储各自管理的域名信息。

为了管理上的方便，全球的域名服务按照域名空间的层次关系进行组织，并把具有某一后缀的所有计算机组成一个 Zone（区域，网上的结点群）。一个域名服务器可以管理一个或多个 Zone；一个 Zone 管理员必须为所管辖的 Zone 提供一个主域名服务器和至少一个辅域名服务器，以便当主域名服务器出现故障时，不会影响所管辖的 Zone 的服务。

在 DNS 系统中，向域名服务器提出查询请求的 DNS 工作站称为域名解析器（resolver）。

为了减少 Internet 上的 DNS 通信量，所有的域名服务器都使用了高速缓存。域名服务器每次收到有关域名的映射信息（主机名和 IP 地址），都会将它们存放在高速缓存中。当有域名解析器提出相同的查询请求时，就可以在高速缓存中直接得到结果，而无须通过域名服务器。只有得到高速缓存中没有要查询的请求的结果时，才去向域名服务器发出查询报文。

同时，所有的域名服务器都是相互链接的。这样，才能让用户快速地找到正确的域名服务器。

2. 域名解析的基本过程

DNS 服务器的工作流程称为域名解析过程。它实际上就是一个查询过程。DNS 查询可以根据具体情况采用不同的方式。查询的顺序如下：

（1）客户机首先从以前查询获得的缓存信息中查询。查询不到，进入下一步。

（2）DNS 服务器从自身的资源记录信息缓存中查询。查询不到，进入下一步。

（3）DNS 服务器代表请求客户机去查询或联系其他 DNS 服务器，这个过程是递归的，以便完全解析该名称，并随后将应答返回至客户机。

3. 域名解析的正向解析和反向解析

正向解析是把一个域名解析成一个 IP。反向解析正好相反，它是把一个 IP 地址解析成一个域名，常看见的诸如 Windows 2003 下的 Nslookup 命令工具。由于DNS服务是按域名而不是按IP地址索引的，反向搜索往往会搜索出所有的信息，很消耗资源。为了避免这种情况，DNS服务器创建了一个叫in-addr.arpa的特殊二级域，它使用的是与其他域名空间结构相同的方法，但它不采用域名，而是采用IP地址。

4. 域名的递归解析与反复解析

当一个客户端发出域名解析请求后，并非任何一个域名服务器都能立刻给出解析结果。在这种情况下，DNS服务器将接受两种类型的解析：递归解析（recursive resolution）和反复解析（interactive resolution）。它们的解析过程如图4—27所示。

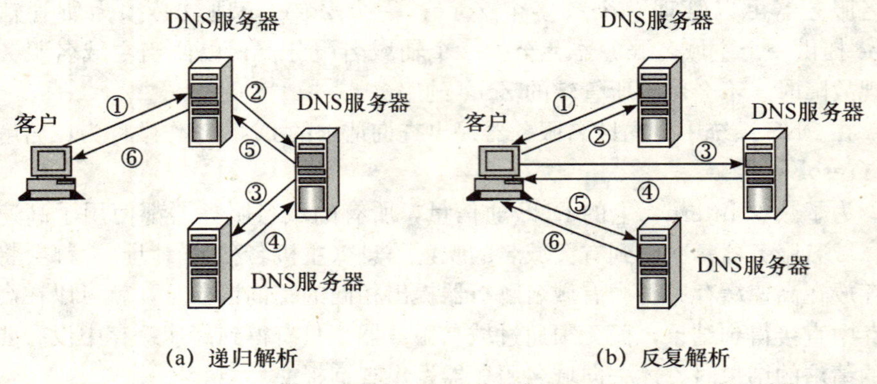

图4—27　域名的两种解析方法

当客户端发出递归解析请求后，收到解析请求的DNS服务器要么回复一个解析成功的应答，要么继续发出递归解析的请求。这个过程是递归的，直到得到解析结果或得到解析失败的结果为止。

当客户端发出反复解析请求后，收到解析请求的DNS服务器要么回复一个解析成功的应答，要么立即回复一个解析失败的应答。客户端收到解析失败的应答后，再向下一个DNS服务器发出解析请求。

4.4.4　在Linux环境中配置DNS服务器

1. DNS服务器配置涉及的文件

DNS服务器的配置主要涉及9个文件：

/etc/named.conf configuration文件：用于定义域数据库信息的基本参数和源点，该文件可以存放在本地或远程的服务器上。

/var/named/name2ip.conf 正向解析文件：用来定义域信息，实现主机名和地址之间的镜像、识别 mail 服务器和提供各种域信息。

/var/named/ip2name.conf 反向解析文件：用于实现 IP 地址与域名的映射。

/var/named/named.local 本地主机解析文件：用于解析回送地址 localhost。

/var/named/named.ca 线索文件：用于初始化缓冲区的信息。该文件不需要管理员更改，而是系统自带。

/etc/hosts：用于实现与网上其他主要计算机的映射，它通常是当作 DNS 的备份出现的，当 DNS 系统出现问题的时候才使用 hosts 表。

/etc/resolv.conf：用于指定域名服务器的 IP 和搜索顺序。

/etc/hosts.conf：用于实现 hosts 表与 DNS 的关系和接口。

/etc/nsswitch.conf：用于处理 hosts 表和 DNS 的顺序 。

2. 本地主机回送地址

本地主机（local host）回送地址是一种特殊约定，它允许处理本地主机地址的方法与处理远程主机地址的一样，从而简化处理过程而不必将数据发送到物理网络上。

3. DNS 服务器配置参考步骤

使用红旗 linux 配置 DNS 的步骤如下：

（1）使用 root 用户账号和密码登录。

（2）在字符模式下，键入命令/bin/netconf。或者在 X Window 环境中单击“K”→“应用程序”→“网络和服务”→“网络/服务配置”进入网络设定图形界面。

（3）单击“服务任务”选项卡，选择“域名服务器（DNS）”按钮，弹出配置界面如图 4—28 所示。

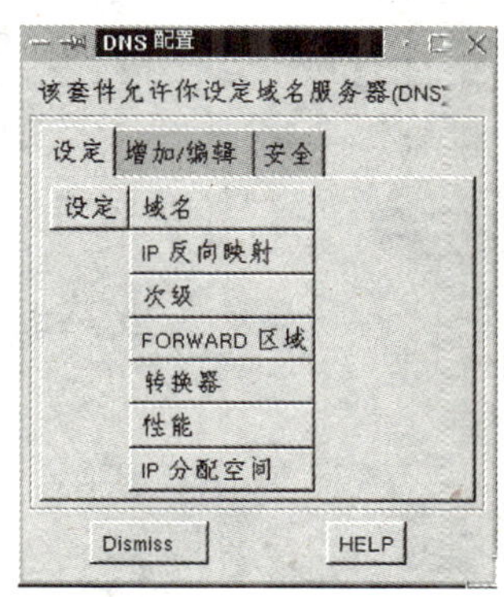

图 4—28　配置 DNS

其中的选项有：

- “域名”（domain）：定义了 DNS 管理的域名。
- “IP 反向映射”（reverse mapping）：建立了一个伪域，把 IP 地址转换为主机名称。
- “次级”（secondaries）：用于创建二级服务器。
- “转发器”（forwarders）和“FORWARD 区域”：用于设置 DNS 服务器的转发功能。

（4）输入命令 ＃nslookup，可测试域名服务器。

4.4.5　在 Windows 2008 环境中配置 DNS 服务器

1. 安装 DNS 服务器

在默认情况下，安装 Windows Server 2008 系统时并不包括安装 DNS 服务器。安装 DNS 服务器的基本过程如下：

（1）依次单击“开始 | 管理工具 | 服务器管理器”，打开“服务器管理器”窗口。在该窗口中点击“角色”，然后点击“添加角色”，弹出“添加角色向导”窗口。在该窗口的复选框中找到 DNS 服务器，选中，点击“下一步”。见图 4—29。

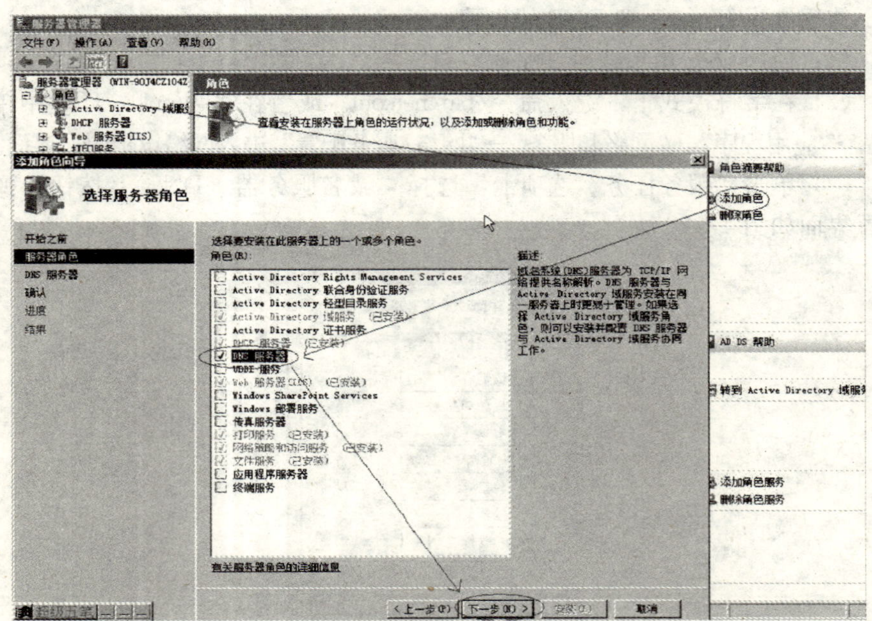

图 4—29　“添加角色向导”窗口一

(2) 根据“添加角色向导”的提示，连续点击“下一步”，最后点击“安装”，如图 4—30 所示。

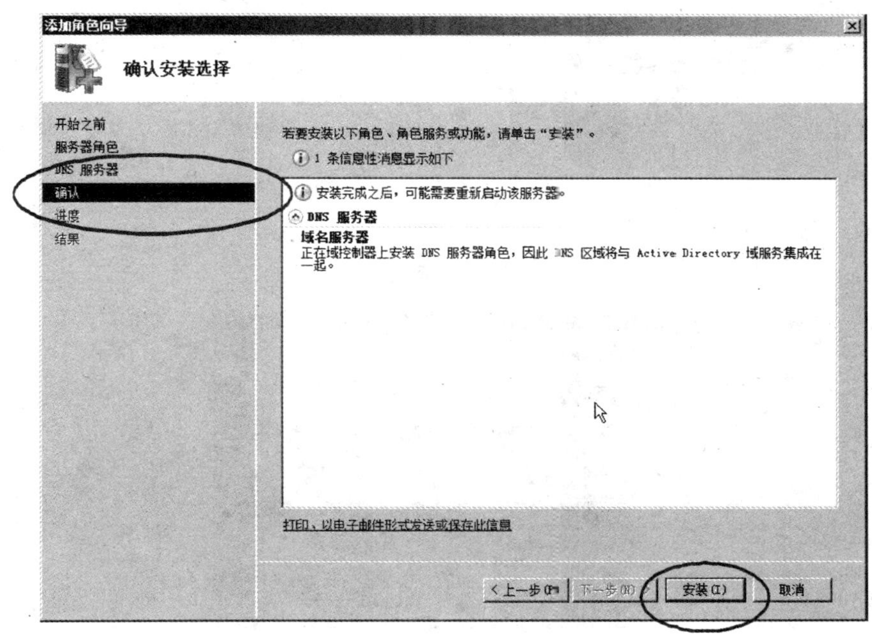

图 4—30　“添加角色向导’窗口

(3) 等待一段时间后，安装成功。

2. 创建区域

创建一个 DNS 服务器，除了必需的计算机硬件、服务器软件外，还需要一个数据库——一个新的区域来存储供局部用的 DNS 名称与 IP 地址或有关服务数据。因此，选定了主机之后，就要创建一个新的区域。一个新的区域的创建过程如下：

(1) 创建正向查找区域

① 依次单击“开始｜管理工具｜DNS”，打开 DNS 管理器窗口，右键选择“正向查找区域”，选择“新建区域”，见图 4—31。

② 打开“区域类型”对话框，如图 4—32 所示。在“选择您要创建的区域的类型”多选项中有三个选项：“主要区域”、“辅助区域”和“存根区域”。用户可以根据区域存储和复制的方式选择一个区域类型。这里选择“主要区域”。

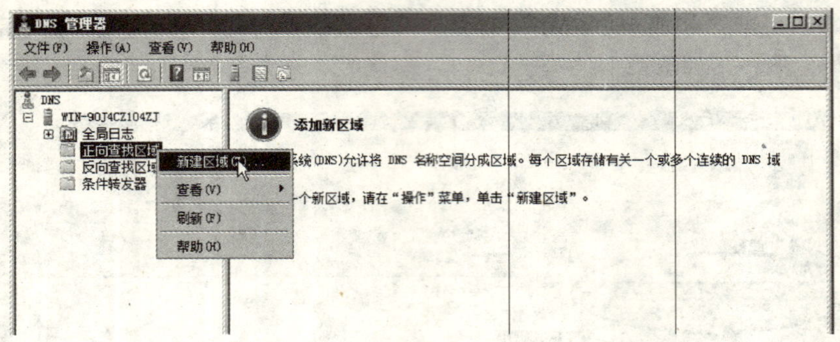

图 4—31　新建区域

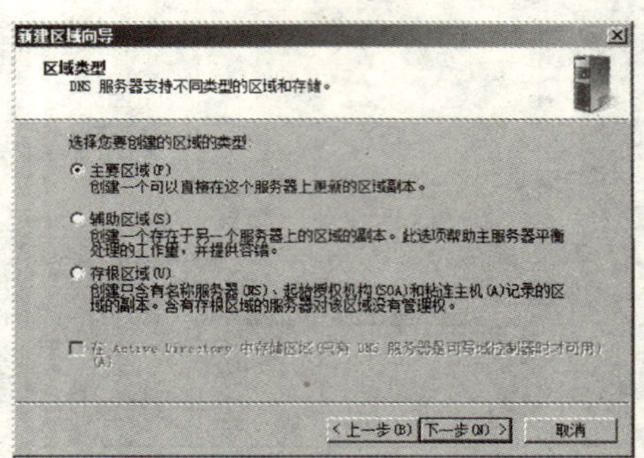

图 4—32　选择区域类型

③ 点击“下一步”，在“区域名域”页内依照规范为新区域命名，例如：test. com。如图 4—33 所示。

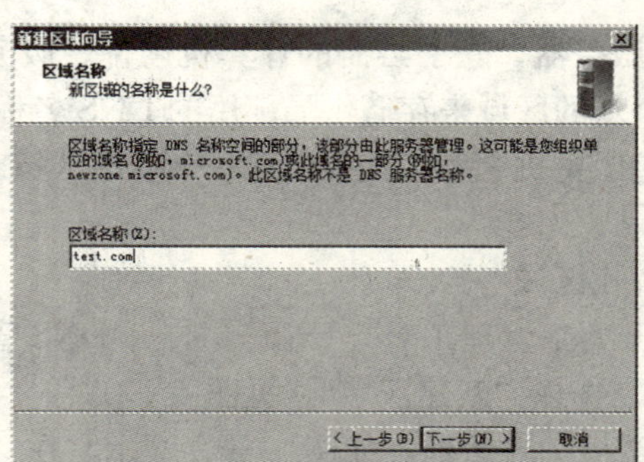

图 4—33　填写区域名称

④ 点击“下一步”，在“创建区域文件”对话框中用户可以选择“创建新

文件”或“使用此现存文件”单选按钮。这里选择“创建新文件”，文件名为默认。见图4—34。

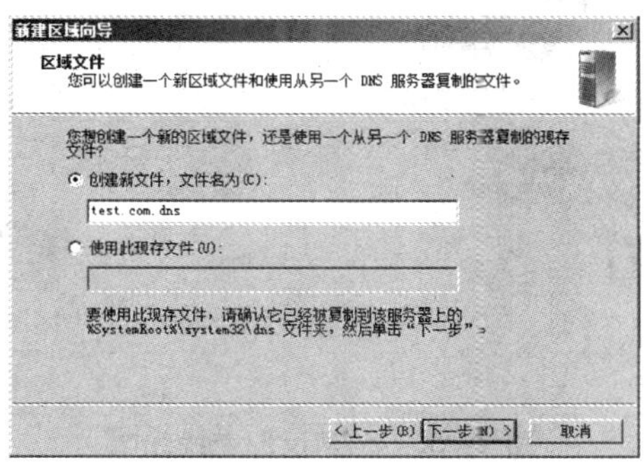

图4—34　选择区域文件

⑤ 点击“下一步”，弹出“动态更新”对话框，用户可以选择“允许非安全和安全动态更新”或“不允许动态更新”单选按钮。这里选择“不允许动态更新”，见图4—35。

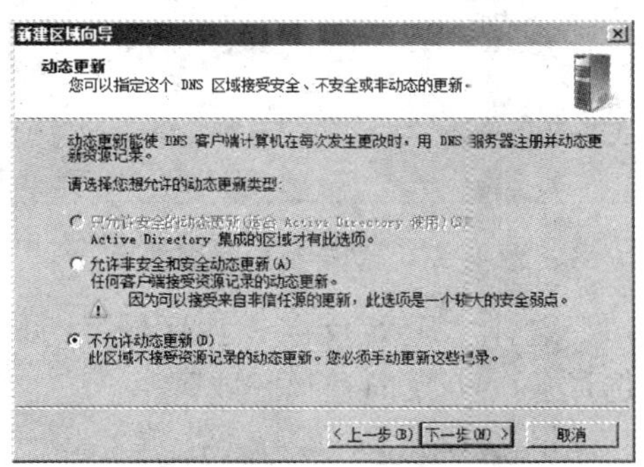

图4—35　动态更新选项

⑥ 点击“下一步”，再点击“完成”，完成正向搜索区域下的新建区域的配置。

(2) 创建反向查找区域

① 右键选择“正向查找区域”，选择“新建区域”，见图4—36。

② 打开“区域类型”对话框，如图4—37所示。在“选择您要创建的区域的类型”多选项中对话框中有三个选项，分别是：“主要区域”、“辅助区域”和“存根区域”。用户可以根据区域存储和复制的方式选择一个区域类型。这里选择“主要区域”。

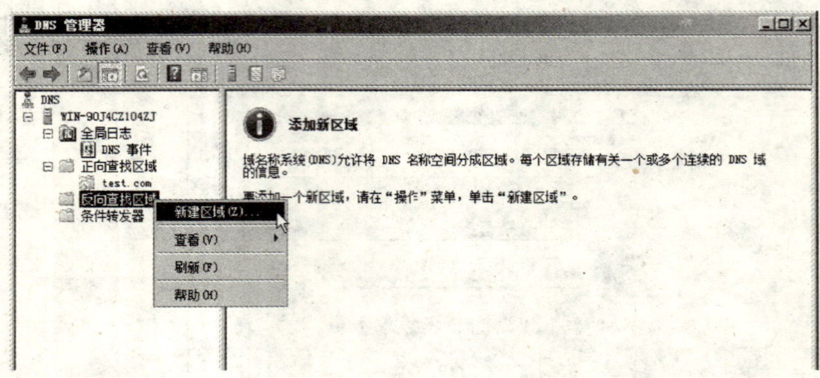

图 4—36　创建反向查找区域

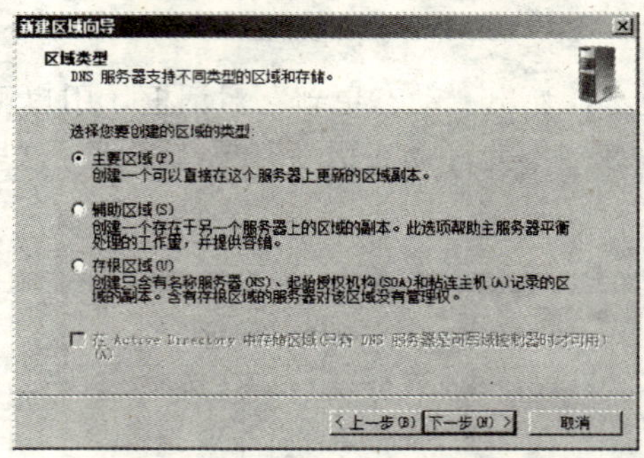

图 4—37　选择反向区域类型

③点击“下一步”，选择“IPv4 反向查找区域”，见图 4—38。如果所用 IP 为 IPv6 地址，则选择“IPv6 反向查找区域”。

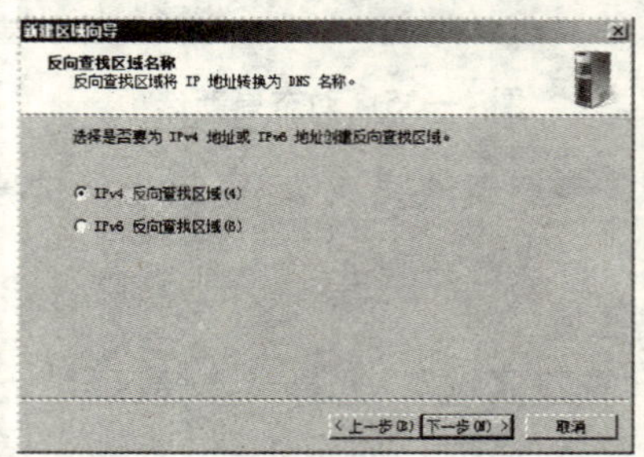

图 4—38　为 IPv4 或 IPv6 创建反向查找区域

④点击“下一步”，输入“网络 ID”，这里输入“172.16.18”，如图 4—39 所示。

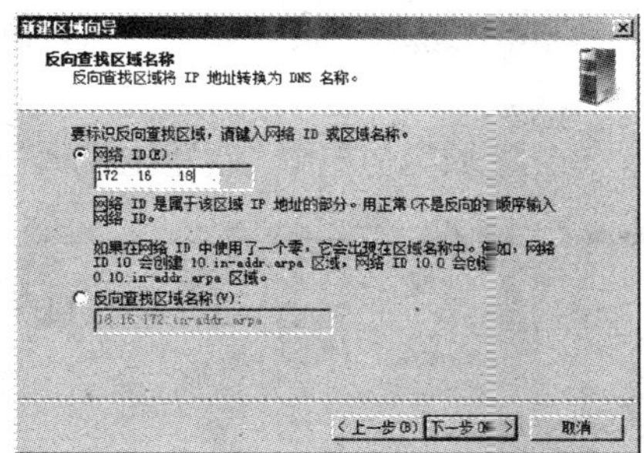

图 4—39　设置网络 ID

⑤点击“下一步”，在“创建区域文件”对话框中用户可以选择“创建新文件”或“使用此现存文件”单选按钮。这里选择“创建新文件”，文件名为默认。见图 4—40。

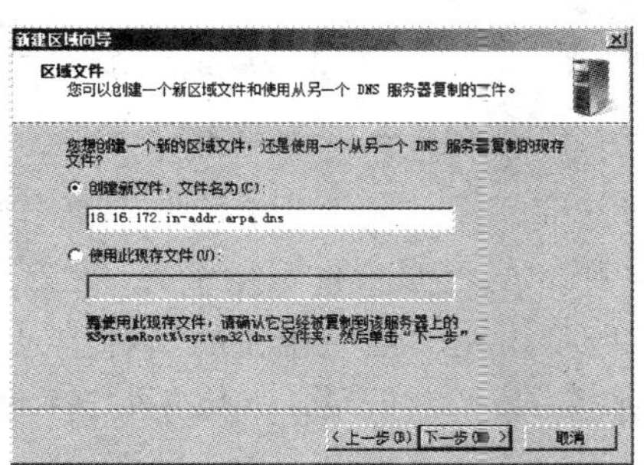

图 4—40　创建区域文件

⑥点击“下一步”，弹出“动态更新”对话框．用户可以选择“允许非安全和安全动态更新”或“不允许动态更新”单选按钮。这里选择“不允许动态更新”，见图 4—41。

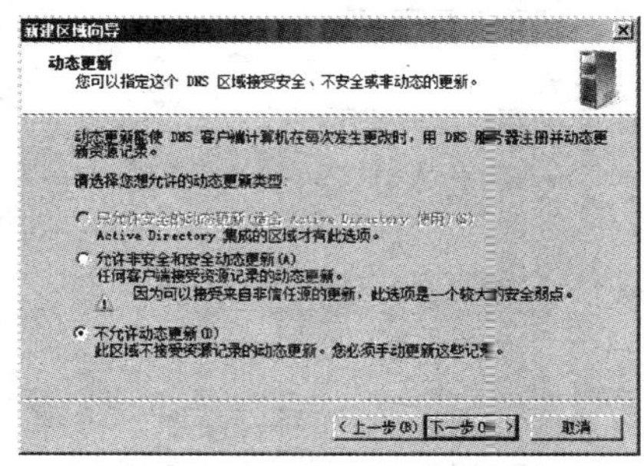

图 4—41　动态更新选项

⑦点击“下一步”，再点击“完成”，完成反向搜索区域下的新建区域的配置。

（3）创建主机

① 右键点击“test. com 区域”，选择“新建主机”，如图 4—42 所示。

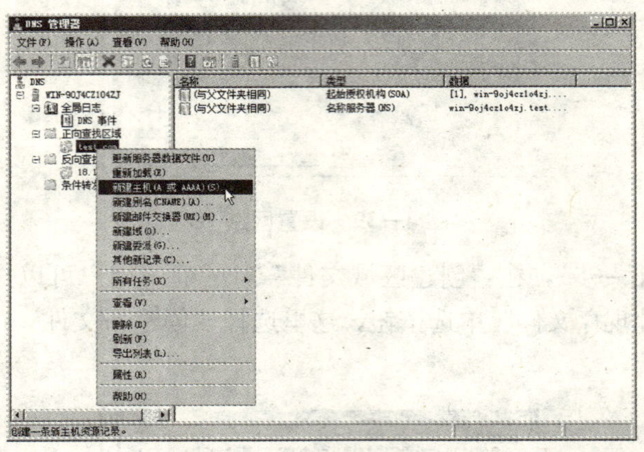

图 4—42　创建主机

②弹出新建主机对话框，在“名称”中输入主机名为“www”。这里输入可以标识主机意义的名称，在“IP 地址”中输入“172. 16. 18. 76”（本计算机 IP 地址），如图 4—43 所示。在“创建相关的指针记录”复选框中如果勾选，则在反向区域中自动创建一条指针记录；如果不勾选，则手工在反向区域中创建一条指针记录。这里不勾选（要想自动在反向区域创建一条指针记录，勾选“创建相关的指针记录”的同时，反向查找区域必须已经创建）。

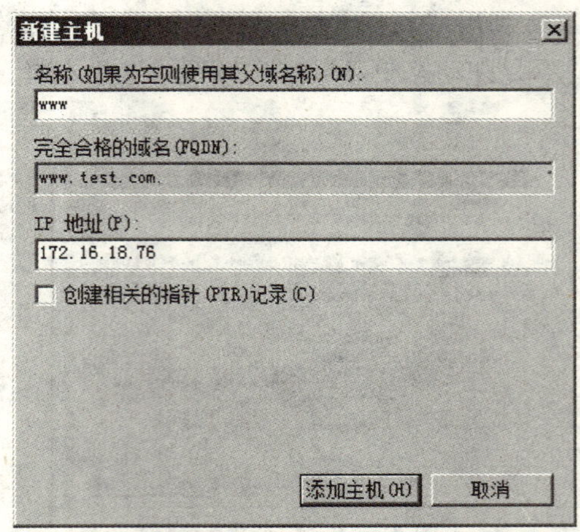

图 4—43　新建主机名称和 IP 地址

③点击"添加主机"，弹出成功创建主机记录窗口，主机创建完成，如图4—44 所示。

图 4—44　成功创建主机记录对话

(4) 创建指针记录

① 右键点击"test.com 反向区域"，选择"新建指针"，如图 4—45 所示。

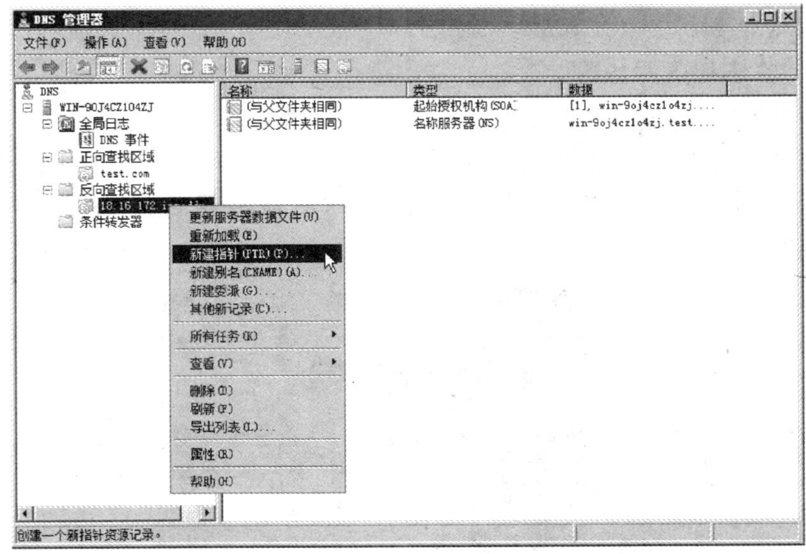

图 4—45　创建指针

②弹出新建指针对话框，输入主机 IP 地址为"172.16.18.76"，点击"浏览"，添加主机名。如图 4—46 所示。

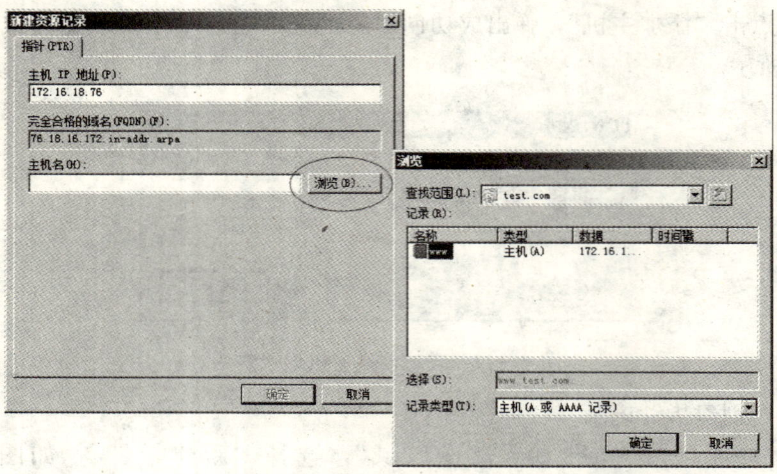

图 4—46　输入指针记录的 IP 地址和主机名

③点击“确定”，完成指针的创建。

3. 验证 DNS 服务器

（1）设置 DNS 客户端

在客户机“Internet 协议版本 4（TCP/IPv4）属性”对话框中的“首选 DNS 服务器”编辑框中设置刚刚部署的 DNS 服务器的 IP 地址（本例为“172.16.18.76”，如图 4—47）。

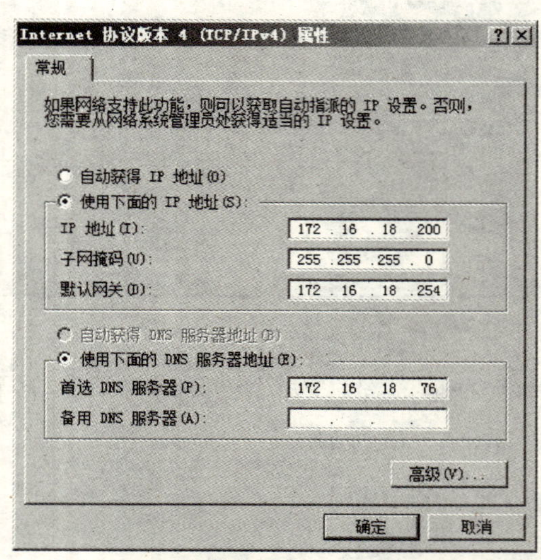

图 4—47　设置客户端 DNS 服务器地址

（2）用 nslookup 命令验证

打开“命令提示符”界面，输入 nslookup www. test. com 测试。

4. 删除 DNS 服务器

配置好服务器的各项功能后，若遇创建的 DNS 服务器不能正常运行的情况，需要将它删除以便创建新的 DNS 服务器。删除 DNS 服务器的方法是在如图 4—48 所示的“DNS 控制台”窗口中，右键选择服务器，所选择服务器即可删除。

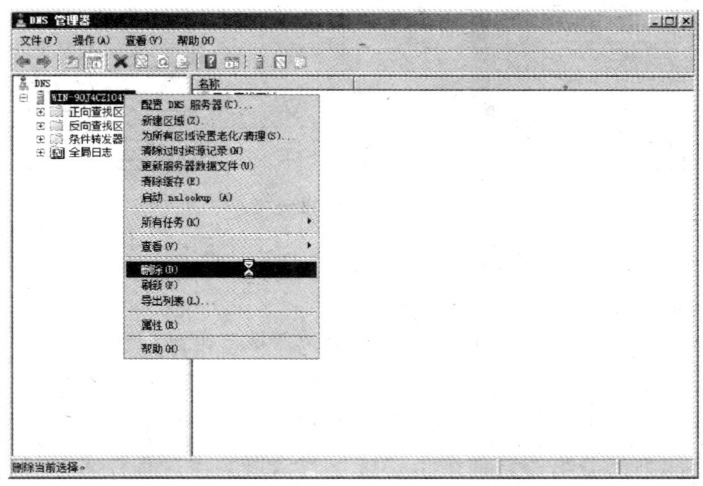

图 4—48　删除 DNS 服务器

4.5　文件传输协议

文件传输协议（file transfer protocol，FTP）是 TCP/IP 提供的标准机制，用来从一个主机将文件复制到另一个主机。它提供交互式的访问，允许客户指明文件的类型、格式（如是否用 ASCII 码等）、存取权限（授权，口令等）。

在网络环境中，由于众多计算机厂商研制的文件系统存在差异，给文件传输带来许多困难：

- 数据存储原型不一致；
- 文件命名规定不一致；
- 对于同一功能，操作命令因操作系统而异；

- 访问控制方法不一致。

FTP 的功能就是减少或消除在不同操作系统下处理文件的不兼容性。

4.5.1 FTP 模型

FTP 采用 C/S 模式。图 4—49 所示给出了 FTP 的基本模型。

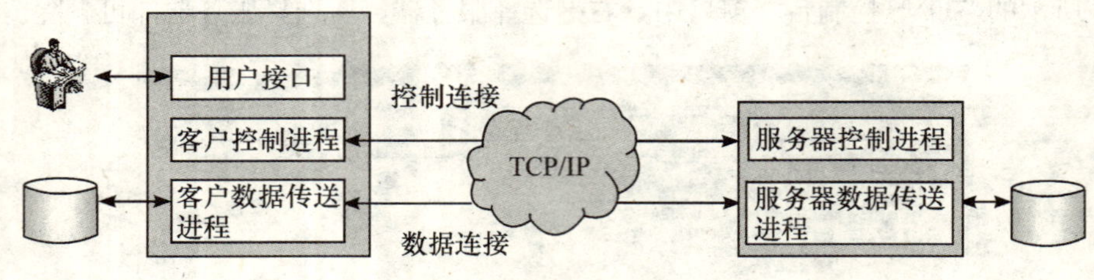

图 4—49　FTP 基本模型

可以看出，一个 FTP 基本模型由如下部分组成：

（1）两种连接：控制连接和数据连接。

（2）3 个客户组件：用户接口、客户控制进程和客户数据传送进程。

（3）2 个服务器组件：服务器控制进程和服务器数据传送进程。

FTP 的一个 FTP 服务器进程可以同时为多个客户进程提供服务。FTP 的服务进程由两大部分组成：一个负责接受新请求的主进程；多个处理单个请求的从进程。传送使用 TCP 可靠的传输服务。主进程工作时，要先打开公认端口 21，使客户进程能够连接。然后，主进程与从进程并行地工作：主进程等待并接收客户进程发出连接请求；从进程处理进程发来的请求。从进程对客户进程的请求处理完后即终止，但从进程在运行期间可能会创建其他子进程。

FTP 的一个技术特点是具有两条连接：一条用于数据传送，使用公认端口 20；另一条用于控制信息（命令和响应）的传送，使用公认端口 21。将命令和数据传送分开，将使 FTP 的传送效率更高，并且控制连接与数据连接不会发生混乱。

4.5.2 FTP 文件传输过程

1. 数据连接过程

控制进程接收到客户机的文件传输请求后，即创建数据传送进程同时创建数据连接。数据连接创建过程如下：

①客户机使用临时端口发出传送文件命令；

②客户机将该端口号发给服务器；

③服务器发出主动打开命令，建立公认端口 20 与客户机使用的临时端口之间的连接。

④此后便由数据传送进程完成文件的传送。传送结束后关闭数据传送连接并结束运行。

2. 文件属性

在数据传输之前，必须通过控制连接定义要传送文件的 3 个属性。

（1）文件类型

- ASCII 文件：这是传送正文文件的默认格式，每一个字符使用 NVT ASCII 进行编码。
- EBCDIC 文件：扩展的二-十进制文件格式。
- 图像文件：作为连续的比特流传送，没有解释和编码，是二进制文件的默认格式。

若文件为 ASCII 或 EBCDIC 编码，还要定义文件的可打印性。

（2）数据结构

- 文件结构（默认）：无结构的字节流文件。
- 记录结构：记录型文件，用于正文文件。
- 页面结构：页面可以顺序地存取。

（3）传输方式

- 流方式（默认）：数据以字节流方式由 FTP 交给 TCP，由 TCP 将数据划分为合适大小的报文块。对记录结构，每一记录要增加一个 EOR（记录结束符），文件最后增加一个 EOF（文件结束符）；对文件结构，不需要文件结束符。
- 块方式：数据以块方式由 FTP 交给 TCP。每块前增加 3 字节用做块描述和指示块大小。
- 压缩方式。

3. 文件传输方式

- 读取文件：从服务器将一个文件复制到客户机。
- 存储文件：从客户机将一个文件复制到服务器。
- 从服务器将目录列表或文件名以文件形式发送到客户机。

4. 控制连接上的通信

FTP 控制连接上的通信方法与 Telnet 相同，都使用 NVT ASCII 字符集，并通过命令和响应完成，系统在创建从进程（控制进程）时随之创建控制连接。该控制连接的创建过程如下：

①服务器在公认端口 21 发出被动打开命令，等待客户机连接（如图 4—50（a）所示）；

②客户机使用临时端口发出主动打开命令（如图 4—50（b）所示）。

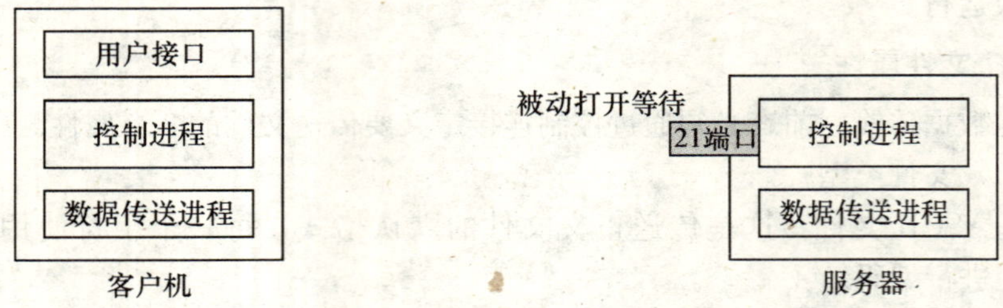

(a) 服务器在公认端口21发出被动打开命令

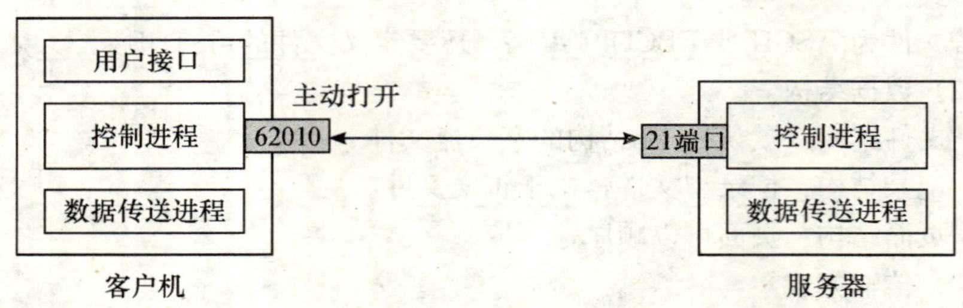

(b) 客户使用临时端口发出主动打开命令

图 4—50 创建控制连接

控制连接在整个会话期间一直打开，随时准备接收客户机的文件传输请求。

在控制连接上传送的是命令与响应。命令由客户发向服务器；响应由服务器发回客户。每一个命令产生至少一个响应。

（1）命令

FTP 发送的命令用大写的 ASCII 码表示，后面可以带有参数。这些命令大致可以分为 6 组。

- 接入命令：使用户接入到远程系统。
- 文件管理命令：使用户接入到远程计算机的文件系统。
- 数据格式化命令：供用户定义数据结构、文件类型和传输方式。
- 端口定义命令：定义客户端的端口号。
- 文件传输命令：供用户传输文件。
- 杂项命令：将信息交付给客户端的 FTP 用户。

表 4—11 中列举了一些常用命令。

表 4—11　　常用接入命令

类型	命令	参数	说明
接入	USER	用户标识符	用户信息
	PASS	用户口令	口令
	ACCT	应付费的账务	服务信息
	REIN		重新初始化
	QUIT		向系统注销
	ABOR		前面的命令异常中止
文件管理	CWD	目录名	改变到另一个目录
	CDUP		改变到父目录
	DELE	文件名	删除文件
	LIST	目录名	列出子目录或文件
	NLIST	目录名	列出子目录名或无其他属性的文件
	MKD	目录名	创建新目录
	PWD		显示当前目录名
	RMD	目录名	删除目录
	RNFR	文件名（旧文件名）	标识要重新命名的文件
	RNTO	文件名（新文件名）	重新命名文件
	SMNT	文件系统名	安装文件系统
数据格式化	TYPE	A（ASCII），E（EBCDIC），I（图像），N（非打印）或 T（Telnet）	定义文件类型和当需要时定义打印格式
	STRU	F（文件），R（记录）或 P（页面）	定义数据的组织
	MODE	S（流），B（块）或 C（压缩）	定义传输方式
端口定义	PORT	6 个数字的标识符	客户机选择端口
	PASV		服务器选择端口
文件传输	RETR	文件名	读取文件。文件从服务器传送到客户机
	STOR	文件名	存储文件。文件从客户机传送到服务器
	APPE	文件名	与 STOR 相似，但文件存在就必须附加数据
	STOU	文件名	与 STOR 相似，但文件名在目录中须唯一 且已存在文件不能被重写
	ALLO	文件名	在服务器为文件分配存储空间
	REST	文件名	在指明的数据点给文件标记确定位置
	STAT	文件名	返回文件的状态
杂项	HELP		询问关于服务器的信息
	NOOP		检查服务器是否工作
	SITE	命令	指明特定网点的命令
	SYST		询问服务器使用的操作系统

（2）响应

响应是对命令的回应。每一个 FTP 命令至少产生一个响应。一个响应包含两个部分：正文和它后面的 3 个数字。正文部分定义所需的参数或额外的解释，数字部分定义代码。其中：

第 1 个数字 x 定义命令的状态：

x=1，正面初步回答，动作已经开始；

x=2，正面完成回答，动作已经完成；

x=3，正面中间回答，命令已经接受；

x=4，过渡负面完成回答，无动作发生；

x=5，永久负面完成回答，命令没有接受。

第 2 个数字 y 定义命令的下列状态：

y=0，语法；

y=1，信息；

y=2，连接；

y=3，鉴别和计费；

y=4，未指明；

y=5，文件系统。

第 3 个数字 z，提供附加信息。

5. 用户接口

多数操作系统提供友好的用户接口来接入 FTP 服务。下面是 UNIX FTP 提供的用户接口命令清单：

!，$，account，append，ascii，bell，binary，bye，case，cd，cdup，close，cr，delete，debug，dir，discount，from，get，glob，hash ，help，lcd，ls，macdef，mdelete，mdir，mget，mkdir，mls，mode，mput，mmap，ntrans，open，prompt，proxy，sendport，put，pwd，quit，quote，recv，remotehelp，rename，reset，rmdir，runique，send，status，struct，sunique，tenex，trace，type，user，verbose，?

例 4.1 一个用户接口示例。

```
% ftp if.sytu.edu.cn
220 Server ready
Name: abcd
Password: xxxxxx
ftp> ls/usr/user/report
200 OK
150 Opening ASCII mode
……
```

```
……
226 transfer complete
ftp> close
221 Goodbye
ftp> quit
```

说明：加下划线的部分为用户键入的内容，其他为系统的提示或响应信息。

4.5.3　简单文件传输协议

简单文件传输协议（trivial file transfer protocol，TFTP）是使用 UDP 数据报的小型文件传输协议。它只支持文件传输，不支持交互，没有庞大的命令集，没有目录列表功能，也不对用户进行身份鉴别，但要自己进行差错改正。

TFTP 的主要特点是：

- 每次传输 512 字节的数据块——文件块，最后一次可以不足 512 字节；
- 文件块按序编号，从 1 开始；
- 支持 ASCⅡ码或二进制传输；
- 可对文件进行读或写；
- 使用简单的首部。

图 4—51 为五种文件块 PDU 格式。这五种 PDU 格式分别为：读请求 PDU、写请求 PDU、数据 PDU、确认 PDU 和差错 PDU。

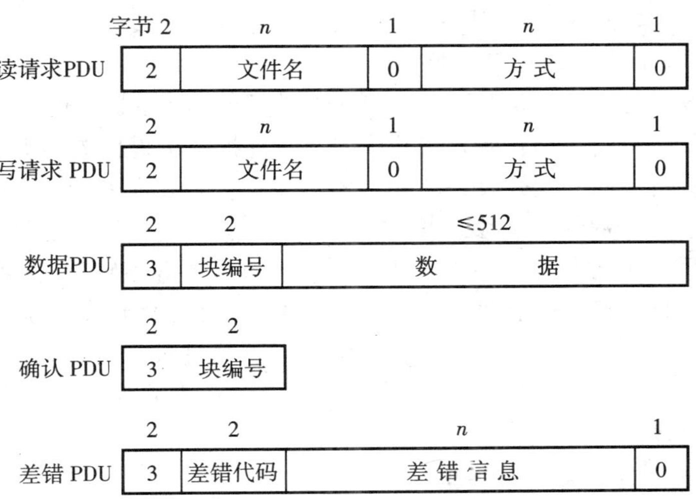

图 4—51　五种 TFTP PDU 格式

TFTP的工作过程很像停等协议。工作从TFTP客户机进程发出一个读请求PDU或写请求PDU开始。它们将寻找公认的端口号（69）。TFTP服务器进程要选择一个新的端口与客户机进程通信。服务器进程发送完一个文件块后，要等对方确认，确认应指明所确认的块号。在规定的时间内收不到确认，就要重发。而确认PDU的一方在确定的时间内收不到下一个文件块，也要重发确认PDU。这样就不致因一个文件块的丢失而使整个文件的传输失败。

4.5.4 匿名FTP服务器及其配置

1. 匿名FTP服务器

使用FTP时必须首先登录，在远程主机上获得相应的权限以后，方可上载或下载文件。也就是说，要想同哪一台计算机传送文件，就必须具有哪一台计算机的适当授权。换言之，除非有用户ID和口令，否则便无法传送文件。这种情况违背了Internet的开放性，Internet上的FTP主机成千上万，不可能要求每个用户在每一台主机上都拥有账号。匿名（anonymous）FTP就是为解决这个问题而产生的。

匿名FTP服务器的目的是向公众提供文件复制服务，不要求用户事先在该服务器进行登记注册，也不用取得FTP服务器的授权。它提供这样一种机制：系统管理员建立了一个特殊的用户ID，名为anonymous，Internet上的任何人在任何地方都可使用该用户ID。用户可通过它连接到远程主机上，并从其下载文件，而无需成为其注册用户。

需要说明的是，匿名FTP不适用于所有Internet主机，也并非匿名FTP的主机上的所有资源都是向公众开放的。当远程主机提供匿名FTP服务时，会指定某些目录向公众开放，允许匿名存取。系统中的其余目录则处于隐匿状态。为了安全起见，大多数匿名FTP主机都只允许用户从其下载文件，而不允许用户向其上载文件。即使有些匿名FTP主机确实允许用户上载文件，用户也只能将文件上载至某一指定上载目录中。随后，系统管理员会去检查这些文件，将这些文件移至另一个公共下载目录中，供其他用户下载。利用这种方式，远程主机的用户得到了保护，避免了有人上载有问题的文件，如带病毒的文件。

2. 匿名FTP服务器的使用

通过FTP程序连接匿名FTP主机的方式同连接普通FTP主机的方式差

不多，只是在要求提供用户标识 ID 时必须输入 anonymous，该用户 ID 的口令可以是任意的字符串。习惯上，用自己的 E-mail 地址作为口令，使系统维护程序能够记录下来谁在存取这些文件。

3. 创建匿名 FTP 服务器的方法

不同操作系统环境下匿名 FTP 服务的建立可能略有不同，下面以 AIX 为例介绍 Unix 环境下匿名 FTP 服务器的建立及其应用。

（1）增加新用户 ftp，配置其主目录对任何用户都无写权限；

（2）新建立一个只能被匿名 ftp 使用的组 anonymou；

（3）在 ftp 用户主根目录下创建一个 bin 目录，使任何用户都不能写；

（4）在 ftp 用户主目录下创建一个 etc 目录，使任何用户都不能写；

（5）在 ftp 用户根目录下创建一个 public 目录，该目录属于 ftp 用户，任何用户都能写。若由于安全等原因，不允许其他用户写，则应将其权限配置成 555；

（6）将 ls 程序放到已创建的 bin 目录下，将其修改成 111 方式，使任何用户只能执行；

（7）在已创建的 etc 目录下，创建 passwd 和 group 两个文件，并将它们配置成 444（只读）方式。

4. 在 Unix 下创建匿名 FTP 的过程

在 Unix 下用 root 登录，然后按下列步骤逐步建立 FTP 服务器。

（1）建立新用户组：

anonymou——#mkgroupanonymou。

（2）在 anonymou 组中建立新用户 ftp：

#mkuserpgrp = ‘nonymou’ home = ‘/u/anonymou’ ftp

（3）在用户目录下建立相关的目录：

#cd/u/anonymou

#mkdiretc

#mkdirbin

#mkdirpublic

（4）将 ls 拷贝到/usr/anonymou/bin 下，并配置其读写属性：

#cp/bin/ls. /bin

#chmod111. /bin/ls

（5）创建/u/anonymou/etc/group 文档——在该文档中增加一行：

anonymou:!: 201:

(6) 创建/u/anonymou/etc/passwd文档——在该文档中增加一行：

ftp: *: 213: 201:: /u/anonymou: /bin/ksh

(7) 修改/u/anonymou/etc/group文档和/u/anonymou/etc/passwd文档的属性：

#chmod444/u/anonymou/etc/passwd——#chmod444/u/anonymou/etc/group

(8) 配置主目录下每个子目录的读写方式：

#chownftppublic

#chmod555public

#chmod555bin

#chmod555etc

#cd..

#chmod555anonymou

5. 匿名FTP服务的应用实例

在任何能启动FTP应用的前端机上，键入以下一系列命令，即可实现FTP的功能。

C:\ftp.exe(假设文档ftp.exe位于根目录下)

ftp⟩openzxserver(服务器名为zxserver)

ConnectedtoZXSERVER.

220zxserverFTPserver(Version4.1SatNov2312:52:09CST1991)ready.

User(ZXSERVER:(none)):ftp(输入用户名ftp)

331Guestloginok,sendidentaspassword.

Password:(直接回车)

230Guestloginok,accessrestrictionsapply.

ftp⟩binary(以二进制方式传输数据)

200TypesettoI.

ftp⟩cdpublic

250CWDcommandsuccessful

ftp⟩gethomeface(取文档homeface)

200Portcommandsuccessful

150Openingdataconnectionforhomeface

226Transfercomplete 3300Bytesreceivedin0.05seconds

4.6　动态主机配置协议

4.6.1　DHCP 的基本概念

在 TCP/IP 网络上，每台计算机都在网络提供的环境中运行。为了能有效地存取网络上的资源，计算机网络中的每台计算机都必须进行基本的网络配置。配置的主要参数包括了 IP 地址，子网掩码，缺省网关，DNS 等，此外还可能包括一些附加的信息如 IP 管理策略等。

对于相对静态的小型网络来说，计算机数量较少，而且相对固定，系统启动参数配置的工作量不算太大。而对于一个稍微大点的网络来说，网络的管理和维护的工作量已经不小，若网络中还有一些主机具有移动性，经常地从一个子网转移到另一个子网，重新对系统进行配置的工作量就将会使管理人员不堪重负了。如果让普通水平的工作站用户配置自己的工作站，常常就会出问题。DHCP（dynamic host configuration protocol，动态主机配置协议）就是为解决这类问题而开发出来的。其目的就是为了减轻 TCP/IP 网络的规划、管理和维护的负担。DHCP 提供了自动在 TCP/IP 网络上安全地分配和租用 IP 地址的机制，实现了 IP 地址的集中式管理，它基本上不需要网络管理人员的人为干预，也同时解决了 IP 地址空间缺乏问题。

4.6.2　DHCP 工作原理

1. DHCP 的工作过程

图 4—52 描述了 DHCP 的工作过程。

下面进一步说明这一工作过程。

（1）客户机第一次启动时，进入初始化状态——还没有获得 IP 地址的状态。为了获取一个 IP 地址，客户机先向本地网络中的所有 DHCP 服务器广播一个 DHCP-DISCOVER 报文。然后进入选择状态，准备收集应答，选择配置。

（2）收到 DHCP-DISCOVER 报文的 DHCP 服务器从地址池中分配一个空闲 IP 供客户机租用。并结合客户机参数提供用于客户机的配置信息，构造成 DHCP-OFFER 响应报文送客户机。

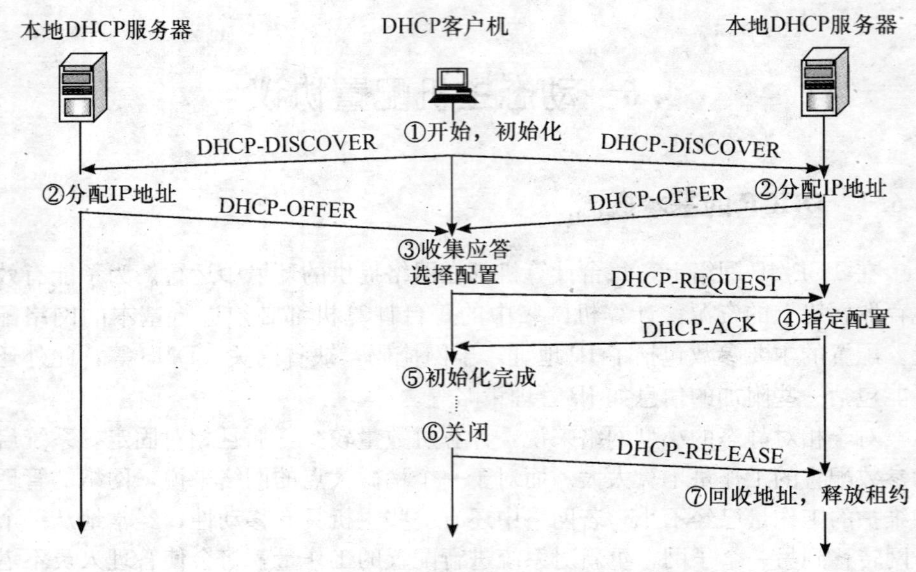

图 4—52 DHCP 的工作过程

（3）处于选择状态的客户机从所有 DHCP 服务器的响应中选择其中一个响应（如第一个到达的响应），然后向所选择的 DHCP 服务器发送一个 DHCP-REQUEST 请求报文，协商租用。

（4）DHCP 服务器收到 DHCP-REQUEST 请求报文，即根据客户机的硬件地址，查找其地址分配表，若找到，则发 DHCP-ACK 响应报文；否则发 DHCP-NAK。

（5）客户机收到 DHCP-ACK 响应，则进入已绑定状态，开始使用该 IP 地址；若收到 DHCP-NAK，则重新进入 DHCP 过程。

（6）客户机工作结束，将向 DHCP 服务器发送一个 DHCP-RELEASE 报文，请求解除该 IP 租用。

（7）DHCP 服务器收到 DHCP-RELEASE 报文，解除该 IP 与客户机的绑定，将该 IP 送入空闲 IP 队列。

2. DHCP 报文格式

不论是 DHCP 客户机还是 DHCP 服务器，都是通过按 DHCP 消息格式要求来填写各个段形成具体的 DHCP 消息，DHCP 用的传输协议的非面向连接的 UDP（用户数据报协议），从 DHCP 客户发出的 DHCP 消息送往 DHCP 服务器的端口 67，DHCP 服务器发给客户的 DHCP 消息送往 DHCP 客户的端口

68。由于在取得服务器赋予的 IP 之前，DHCP 客户并没有自己的 IP，所以包含 DHCP 消息的 UDP 数据报的 IP 头的源地址段是 0.0.0.0，目的地址则是 255.255.255.255。

图 4—53 为 DHCP 报文格式（括号中的数字表示该字段所占的字节）。DHCP 有 8 种类型的报文，每种报文的格式相同。

op(1)	htype(1)	hlen(1)	hops(1)
xid(4)			
secs(2)		flags(2)	
ciaddr(4)			
yiaddr(4)			
siaddr(4)			
giaddr(4)			
chaddr(16)			
sname(64)			
file(128)			
option(varialole)			

图 4—53　DHCP 报文格式

下面对报文中的有关字段的含义进行说明。

op：DHCP 报文的操作类型，分为请求报文和响应报文，1 为请求报文；2 为响应报文。

htype、hlen：DHCP 客户端的硬件地址类型及长度。

hops：DHCP 报文经过的 DHCP 中继的数目。DHCP 请求报文每经过一个 DHCP 中继，该字段就会增加 1。

xid：客户端发起一次请求时选择的随机数，用来标识一次地址请求过程。

secs：DHCP 客户端开始 DHCP 请求后的时间。

flags：第一个比特为广播响应标识位，用来标识 DHCP 服务器响应报文是采用单播还是广播发送。其余比特保留不用。

ciaddr：DHCP 客户端的 IP 地址。

yiaddr：DHCP 服务器分配给客户端的 IP 地址。

siaddr：DHCP 客户端获取 IP 地址等信息的服务器 IP 地址。

giaddr：DHCP 客户端发出请求报文后经过的第一个 DHCP 中继的 IP 地址。

chaddr：DHCP 客户端的硬件地址。

sname：DHCP 客户端获取 IP 地址等信息的服务器名称。

file：DHCP 服务器为 DHCP 客户端指定的启动配置文件名称。

option：可选变长选项字段，包含报文的类型、有效租期、DNS 服务器的 IP 地址。

4.6.3 Linux 中 DHCP 服务器软件的安装

1. 基本方法

在 Linux 中，几乎都采用 Paul Vixie/ISC DHCP 来实现 DHCP 服务器端功能。可以访问 http：//www.isc.org/isc 获得最新消息。

目前大多数 Linux 版本都包含这个软件，如果是 Red Hat，以 RPM 形式提供，只要简单地用 rpm 安装就可以了，其格式如下：

```
# rpm-i dhcp-1.3.17pl5-i386.rpm
```

2. 增加主机路由

为了使 DHCP 服务器能为正确 MS 的 DHCP 客户机器服务，需要创建一个到地址 255.255.255.255 的路由，把这条路由命令加到/etc/rc.d/rc.local，使得每次机器启动后自动运行。命令如下：

```
#route add-host 255.255.255.255 dev eth0
```

在一些老 Linux 系统里可能会报告如下的错误消息：

```
255.255.255.255：Unknown host
```

在此情况下。可以试着加下面的条目到/etc/hosts 文件里：

```
255.255.255.255 dhcphost
```

再用下面的命令：

```
#route add-host dhcphost dev eth0
```

3. 修改配置文件

DHCP 的默认配置文件是/etc/dhcp.conf，这是一个文本文件。DHCP 里有一个语法分析器，能对这个文件进行语法分析，获得配置参数。dhcp.conf 格式是递归下降的，关键字大小写敏感；可以有注释，注释以#开头，一直到该行结束。下面给出一个简单的 dhcp.conf 的例子，所服务的网络为 C 类保留网络 192.168.2.0：

```
#examples
# 缺省租约时间
default-lease-time 28800;
# 最大租约时间
max-lease-time 43200;
# 子网掩码选项
```

```
option subnet-mask 255.255.255.0;
# 广播地址
option broadcast-address 192.168.2.255;
# 路由器地址
option routers 192.168.2.1;
# DNS 地址
option domain-name-servers 192.168.2.1;
# 域名
option domain-name netreslab.org;
# 以上都是全局参数
# 子网声明和掩码
subnet 192.168.2.0 netmask 255.255.255.0;
# 范围
r
```

4.6.4 Windows Server 2008 中的 DHCP 服务器配置

1. IP 地址的规划

首先要完成 IP 地址的规划和分配任务，并填写如表 4—12 所示的规划表格（A、B 或 C 类 IP 地址均可以采用）。

表 4—12 IP 地址规划表

DHCP 的 IP 地址	
DHCP 服务器的子网掩码	
DHCP 能够提供的 IP 地址的范围	
DHCP 提供的 IP 地址的子网掩码	
DHCP 服务器为工作站 1 保留的 IP 地址	
DHCP 服务器为工作站 1 保留的 IP 地址的子网掩码	

2. 添加 DHCP 服务器角色

创建一台 DHCP 服务器首先要做的工作便是为 DHCP 服务器指定一台计算机作为服务器的硬件设备。在 Windows Server 2008 系统下，通常会选择将本机指定给 DHCP 服务器。因此，用户可以将本机的 IP 地址或计算机名称指定给 DHCP 服务器，当 DHCP 服务器需要数据运算或为网络客户机动态分配 IP 地址时便会与该计算机硬件建立连接并启用所需设备完成各项服务功能。

具体添加 DHCP 服务器的操作步骤如下：

（1）进入服务器管理器后，单击“添加角色”，然后在“选择服务器角色”窗口中，勾选“DHCP 服务器”选项，如图 4—54 所示。

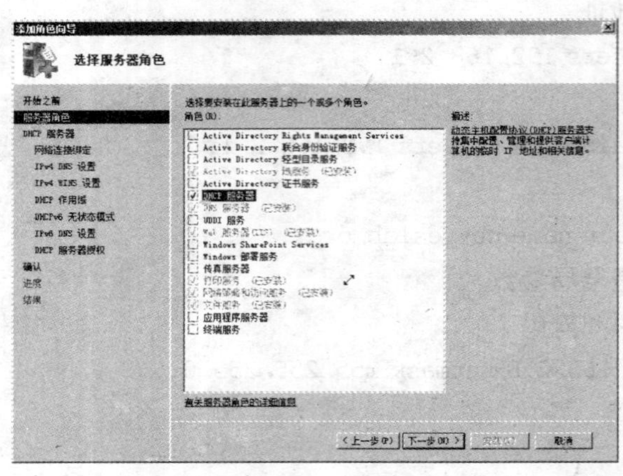

图 4—54　选择 DHCP 服务器角色

（2）单击“下一步”按钮，进入一个对 DHCP 进行简单介绍的画面，如图 4—55 所示。

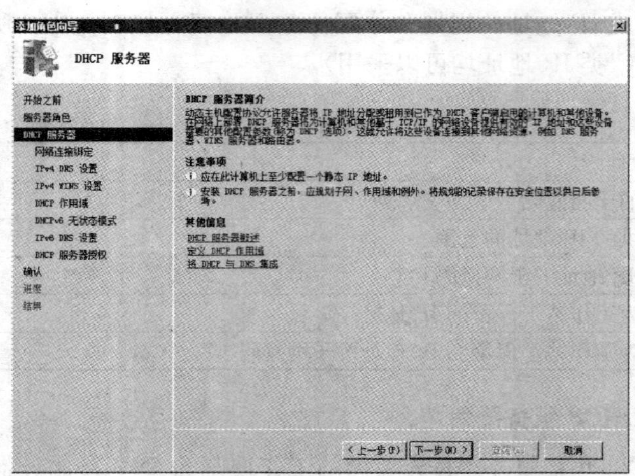

图 4—55　DHCP 服务器简介

（3）单击“下一步”按钮，进入“选择网络连接绑定”窗口，如图 4—56 所示。

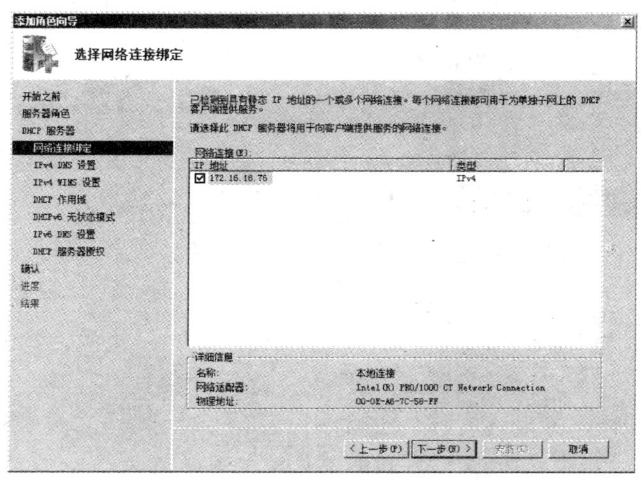

图 4—56　选择网络连接绑定

（4）单击“下一步”按钮，进入“指定 IPv4 DNS 服务器设置”窗口，如图 4—57 所示。在此可以对 DNS 服务器是否有效进行验证。

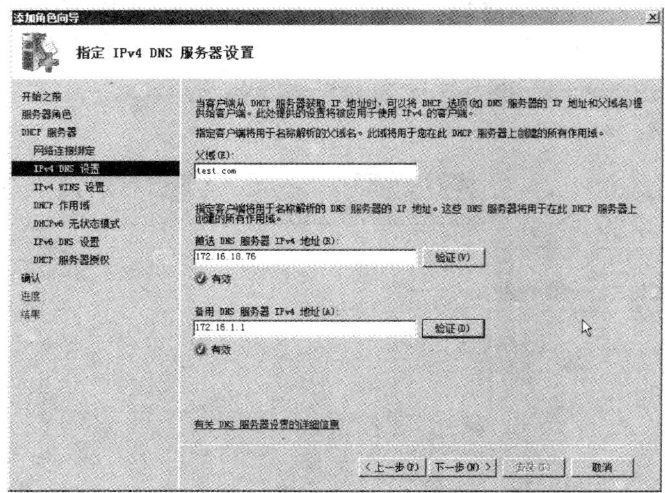

图 4—57　指定 IPv4 DNS 服务器设置

（5）单击“下一步”按钮，进入“指定 IPv4 WINS 服务器设置”窗口，如图 4—58 所示。如果不需要 WINS，则点击“此网络上的应用程序不需要 WINS”选项。

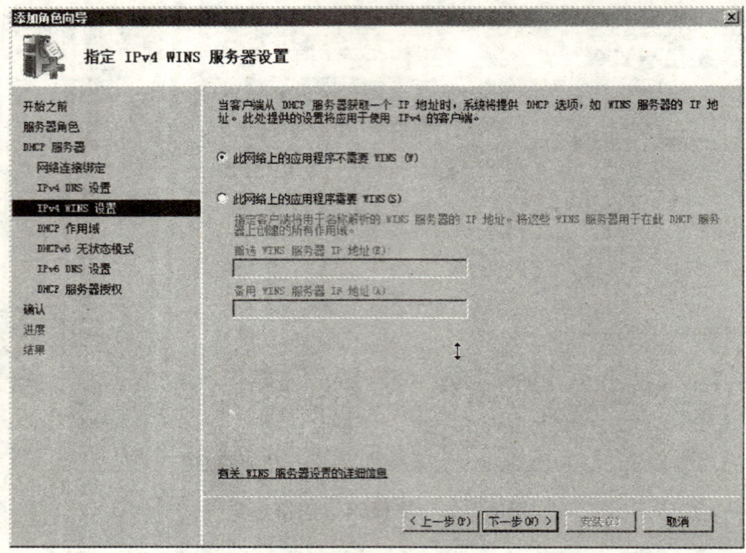

图 4—58　指定 IPv4 WINS 服务器设置

（6）单击“下一步”按钮，进入“添加或编辑 DHCP 作用域”窗口，如图 4—59 所示。

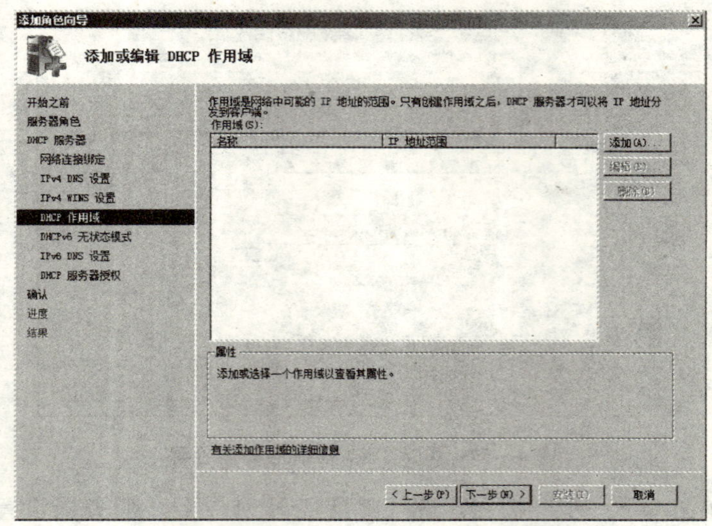

图 4—59　添加或编辑 DHCP 作用域

（7）因本书不涉及 IPv6，因此连续单击“下一步”按钮，跳过 DHCPv6 无状态模式和 IPv6 DNS 设置 2 个步骤，进入“授权 DHCP 服务器”窗口，如图 4—60 所示。

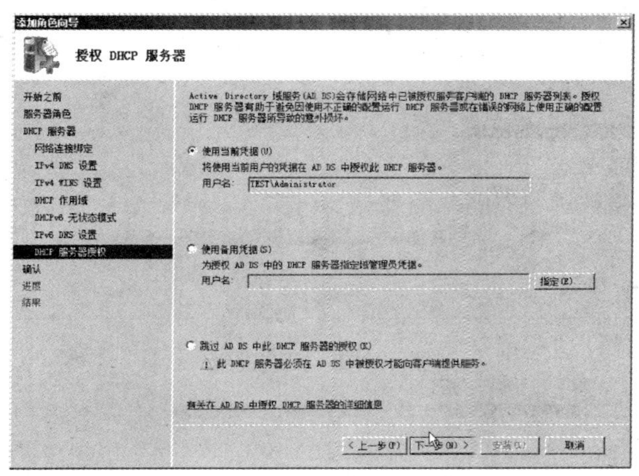

图 4—60　授权 DHCP 服务器

（8）单击“下一步”按钮，进入“确认安装选择”窗口，如图 4—61 所示。选择“确认”，再单击“安装”按钮即开始安装。这时显示安装进度，如图 4—62 所示。安装完成后如图 4—63 所示。

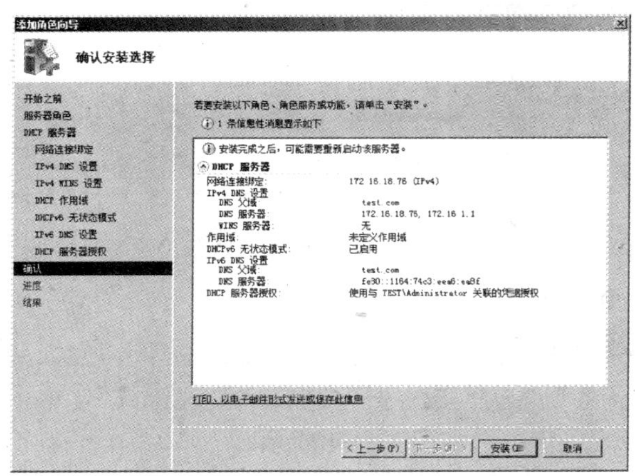

图 4—61　确认安装选择

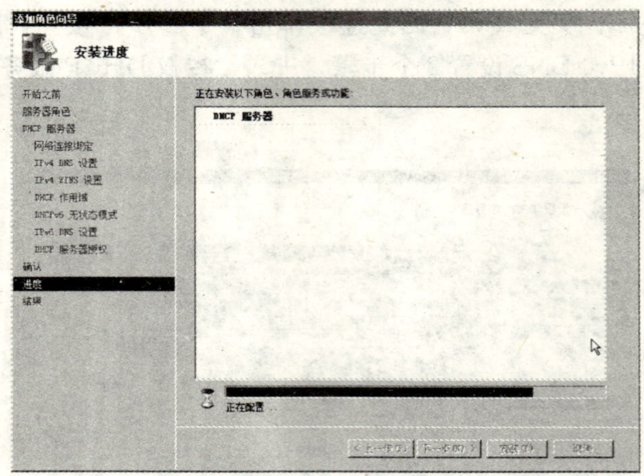

图 4—62　安装进度

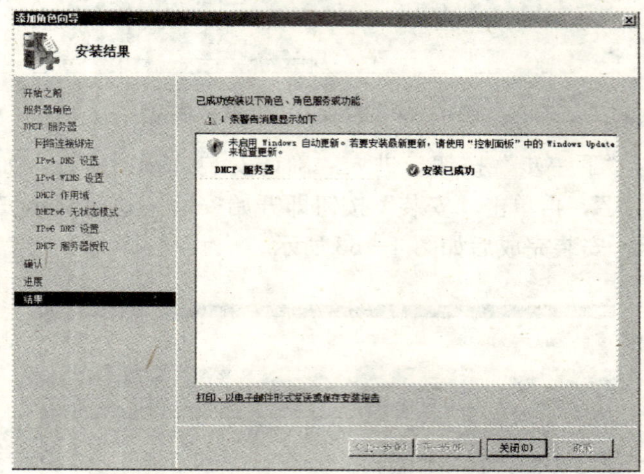

图 4—63　安装完成

3. 添加一个作用域

DHCP 服务器角色完成后，我们来为其添加一个作用域。步骤如下：

（1）单击“开始”，选择“程序”，选择“管理工具”，单击“DHCP”，出现“DHCP 管理器”窗口，如图 4—64 所示。

（2）在左栏展开的 IPv4 结点上点击鼠标右键，在快捷菜单中选择“新建作用域”，如图 4—65 所示。

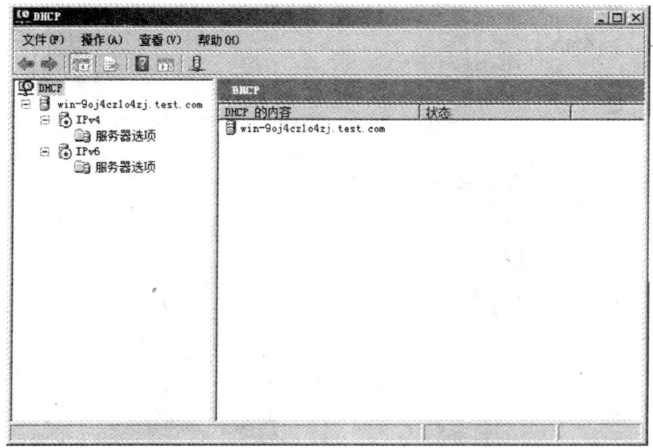

图 4—64　DHCP 管理器

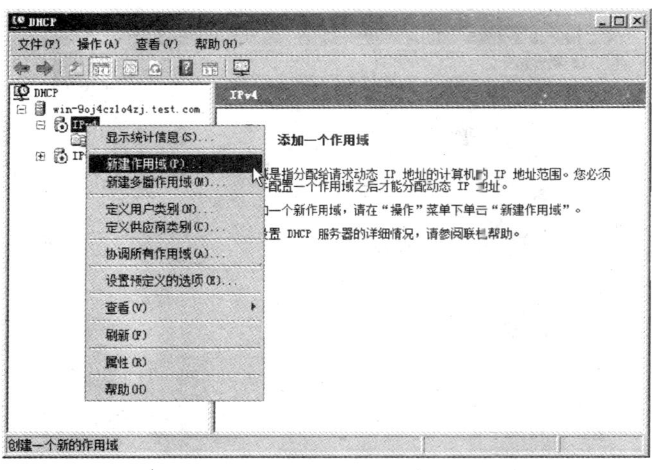

图 4—65　新建作用域

（3）弹出“新建作用域向导”窗口后，单击“下一步”按钮，弹出“作用域名”卡片，在文本框中填入想命名的名称，这里填入“DHCPtest”，见图 4—66。

（4）单击“下一步”，弹出“IP 地址范围”卡片，如图 4—67 所示。这时，进行 IP 地址范围设置，输入起始 IP 地址、结束 IP 地址、长度和子网掩码。其中，起始 IP 地址设置为 172.16.18.1，结束 IP 地址设置为 172.16.18.100，子网掩码为 255.255.255.0。

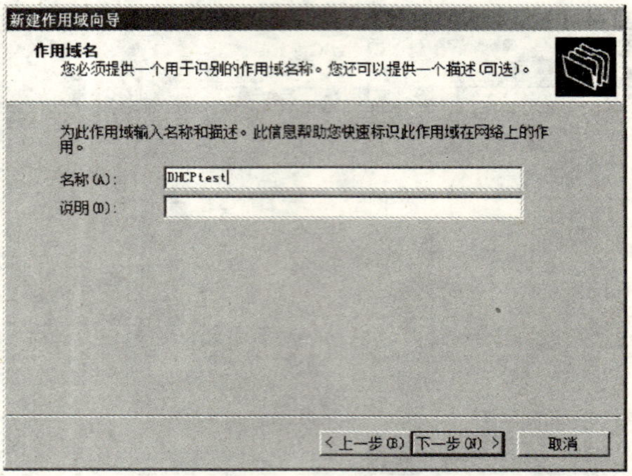

图 4—66　设置 DHCP 作用域的名称

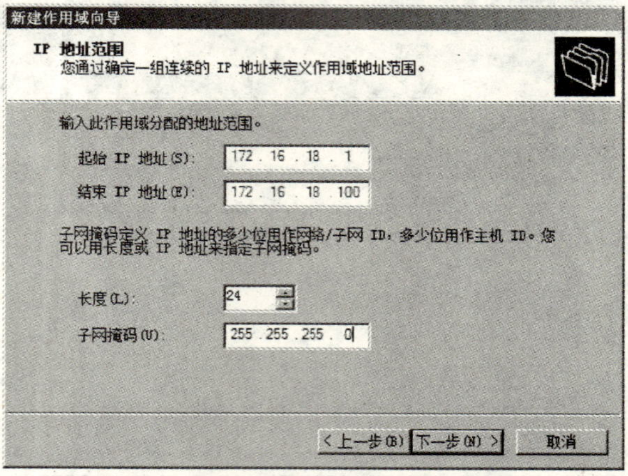

图 4—67　IP 地址范围设置

(5) 单击“下一步”，填写排除的 IP 地址范围。如无排除地址，则直接点击“下一步”，在“租约期限”对话框中将租用时间设置为“1 天”。单击“下一步”，弹出“配置 DHCP 选项”卡片，见图 4—68。

(6) 如果要为客户机指定网关地址，则选择“是，我想现在配置这些选项”，单击“下一步”设置网关地址；否则选择“否，我稍后配置这些选项”。

最后点击“完成”，完成设置。

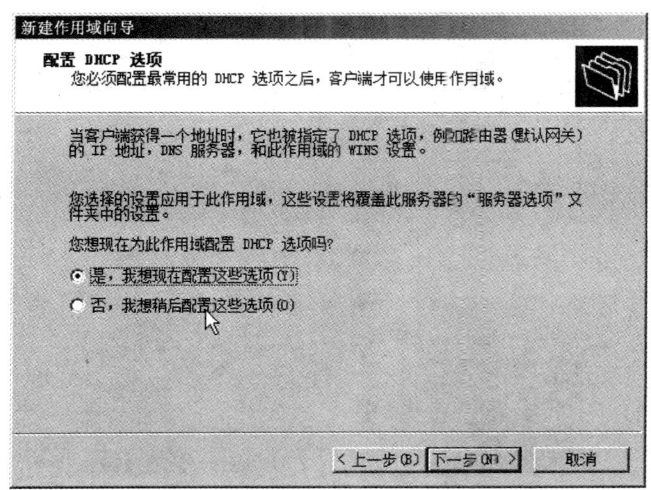

图 4—68　配置 DHCP 选项

4. 配置 DHCP 属性

配置一台 DHCP 服务器的属性在创建该服务器的整个过程中是关键的一步工作。合适的属性配置能够保证该服务器正常、顺利地运行，也只有这样，DHCP 服务器才能对客户机的地址请求作出应答——为客户机分配一个可用的动态 IP 地址。对 DHCP 服务器的属性中的一些关键项目进行合理设置是用户最后完成创建一台 DHCP 服务器的必要工作。下面便来介绍如何对 DHCP 服务器的属性进行设置。

(1) 设置常规选项卡

打开“DHCP 控制台”窗口，选定服务器“IPv4”，右键打开“IPv4 属性”窗口，在“常规”选项卡中，用户可以选定“自动更新统计信息间隔”复选框，然后在“小时”和“分钟”文本框中分别选择刷新时间间隔的数值。这样 DHCP 服务器将按用户设定的时间间隔数值自动统计信息，见图 4—69。

提示：如果用户希望启用 DHCP 日志记录，以使该日志记录每天都将服务器的活动记录到一个文件中，供解答用户有关服务的疑难问题，可以选定“启用 DHCP 审核记录”复选框。另外，若选定“显示 BOOTP 表文件夹”复选框，则可以在“ DHCP 控制台”窗口中显示包含支持 BOOTP 客户端的配置项目的服务器表。

(2) 设置动态 DNS 选项卡

打开“IPv4 属性”窗口，单击“DNS”选项卡，见图 4—70。

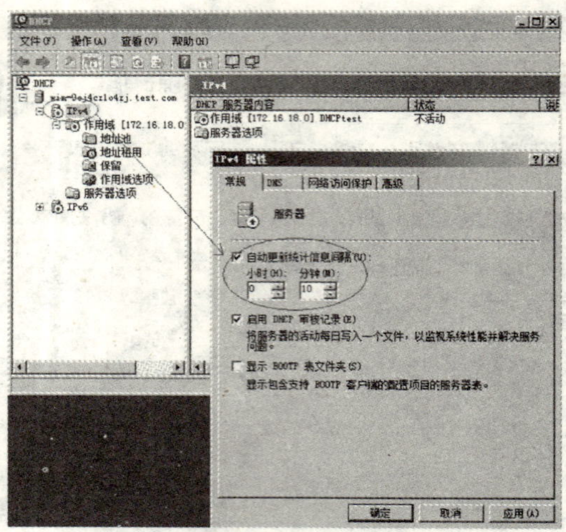

图4—69　“IPv4属性”窗口的常规选项卡

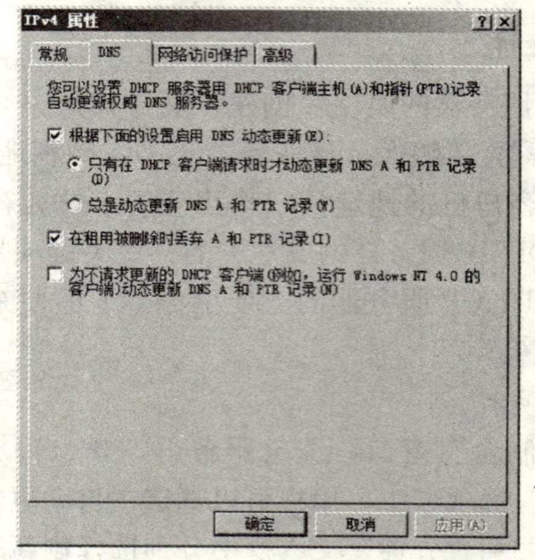

图4—70　“IPv4属性”窗口的“DNS”选项卡

提示：在“动态DNS”选项卡中，如果用户希望DNS服务器的正向和反向搜索能够在客户从DHCP服务器那里获得租约时自动更新，可以选定“根据下面的设置启用DNS动态更新”复选框。启用该功能还包括两种可选的方式：根据客户请求更新方式和总是更新正向和反向搜索方式。用户可以根据需要选定“只有在DHCP客户端请求时才动态更新DNS A和PTR记录”单选按钮或“总是动态更新DNS A和PTR记录”单选按钮中的一个，以便使用该方式启用 DNS 的客户信息更新功能。

如果用户希望 DNS 服务器在客户租用被删除时取消对客户的正向搜索和指针记录，可选定“在租用被删除时丢弃 A 和 PTR 记录”复选框。

（3）设置“高级”选项卡

打开“IPv4 属性”窗口，单击“高级”选项卡，如图 4—71 所示。

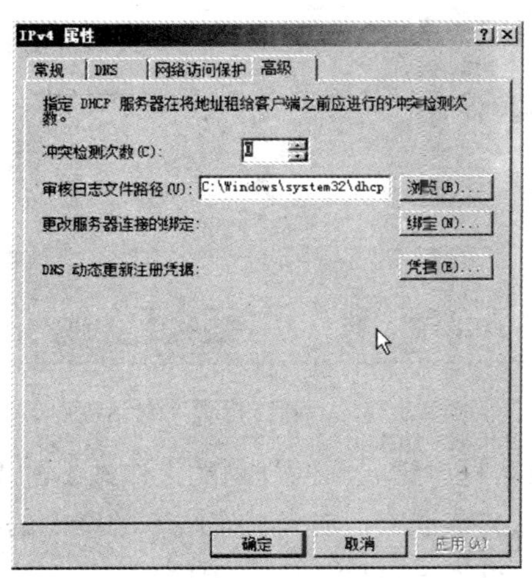

图 4—71　“IPv4 属性”窗口的“高级”选项卡

提示：在“高级”选项卡中，如果用户希望 DHCP 把 IP 地址租给客户之前，DHCP 服务器能够对将要分配的 IP 地址进行一定次数的冲突检测，可以通过“冲突检测次数”微调器来调整冲突检测的次数，以使 DHCP 按照指定的次数对 IP 地址进行检测。

如果用户需要更改 DHCP 服务器连接的绑定，可单击“绑定”按钮，系统会自动完成服务器连接的绑定。

5. 为客户机保留 IP 地址

（1）获得需为其保留 IP 地址的客户机的网卡的物理地址。以工作站 1 为例，可在登录该客户机后，单击“开始”菜单，选择“运行”，在运行对话框中键入“ipconfig /all”查看网卡的物理地址（注意：此时网卡的物理地址中包含连接号。）

（2）登录 DHCP 服务器，启动 DHCP 管理器。

（3）在左边树形目录中展开所有分支。

（4）右击“保留”分支。

（5）单击快捷菜单中的“新建保留”，出现“新建保留”对话框，见图 4—72。

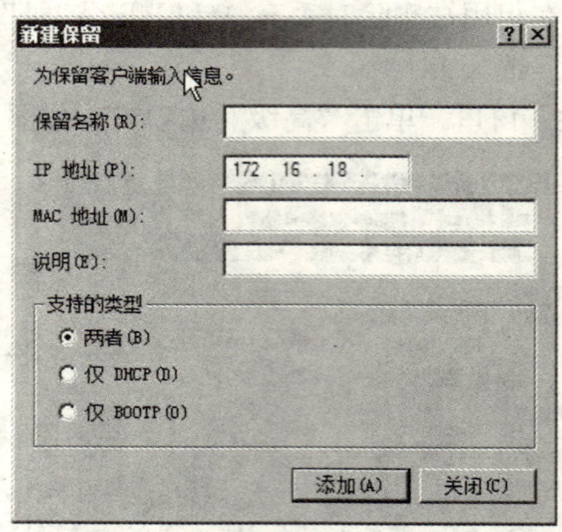

图 4—72 “新建保留”对话框

（6）在 IP 地址文本框中键入前面规划的工作站 1 的 IP 地址。

（7）在 MAC 地址文本框中，输入工作站 1 的网卡的物理地址。

（8）在说明项中，键入 studentx（x 为序号）。

（9）单击“添加”完成。

6. 安装 DHCP 客户端

（1）打开“本地连接”属性窗口，选择“Internet 版本 4（TCP/IPv4）”，点击属性。

（2）单击“IP 地址”选择卡。

（3）选择自动获得 IP 地址。

（4）单击“确定”按钮。

7. 验证 DHCP 分配的 TCP/IP 信息

在客户端，输入 ipconfig /all 命令检测是否已经获取到服务器分配的 IP 地址。请学生分别在客户机 1 与客户机 2 上，通过上述命令查看 TCP/IP 配置，并完成以下工作：

（1）将 DHCP 服务器分配给自己的 IP 地址、子网掩码及租用期限等数据记录下来（见表 4—13）。然后回到 DHCP 服务器验证地址信息的正确性。

表 4—13　　DHCP 服务器分配参数记录表

工作站 1 的 MAC 地址	
工作站 1 的 IP 地址	
工作站 1 的 IP 地址的子网掩码	
工作站 1 的地址租用期限	
工作站 2 的 IP 地址	
工作站 2 的 IP 地址的子网掩码	
工作站 2 的地址租用期限	

（2）用 ipconfig 命令查看相关参数。

8. 删除 DHCP 服务器

在下面的情况下，需要删除 DHCP 服务器：

- 需要重新创建一个新的 DHCP 服务器；
- 想删除已经建立的 DHCP 服务器以减轻 Windows Server 2008 服务器的运算量；
- 由网络中其他的 DHCP 服务器代替本机为客户机分配动态 IP 地址，以此来提高服务器的整体运行速度。

删除 DHCP 服务器的方法是，打开“DHCP 控制台”，右键点击服务器选择“删除”，见图 4—73。

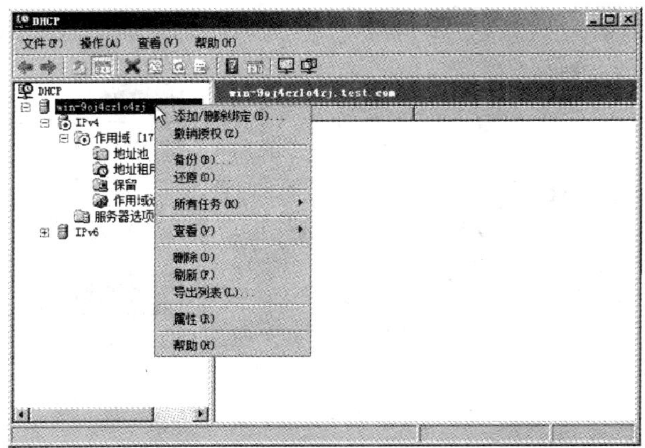

图 4—73　删除 DHCP 服务器

4.7 远程登录

4.7.1 本地注册与远程登录

1. 注册

在一个计算机系统中，当用户从键盘上键入一个字符时，这个字符就会被发送到计算机主机中，同时回送到监视器。一个较大的计算机系统可以支持多个用户，每个用户通过一个终端（通常由键盘、监视器和鼠标组成）与计算机交互；计算机分时地处理每个用户的请求，并使每个用户都有独享计算机的感觉，可以使用系统资源，从一个程序切换到另一个程序，但是实际上，每个用户都只有系统分配的使用特定系统资源的权力。为了识别用户，在分时操作系统环境中，要给每一个授权用户一个标识，通常还有一个口令。用户标识定义用户是系统的一部分，用户口令用于安全性检查，防止非授权用户使用系统资源。因此，一个用户要接入到多用户系统中时，首先要使用用户标识或注册名字登录到系统，系统还要进行口令检查。

2. 本地注册

本地注册是指用户注册到本地的分时系统上。如图 4—74 所示，当用户在终端上键入字符时，键入的字符就被终端驱动程序接收；接着操作系统就解释字符组合，并调用所使用的应用程序。

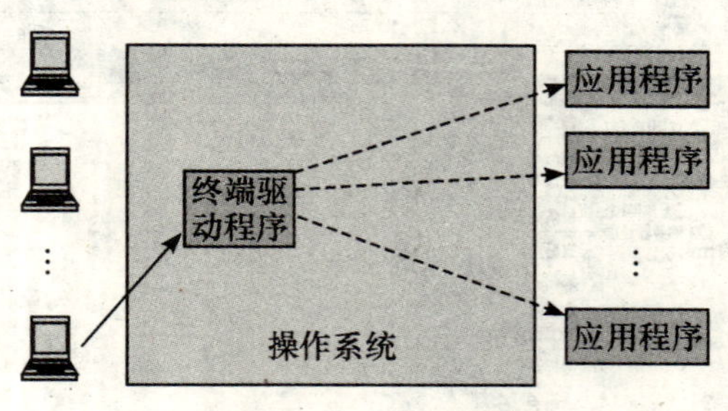

图 4—74 本地注册

3. 远程登录

远程登录 Telnet 是终端网络（terminaL network）的缩写，它可以建立一个远程 TCP 连接，让用户（使用主机名和 IP 地址）注册到远地的一个主机上。这时，用户把击键信号传到远地主机，也把远地主机的输出通过 TCP 连接返回到本地屏幕，就好像使用的终端直接连接到远地主机上一样。

如图 4—75 所示，Telnet 采用客户机/服务器模式。在本地系统上运行 Telnet 客户进程，在远地主机上运行 Telnet 服务器进程，并使用 TCP/IP 协议传输数据。连接由客户发起，服务器在端口 23 上监听。用户在终端上键入字符发送给终端驱动程序，同时本地操作系统接收这些字符，但不解释它们。这些字符被送到 Telnet 客户程序，由客户程序将它们转换成网络虚拟终端（network virtual terminal，NVT）字符的通用字符集，然后再送入本地 TCP/IP 堆栈。这些 NVT 形式的命令或正文通过 Internet 传送到远程的计算机中，由远程机器中的 TCP/IP 堆栈接收并交付操作系统，然后递交给 Telnet 服务器将这些字符转换为远程计算机可以解释的相应字符。这些字符还不能直接交给操作系统，因为远程操作系统不接收来自 Telnet 服务器的字符，只接收来自终端的字符。为此增加一个伪终端驱动程序模块，它将这些字符伪装成好像是从一个本地终端发来的，这样，操作系统就能将这些字符传递给适当的程序了。

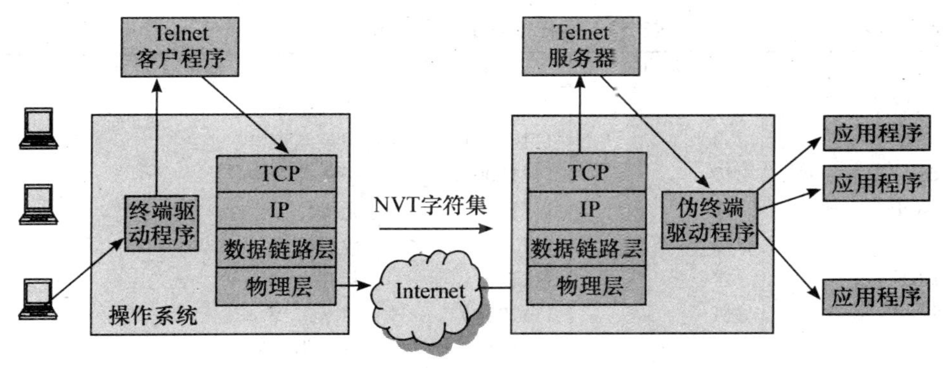

图 4—75 远程登录

网络虚拟终端是一种双向字符设备。它包括一个字符输出显示设备和一个输入键盘。显示设备负责响应从 Telnet 连接上接收到的数据，键盘通过 Telnet 连接向对方发送数据。当要求回显时，显示设备也响应键盘产生的数据。

4.7.2 NVT 字符集

Telnet 之所以能够适应许多千差万别的计算机和操作系统，其关键在于网络虚拟终端 NVT。NVT 定义了一种服务器系统格式与客户机系统格式之间的中间格式——NVT 字符集，实现了它们的相互转换，而不是主机或客户间直接将本方的信息转换成对方设备能识别的信息。

NVT 字符集包括两个 8 位的字符集，如图 4—76 所示，其中一个为数据字符集，供数据用；另一个为远程控制字符集，供远程控制用。

图 4—76 NVT 字符

1. 数据字符集

NVT 使用的数据字符集的低 7 位与 US ASCII 的低 7 位相同，但最高位为 0，称为 NVT ASCII，目的是在客户机与服务器之间使用选项，协商取得一致。

2. 远程控制字符集

控制字符集用于在客户机和服务器之间传送控制字符，为与数据字符相区别，最高位为 1。表 4—14 列出了一些 NVT 远程控制字符及其表示和意义。

表 4—14 一些 NVT 远程控制字符及其表示和意义

字 符	十进制码	二进制码	意 义
EOF	236	11101100	文件结束
EOR	239	11101111	记录结束
SE	240	11110000	子选项结束
NOP	241	11110001	无操作
DM	242	11110010	数据标记
BRK	243	11110011	断开
IP	244	11110100	中断进程
AO	245	11110101	异常中止输出
AYT	246	11110110	对方是否还在运行
EC	247	11110111	擦除最后一个字符
EL	248	11111000	擦除行
GA	249	11111001	前进
SB	250	11111010	子选项开始
WILL	251	11111011	同意激活（enable）选项
WONT	252	11111100	拒绝激活选项
DO	253	11111101	认可选项请求
DONT	254	11111110	拒绝选项请求
IAC	255	11111111	作为控制解释（下一个字符）

说明：

（1）在Telnet的默认实现中，用户不能在本地进行编辑，编辑工作必须在远程服务器处进行。因此，所有的编辑操作（如字符擦除）都要转换成控制字符（如擦除字符为EC）。

（2）在客户机与服务器之间的数据流中，为了区分数据字符和远程控制字符，要在每个远程控制字符序列前面加一个特殊的控制字符——IAC（解释为控制）。例如，某用户想发送数据字符序列：

```
cat file2
```

但在键盘上将f敲成了g，随后即改正时的敲键过程为：

```
cat g 〈backspace〉 file2
```

而从客户端传向服务器端的字符流如图4—77所示。

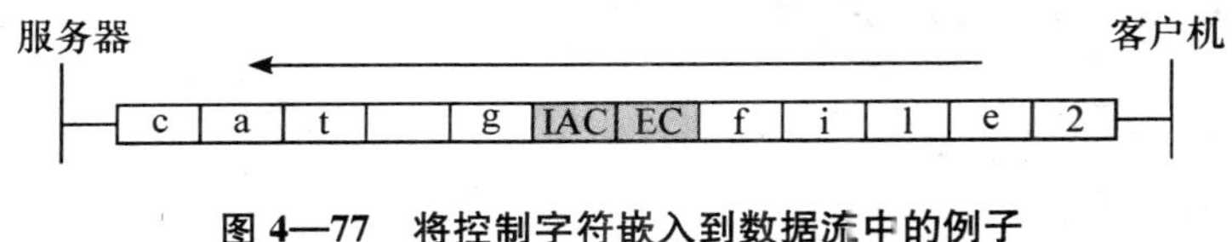

图4—77 将控制字符嵌入到数据流中的例子

3. 协商选项

在远程登录过程中，使用选项可以使不同的终端获得不同的服务特性。表4—15列举了常用的一些协商选项。

表4—15 一些常用协商选项

选 项	代 码	意 义
二进制	0	使用8位二进制传输
回显	1	将收到的数据送回发送端显示
状态	5	请求Telnet的状态
定时标记	6	定义定时标记
终端类型	24	设置终端类型
终端速率	32	设置终端速率
行方式	34	改变到行方式

客户端与服务器端在服务使用前或服务使用中首先要对选项进行协商。有的选项由服务器激活，有的仅能由客户激活，还有一些则可以由服务器或客户激活。一个选项需要通过提供（offer）或请求激活。一方的提供可以激活一个选项，而另一方可以同意或不同意该提供。

选项协商要使用如下4种控制字符：

- WILL　提供激活选项
  接受请求激活选项
- WONT　拒绝请求激活选项
  提供禁止选项
  接受禁止选项
- DO　同意提供激活选项
  请求激活选项
- DONT　不同意提供激活选项
  同意提供禁止选项
  请求禁止选项

4.7.3 Telnet 工作方式和用户命令

1. 工作方式

Telnet 一般具有三种工作方式。

（1）默认方式

在默认方式下，回显由客户完成。用户键入一个字符，客户机将其回显到显示器或打印机，并且要到一行完成才发送。发送后，在接受新行之前，要等待来自服务器的 GA（前进）命令。它是一种半双工操作方式，当 TCP 连接是全双工时，效率较低，已经属于陈旧工作方式。

（2）字符方式

在字符方式下，回显由服务器完成。用户键入一个字符，就从客户机发给服务器，服务器再将该字符回显在客户机的屏幕上。在这种方式下，对每一个字符，将在客户机与服务器之间传送 3 个 TCP 报文段：

- 用户键入一个字符，发给服务器；
- 服务器确认收到的字符，将该字符回显回去；
- 客户机确认收到回显的字符。

因此，这种方式的字符回显会被延迟，并将产生较大的网络开销。

（3）行方式

在行方式下，行的编辑（回显、字符擦除、行擦除等）由客户机完成，然后客户将整个行发给服务器。这种方式可以弥补默认方式和字符方式的不足。

2. 用户命令

表 4—16 列出了一组用户命令。

表4—16 一组用户命令

命令	意 义	命令	意 义
open	连接到远程计算机	set	设置操作参数
close	关闭当前连接	status	显示状态信息
display	显示操作参数	send	发送特殊字符
mode	改变到行方式或字符方式	quit	退出 Telnet

4.8 电子邮件

电子邮件（E-mail）是 Internet 上一种最广泛的应用。Internet 的电子邮件系统采用了 C/S 方式，电子邮件的发送与接收由 E-mail 客户程序和服务程序共同完成。

4.8.1 电子邮件系统的基本原理

1. 电子邮件系统的一般构成

电子邮件系统的一般结构如图 4—78 所示。其最主要的部件是用户代理（user agent，UA）和邮件传送代理（MTA）。

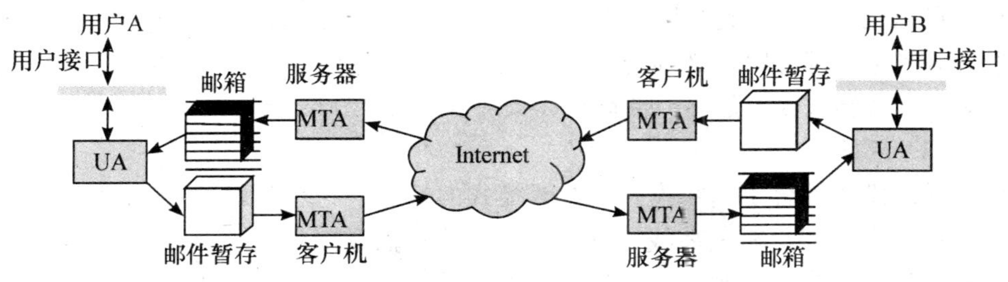

图 4—78 E-mail 的客户机/服务器工作方式

(1) 用户代理

用户代理（UA）通常是一个用来发送和接收邮件的程序。它的主要功能是：

- 发送邮件 UA 为用户准备报文、创建信封，并将报文装进信封，暂存起来。
- 接收邮件 UA 定期检查邮箱，若有邮件到来，就向用户发出一个通知；

若用户打开信箱准备读取邮件，则显示一个清单，给出邮件的有关信息，包括发信人地址、主题、发送时间等。

有些用户代理具有额外的用户接口，向用户提供可视化的交互服务。

（2）邮件传送代理

邮件传送代理（mail transfer agent，MTA）相当于现实生活中的邮局，担任邮件传送工作。MTA 分为客户机 MTA 和服务器 MTA。客户机 MTA 的功能是将暂存的邮件传送到 Internet 上；服务器 MTA 的功能是将 Internet 上送来的邮件传送到客户端的邮箱中。

2. 电子邮件访问模式

电子邮件一旦被传送到邮件存储服务器后，接收者就可以访问它。接收者对电子邮件服务器的访问方式有三种：离线（offline）、在线（online）和断线（disconnected）。

（1）离线模式

离线模式是最基本的模式。按照该模式工作时，客户机与邮件存储服务器相连接后，下载所有的接收者邮件，同时从服务器中删除；然后在本地客户机上存储、处理。这种模式简单，仅需要最小的服务器连接时间。

（2）在线模式

在线模式中所有的邮件处理和操作都在服务器上进行（尽管在某些情况下用户可以把邮件下载到本地客户机上，但服务器中仍然保留）。当用户需要访问并处理电子邮件时，必须与服务器保持连接。这样，客户机的配置可以很小，但服务器需要有足够的带宽和资源供多个用户分享。

（3）断线模式

断线模式综合了离线模式和在线模式的特点。在这种模式中，用户能下载邮件在本地客户机上离线处理，但服务器仍然是邮件的保存处。用户处理完邮件后，可再次与邮件服务器连接并上载所有的改变。采用这种模式，客户机与服务器的连接时间更短，但不论客户机还是服务器都需要足够的资源。

4.8.2 简单邮件传输协议

简单邮件传输协议（simple mail transfer protocol，SMTP）是 Internet 上各 MTA 站点之间的电子邮件传送协议。它规定了 14 条命令和 21 种响应，主要用于连接建立、邮件传送、连接释放。

1. 命令

SMTP 的 14 条命令分为 3 类：

- 强制性命令（5 条）每一种实现都必须支持；
- 常用命令（3 条）；
- 极少使用的命令（6 条）。

表 4—17 为 SMTP 命令列表。

表 4—17　SMTP 命令列表

类型	命令	变　量	说　明
强制性命令	HELO	发送(客户)端主机名	客户用来标识自己
	MAIL FROM	发信人	客户用来标识发信人
	RCPTTO	预期收信人	客户用来标识预期收信人
	DATA	邮件主体	用来发送真正的报文
	QUIT		用来结束报文
常用命令	RSET		复位：用来使当前邮件事务异常中止
	VRFY	需要验证收信人的名字	用来验证收信人地址
	NOOP		
极少使用的命令	TURN		让收信人和发信人交换位置
	EXPN	需扩展的邮件发送清单	要求接收主机将作为变量的发送清单进行扩充，并返回清单收信人邮箱地址
	HELP	命令名	要求收信人发送关于作为变量的命令的信息
	SEND	预期的收信人	指明邮件要交付给收信人终端，而不是邮箱
	SMOL	预期的收信人	指明邮件要交付给收信人终端或邮箱
	SMAL	预期的收信人	指明邮件要交付给收信人终端和邮箱

2. 响应

每个 SMTP 命令必须且只有一个响应。这些响应可以保证在邮件传输过程中请求和处理的同步，也可以保证发送 SMTP 方知道接收 SMTP 方的状态。

SMTP 响应由 3 位数字组成，后面跟一些文本。数字决定下一个应该进入的状态，而文本是一些说明。

3. 邮件传送过程

一个邮件报文的传送过程需要经过 3 个阶段。

（1）建立连接

在使用SMTP进行邮件传送过程中，客户机（发送）端使用短暂端口，服务器（接收）端使用公认端口25。当客户与服务器的公认端口25之间建立了一条TCP连接后，SMTP服务器就开始其连接阶段。

（2）传送报文

SMTP在客户与服务器之间建立连接后，发信人就可以向一个或多个收信人发送一个单独的报文了。

（3）终止连接

报文传送成功后，客户就可以终止连接。

4.8.3 其他几个重要的电子邮件协议

1. 通用 Internet 邮件扩充标准

通用Internet邮件扩充标准（multipurpose internet mail extensions，MIME）是一个辅助协议，它允许非ASCII数据通过SMTP传送。为适应任意信息数据类型的表示，每个MIME报文要包含告知收信人数据类型和所使用编码的信息。基本内容类型用于说明邮件的性质。表4—18列出了7种基本内容类型及其含义。

表4—18 **7种MIME的基本内容类型及其含义**

基本内容类型	子类型	说明
text	plain	无格式文本
	richtext	有少量格式命令的文本
image	gif	GIF格式静止图像
	jpeg	JPEG格式静止图像
audio	basic	可听见声音
video	mpeg	MPEG格式影片
application	octet-stream	不间断字节序列
	postscript	PostScript可打印文件
message	rfc822	MIME RFC 822邮件
	partial	为传输而分割开的邮件
	external-body	从网上获取文件
multipart	mixed	按规定顺序的几个独立部分
	alternative	不同格式的同一文件
	parallel	必须同时读取的几部分
	digest	每一部分都是完整的RFC 822邮件

2. 邮局协议和 Internet 报文存取协议

以拨号连接方式进行电子邮件传送的用户一般都要使用邮局协议（post office protocol，POP)。这种情况下，用户要先拨号，与邮箱所在的计算机建立连接；连接成功就可以运行 POP 客户程序，与远地的 POP 服务器程序通信，发送或接收电子邮件。

POP 是一个离线协议，它是一个具有存储转发功能的中间服务器，用户每次打开邮箱，即将邮箱中接收到的邮件一次性取回到自己的计算机上，POP 服务器就不再保存这些邮件，用户与 POP 服务器的连接即中断。此后，用户便可以在自己的计算机上自由地处理收到的邮件。图 4—79 为 POP 的一种工作过程。

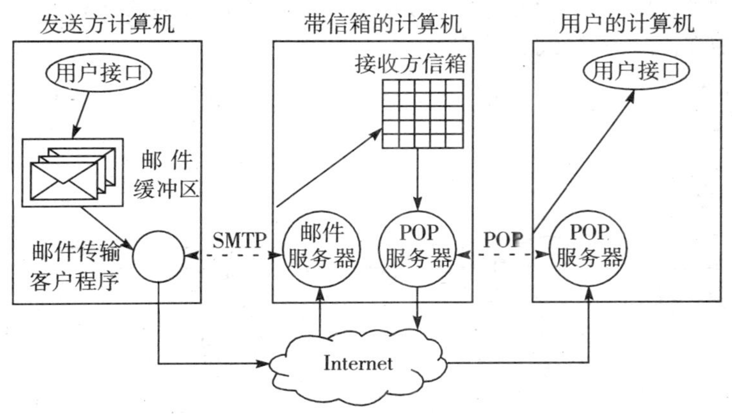

图 4—79　POP 的一种工作过程

Internet 报文存取协议（Internet message access protocol，IMAP）是美国斯坦福大学从 1986 年就开始开发的与 POP3 对应的一种多重邮箱电子邮件协议。它能从邮件服务器上获取有关 E-mail 信息或直接收取邮件，具有高性能和可扩展的优点。它提供在线、离线、断线三种操作模式，使用户可以在远地操纵服务器邮箱。所有收到的邮件要先送到 IMAP 服务器。用户需要打开某个邮件，才能将该邮件传到自己的计算机中，在用户未发出删除该邮件的操作之前，它一直保存在 IMAP 服务器上。显然，使用 IMAP 与使用 POP 相比，用户与服务器的连接频繁且时间长。

应当注意，IMAP 和 POP 是用户与本地邮件服务器之间的邮件传送协议，而 SMTP 是 Internet 上各 MTA 站点之间的电子邮件传送协议。

3. 邮件转发

邮件转发（mail forwarding）软件可以将邮件中使用的邮件地址映射为一个或多个新的邮件地址。此外它还包含一个邮件别名扩展（mail alias expansion）机制。使用别名系统允许单个用户拥有多个邮件标识符，于是就可以建立一些邮件发送清单（mailing list）使一个标识符与一批收信人相关联，利用邮件分发器（mail exploder）将接收到的一个邮件发送给一大批人。在 Internet 上有许多开放的邮件发送清单。

4. 中继 MTA 与电子邮件网关

SMTP 并非唯一的电子邮件协议。如图 4—80 所示，当一个专用网中不使用 TCP/IP 协议时，其所使用的电子邮件协议也会与 SMTP 不同。这时可以通过电子邮件网关（E-mail gateway）实现不同协议之间的转换，将一种格式的邮件转换成另一种格式。

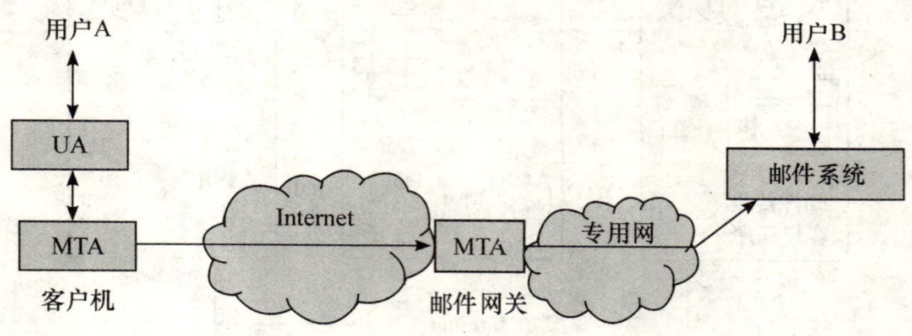

图 4—80 电子邮件网关的工作过程

4.9 超文本传输

4.9.1 超文本与 Web

1. 概述

毫无疑问，阅读本书的读者都已经使用过 Internet 上的浏览器了，也体味过浏览时从一个网页跳跃到另一个网页，从某处跳跃到他处的奇妙功能了。这就是超文本技术。它是指一个含有多个链接的文本文件，每一链接可以指向任何形式的、计算机可以处理的其他信息源，即它可以通过热链路（hotlink）

或关键字（词）链接到其他文本、图像、声音、动画等任何形式的文件中，形成一种“联想”关系。一个超文本由多个信息源链接（hyper link）而成，并且这些信息源的数目可以不受限制，从一个文档链接到另一个文档，形成遍布世界的WWW。

WWW简称Web，这个名字本身就非常形象地定义了用链接技术组织的全球性信息资源。它所使用的服务器称为WWW服务器或Web服务器，每个Web服务器都是一个信息源。遍布全球的Web服务器，通过链接把各种形式的信息，如文本、图像、声音、视频等无缝隙地集成在一起，构筑成密布全球的信息资源。Web浏览器则提供以页面为单位的信息显示。用户在自己的计算机上安装一个Web浏览程序和相应的通信软件后，只需要提出自己的查询要求，就可以轻松地从一幅页面跳到另一幅页面，从一台Web服务器跳到另一台Web服务器上，自由自在地漫游Internet世界了。用户无需关心这些文件存放在Internet上的哪台计算机中，具体到什么地方、如何取回信息都由Web自动完成。

2. URL

任何一个信息文档、图像、视频或音频图片都可以被看成是一种资源。为了引用资源，应当使用唯一的标识来描述它放在何处以及软件如何存取它，当前使用的机制称为统一资源定位器（uniform resource locator，URL）。URL地址既可以是本地硬盘上的某个文件，也可以是Internet上的一个网点。

简单地说，URL由两部分组成：

sckema：path

这里，sckema表示连接模式。连接模式是资源或协议的类型。WWW浏览器将多种信息服务集成在同一软件中，用户无需在各个应用程序之间转换，界面统一，使用方便。目前支持的连接模式主要有：http（超文本传输协议）；ftp（远程文件传输协议）；gopher（信息鼠）；WAIS（广域信息查询系统）；news（用户新闻讨论组）；mailto（电子邮件）。

path部分一般包含有主机全名、端口号、类型和文件名、目录号等。其中主机全名以双斜杠“//”打头，一般为资源所在的服务器名，也可以直接使用该Web服务器的IP地址，但一般采用域名体系。

path部分的具体结构形式随连接模式而异，下面介绍两种URL格式。

(1) HTTP URL格式

http：//主机全名［：端口号］/文件路径和文件名

由于 HTTP 的端口号默认为 80，因而可以不指明。

（2）FTP URL 格式

ftp：//［用户名［：口令］@］主机全名/路径/文件名

其中，缺省的用户名为“anonymous”，用它可以做匿名文件传输。如果账户要求口令，口令应在 URL 中编写或在连接完成后登录时输入。

4.9.2 B/S 计算模式与浏览器结构

1. B/S 模式及其特点

Web 以 B/S 模式（浏览器/服务器模式）工作。B/S 模式是在 C/S 模式基础上发展起来的一种适合 Web 工作的模式。它一方面继承了 C/S 模式中的网络软硬件平台和应用，又有了一些新的发展，形成一些 C/S 模式所不及的特点。下面介绍这些特点。

（1）用户访问方式

在 C/S 计算模式中，一般采用具有图形用户接口（GUI）的 PC 机作为客户机端设备；用户在客户机上以事件驱动方式，一对多（即 1 对 M）地访问应用服务器上的资源。

在 B/S 模式中，用户在基于浏览器的客户机上以网络用户界面（NUI）方式多对多（即 N 对 M）地访问服务器上的资源。

（2）体系结构

通常 B/C 模式采用图 4—81 所示的浏览器—Web 服务器—应用数据库服务器的三层结构。这时，在用户端只需要安装一个通用的浏览器软件，不需要安装应用软件，做到了与软硬件平台无关，为用户提供了方便。并且，它的前端是以 TCP/IP 协议为基础的，企业内的 Web 服务器可以接受安装有 Web 浏览程序的 Internet 终端的访问。作为最终用户，只要通过 Web 浏览器，各种处理任务都可以调用系统资源来完成，这样大大简化了客户端，减轻了系统维护与升级的成本和工作量，降低了用户的总体拥有成本（TCO）。

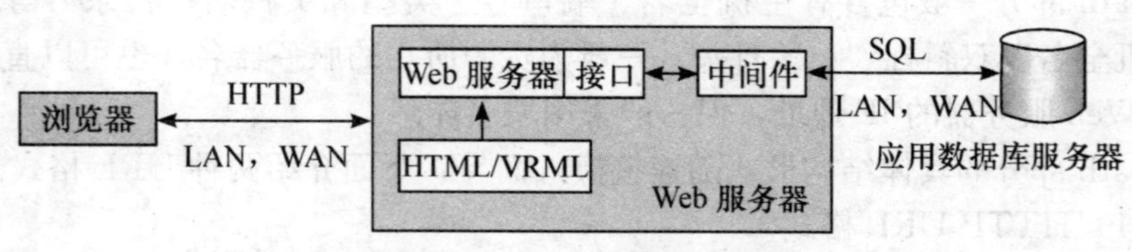

图 4—81 Web 信息服务框架

(3) 开发、维护和升级

在 C/S 模式中，客户端承担着显示逻辑和事务处理逻辑双重功能。系统设计中软件开发的工作量主要在客户端。相对而言，服务器端只承担数据处理逻辑，是一种通用功能，开发相对简单。因此，系统维护的工作量也主要在客户端。

在 B/S 模式中，客户端是一种通用的浏览器，没有多少开发量，主要工作在服务器端。随着软件系统的改进和升级越来越频繁，B/S 架构的产品明显体现更方便的特性。无论用户的规模有多大，有多少分支机构，都不会增加任何维护升级的工作量，所有的操作只需要针对服务器进行。如果是异地，只需要把服务器连接上网即可立即进行维护和升级，这对人力、时间、费用的节省是相当惊人的。

表 4—19 对 B/S 模式与 C/S 模式的特点进行了对比。

表 4—19　B/S 模式与 C/S 模式特点的对比

	结　构	应用软件分布	客户机	客户访问形式	数据流	平台无关性	开发点
C/S	两层结构：客户机—服务器	客户端和服务器端	胖客户机	1：M/GUI	突发性	否	客户机
B/S	三层结构：浏览器—Web 服务器—应用数据库服务器	服务器端	瘦客户机	N：M/NUI	不可预测	是	服务器

2. 浏览器结构

在 B/S 模式中，用户的本地计算机或经远程登录的主机中运行有 Web 的客户程序，即 Web 浏览器。Web 浏览器主要提供两种功能：一方面向用户提供风格统一的、使用方便的信息查询界面；另一方面将用户的信息查询请求转换成 Internet 的查询命令，传送到网上相应的 Web 站点进行处理。Web 服务器完成规定的工作就将所查询结果返回客户机，通过客户程序把返回数据格式化为屏幕显示的格式，显示给用户。客户与 Web 服务器间的交互是通过 HTTP 实现的。

图 4—82 描述了浏览器的组成。可以看出，一个浏览器有一组客户、一组解释程序、一个管理客户和解释程序的控制程序。

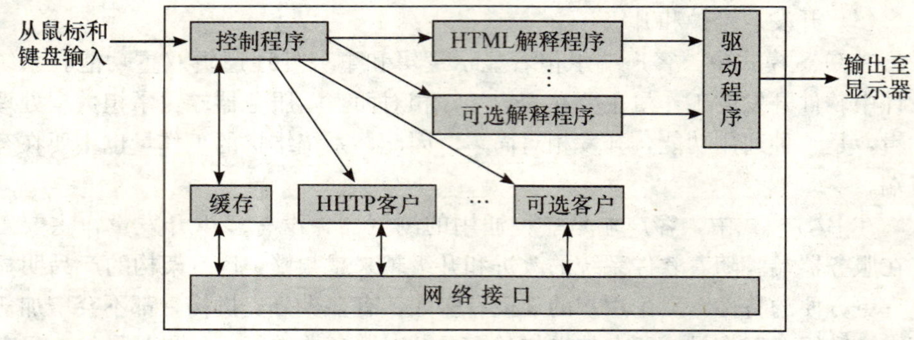

图 4—82 浏览器的主要组成

控制程序是浏览器的核心部件，它解释鼠标命令和键盘输入，并调用有关组件执行用户指定的操作。例如，当用户点击一个链接的起点时，控制程序就调用一个客户程序从远程服务器上将所需文档取回，并调用解释程序向用户显示该文档。

缓存在浏览器中用于存放页面的副本。每当用户点击某一选项时，浏览器首先检查磁盘中的缓存内是否有该项，避免网络过多的传输，以改善浏览器的运行特性。

4.9.3 HTTP 的工作机制

1. HTTP 的特点

在 Web 系统中，浏览器是一个网络客户机，用户可以用浏览器通过 HTTP 协议并根据某资源的 URL 向 Web 服务器提出请求；Web 服务器一方面通过接口和中间件与网上数据库资源连接，另一方面按用户请求的 URL 将用 HTML/VRML 书写的页面返回给客户端，由浏览器负责解释执行，将最终结果显示在用户面前。因此，浏览器实际上就是一个 HTML/VRML 解释器。

实现 Web 的通信协议 HTTP，是为分布式超媒体信息系统设计的一个协议，它定义了 HTTP 的通信交换机制、请求及响应消息的格式等。

（1）以 B/S 模式为基础

HTTP 支持浏览器与服务器之间通信及相互传送数据。一个服务器可以为分布在世界各地的许多浏览器服务。因而它是一种分布式信息系统，并能对多重协议提供一个统一的通用接口。

（2）简易性

HTTP 被设计成一个非常简单的协议，使得 Web 服务器能高效地处理大量请求，客户机要连接到服务器，只需发送请求方式和 URL 路径等少量信息。由于 HTTP 协议简单，HTTP 的通信与 FTP、Telnet 等协议的通信相比，速度快而且开销小。

（3）可扩充性与内容—类型（content-type）标识

HTTP 具有较好的可扩充性，能够支持所有的数据格式，使用该协议传输的信息不仅仅是超文本，也可以是简单文本、声音信号、图像以及可以在 Internet 上访问的任何其他信息，并让客户程序能够恰当地处理它们。

（4）无连接性

无连接性的含义是限制每次连接只处理一个请求，服务器处理完客户机的请求并收到客户机的应答后，即断开连接，不会继续为这个请求负责，从而不用为保留历史请求而耗费宝贵的资源。这样，实现起来效率十分高，可以节省传输时间。

（5）可靠性

HTTP 是一种建立在 TCP 协议上的协议，它使用 TCP 协议来确保自身的可靠性。

（6）无状态性

HTTP 是一种无状态的协议。无状态是指协议处理事务没有记忆能力。这意味着，由于缺少状态使得 HTTP 累赘少，系统运行效率高，服务器应答快；另一方面由于没有状态，协议对事务处理没有记忆能力，如果后续事务处理需要有关前面处理的信息，那么这些信息必须在协议外面保存。另外，缺少状态意味着所需的前面信息必须重现，导致每次连接需要传送较多的信息。

2. HTTP 的通信端口

HTTP 通信建立在 TCP/IP 连接上，缺省的 TCP 端口号是 80，但也可以使用其他端口号。Web 服务器运行着一个守护进程（HTTP daemon），它始终在端口 80 监听来自远程客户的请求。当一个请求发来时，它就会产生一个子进程来处理当前请求，守护进程继续以后台方式运行，在端口 80 监听来自远程的连接请求。

HTTP 通信中客户提出请求应该带上全部必要的信息，客户机和服务器之间不能对不明确的问题进行磋商。一旦客户提出请求，服务器感到信息不够时没有办法要求客户给出进一步的信息。

HTTP 具有两种报文：请求和响应。

3. 请求报文

图 4—83 给出了请求报文的结构。一个请求报文包含一个请求行、一个首部，还可能有一个主体。

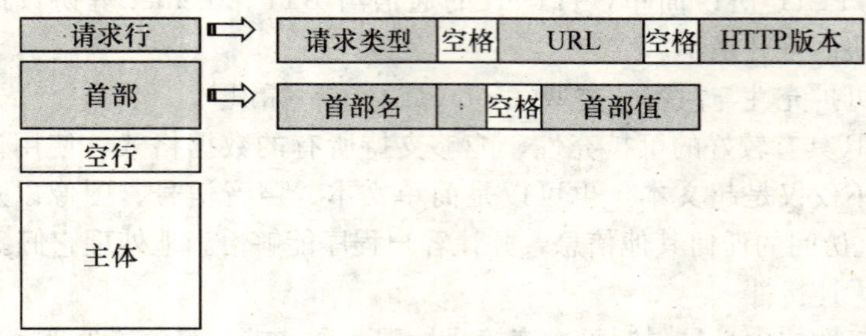

图 4—83 请求报文结构

请求行由 URL 字段、HTTP 版本号字段和请求类型字段三部分组成。请求类型字段是其核心，它定义了几种不同方法的报文。请求方法是客户机向服务器发出的真正命令或请求。HTTP 1.1 中定义的几种方法如下：

GET——客户要从服务器中读取文档；

HEAD——客户只想得到文档的某些信息，而非文档本身；

POST——客户要给服务器提供某些信息；

PUT——客户要将一个新的或替换的文档存储在服务器上；

PATCH——与 PUT 相似，但请求只包含现有文件中出现的差异清单；

COPY——要将文件复制到另一个位置；

MOVE——要将文件移动到另一个位置；

DELETE——要将服务器上的一个文件移走；

LINK——要创建从一个文档到另一个位置的链接；

UNLINK——删除由 LINK 建立的链接；

OPTION——客户机向服务器询问可用的选项。

4. 响应报文

响应报文的组成与请求报文相似：一个状态行、一个首部，有时也包含一个主体。

状态行用于定义响应报文的状态，它包括 HTTP 版本、一个空格、一个状态码、一个空格和一个状态短语。状态短语是以文本形式解释状态码。表 4—20 列出了一些最常用的 HTTP 状态码以及状态短语。

表 4—20　**一些最常用的 HTTP 状态码以及状态短语**

系列	状态码	状态短语	说　明
非正式	100	Continue	已经开始接收请求，用户可以继续发送请求
	101	Switching	同意客户请求，切换到更新首部中定义的协议
成功请求	200	OK	请求成功
	201	Created	创建了新的 URL
	202	Accepted	请求刚被接收，还没有起作用
	204	No content	主体空
重定向	301	Multiple choices	请求的 URL 多于一个资源
	302	Moved permanently	服务器不再使用所请求的 URL
	304	Moved temporarily	所请求的 URL 已经暂时被移动
客户差错	400	Bad request	请求中有语法错误
	401	Unauthorized	请求缺少合适的授权
	403	Forbidden	拒绝服务
	404	Not found	文档未找到
	405	Method not allowed	URL 不支持该方法
	406	Not acceptable	请求的格式不能被接受
服务器差　错	500	Internal server error	服务器端出错，如崩溃
	501	Not implemented	请求的动作无法完成
	503	Service unavailable	服务暂不可用，但以后可能被请求

5. 首部

无论是请求报文中的首部，还是响应报文中的首部，都是用来在客户机和服务器之间传送附加信息。首部可以由一个首部行组成，也可以由多个首部行组成。每个首部行都有如图 4—83 所示的结构：由一个首部名、一个冒号、一个空格和一个首部值组成。

首部行可以分为如下四类：

(1) 通用首部：给出关于报文的通用信息，可以出现在请求报文和响应报文中，如：date 给出当前日期；MIME-version 给出所使用的 MIME 版本。

(2) 请求首部：指明客户的配置和客户优先使用的文档格式，仅出现在请求报文中，如：accept——给出客户能够接受的媒体格式。

(3) 响应首部：指明服务器的配置和关于请求的特殊信息，如：server：给出服务器名和版本号。

(4) 实体首部：给出关于文档主体的信息，如：connect-length 给出文档长度；connect-type 指明媒体类型。

4. 10　简单网络管理协议

4. 10. 1　网络管理功能

网络管理是为保证网络在工作期内能正常地使用网络服务而进行的全部操作和维护性活动。在 OSI 网络管理框架模型中，基本的网络管理功能被划分为 5 个方面：配置管理、失效管理、性能管理、计费管理和安全管理等。

1. 配置管理（configuration management）

一个计算机网络是由多种多样的设备连接而成的，它们的参数、状态、名字以及物理结构和逻辑结构，就构成了计算机网络的配置。但是，由于网络运行环境的变化、系统本身用户的增减以及设备维修等原因，为了使网络有效地工作，网络的配置也要随之变化。为此而采取的各种手段就构成了网络管理的配置管理功能。

配置管理的主要功能有：

- 识别被管网络的拓扑结构；
- 识别网络中的各个对象；
- 激活跟踪程序；
- 保存网络配置文档、请求的服务与服务协议及软件分布情况；
- 动态维护网络的配置数据库；
- 自动修改制定设备的配置。

配置管理的主要目标是有效地维护网络历史的、当前的以及未来的应备配置的详细记录，随时掌握网络的变化或故障可能产生的影响，依据历史记录找出判断和排除网络故障的对策。所以，配置管理是网络管理的基本功能。

2. 失效管理（fault management）

失效管理也称故障管理或网络监控，其目的是保证网络能提供连续可靠的服务，能快速定位并隔离网络中的故障源或发现潜在的故障，并尽快将其排除；其控制方式有主动监控、被动监控（故障检测和诊断）、故障隔离与处理。

3. 性能管理（performance management）

故障管理侧重于故障的诊断与排除，而性能管理侧重于故障的预防。为了防患于未然，故障管理要收集流量、使用者、访问的资源等信息，并解释周期性性能指标度量和验证网络瓶颈，为未来网络的性能提供预测。其目的是在使用最少的网络资源和具有最小延迟的前提下，保证网络提供可靠和连续的通信能力，并使网络资源达到最优化的程度。

4. 计费管理（accounting management）

从本质上讲，计费管理是以网络用户使用网络资源的情况为依据的管理。对于商业化的计算机网络，计费管理要求记录每个用户每次通信的开始时间、结束时间、通信中使用的服务等级、访问的信息资源类型和流量，以便摊派网络运行费用，收取回报。从非商业化的目的出发，计费管理的职能是审计，用来统计不同线路的使用情况、不同资源的利用情况等，以便改善网络的运行质量。

5. 安全管理（security management）

安全管理具有三层含义：

- 保证用户的权益不受损害，如账号被盗用等
- 保证网络上的信息资源不受侵害，如被窃用、篡改、破坏等；
- 保证网络上的设备不被滥用和破坏。

为了保证网络的安全，除了要采取技术措施、法律手段、道德约束外，还应实施有效的管理措施，管理的内容包括：

- 主动监控措施：利用网络的监测和审计设施实时记录网络资源的使用情况，报告越轨行为或发出危险行为警报；
- 被动限制措施：通过对用户注册及其时间、地址位置的限制，口令及其加密控制，对不良行为加以限制；
- 防御式补救措施：主要包括设置资源访问权限、目录与文件属性控制、备份机制与数据加密。

6. 其他

随着计算机网络应用的日益普及和深入，计算机网络管理的地位越来越重要，范围逐渐扩大，例如域名管理、网络地址分配、代理服务等都成为了网络管理的基本内容。

4.10.2　网络管理机构

1. Internet 协会

Internet 是一个无政府管理的计算机网络，目前它的管理主要由一个民间

组织 Internet 协会（Internet Association）负责。Internet 协会成立 1992 年 2 月，是一个自发组织起来对 Internet 的技术、应用、发展方向、标准制定、资源分配等在国际范围内进行协调和管理的机构。图 4—84 是 Internet 协会的组织结构图，它的最高权力机构是会员代表大会 INET，日常工作由 Internet 理事会（Board of Trustees）负责，下设四个机构：

- IAB（Internet Architecture Board）：关于 Internet 技术发展方向的顾问性组织。
- IETF（Internet Engineering Task Force）：由 Internet 技术开发和研究人员组成的组织，讨论和决定 Internet 所有的技术和标准。
- IRTF（Internet Research Task Force）：是一个与 IETF 关系密切的研究机构。
- IANA（Internet Assigned Numbers Authority）：管理 IP 地址，分配 Internet RFC（request for comments）序号以及决定其他与 Internet 运行和服务有关的序号与定义的机构。

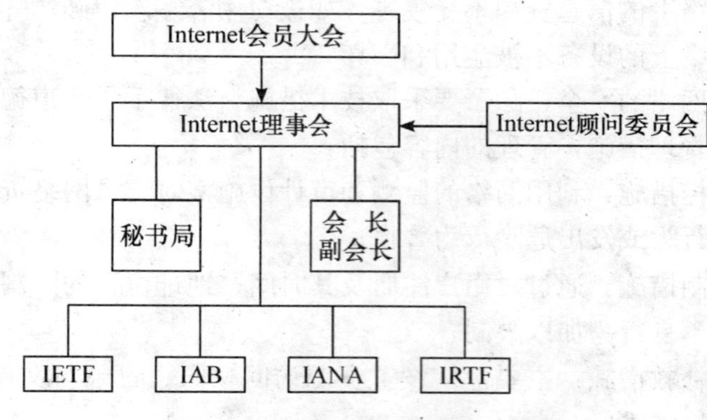

图 4—84 Internet 协会组织机构

2. 国际互联网络信息中心

国际互联网络信息中心（Internet Network Information Center，InterNIC，http://www.internic.net）是 IANA 的运行机构，具体负责 IP 地址的分配、域名注册、协调、目录服务、信息统计和发布服务。

InterNIC 下设有 Internet 的区域注册中心（Regional Internet Registry，RIR）。RIR 的任务是提供全球 Internet 资源和相关的服务，负责管理、分配和登记注册公共的 Internet 号码资源，每个中心都有自己的管辖范围。目前有 4 个 RIR：

- APNIC（Asia Pacific Network Information Center，http://www. apnic. net/）管辖亚太地区；
- ARIN（American Registry for Internet Numbers，http://www. arin. net/）的管辖范围包括北美、加勒比沿岸部分国家以及亚赤道的非洲国家；
- LACNIC（Latin American and Caribbean Internet Addresses Registry，http://www. lacnic. net/en/index. html）的管辖范围包括拉丁美洲和加勒比地区的国家和地区；
- RIPENCC（Réseaux IP Européens Network Coordination Center，http://www. ripe. net/）的管辖范围包括：欧洲、中东、中亚以及赤道以北的非洲国家；

此外，还将成立 AfriNIC（http://www. arin. net/library/internet _ info/afrinic. html），它将管理非洲大陆的相关事务。

3. 网络运行中心

网络运行中心（network operation center，NOC）是各自治域和 ISP 用于完成网络之间的路由、报文转发、计费、安全、与用户相连接以及网络实际运行和维护等有关功能的机构。

NOC 对网络和设备的管理方式有三种。

（1）本地终端方式：通过被管理设备的 RS-232 接口，对被管理计算机系统进行监控、配置、计费以及性能和安全管理。

（2）远程 Telnet 方式：通过远程登录方式，用命令操作对已知地址和管理口令的设备进行管理。

（3）基于 SNMP 的代理/管理器方式。

4. 10. 3 SNMP 管理模型

1. SNMP 管理模型及其结构

简单网络管理协议（simple net management protocol，SNMP）是使用 TCP/IP 协议族对 Internet 上的设备进行管理的一个框架，它提供一组基本的操作对 Internet 进行监视和维护，并使用两个基本概念——管理器（manager）和代理（agent），即采用代理/管理器的网络管理模型，如图 4—85 所示。一个网络管理系统由网络管理站、被管理网络设备（与相应的网络管理代理对应）、被管理网络信息库（management information base，MIB）和 SNMP 协议组成。

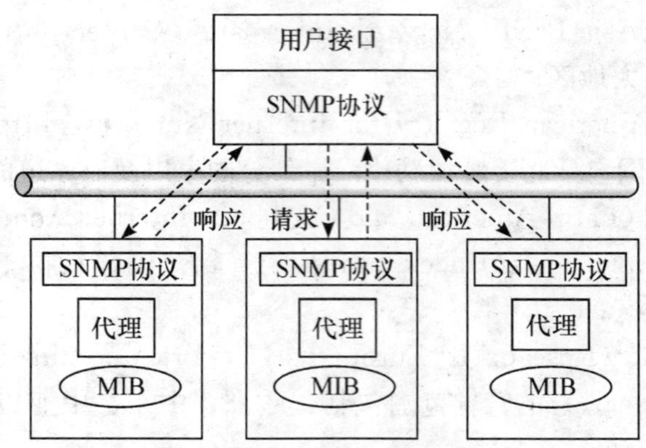

图 4—85　SNMP 管理模型

（1）被管设备可以是网络中的任何类型的结点，包括计算机、通信服务器、打印机、路由器、网桥和集线器等。

（2）代理是运行 SNMP 服务器程序的主机或路由器，它随时记录网络上的各种事件，并随时向管理器报告网络的使用情况以及各项参数。

（3）管理器是运行 SNMP 客户程序的主机，获得代理提供的有关信息后，向代理程序下达有关命令，对网络进行适当调整，使网络达到最佳运行状态。由于有些被管理设备运行网管软件的能力有限，因此必须设定一个最低基准，定义一个最基本的性能指标。

（4）MIB 是管理器能够管理的对象集合。每一个代理都有自己的 MIB。MIB 中所有对象的定义规则和语法，都在 SMI 中有详细的描述，并且应当具备如下几个项目：

- 对象名称；
- 对象类型；
- 访问状态：对象是只读、只写或可擦写的等；
- 对象描述：描述对象的各种信息，如设备规格等可提供管理器解读的数据；
- 对象识别码：即 OID 对象识别码，用于保证对象在 MIB 中的唯一性。

MIB 有许多版本，其中 ISO 制定的 MIB-I 和 MIB-II 是两个重要的标准。

管理器是通过发出请求得到能够反映代理行为的信息来进行检查的，所以它是一个客户端，而代理是服务器端。

Internet 中的管理除了要通过 SNMP 外，还要使用另外一些协议，其中主要是管理信息标准（standard of management information，SMI）。SMI 是

SNMP 的一个指南，它给出描述管理对象 3 个属性的方法：

- 给对象命名的方法；
- 定义可以在对象中存储的数据类型的方法；
- 对在网络上传输的数据进行编码的方法。

SMI 在 RFC1155 中详细定义。

此外，对于一些计算能力差、内存较小的设备（如网桥、调制解调器等），TCP/IP 协议和网管代理等无法直接安装在设备上，只能安装在代理服务器上。

2. SNMP 模型的工作方式

在 SNMP 模型中采用请求/响应方式工作，即网络管理网站通过 SNMP 协议与被管理设备进行交互。管理站按照 SNMP 协议向被管理设备发出各种请求（如读取被管理设备内部对象的状态以及必要时修改一些对象的状态等）；被管理设备执行完指定的操作后，向管理站返回相应的回答。

3. SNMP 网管协议

（1）UDP 端口

SNMP 在两个公认端口 161 和 162 上使用 UDF 服务。公认端口 161 由服务器（代理）使用，162 由客户机（管理器）使用。

（2）管理器轮询，代理报告异常

SNMP 协议是一个异步的请求/响应协议，它的管理功能是通过轮询操作实现的。管理器周期地向被管理设备的代理发送轮询信息，并根据各代理回复的响应进行处理。这时，代理（服务器）在端口 161 上发出主动打开命令，然后等待；而管理器（客户机）使用短暂端口发出主动打开命令。客户机向服务器发送请求报文，以短暂端口为源端口，以公认端口为目的端口；服务器向客户机发送响应报文，以公认端口为源端口，以短暂端口为目的端口。

除了管理器发送轮询信息外，被管理设备也通过代理发送异常信息来中断管理器的工作处理流程。

这种管理器周期地发送轮询信息以监视和维持网络资源，被管理设备的代理进行异常报告的机制，使 SNMP 成为一种实现简单、维护容易和非常有效的管理协议。

（3）SNMP 的通信原语

SNMP 使用 5 种原语实现网络管理功能：

● get _ request：访问代理，并从 MIB 树上得到指定的对象实例值；

● get _ response：响应管理器来的请求，包含响应标识和响应状态信息；

● get _ next _ request：访问代理，并从 MIB 树上检索指定对象的下一个对象实例；

● set _ request：描述在一个对象实例上执行的行动；

● trap：代理向管理器发送异常事件。

（4）格式

SNMP 报文的前四种格式相似，如图 4—86（a）所示，唯 trap 报文格式有所不同，如图 4—86（b）所示。

下面对 SNMP 格式中的有关字段作扼要介绍。

（1）版本（version）：实际值为版本号减 1。

（2）通信体（community）：定义口令。缺省时为“public”。

（3）请求 ID（request ID）：管理器在请求报文中使用的一个序号，代理将在响应中重复。

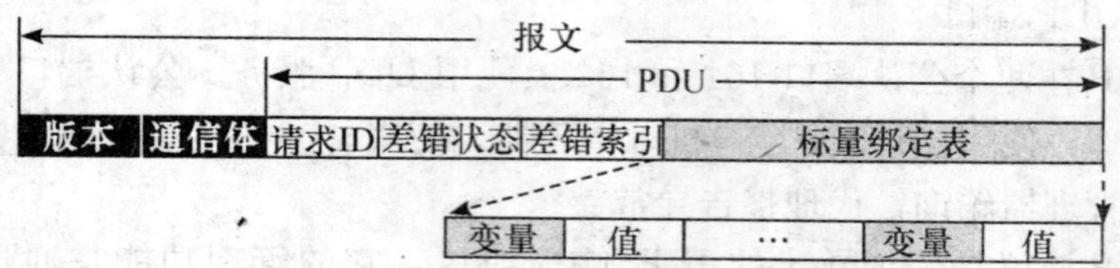

（a） get_request、get_response、set_request和get_next_response报文格式

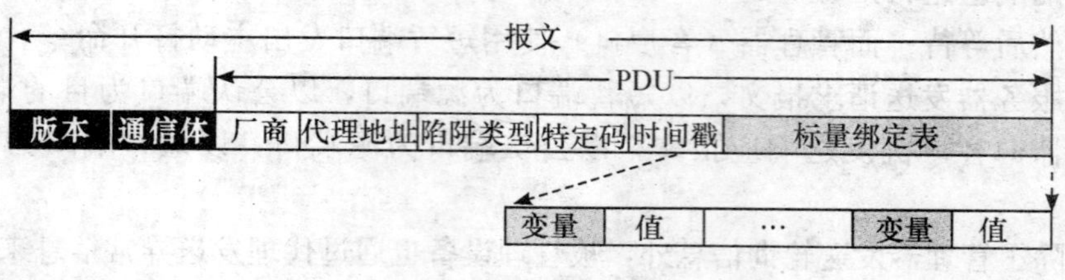

（b） trap报文格式

图 4—86　SNMP 报文格式

（4）差错状态（error status）：只用于响应报文，给出代理报告的差错类型。在请求报文中为 0。可能出现的差错状态有表 4—21 中所示的几种。

表4—21　可能出现的差错状态类型

状态	名称	意义
0	noError	无差错
1	tooBig	响应太大，无法放进一个报文内
2	noSuchName	变量不存在
3	badName	要存储的值无效
4	readOnly	企图修改只读对象
5	genErr	其他

(5) 差错索引 (error index)：是一个偏移，告诉管理器引起差错的是哪个变量。

(6) 变量绑定表 (var bind list)：管理器希望读取或设置的一组具有对应值的变量。

(7) 厂商 (enterprise)：定义产生陷阱的软件包标识 (ObjectID)。

(8) 代理地址 (agent address)：定义陷阱的代理 IP 地址。

(9) 陷阱类型 (trap type)：这些类型如表4—22所示。

表4—22　陷阱类型

状态	名称	意义
0	coldStart	代理已被引导
1	warmStart	代理已被重新引导
2	linkDown	接口出故障
3	linkUp	接口已正常工作
4	uthenticationFailure	检测出无效通信体
5	egpNeighborLose	EGP 路由器变为故障状态
6	enterPriseSpecifie	其他报文

(10) 特定码 (specific code)：陷阱类型为状态6时，定义厂商使用的特定码。

(11) 时间戳 (time stamp)：给出引起陷阱的事件所经历的时间。

习　题

一、选择题

1. (　　) 是整个网络体系结构中的核心，它能提供从源端口到目的端口的可靠而又价格合理的数据传输，而与所使用的网络无关。

A. 物理层　　B. 数据链路层

C. 网络层　　D. 传输层

2. 在下列各组中，（　　）是 TCP/IP 的应用层协议。

A. TCP 和 FTP　　B. DNS 和 SMTP

C. RARP 和 DNS　　D. IP 和 UDP

3. UDP 协议是（　　）。

A. 可靠的无连接协议　　B. 不可靠的无连接协议

C. 可靠的连接协议　　D. 不可靠的连接协议

4. URL 是（　　）。

A. 超文本标记语言　　B. 超媒体传输协议

C. 统一资源定位器　　D. 程序设计语言

5. 下面要一组使用 TCP 服务的协议为（　　）。

A. DNS、DHCP、FTP　　B. TELNET、SMTP、HTTP

C. DHCP、FTP、TELNET　　D. SMTP、FTP、SMTP

二、简答题

1. 简要说明传输层协议的服务级别与网络层质量的关系。
2. 简述 TCP 协议的主要功能。
3. 一个 TCP 报文段的最大负载是多少字节？为什么？
4. 试描述客户机/服务器环境的概念与体系结构。
5. 试述中间件的作用。
6. 试说明 socket API、socket 地址的基本概念。
7. 在应用层使用的客户机/服务器计算模式的主要特点有哪些？
8. Internet 的域名结构与英文信封地址有何异同？
9. 域名解析有哪些方法？
10. 在 FTP 工作时，主进程和从进程各有何作用？
11. 在 FTP 工作时，为什么传输和控制要采用独立的连接？
12. TFTP 与 FTP 有何区别？
13. 简述 DHCP 过程。
14. 比较 SMTP、MIME、POP、IMAP 之间的区别。
15. 简述电子邮件的传输过程。
16. Telnet 协议选项协商的含义是什么？
17. 写出 HTTP 协议请求报文的完整格式。
18. HTTP 有哪些通信方式？
19. 简要说明 WWW 的工作过程。

20. 什么是MIB？它有什么作用？如何访问它？
21. 简述SNMP的组成和功能。

三、实践题

1. 编写两台主机间的TCP回程延时测试程序。程序的功能如下：

（1）服务器端的功能：

- 从客户端接收数据；
- 接收数据后，立即将数据原样返回给客户端。

（2）客户端的功能：

- 向服务器发送数据；
- 发送数据后，立即接收从服务器原样返回的数据；
- 计算从发送到接收之间的时间——回程延时；
- 选择不同大小的数据，共测试5种不同大小的数据；
- 每一种大小的数据测试50次，计算平均回程延时。

2. 编写多人聊天程序。程序功能如下：

（1）可以支持多人聊天（用户数可自定义）。

（2）用户发送的聊天内容经过服务器传送到另外的客户端。

（3）用户通过用户名登录。

（4）采用多线程程序。

3. Intranet是一种在某个组织内部建立的基于局域网并运行TCP/IP协议栈的网络。设计一个用于建立Intranet的最小环境，并安装至少3种服务器。

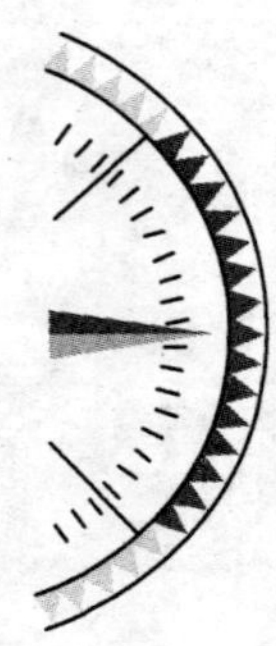

第5章

计算机网络安全

现代的人类社会建立在两个空间之上：一个的现实世界，一个是虚拟世界，并且这两个世界互相交融。计算机网络不仅是人类社会虚拟世界的支柱，也是连接现实世界与虚拟世界的纽带。因此，它的安全事关重大。

5.1 计算机网络的安全风险

5.1.1 风险＝威胁＋脆弱性

计算机网络是重要的系统，重要的系统会吸引许多安全威胁；计算机网络是复杂系统，复杂的系统往往是脆弱的。威胁＋脆弱性＝风险。

脆弱性（Vulnerability）是指从自身分析计算机网络被威胁而出现异常的各种根源和因素，也可以称为漏洞。

风险（risk）是对某个已知的可能引发某种成功的攻击的脆弱性代价的测度。图5—1表明了一种关系：当某个资源的价值越高，且攻击成功的概率越大时，风险就越高；当某个资源的价值越低，且攻击成功的概率越小时，风险就越低。对威胁和脆弱性进行综合，可以将风险分为低、中、高三个级别。

（1）低风险。当系统具有较低的脆弱性或者面临较低的威胁时，其安全将处于低风险级别。

（2）中等风险。当系统具有中等的脆弱性或者面临中等的威胁时，其安全将处于中等风险级别。

（3）低风险。当系统具有较高的脆弱性并且面临较高的威胁时，其安全将处于高风险级别。

这一节从脆弱性和威胁两个角度分析计算机网络的安全风险。

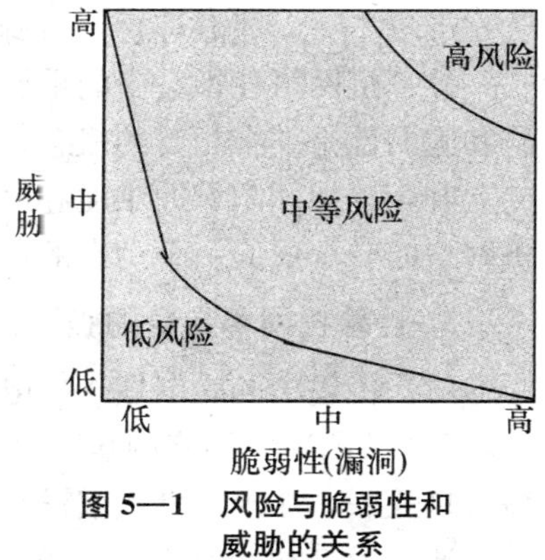

图 5—1　风险与脆弱性和威胁的关系

5.1.2　计算机网络的脆弱性

脆弱性导致计算机网络呈现一些薄弱环节或漏洞。任何威胁都是因为系统本身具有薄弱环节或漏洞才形成或出现的。计算机网络的脆弱性根源很多，下面是一些主要方面。

1. 基于系统复杂性的结构性脆弱

一般来说，系统规模越大、越复杂，设计、建造和管理的难度就越大，所包含的漏洞就越多，系统就越脆弱。例如，一个 Windows 操作系统，尽管推出已经有十几年之久，但其漏洞还不断被发现。

计算机网络安全是一个多种要素的复杂集成，是一种“互动关联性”很强的安全。按照木通原理，整体的脆弱性等于最薄弱处和最薄弱时刻的脆弱性，只要有一处存在安全隐患，系统就存在安全隐患；只要有 1%的不安全，就等于 100%的不安全；只要某个时刻表现出脆弱，系统就是全程的脆弱。

2. 基于攻防不对称性的普通性脆弱

在这个充满竞争的世界里，攻击与防御相伴而生并且永不会完结。不过，防御往往要比攻击付出更多的代价，因为：

- 攻击可以在任意时刻发起，防御必须随时警惕；
- 攻击可以选择一个薄弱点进行，防御必须全线设防；
- 攻击包含了对未知缺陷的探测，防御只能对已知的攻击防御；
- 攻击常在暗处，具隐蔽性；防御常在明处，表面看起来完美，使人容易疏忽，丧失警惕；

● 攻击可以肆意进行，防御必须遵循一定的规则。

计算机网络在社会中的重要地位，致使它不断受到花样翻新的攻击。而威胁和脆弱性是一个相对的概念。攻与防之间的严重不对称，导致了系统脆弱性的上升，增加了防御的难度和成本。同时，攻击与防御在相互的博弈中，计算机网络的安全成为一个动态的概念，因而不可能一劳永逸地解决。

3. 计算机网络自身的脆弱性

（1）传输中的脆弱性，如电磁辐射、串音干扰、线路窃听等。

（2）TCP/IP 网络的初衷是连接各种物理网络，提供资源共享。然而，网络一旦互联，在理论上也就没有了真正的物理界限，再加上攻击是电子的，非常快速、容易和低成本，有些攻击很难被检测到或跟踪到。

（3）在 Internet 上，数据包的传输往往要经过很多个结点转发；而在局域网内，采用了共享介质技术。这些都可以使窃听者轻而易举地得到传送的数据包。如果这些数据包没有强有力的加密措施，就等于把信息拱手送给了窃听者。

（4）TCP/IP 最初的应用环境是美国国防系统的内部网络，这些网络都是可信任的，所以没有考虑安全问题，在 Internet 中传输的很多数据都是没有加密的明文。但是，现在的 Internet 的应用环境已经不再限于美国国防部，加入的网络和用户形形色色，也就为 Internet 增加了变数，再加上规模上的急速扩展，更使它隐患四伏。

（5）脆弱的 TCP/IP 服务。基于 TCP/IP 协议的服务很多，最常用的有 WWW、FTP、E-mail、TFTP、NFS、Finger 等。它们都存在着各种各样的安全问题。例如，WWW 服务所使用的 CGI 程序、Java Applet 小程序和 SSI 都有可能成为黑客的得力工具；FTP 的匿名服务有可能浪费甚至耗尽系统的资源，TFTP 也常被用来窃取口令文件，E-mail 的安全漏洞曾经导致蠕虫在互联网上的蔓延，E-mail 的电子炸弹和附件里经常携带的病毒……

（6）计算机网络系统的运行，需要进行许多配置工作，如路由器配置、交换机配置、防火墙配置等。但是，这样的配置往往会产生疏漏。特别是防火墙的配置上，可能会造成一些漏洞，使攻击者有机可乘。

4. 基于信息属性的本源性脆弱

区别于物质和能量，信息具有依附性、多质性、非消耗性、可共享性（可重用性）、易伪性、聚变性和增殖性。在研究计算机网络的安全时，主要关注信息的依附性、多质性、易复制性和易伪性。对于现代计算机网络来说，信息往往以数字形式传输和保存。这种虚拟性，使得计算机网络更易被复制，更易被改变。

5. 系统平台的安全脆弱性

计算机在网络环境中运行的环境是系统平台。系统平台无论是硬件还是软件，都具有脆弱性。其中，操作系统的脆弱性对网络安全具有重要意义。据国际权威组织 SANS 和 FBI 于 2003 年发布的关于安全漏洞的调查数据证明，在 Internet 的安全漏洞中，排在前 20 名的几乎都是操作系统漏洞。操作系统的漏洞主要有如下一些。

(1) 后门式漏洞。后门或称陷门（trap doors）是一种操作系统的无口令入口，由一段程序实现，通常是系统开发者为调试、测试、维修而设置的简便入口。例如，在特定的时间按下特定的键或提供特定的参数，就会对预定的事件或事件序列产生非授权的影响。后门的发现是非常困难的。因此，攻击者也常挖空心思地设计后门，形成隐蔽的信道监视系统运行或伺机对系统发起攻击。例如，操作系统提供的调试器（debug）、“向导”（wizard）以及 daemon 软件，都有可能被攻击者利用进入系统。

(2) “补丁”式漏洞。操作系统支持动态连接。为了系统集成和系统扩张的需要，采用了支持动态连接的系统结构、系统的服务和 I/O 操作都可以用打补丁的方式进行动态连接，使操作系统可以动态地安装 I/O 驱动程序和其他系统服务。当然，攻击者也能用打“补丁”的方式来破坏系统。

(3) 远程创建进程式漏洞。操作系统允许远程进程的创建和激活。由于被创建的进程可以继承创建进程的权力，这就为攻击者在远程安装攻击软件提供了可能。例如，攻击者可以在远程把“补丁”打在一个特权用户上，使用这种特权对系统进行攻击，并逃脱系统作业与进程的监视。

(4) 合法工具漏洞。操作系统提供的具有与系统核心层同等权力的 daemon 软件和远程过程调用 RPC 服务、网络文件系统 NFS 服务、Debug、Wizard 等工具，也常常被攻击者利用。

6. 芯片的脆弱性

安全漏洞不仅存在于软件之中，还存在于硬件之中，特别是芯片中也可能存在漏洞。1997 年法新社在一篇报道中就引用了 Intel 公司发言人汤姆·沃尔德的一段话：“我们已经确认奔腾和具有多媒体扩展（MMX）技术的奔腾处理器芯片存在一处新的缺陷。”这个缺陷导致当操作者取得特权发出一个特殊指令时，系统将会死机。

7. 数据库的安全脆弱性

当前数据库系统设计时主要考虑的内容是数据的共享性、一致性、完整性和访问的可控制性，对于安全的考虑较少。这使数据库系统表现得比较脆弱。例如：

● 数据库中存放着大量数据。这些数据的重要性、机密性各不相同，而它们却要被不同职责和权力的用户共享，这是十分不安全的。

● 数据库数据的共享性可能导致一个用户对数据的修改影响了其他用户的正常使用。

● 数据库一般不保存历史数据，一个数据被修改，旧值就被破坏。

● 联机数据库可以被多用户共享，可能会造成多个用户操作而使数据的完整性破坏。

5.1.3 计算机网络安全威胁

信息系统安全威胁是指对于信息系统的组成要素及其功能造成某种损害的潜在可能。下面从不同的角度介绍信息系统威胁的特征。

1. 威胁的来源

按照威胁的来源粗略地可以将信息系统的威胁分为内部威胁和外部威胁。进一步细分，对计算机网络的安全威胁大致有如下一些。

（1） 自然灾害威胁

自然灾害是不以人的意志为转移的一些自然事件，如地震、台风、雷击、洪涝、火灾等。这些灾害虽然不能阻止其发生，但可以通过技术或管理手段避免或降低灾害带来的损失。例如，采取防雷、防火、防水和防地震以及自然灾害预警措施等。

（2） 意外人为威胁

意外人为威胁主要由系统内部人员（设计人员、操作人员、管理人员等）的操作不当或失误引起。这种威胁的发生是偶然的，但却是时有发生的，并且存在于信息系统开发的整个生命周期中。有安全专家经过长期调查发现得出一个结论：无论是私人机构还是公共机构，大约65%的损失是由无意的错误或疏忽所造成的。

（3） 有意人为威胁

有意人为威胁主要来自两种情况：一是好奇心人为威胁，一是敌意性人为威胁。前者一般由一些好奇心强者实施；后者往往是由竞争对手、泄愤者、间课等实施。

2. 威胁的作用对象

按照所作用的对象，对于计算机网络的安全威胁有：

（1）针对信息的威胁

针对信息（资源）的威胁是指偶然地或故意地造成信息系统中信息在如下几个方面的损失：

- 机密性（confidentiality）：数据在传输或存储时有被非法截取的可能，这就会形成机密性威胁。例如被监听、被分析等。提高信息机密性的方法有数据加密、进行访问控制以及对访问者进行身份验证等，以保证数据不被非授权者知晓。
- 完整性（integrity）：完整性威胁是指数据在传输或存储过程中被篡改、被丢失、被破坏的可能。为了保护数据完整性，进行数据的完整性校验以及认证等，可以发现数据是否被篡改，进而可以进行数据的恢复。
- 可用性（availability）：指保障合法用户正常使用信息的能力。例如拒绝访问攻击，就导致了合法用户正常访问信息资源的能力丧失。
- 真实性（authenticity）：真实性主要是指接收方所具有的辨认假冒和抗拒否认的能力。

因此，针对信息（资源）的威胁可以归结为三类：

- 信息破坏：非法取得信息的使用权，删除、修改、插入、恶意添加或重发某些数据，以影响正常用户对信息的正常使用。
- 信息泄密：故意或偶然地非法侦收、截获、分析某些信息系统中的信息，造成系统数据泄密。
- 假冒或否认：假冒某一可信任方进行通信或者对发送的数据事后予以否认。

（2）针对系统的威胁

针对系统的威胁包括对系统硬件的威胁、对系统软件的威胁和对于系统使用者的威胁。例如：

- 对于通信线路、计算机网络以及主机、光盘、磁盘等的盗窃和破坏都是对于系统硬件（实体）的威胁。
- 病毒等恶意代码是对系统软件的威胁，流氓软件等是对于系统访问者的威胁等。
- 通过旁路控制，躲过系统的认证或访问控制，进行未授权的访问等。

通过对系统的威胁可以使系统运行不正常或瘫痪，丧失可用性。

3. 按照方法威胁种类

对于计算机网络的安全威胁有许多方法或手段。下面是几种主要的威胁方法。

（1）信息泄露

信息泄露是指系统的敏感数据有意或无意地被未授权者知晓。信息泄露的主要途径有：

● 在传输中被利用电磁辐射或搭接线路的方式窃取；

● 授权者向未授权者泄露，例如一个公司职员用文件名传输公司的秘密文件的同时，对文件名编码，使公司的正常秘密文件传输信道被乱用为隐蔽的泄密信道；

● 存储设备被盗窃或盗用；

● 未授权者利用特定的工具捕获网络中的数据流量、流向、通行频带、数据长度等数据并进行分析，从中获取敏感信息。

（2）扫描

扫描（scan）是利用特定的软件工具向目标发送特制的数据包，对响应进行分析，以了解目标网络或主机的特征。

（3）入侵

入侵（intrusion）即非授权访问，是指没有经过授权（同意）就获得系统的访问权限或特权，对系统进行非正常访问，或擅自扩大访问权限越权访问系统信息。主要的非授权访问形式有：

● 旁路控制：攻击者利用系统漏洞绕过系统的访问控制而渗入系统内部。

● 假冒：某个未经授权的实体通过出示伪造的凭证骗取某个系统的信任，非法取得系统访问权或得到额外的特权。

● 口令破解：利用专门的工具穷举或猜测用户口令。

● 合法用户的非授权访问：合法用户进入系统后擅自扩大访问权限或越权访问。

（4）拒绝服务

拒绝服务（denial of service，DoS）指系统可用性因服务中断而遭到破坏。DoS 攻击常常通过用户进程消耗过多的系统资源造成系统阻塞或瘫痪。

（5）抵赖（否认）

通信一方由于某种原因而实施的下列行为都称为抵赖：

● 发方事后否认自己曾经发送过某些消息；

● 收方事后否认自己曾经收到过某些消息；

● 发方事后否认自己曾经发送过某些消息的内容；

● 收方事后否认自己曾经收到过某些消息的内容。

（6）滥用

滥用（misuse）泛指一切对信息系统产生不良影响的活动。主要有：

● 传播恶意代码。恶意代码是一些对于系统有副作用的代码。它们或者独立存在（如蠕虫）或者依附于其他程序（如病毒、特洛伊木马、逻辑炸弹等），通过大量复制消耗系统资源，或进行删除、修改等破坏性操作，或执行窃取敏感数据的任务。

● 复制/重放：攻击者为了达到混淆视听、扰乱系统的目的，常常先记录系统中的合法信息，然后在适当的时候复制重放，使系统难辨真伪。例如，C实体截获了B实体发往A实体的订单，然后重复地向A发送复制的订单，使得A的工作出现混乱。

● 发布或传播不良信息，如发布垃圾邮件，传播包括色情、暴力、毒品、邪教、赌博等内容的信息。

5.1.4　OSI安全体系的安全服务

OSI安全体系提供5类安全服务。这些服务都是第 N 层向第 $N+1$ 层提供的。

OSI安全体系结构最重要的贡献是它总结了对于OSI的5种安全服务，并给出了这些安全服务在OSI七层中的配置位置（如表5—1所示）。本节中使用的N指OSI体系中的第 N 层。

表5—1　　OSI安全体系结构中的安全服务配置

安全服务		OSI协议层（N）	1	2	3	4	5	6	7
鉴别服务/访问控制服务			—	—	Y	Y	—	—	Y
机密性服务	数据机密性	连接机密性	Y	Y	Y	Y	—	Y	Y
		无连接机密性	—	Y	Y	Y	—	Y	Y
		选择字段机密性					—		Y
	业务流机密性		Y	—	—	—	—	Y	Y
数据完整性服务	带恢复功能的连接完整性		—	—	—	Y	—	—	Y
	无恢复功能的连接完整性		—	—	Y	Y	—	—	Y
	无连接完整性		—	—	Y	Y	—	—	Y
	选择字段连接完整性		—	—	—	—	—	—	Y
	选择字段无连接完整性		—	—	Y	Y	—	—	Y
抗抵赖服务			—	—	—	Y	—	—	Y

* 表中，Y表示提供，—表示不提供。

下面介绍各种安全服务的概念。

1. 鉴别服务

假冒和重放是针对 OSI 系统的两种常见攻击形式。假冒就是提供虚假身份。重放就是某信息的全部或部分，以掩盖其他虚假信息。鉴别服务通过对于通信的对等实体（主体）和数据源的鉴别和确认，来对抗假冒性攻击以及重放性攻击。

在 OSI 层次结构中，当服务第 N 层提供时，将使第 N+1 层实体确信与之通信的是它需要的第 N 层的实体。按照实体的作用，鉴别服务可以分为访问实体（对等实体）鉴别和数据源（数据原发）鉴别服务。按照实体性质，鉴别服务应当配置在如下三个层次上：

- 主机地址鉴别——网络层鉴别；
- 进程地址鉴别——运输层鉴别；
- 人员账户鉴别——应用层鉴别。

2. 访问控制服务

访问控制服务的安全目标是防止系统资源（系统的计算资源、通信资源、数据资源等）的非授权访问，通过建立访问实体（主体）与资源（客体）之间的访问关系（如读、写、删除、运行等），形成授权机制，决定主体在什么条件下、为了什么目的，才可以访问哪些目标。通常，访问控制是与鉴别结合进行的，所以访问控制服务也要配置在网络、运输和应用三层上。

3. 机密性服务

对数据提供保护，使之不被非授权地泄露。按照原理，机密性服务可分为两类：

（1）数据机密性保护：使攻击者难于从数据项中推断出敏感信息。按照被保护数据的存在方式，还可以分为如下三种：

- 连接机密性保护：保证一次（*N*）连接上的全部（*N*）用户数据都保护起来，不使非授权泄露。

- 无连接机密性保护：为单个无连接的 *N* 层服务数据单元（*N*-SDU）中的全部 N 用户数据提供机密性保护。

- 选择字段机密性保护：仅对处于（*N*）连接的用户数据或无连接的（*N*-SDU）中所选择的字段提供机密性保护。

（2）业务流机密性保护：使攻击者不能通过观察通信业务流推断出其中的敏感信息。

4. 完整性服务

完整性服务用以对抗主动攻击，保护数据在存储、传输等过程中不被非授权修改（如插入、篡改、重排序或延迟等），以提供准确的数据。它可以用于一个数据流、单个数据或一个选定的数据字段，并分为带有恢复功能的和不带恢复功能的完整性服务。带有恢复功能的完整性服务在检测到完整性破坏后，可以正确地将数据恢复到被破坏前的样子。在 ISO/IEC 7498-2 中，将之分为如下几类：

（1）选择字段完整性服务，又分为连接和无连接两种。这种服务仅对某个数据单元中所指定的字段进行完整性保护。由于它必须对数据单元中的不同字段请求明确的保护形式，因此只能配置在应用层。

（2）连接与无连接完整性服务，包括无连接完整性服务和无恢复的连接完整性服务。这种服务主要被配置在应用层、传输层、网络层、数据链路层和物理层。具体哪一层取决于媒体技术。

（3）带恢复功能的连接完整性服务，可在传输层和应用层配置。

5. 抗抵赖服务

这种服务通过提供证据来证实某通信实体的诚实性。它分为如下两类：

（1）有数据原发证明的抗抵赖：防止发送方抵赖。

（2）有数据交付证明的抗抵赖：防止接收方抵赖。

5.1.5 OSI 安全体系安全机制

1. 基本安全机制

安全服务通过安全机制实现。同一安全机制也可以用于实现不同的安全服务。ISO/IEC 7498-2 中列出的安全机制包括如下一些内容。

（1）加密机制

加密机制能为数据提供机密性，也能为通信业务流信息提供机密性，通常采用密码、信息隐藏等方法来实现。

（2）数据签名机制

用以提供认证或抗抵赖服务，是基于密码体制的一种机制。

（3）访问控制机制

用来实施对资源访问或操作的限制，可以支持的安全目标有：

- 数据机密性；
- 数据完整性；
- 可用性。

（4）完整性保护机制

用于避免未授权的数据乱序、丢失、重放、插入以及篡改，具体技术有校验码（抗修改）、顺序号（防乱序）、时间标记（防重放、防丢失）等。

（5）通信业填充机制

通信业填充机制是一种用于提供业务流机密性保护的反分析机制，它可以生成伪造的通信实例、伪造的数据单元或数据单元中伪造的数据，使攻击者难以从数据流量来对通信业务进行分析。

（6）路由选择控制机制

路由选择控制机制可以动态地或预定地选择路由，以便只使用物理上安全的子网络、中继站或链路进行通信。例如：

- 当检测到持续的攻击时，便指示网络服务提供者经别的路由建立连接；
- 依据安全策略，可以禁止带有某些安全标记的数据通过某些子网络、中继站或链路；
- 连接的发起者或无连接中数据的发送者，可以指定路由选择说明，以请求回避某些特定的子网络、中继站或链路。

（7）公证机制

公证机制是一种由可信的第三方提供的安全保证机制。可信的第三方接受通信实体的委托，利用所掌握的能够证明可信赖信息，提供密钥分配、数字签名等，对通信实体（信源、通信时间和目的地等）的真实性、信息的完整性加以保证。

公证的方式有两种：仲裁方式和判决方式。

（8）鉴别交换机制

鉴别交换机制用于在 N 层提供对等实体鉴别，采用的技术有：

- 鉴别信息：如口令、生物信息、身份卡等。
- 密码技术。

鉴别技术的选用取决于使用的环境。在许多场合下，还必须附以其他一些技术，如：

- 时间标记与同步时钟。
- 二次握手（对应单方鉴别）或三次握手（对应双方鉴别）。
- 抗否认机制：数字签名和公认机制。

2. 安全机制与安全服务之间的关系

ISO 7498-2 标准还给出了安全服务和所采用的安全机制之间的关系，见表 5—2。

表 5—2 OSI安全服务与安全机制之间的关系

安全服务 \ 安全机制		加密	数字签名	访问控制	数据完整性	鉴别交换	通信业务填充	路由选择控制	公证
鉴别服务	对等实体鉴别	Y	Y	—	—	Y	—	—	—
	数据原发鉴别	Y	Y	—	—	—	—	—	—
访问控制服务		Y	—	Y	—	—	—	—	—
机密性服务	连接/无连接的机密性	Y	—	—	—	—	—	Y	—
	选择字段机密性	Y	—	—	—	—	—	—	—
	通信业务流机密性	Y	—	—	—	—	Y	Y	—
完整性	连接完整性	Y	—	—	Y	—	—	—	—
	无连接完整性	Y	Y	—	Y	—	—	—	—
抗抵赖服务		—	Y	—	Y	—	—	—	Y

* 表中，Y表示提供，—表示不提供。

3. 普遍性安全机制

在OSI安全体系中，还定义了五种不为特定服务而设置的安全机制，称为普遍性安全机制。这些普遍性安全机制并非完全技术性的，有些也被看作是安全管理的机制。

（1）安全标记机制

安全标记可以为某一资源（例如数据单元）命名或指定安全属性约束。这种标记或约束可以有两种形式：

- 显式的，例如校验码等与传送数据相连的附加数据。
- 隐含的，例如加密数据中隐含着密钥约束。

（2）事件检测机制

事件检测指与安全有关的事件的检测。例如对于特定安全侵害事件、特定选择事件、对事件发生次数计数的溢出等的检测。这些检测，一般要引起一个或多个动作，如对事件的报告、记录以及恢复等。

（3）安全审计跟踪机制

安全审计跟踪机制具有如下作用：

- 记录可疑事件（可以产生一个安全报警）；
- 记录许多日常事件（如连接的建立和终止、使用安全机制和访问敏感资源等）；
- 将事件消息传递给维护日志；
- 为检查和调查安全的漏洞提供资料；
- 通过列举被记录的安全事件类型，对某些潜在的攻击起威慑作用。

（4）安全恢复机制

安全恢复机制可以应事件处理和管理功能等机制的请求，对于事件应用一组规则后，进行系统恢复。恢复动作有三种类型：

- 立即动作：立即放弃操作（如断开连接）；
- 暂时动作：使实体暂时无效（如关闭）；
- 长期动作：把实体列入黑名单等。

（5）可信功能机制

可信功能机制具有如下一些作用：

- 延伸其他安全机制的范围或所建立的有效性。因为直接提供的安全机制或安全访问机制的任意功能都应当是可信的。
- 提供对某些硬件和软件可信赖性的保证。

5.2　网络入侵与防御

网络入侵有两种形式：恶意代码入侵和黑客入侵。

5.2.1　恶意代码入侵

1. 恶意代码的概念

恶意代码是一类可以危害系统或应用正常功能的特殊程序或程序片段。恶意代码的表现多种多样，全由恶意代码的制造者的兴趣和目的而异，例如：

它们的活动方式有：

- 修改合法程序，使之变为有破坏能力的程序；
- 利用合法程序，非法获取或篡改系统资源或敏感数据。

它们的存在形式有：

- 宿主程序方式：程序片段，如陷门、逻辑炸弹等；
- 独立存在：独立程序，可以被操作系统调度和运行的自包含程序，如蠕虫、细菌、特洛伊木马等。

它们还可以分为有复制能力和无复制能力两类。

2. 恶意代码的类型

恶意代码已经名目繁多，并且还在通过改进、混合、技术交叉等手段，生成新的品种。下面仅介绍几种常见的恶意代码。

(1) 陷门

陷门(trap doors)是为程序开辟的秘密入口。本来陷门是程序员们进行程序测试与调试而编写的程序片段。但是,也发展成为攻击者们的一种攻击手段:

- 利用陷门进行远程文件操作和注册表操作;
- 利用陷门记录各种口令,获取系统信息或限制系统功能。

(2) 逻辑炸弹

逻辑炸弹是嵌入在某个合法程序中的一段程序,它在某种条件下会被"引爆",产生有害行为,如改变、删除数据或整个文件,执行关机操作,甚至破坏系统。

(3) 特洛伊木马

特洛伊木马(Trojan horse)的名字来自古代的一次战争。在这次战争中,希腊人在一个名叫特洛伊的城外丢弃了一种木制的马,它看起来好像是在企求和平,马肚子里却藏着几十位战士。后人常把看起来有用或无辜,实际却有害的东西称为特洛伊木马。

特洛伊木马程序就是一些看起来有用,但也包含了一段隐藏的、激活时将执行某些破坏性功能的代码。

(4) 蠕虫

网络蠕虫是一种可以通过网络(永久性网络连接或拨号网络),并在网络中爬行的过程中进行繁衍的恶意代码。它是一种可以独立运行的程序,它可以通过自身大量繁衍,消耗系统资源,甚至导致系统崩溃;并且它还可以携带别的恶意代码,对系统进行破坏活动。

为了自身复制,网络蠕虫使用了一些网络传输机制,如电子邮件机制(通过电子邮件进行传播)、远程执行机制(执行自身在另一个系统中的副本)、远程注册机制(注册到另一个远程计算机中进行繁衍)等。

典型的网络蠕虫只会在内存中维持一个活动副本,并不向磁盘中写任何东西。

(5) 细菌

细菌是一种只进行大量繁衍,而不做其他事情的恶意代码。在多进程系统中,它可以同时执行自己的两个副本。在指数级地繁衍过程中,将大量耗尽CPU、内存或磁盘资源,使用户无法访问。

(6) 流氓软件

流氓软件最早出现于2001年,其发展大致经历了恶意网页代码、插件推广、软件捆绑和流氓软件病毒化 4 个阶段。

恶意网页代码是某些黄色网站和中小网站（如“万花谷”网站）提高网站访问量的重要手段。它们在其网站页面中放置一段恶意代码，当用户浏览这些网站时，用户的 IE 浏览器主页会被修改为当前网页。甚至通过恶意网页代码可以直接对用户计算机的注册表进行修改，对一些系统功能进行限制，如禁用 IE 设置、注册表编辑器、DOS 等。

插件推广技术是随着 2003 年出现的“中文上网”业务诞生的。“中文上网”的作用是将中文解析成对应的网址，使用户输入中文的公司或网站名称时能够打开它们的网站，而要想实现这个功能，就需要在用户计算机上安装一个插件程序。为提升其品牌价值，“中文上网”业务公司会与大量的网站进行合作，放置其插件程序，使得用户访问这些网站时被自动安装上“中文上网”插件，并且无法卸载。

软件捆绑是互联网厂商向用户的计算机中安插流氓软件的另一条重要途径。这些厂商网罗了多种知名共享软件的作者，将自身的产品与共享软件捆绑，并支付一定费用。当用户安装这些共享软件时，会同时被强制安装流氓软件，且无法卸载。2006 年下半年，大量的“流氓软件”开始使用电脑病毒隐藏自身、进行快速传播，并对抗用户的清除。

随着流氓软件的肆虐，流氓软件的检测和清除卸载工具也纷纷涌现，典型的有瑞星的“卡卡上网助手”、流氓软件清理助手、Windows 流氓软件清理大师、金山系统清理专家等。

（7）病毒

“计算机病毒，是指编制或者在计算机程序中插入的破坏计算机功能或者毁坏数据，影响计算机使用，并能自我复制的一组计算机指令或程序代码。”（1994 年 2 月 28 日颁布的《中华人民共和国计算机网络安全保护条例》）。通常认为，计算机病毒具有如下基本特点：

- 隐蔽性：巧妙地隐藏，使得难以发现，通常还具有变异性和反跟踪能力。
- 传染性：主要的两种传染途径是引导扇区传染和文件传染。
- 潜伏性（触发性）：在一定的条件下才发作。目的也是不易被发现。
- 破坏性：如修改数据、消耗系统资源、破坏文件系统等。

从上面的讨论可以看出，病毒只是恶意代码中的一种，它与其他恶意代码还是有一定不同的。但是，它们的共同之处是会对系统造成危害。同时，由于现在的恶意代码已经不是单一的技术，大都采用了两种以上技术，使得恶意代码间的界限变得模糊，形成各种改良型、混合型、交叉型和多态型的恶意代码。人们也不再刻意去对它们进行分类，一般统称为病毒。

3. 网络病毒防范

目前，计算机网络主要采用C/S工作方式，其最主要的软硬件实体是工作站和服务器，病毒在网络中是通过“工作站—服务器—工作站”的方式传播的。因此基本的病毒预防主要应当从工作站和服务器两个方面进行。

（1）基于工作站的防病毒技术

工作站是网络的门户，把好了门户，才能有效地防止病毒的入侵。工作站上的防病毒技术主要有：安装防病毒芯片、使用防毒杀毒软件、使用无盘工作站和备份。

（2）基于服务器的防病毒技术

基于服务器的防病毒技术主要是提供实时病毒扫描能力，全天候地对网络中的病毒入侵进行实时检测。主要方法有：实时在线病毒扫描、服务器扫描和工作站扫描。

5.2.2　黑客入侵

1. 黑客进行远程攻击的一般过程

（1）收集被攻击目标的有关信息，分析这些信息，找出被攻击系统的漏洞。

黑客确定了攻击目标后，一般要收集被攻击者的信息，包括：目标机的类型、IP地址、所在网络的类型，操作系统的类型、版本，系统管理人员的名字、邮件地址，等等。

对攻击对象信息的分析，可找到被攻击系统的漏洞。例如，运行一个Host命令，可以获得被攻击目标机的IP地址信息，还可以识别出目标机操作系统的类型；利用Whois查询，可以了解技术管理人员的名字；运行一些Usernet和Web查询，可以了解有关技术人员是否经常上Usernet等；一个管理人员经常讨论的问题也可以表明其技术水平的高低等。通过这些，就可以找到对方系统的漏洞。

（2）用适当工具进行扫描。在对操作系统进行分析的基础上，黑客常编写或收集适当的工具，在较短的时间内对目标系统进行扫描，进一步确定攻击对象的漏洞。

（3）建立模拟环境，进行模拟攻击，测试对方反应，找出毁灭入侵证据的方法。

（4）实施攻击。

2. 黑客常用工具

随着计算机技术的进步，黑客技术也在迅速发展，出现了专业化的黑客工具。据统计，目前黑客可以使用的攻击软件已达千种以上。

（1）扫描器

扫描器是自动检测远程或本地主机安全性弱点的程序。它不仅是黑客们的作案工具，也是管理人员维护网络安全的有力工具。常用的扫描器很多，如网络安全扫描器NSS、超级优化TCP端口检测程序Strobe、安全管理员网络分析工具SATAN等。

（2）口令入侵工具

口令入侵是指破解口令或屏蔽口令保护。由于真正的加密口令是很难逆向破解的，黑客们常用的口令入侵工具所采用的技术是仿真对比，利用与原口令程序相同的方法，通过对比分析，用不同的加密口令去匹配原口令。

（3）特洛伊木马

特洛伊程序可以提供或隐藏一些功能，这些功能可以泄露系统的一些私有信息或控制该系统。

（4）网络嗅觉器

网络嗅觉器（sniffer）可以使网络接口处于广播状态，从而为截获信息带来便利。由于它在网络上不留下任何痕迹，所以不易被发现。

（5）系统破坏装置

常见的系统破坏装置有邮件炸弹和病毒。邮件炸弹是指不停地将无用信息传送给攻击对象，填满其信箱，使其无法接收有用信息。

3. 漏洞扫描

漏洞扫描就是自动检测计算机网络系统在安全方面存在的可能被黑客利用的脆弱点。漏洞扫描技术通过安全扫描程序实现。所谓扫描，包含了非破坏性原则，即不对网络造成任何破坏。在实施策略上可以采用被动式和主动式两种策略。

（1）被动式扫描策略

被动式扫描策略主要检测系统中不合适的设置、脆弱的口令以及同安全规则相抵触的对象。具体可以分为如下几类：

①基于主机的扫描技术：通常它涉及系统的内核、文件的属性、操作系统

的补丁等问题，能把一些简单的口令解密、剔除，能非常准确地定位系统存在的问题，发现漏洞。缺点是与平台相关，升级复杂。

②基于目标的扫描技术：基于目标扫描技术的基本原理是消息加密算法和哈希函数，如果函数的输入有一点变化，输出就会发生很大变化。这样文件和数据流的细微变化就会被感知。通常用于检测系统属性和文件属性，如数据库、注册号等。由于这种技术的加密强度极大，不易受攻击，比较安全、可靠。

③基于应用的扫描技术：这种技术主要用于检查应用软件包的设置和安全漏洞。

（2）主动式扫描策略

主动式扫描策略是基于网络的扫描技术，主要通过一些脚本文件对系统进行攻击，记录系统的反应，从中发现漏洞。

目前，扫描程序已经发展到了几十种，有的小巧快捷，有的界面友好；有的功能单一，有的功能完善。被广泛使用的扫描程序有 NSS、Strobe、SATAN、Ballista、Jakal、IdentTCPscan、Ogre、WebTrends、Security、Scanner、CONNECT、FSPScan、XSCAN、ISS、“火眼”等。

4. IP 欺骗

简单地说，IP 欺骗的基本思路是：假定要攻击主机 X，首先要找一个 X 信任的主机 A，攻击者（主机 B）假冒 A 的 IP 地址（对 IP 堆栈中的地址进行修改），建立与 X 的 TCP 连接，并对 X 进行攻击。

然而，黑客为了与 X 连接，要向 X 发出大量 SYN 请求，而 TCP 采用三次握手连接方式，因此 X 要返回 ACK 包，这样一旦 A 收到了莫名其妙的 ACK，就会发出重置包 RST，使连接无法建立。为此，攻击者 B 为了使攻击不被发现，要在 A 不工作时向 X 发出 SYN 请求，或者使 A 瘫痪无法收到 ACK 包，而 B 则要熟悉 X 发出 ACK 后期待什么样的反应，同时通过采样 X 的 TCP 序列号，猜测出 X 的数据序列号。这样才能既不被 A 发现，又不被 X 发现。因为 X 端的 TCP 实体通过 IP 地址和端口号来辨认连接对象，并用数据字节的序列号来检验收到数据的可接收性。

利用 IP 欺骗进行的攻击比较普遍，而且产生的危害性很大。下面是 IP 欺骗的一些预防策略：

（1）放弃基于 IP 地址的信任策略

IP 欺骗是基于 IP 地址信任的，而 IP 地址很容易伪造。因此，阻止这类攻击的一种非常简单的方法是放弃以 IP 地址为基础的验证。例如，不允许 r* 类远程调用命令的使用、删除 .rhost 文件、清空/etc/hosts. eauiv 文件等，迫使所有的用户使用其他远程通信手段（如 SSH 等）。

（2）使用随机化的初始序列号

序列号是接收方 TCP 进行合法检查的一个重要依据。黑客攻击能够得逞的一个重要因素就是，序列号有一定的选择和增加规律。堵塞这一漏洞的方法就是让黑客无法计算或猜测出序列号。Bellovin 提出了一个公式：

$$ISN=M+F(localhost,localport,remotehost,remoteport)$$

其中，M 为 4 微秒定时器，F 为加密哈希函数，localhost 为本地主机，localport 为本地端口，remotehost 为远方主机，remoteport 为远方端口。Bellovin 建议 F 是一个结合连接标识符和特殊矢量（随机数，基于启动试卷的密码）的哈希函数，它产生的序列号不能通过计算或猜测得出。

（3）在路由器中加上一些附加条件

这些条件包括：不允许声称是内部包的外部包（源地址和目的地址都是本地域地址）进入，防止外部攻击者假冒内部主机的 IP 欺骗；禁止带有内部资源地址的内部包出去，防止内部用户对外部站点的攻击。当然，这一措施对于实施欺骗的主机和被攻击的主机处于同一子网络内部或欺骗主机假借被攻击主机的外部信任主机的攻击，是无效的。

5.2.3 防火墙

从逻辑上讲，防火墙是一个分离器、一个限制器，也是一个分析器。

防火墙由一系列的软件和硬件设备组合而成，它保护有明确闭合边界的一个网络。它像一道警卫一样，控制进/出两个方向的通信，防止不良或违规的访问，限制外界用户对内部网络的访问，同时也管理内部用户访问外界的权利；能够隔开一个网络与另一个网络，因而能有效地防止攻击性故障蔓延和内部信息的泄露。

此外，防火墙作为内外网访问的必经点，是一个计算机网络与外界的信息必经之地，非常适合收集关于系统和网络使用、误用的信息，对网络存取和访问进行监控，监视网络的安全性并产生警报。

1. 基本防火墙技术

（1）网络（IP）层防火墙技术

几乎所有的网络入侵都是通过数据包的形式进入网络的。因此，网络层防火墙是一种根据 IP 数据包特征的包过滤（packet filtering）技术。所以网络层防火墙也被称为包过滤防火墙。图 5—2 为 IP 数据包的结构。在数据包的不同区域中，用作进行包过滤根据的数据有：

- 数据包的源 IP 地址。
- 数据包的目的 IP 地址。
- 数据包的 TCP/UDP 源端口。
- 数据包的 TCP/UDP 目的端口。
- 数据包的标志位。
- 传送数据包的协议。

IP 头	TCP/UDP 头	应用级头	净荷

图 5—2　IP 数据包结构

这些信息可以分为三个不同层次：按地址过滤和按服务（端口和标志位）过滤。

通常过滤的任务可以设置在路由器中。当一个数据包要进入路由器或从路由器转发出去的时候，路由器就按照一定的规则允许该包通过或将该包丢弃。

因此，使用包过滤防火墙的首要工作是制定一个过滤规则。制定过滤规则有两种思想："通过例外"和"拒绝例外"。"通过例外"也称"白名单"规则，即凡是没有允许的默认被拒绝，是一种安全第一的策略。"拒绝例外"也称"黑名单"规则，即凡是没有拒绝的都默认通过，是一种倾向于使用容易的策略。

上述网络层防火墙也称为静态包过滤防火墙。相对于静态防火墙的是动态防火墙。它除了要进行上述匹配检测外，还要捕获关于连接的信息。连接的信息就不仅仅是单个数据包头中的信息了。它捕获了连接的信息后，对于相同连接中传输的数据，不管是进还是出，都被允许通过，使后续的数据包不再需要繁琐的规则匹配过程，减少了访问控制规则的数量对于网络性能的影响。

（2）网络层—传输层防火墙技术

网络层—传输层防火墙也称状态检测包过滤防火墙。这种防火墙检测 TCP 数据包时，不仅仅关注端口号和标志位（是 SYN 还是 ACK），还要关注序号和窗口大小，通过对连接进行跟踪，确定数据包是否合法。这样就具有了更高的可靠性，可以抵御利用协议细节进行攻击的行为。

（3）传输层—会话层防火墙技术

传输层—会话层防火墙也称为线路级网关或链路级防火墙，是包过滤防火墙的一种扩展。它可以在两个主机首次建立 TCP 连接时创立一个电子屏障，监视两主机建立连接时的握手信息，如 SYN、ACK 等标志和序列号是否合乎逻辑，判定这个会话是否合法。一旦会话连接有效后它便仅复制、传递数据，成为一个电路级中继，而不再进行过滤。

(4) 应用层防火墙技术

应用层防火墙也称为代理服务器（proxy server），是位于两个网络（如 Internet 和 Intranet）之间的一种常见服务器。如果把网络防火墙比作门卫，代理服务器就好比是接待室。门卫只根据证件决定来访者是否可以进入，而接待室在内部人员与来访者之间真正地隔起一道屏障，它位于客户机与服务器之间，完全阻挡了二者间的数据交流。其特别之处就在于它的双重角色：从客户机来看，它相当于一台真正的服务器；而从服务器来看；它又是一台真正的客户机。当客户机需要使用服务器上的数据时，首先将数据请求发给代理服务器，代理服务器再根据这一请求向服务器索取数据，然后再由代理服务器将数据传输给客户机。由于外部系统与内部服务器之间没有直接的数据通道，外部的恶意侵害也就很难伤害到企业内部网络系统。

2. 防火墙的组成

下面介绍几种防火墙结构。

(1) 屏蔽主机防火墙

屏蔽主机防火墙由同时部署的包过滤路由器和堡垒主机组成。在这种防火墙中，包过滤路由器作为第一道防线，可以实现网络层安全；代理服务器作为第二道防线，可以实现应用层安全，并且通过代理服务，将内网中的主机都屏蔽了。这给入侵者设置了较大障碍：要想攻入内部网，必须分别攻破两个分开的系统。

在这种防火墙中，包过滤路由器被配置在外网和堡垒主机之间，堡垒主机被配置在内网（被保护的网）中。堡垒主机按照与内网的连接关系分为两种类型：双连点堡垒主机和单连点堡垒主机，如图 5—3 所示。

在双连点堡垒主机的屏蔽主机防火墙系统中，堡垒主机有两个网络接口：一个连接过滤路由器的内网侧，一个连接内网。迫使外部主机必须经过代理服务器的转发才能实现外部主机与内部主机之间的通信，内部主机也必须通过代理服务器的转发才能实现外部主机与内部主机之间的通信。如果外部主机要访问信息服务器，则要通过过滤路由器配置过滤规则迫使外部主机发往内部的业务流必须经过代理服务器，以保护信息服务器的安全。

单连点堡垒主机只有一个网络接口，使得堡垒主机与内部主机一样处在同一网络上。对于外部主机来说，可以通过配置过滤规则迫使外部主机发往内部的

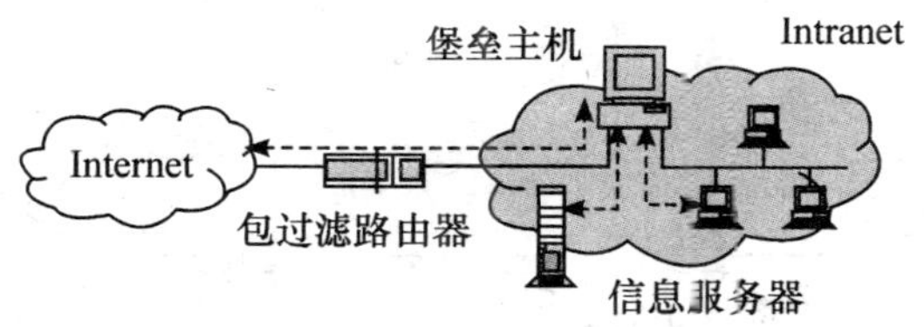

(a) 双连点堡垒主机

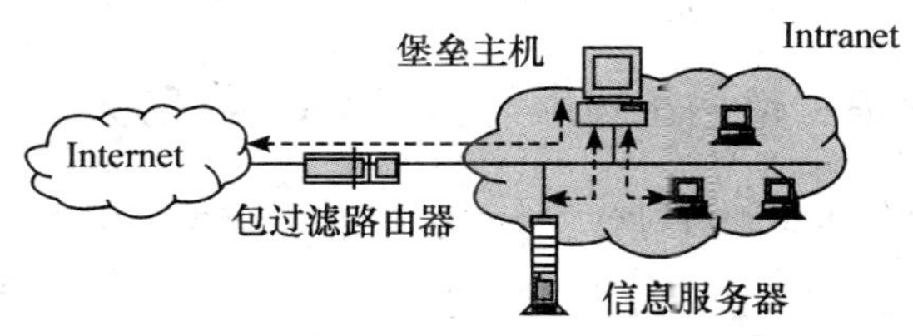

(b) 单连点堡垒主机

图 5—3　屏蔽主机防火墙系统配置

业务流必须经过代理服务器；而对于内部主机来说，就有两种情形：如果配置过滤路由器的过滤规则只接受发自代理服务器的内部业务流，则内部主机就不可自由访问外网；否则，内部主机就可以不经过堡垒主机直接访问外网。

屏蔽主机防火墙具有双重保护，从 Internet 来的访问只能访问到堡垒主机，而不允许访问被保护网络的其他资源，有较高的安全可靠性。并且它能有选择地允许那些可以信赖的应用程序通过路由器，是一种非常灵活的防火墙。但是它要求考虑堡垒主机和路由器两个方面的安全性。如果路由器中的访问控制表允许某些访问通过路由器，则防火墙管理员不仅要管理堡垒主机中的访问控制表，而且要管理路由器中的访问控制表，并要求对这两个部件仔细配置，以便它们能协调工作。此外，系统的灵活性也会导致走捷径（例如用户可能试图避开代理服务器直接与路由器建立联系）从而破坏安全性。

(2) 屏蔽子网防火墙

如图 5—4 所示，屏蔽子网防火墙使用了两个过滤路由器构成一个位于外网与内网之间的“非军事区”(demilitarized zone，DMZ)，从而迫使源于内部主机的业务流和源于外部主机的业务流都必须经过堡垒主机，任何跨越子网的直接访问都是被严格禁止的。因此，这种配置的防火墙具有较高的安全性。但是它要求的设备和软件模块较多，价格较贵且相当复杂。

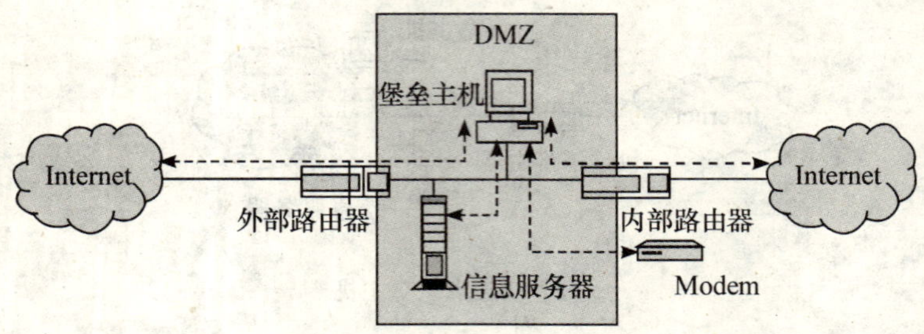

图 5—4 屏蔽子网防火墙配置

5.2.4 实践参考：使用组策略配置 Windows 防火墙设置

下面介绍 GPO（group policy objects，组策略对象）中可能使用的 Windows 防火墙设置方法和 SMB（server message block protocol，服务器信息块协议）环境中使用的设置方法。同时，还将介绍如何配置 4 种主要类型的 GPO 设置。

1. 使用组策略配置 Windows 防火墙设置

（1）在 Windows 2008 桌面上，依次单击“开始”、“运行”，键入“mmc”，然后单击“确定”。

（2）在“文件”菜单中，单击“添加/删除管理单元”。如图 5—5 所示。

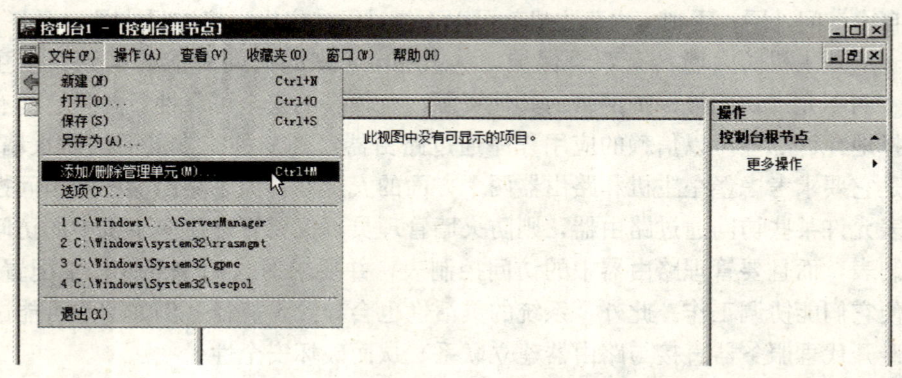

图 5—5 选择“添加/删除管理单元”

（3）在“添加或删除管理单元”选项卡上，选择“组策略对象编辑器”，然后单击“添加”。如图 5—6 所示。

（4）在弹出的“选择组策略对象”对话框中，单击“浏览”，选择“这台计算机”，点击“确定”，如图 5—7 所示。

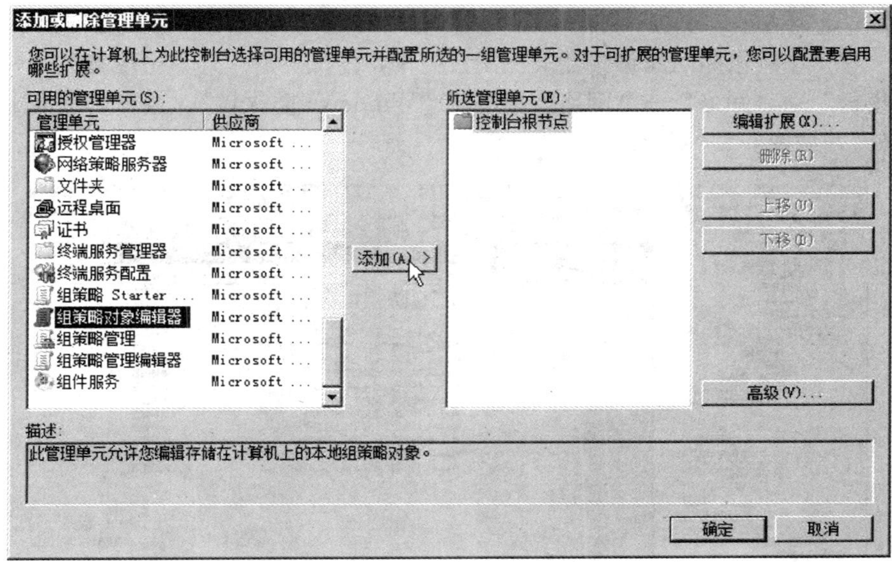

图 5—6　“添加或删除管理单元”对话框

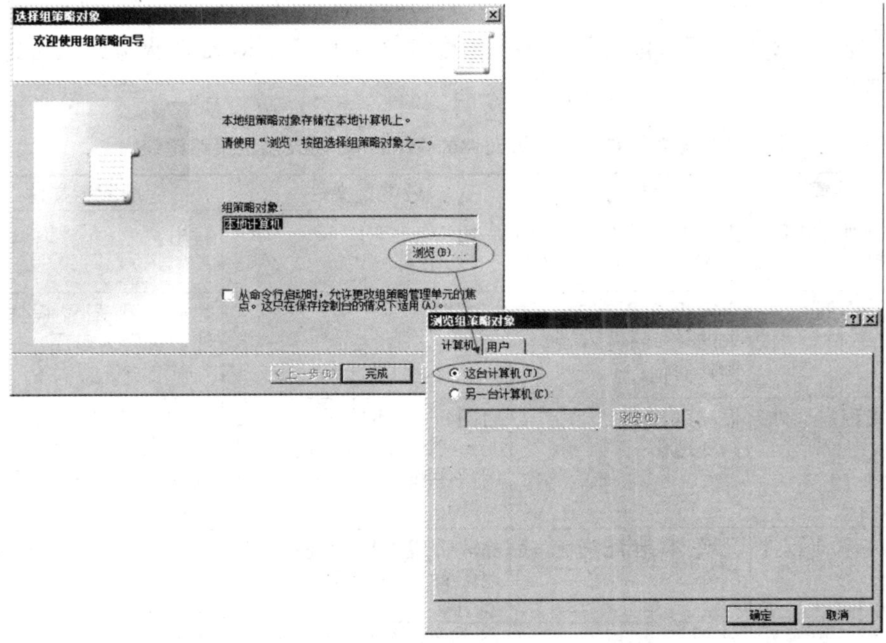

图 5—7　添加组策略对象

（5）然后在“添加/删除管理单元”框中单击“确定”。

（6）在组策略对象编辑器的控制台树中，依次点击“计算机配置”→“管理模板”→“网络”→“网络连接”→“Windows 防火墙”，选择“标准配置文件”，如图 5—8 所示。

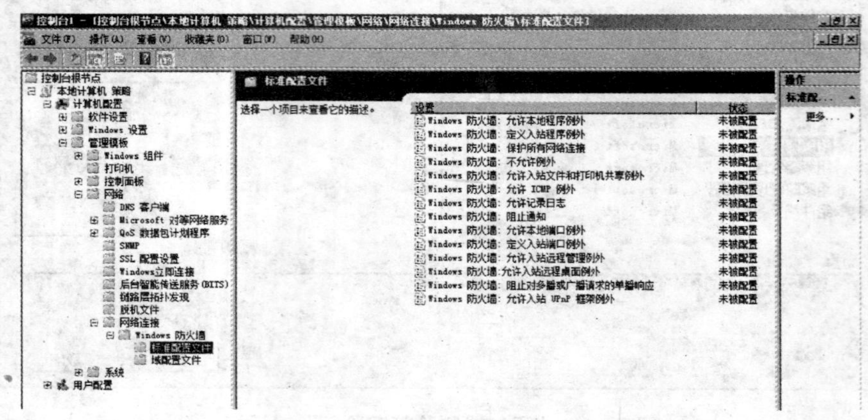

图 5—8　控制台窗口

表 5—3 汇总了域配置文件和标准配置文件的 Windows 防火墙组策略建议设置。

表 5—3　　域配置文件和标准配置文件的 Windows 防火墙组策略建议

设置	描述	域配置文件	标准配置文件
保护所有网络连接	指定所有网络连接都启用 Windows 防火墙	启用	启用
不允许例外	指定丢弃所有未经请求的传入通信，包括例外通信	未配置	除非必须配置程序例外，否则为启用
定义程序例外	根据程序文件名定义例外通信	启用，通过网络运行 Windows XP SP2 计算机的应用程序和服务配置	启用，通过网络运行 Windows XP SP2 计算机的应用程序和服务配置
允许本地程序例外	允许本地配置程序例外	除非希望本地管理员在本地配置程序例外，否则为禁用	禁用
允许远程管理例外	使用工具启用远程配置	除非您希望能够使用 MMC 管理单元远程管理计算机，否则为禁用	禁用

续前表

设置	描述	域配置文件	标准配置文件
允许文件和打印共享例外	指定是否允许文件和打印机共享通信	除非运行 Windows XP SP2 的计算机要共享本地资源，否则为禁用	禁用
允许 ICMP 例外	指定允许的 ICMP 消息类型	除非希望使用 ping 命令排除故障，否则为禁用	禁用
允许远程桌面例外	指定计算机是否可以接受基于远程桌面的连接请求	启用	启用
允许 UPnP 框架例外	指定计算机是否可以接收未经请求的 UPnP 消息	禁用	禁用
禁止通知	禁用通知	禁用	禁用
允许记录日志	允许记录通信日志并配置日志文件设置	未配置	未配置
禁止对多播或广播请求进行单播响应	丢弃接收到的响应多播或广播请求消息的单播数据包	启用	启用
定义端口例外	指定 TCP 和 UDP 格式的例外通信	禁用	禁用
允许本地端口例外	启用本地配置端口例外	禁用	禁用

2. 启用端口例外

（1）在“域配置文件”或“标准配置文件”设置区域中（这里以“标准配置文件”为例进行说明），双击“Windows 防火墙 定义入站端口例外”，打开相应的窗口，如图 5—9 所示。

（2）选择“启用”，然后单击“显示”，进入“显示内容”窗口，如图 5—10 所示。

（3）单击“添加”，此时将显示“添加项”对话框。键入希望阻止或启用的端口的相关信息。语法如下：

```
port：transport：scope：status：name
```

其中：

- port 是端口号；
- transport 为“TCP”或“UDP”；

- scope 为 *（应用于所有计算机）或者有权访问该端口的计算机列表；
- status 为 “enabled” 或 “disabled”；
- name 是用作此条目的标签的文本字符串。

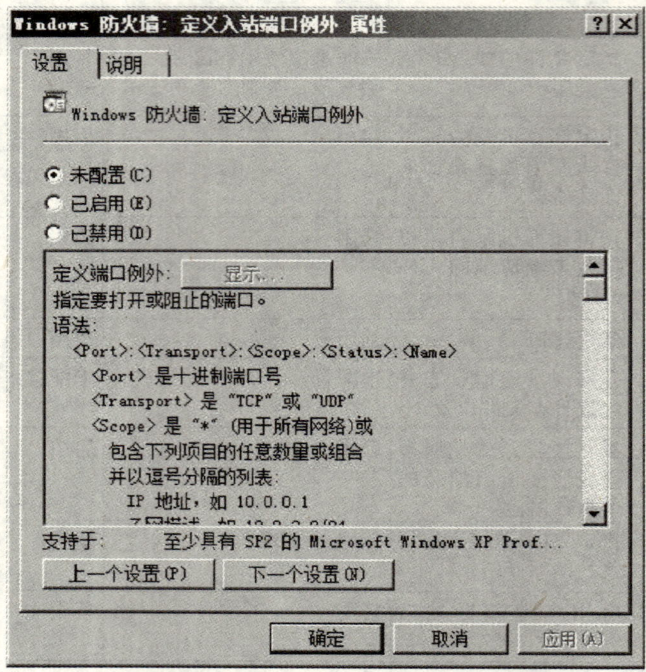

图 5—9 “Windows 防火墙：定义入站端口例外属性”窗口

图 5—10 “显示内容”窗口

图 5—11 中的示例名为 webtest，它对所有连接启用 TCP 端口 80。

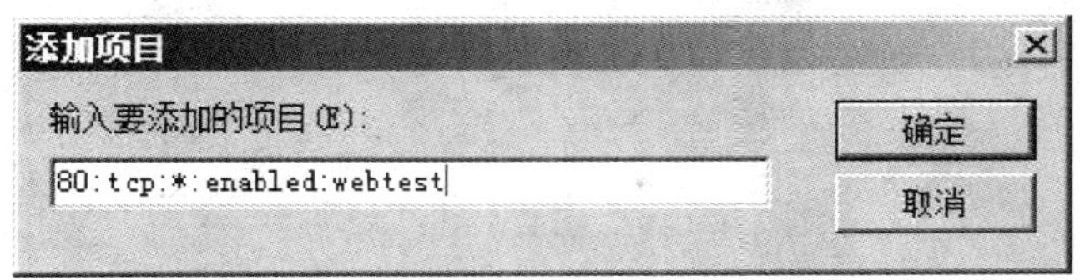

图 5—11 “添加项目”窗口

（4）在输入信息后，单击“确定”。此时“显示内容”对话框中添加了一条记录，如图 5—12 所示。

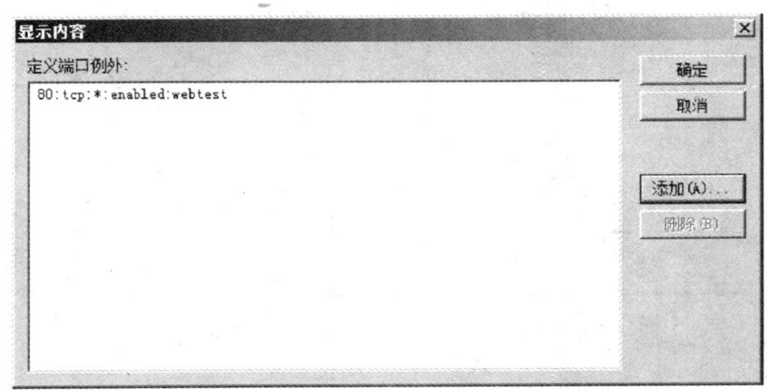

图 5—12 策略配置后的“显示内容”窗口

（5）单击“确定”关闭“显示内容”对话框。

（6）单击“确定”关闭“Windows 防火墙：定义端口例外 属性”。

3. 启用程序例外

（1）在“域配置文件”或“标准配置文件”设置区域中（这里以“标准配置文件”为例进行说明），双击“Windows 防火墙：定义入站程序例外”，弹出相应窗口，如图 5—13 所示。

（2）选择“启用”，然后单击“显示”，弹出“显示内容”对话框。

（3）单击“添加”，显示“添加项”对话框。

这时显示的示例名为 Messenger，它对所有连接启用 Windows Messenger 程序，该程序位于 %program files% \ messenger \ msmsgs. exe。

（4）在输入信息后，单击“确定”。此时“显示内容”对话框中添加了一条记录，如图 5—14 所示。

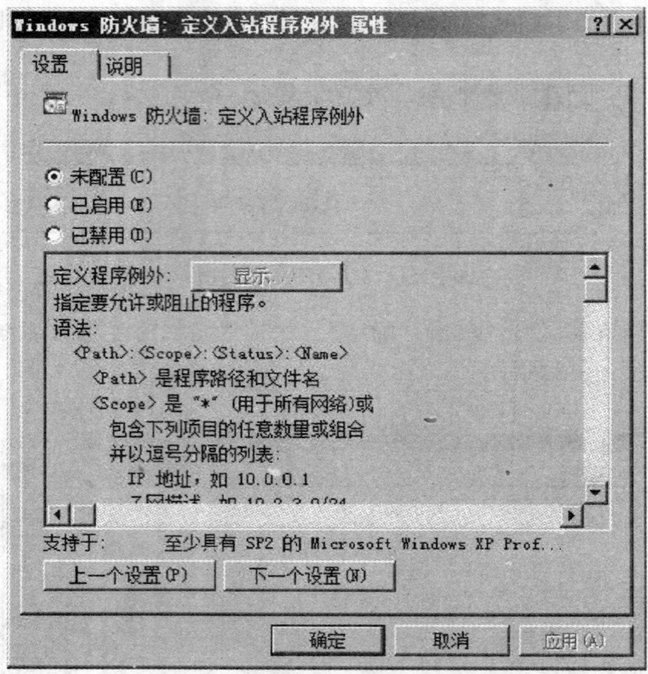

图 5—13　“Windows 防火墙：定义入站程序例外 属性”窗口

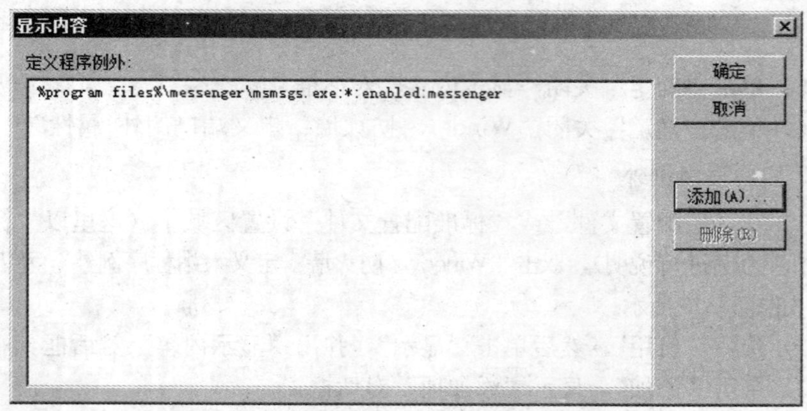

图 5—14　策略配置后的“显示内容”窗口

（5）单击“确定”关闭“显示内容”对话框。

（6）单击“确定”关闭“Windows 防火墙：定义入站程序例外 属性”。

4. 配置基本 ICMP 选项

（1）在“域配置文件”或“标准配置文件”设置区域中（这里以“标准配置文件”为例进行说明），双击“Windows 防火墙：允许 ICMP 例外”，弹出相应窗口，如图 5—15 所示。

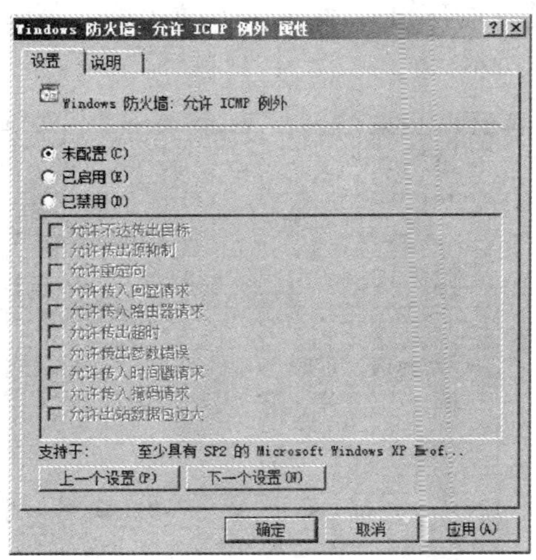

图 5—15　“Windows 防火墙：允许 ICMP 例外 属性”窗口

（2）选择“启用”，然后选择要启用的一个或多个适当的 ICMP 例外。此屏幕快照中的示例选择了“允许传入回显请求”。如图 5—16 所示。

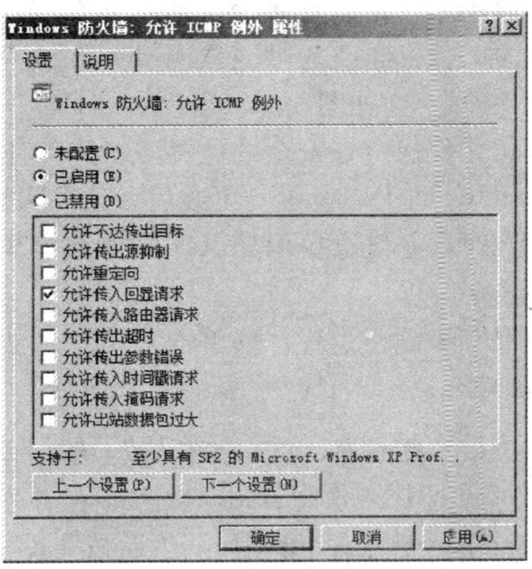

图 5—16　启用“Windows 防火墙：允许 ICMP 例外”

还可以选择“禁用”以禁用一个或多个 ICMP 例外。

(3) 单击“确定”关闭“Windows 防火墙：允许 ICMP 例外 属性”。

5. 记录被丢弃的数据包和成功的连接

(1) 在“域配置文件”或“标准配置文件”设置区域中（这里以“标准配置文件”为例进行说明），双击“Windows 防火墙：允许记录日志”，弹出相应窗口，如图 5—17 所示。

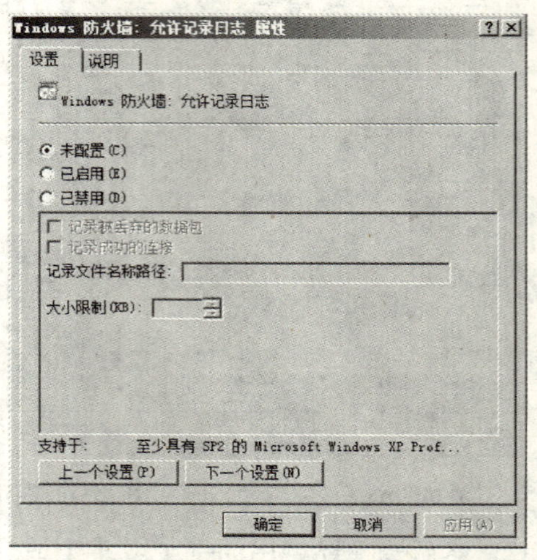

图 5—17 “Windows 防火墙：允许记录日志 属性”窗口

(2) 依次选择“启用”、“记录被丢弃的数据包”，然后选择“记录成功的连接”。键入记录文件名称路径为“c：\ firewall. log”，日志文件大小为“4096”（KB）。单击“确定”。如图 5—18 所示。

注意：请确保日志文件保存在安全的位置，以防止有意或无意的修改。

(3) 完成对 Windows 防火墙设置的更改后，请关闭控制台。

注意：关闭控制台时，系统会提示您保存控制台。不管您是否保存了控制台，都将保存 GPO 设置。

(4) 如果提示您保存控制台设置，请单击“否”。

6. 运行 gpupdate

(1) 在 Windows 2008 桌面上，单击“开始”，然后单击“运行”。

(2) 在“运行”对话框中，键入 cmd，然后单击“确定”。

(3) 在命令提示符下，键入 gpupdate，然后按 Enter 键。屏幕显示如图 5—19 所示。

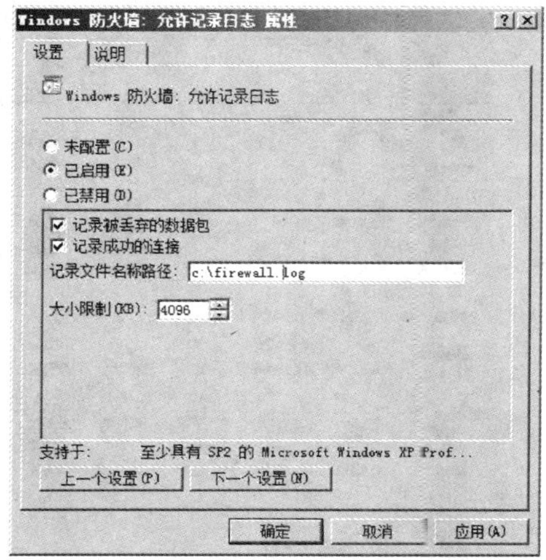

图 5—18　启用日志记录

图 5—19　更新策略

(4) 若要关闭命令提示符，请键入 Exit，然后按 Enter 键。

7. 检验 Windows 防火墙设置是否已应用

注意：使用组策略配置 Windows 防火墙时，本地管理员可以阻止访问某些配置元素。如果阻止了访问，则"Windows 防火墙"对话框中的某些选项卡和选项在用户的本地计算机上不可用。

(1) 在 Windows 2008 桌面上，单击"开始"，然后单击"设置"，选择"控制面板"。

(2) 在"控制面板"窗口下，双击"Windows 防火墙"。如图 5—20 所示。

(3) 打开"Windows 防火墙"窗口，窗口中显示"Windows 防火墙正在帮助保护您的计算机"，如图 5—21 所示。

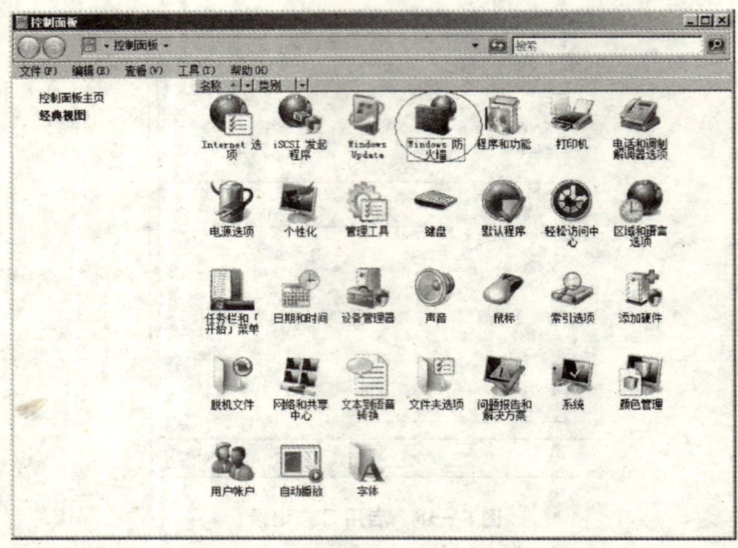

图 5—20 “控制面板”对话框

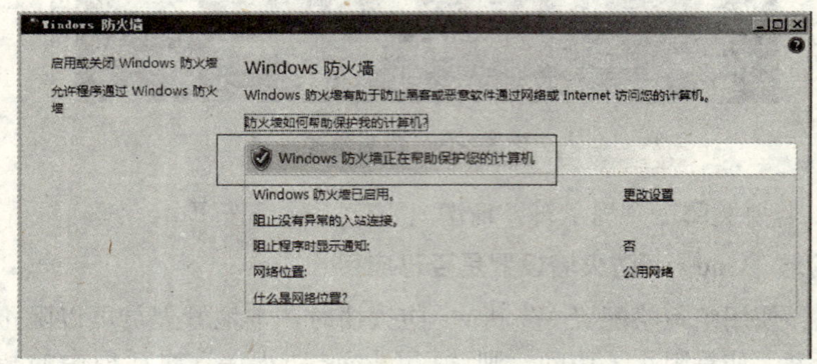

图 5—21 “Windows 防火墙”对话框

5.2.5 入侵检测系统

人们发现只被动地从防御的角度构造安全系统是不够的。入侵检测（intrusion detection）就是一种主动安全保护技术。它像雷达警戒一样，作为防火墙之后的第 2 道安全闸门，在不影响网络性能的前提下，对网络进行监控，从计算机网络的若干关键点收集信息，通过分析这些信息，看看网络中是否有违反安全策略的行为和遭到攻击的迹象，从而扩展系统管理员的安全管理能力，提高信息安全基础结构的完整性。

1. IDS 的工作内容

入侵检测系统（intrusion detection system，IDS）的主要工作是对计算机和网络系统资源上的恶意使用行为进行识别和响应的处理，它最早于 1980 年 4 月由 James P. Anderson 在为美国空军起草的技术报告《计算机安全威胁监控与监视》中提出。它的主要工作内容包括：

- 监视并分析用户和系统的行为；
- 审计系统配置和漏洞；
- 评估敏感系统和数据的完整性；
- 识别攻击行为、对异常行为进行统计；
- 自动收集与系统相关的补丁；
- 审计、识别、跟踪违反安全法规的行为；
- 使用诱骗服务器记录黑客行为。

2. 入侵检测方式

按照检测方式，入侵检测分为实时入侵检测和事后入侵检测。

实时入侵检测在网络的连接过程中进行，通过攻击识别模块对用户当前的操作进行分析，一旦发现攻击迹象就转入攻击处理模块，如立即断开攻击者与主机的连接、收集证据或实施数据恢复等。如图 5—22 所示，这个检测过程是反复循环进行的。

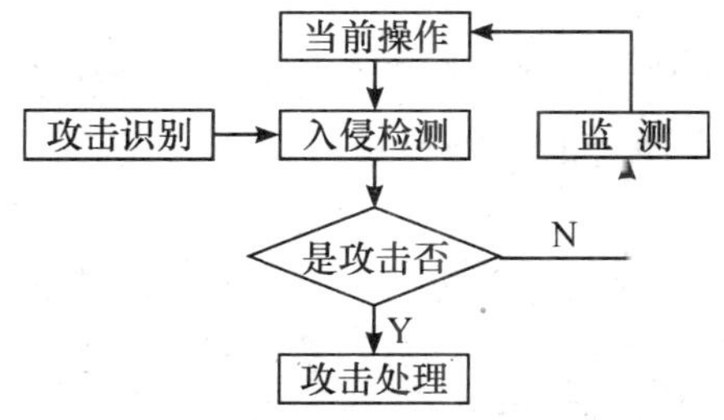

图 5—22　实时入侵检测过程

事后入侵检测是根据计算机系统对用户操作所做的历史审计记录，判断是否发生了攻击行为，如果有，则转入攻击处理模块处理。事后入侵检测通常由网络管理人员定期或不定期地进行的。图 5—23 所示为事后入侵检测的过程。

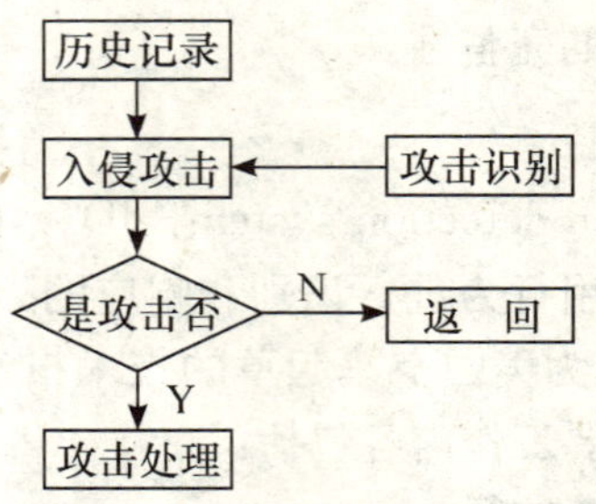

图 5—23 事后入侵检测的过程

3. IDS 工作原理

IDS 的工作主要是基于数据收集和数据分析两种机制的。

（1）数据收集

数据收集就是收集入侵的证据。数据收集技术主要涉及下列方面：

①是分布式数据源还是集中式数据源：

- 分布式数据收集：收集的数据来自一些固定位置且与受监控的网络元数量无关；
- 集中式数据收集：收集的数据来自与受监控网络元数量成一定比例关系的位置。

②是直接监控还是间接监控：是否直接从受监控对象处获得数据。

③是基于主机的数据收集还是基于网络的数据收集（从受监控网络的数据流收集数据）。

④是使用外部探测器（通过独立于系统的其他代码实施）还是内部探测器（通过检测主机中的一个组件的代码实施）。

（2）数据分析

入侵检测系统对可能攻击的分析和识别是通过攻击识别模块完成的。攻击识别模块采用的分析技术可以分为三种：模式匹配、统计分析和完整性分析。前两种用于实时入侵检测，后一种用于事后分析。

①模式匹配：也叫模式发现技术，就是将收集到的信息与已知的网络入侵和系统误用模式数据库进行比较，从中发现违背安全策略的行为。模式发现的关键是建立表达入侵的模型，以将入侵与正常行为相区分。它的优点是误报较少，不足是对未知的攻击无能为力。

②统计分析：也叫异常发现技术，它的基本思想是首先创建一个系统对象（如用户、文件、目录和设备等）的统计描述，统计它们在正常使用时的测量

属性（如访问次数、操作失败次数和延时等）；当观测值超出正常范围时，就认为有入侵发生。异常阈值与特征的选择是统计分析的关键。这种方法的优点是可以检测到未知入侵和更为复杂的入侵，缺点是误报、漏报率高，不适应用户正常行为的突然改变。

③完整性分析：利用加密机制中消息摘要函数（如MD5）来识别文件或对象的变化，它在发现进行更改的攻击方面有特别的效果，缺点是一般以批处理形式实施，实时性能差。

4. IDS的信息源

按照信息源分类划分IDS是目前通用的方法。通常划分为基于网络的IDS（NIDS）、基于主机的IDS（HIDS）、基于路由器的IDS和基于特定应用的IDS。

（1）基于网络的IDS

基于网络的IDS是在连接过程中监视特定网段的数据流，查找每一数据包内隐藏的恶意入侵，对发现的入侵做出及时的响应。

在这种系统中，使用网络引擎执行监控任务。如图5—24所示，网络引擎所处的位置决定了所监控的网段：

- 网络引擎配置在防火墙内，可以监测渗透过防火墙的攻击；
- 网络引擎配置在防火墙外的非军事区，可以监测对防火墙的攻击；
- 网络引擎配置在内部网络的各临界网段，可以监测内部的攻击。

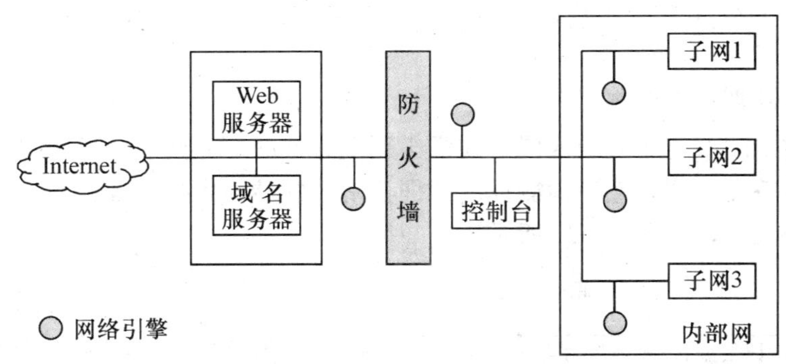

图5—24　基于网络的IDS中网络引擎的配置

控制台用于监控全网络的网络引擎。为了防止假扮控制台入侵或拦截数据，在控制台与网络引擎之间应创建安全通道。

基于网络的入侵检测系统主要用于实时监控网络关键路径。它的隐蔽性好、视野宽、侦测速度快、占用资源少；但难以发现所有数据包，对于加密环境无能为力。

（2）基于主机的 IDS

基于主机的 IDS 是在每台要保护的主机后台运行一个代理程序，检测主机运行日志中记录的未经授权的可疑行径，并及时做出响应。

基于主机的 IDS 提供了基于网络的 IDS 不能提供的一些功能，如二进制完整性检查、记录分析和非法进程关闭等。同时由于不受交换机隔离的影响，在交换网络中非常有用。但是它对网络流量不敏感，并且由于运行在后台，不能访问被保护系统的核心功能（不能将攻击阻挡在协议层之外）。

5. IDS 的分析方法

按照分析方法，IDS 划分为误用检测型 IDS 和异常检测型 IDS。误用检测就是将收集到的信息与已知的网络入侵和系统误用模式数据库进行比较，来发现违背安全策略的入侵行为。该过程可以很简单，也可以很复杂。一种进攻模式可以利用一个过程或一个输出来表示（据公安部计算机网络安全产品质量监督检验中心的报告，国内送检的入侵检测产品中 95％是属于使用入侵模板进行模式匹配的误用检测产品）。异常检测主要是发现异常的活动模式，识别主机或网络中异常的或不寻常的行为。异常检测首先给系统对象（用户、文件、目录和设备等）创建一个统计描述，包括统计正常使用时的测量属性，如访问次数、操作失败次数和延时等。测量属性的平均值被用来与网络、系统的行为进行比较，当观察值在正常值范围之外时，IDS 就会判断有入侵发生。

（1）异常检测模型

异常检测假定所有的入侵活动都必须是异常的，先建立起所保护系统正常情况下的特征轮廓，然后检测偏离特征正常值的情况发生，如果有，则认为可能发生了入侵，如图 5—25 所示。

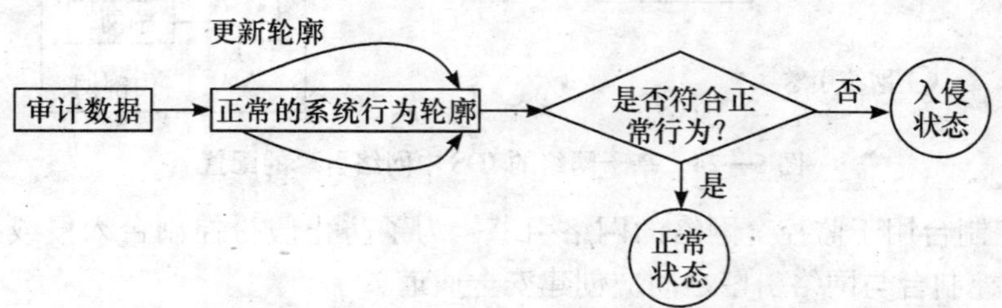

图 5—25　异常检测模型

（2）误用检测模型

误用检测需要建立一个覆盖所有可能攻击的规则库。检测时将实时获得的审计信息处理后与库中的规则进行比较以判断是否发生入侵，如图 5—26 所示。

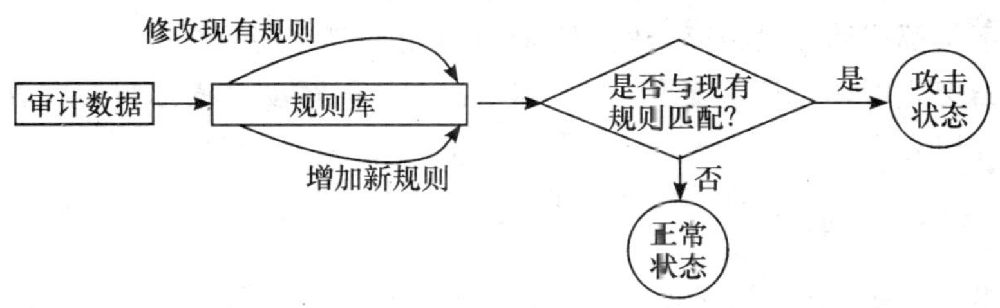

图 5—26 误用检测模型

规则库将已知的攻击行为进行特征提取，并把这些特征用脚本语言等方法进行描述后放入规则库中。比如：发现目的端口为 139 以及含有 OOB 标志的数据包，一般肯定是 Win Nuke 攻击（远程关机：远程使主机关机）数据包。

误用检测的主要目标是检测出已知的攻击模式。由于网络上大部分黑客均为利用已知的攻击工具或系统漏洞进行攻击，只有少数手段高明且具有一定专业水平的人员才可以编写新的攻击程序，仅采用误用入侵检测就可以检测出绝大部分的攻击，因而误用入侵检测是目前大多数入侵检测产品采用的主要技术。与之相比，异常检测的发展还未成熟，通常将其作为误用检测的补充，但由于其可以检测到未出现过的攻击，使得它成为将来发展的一个趋势。

误用检测的优点是只需收集相关的数据集合就能进行判断，能减少系统占用，检测准确率和效率也相当高。缺点是需要不断进行升级以对付不断出现的攻击手法，并且不能检测未知攻击手段。

异常检测的优点是可以检测到未知入侵和复杂的入侵，缺点是误报、漏报率高。

5.3 数据加密

数据加密是数据机密性保护的主要方法，其基本思想是将数据变形，使获取者无法辨别内容、无法利用，这就是数据加密。

5.3.1 加密/解密算法和密钥

数据加密是通过某种函数进行变换，把正常数据报文（称为明文或明码）转换为密文（也称密码）。古老而简单的密码技术是恺撒算法，它是将明文中的每个字母都移动一段距离。例如都移动 5 个字符空间的明文“CHINA”，就变成了密文“HMNSF”。这里“5”称为密钥，而移动过程称为加密算法。通常加密算法为

$$C=E_k(M)$$

这里，k 为密钥，M 为明文，C 为密文，E 为加密算法。

一个较复杂的密码系统是法国密码学家 Vigenere 以他自己的名字命名的维吉利亚密码。下面举例说明。设有

M=data security，k=best

则维吉利亚算法如下：

①制作维吉利亚方阵如表 5—4 所示，规则是第 i 行以 I 打头。

表 5—4　　维吉利亚方阵

明文	a	b	c	d	e	f	g	h	i	j	k	l	m	n	o	p	q	r	s	t	u	v	w	x	y	z
a	A	B	C	D	E	F	G	H	I	J	K	L	M	N	O	P	Q	R	S	T	U	V	W	X	Y	Z
b	B	C	D	E	F	G	H	I	J	K	L	M	N	O	P	Q	R	S	T	U	V	W	X	Y	Z	A
…																										
e	E	F	G	H	I	J	K	L	M	N	O	P	Q	R	S	T	U	V	W	X	Y	Z	A	B	C	D
…																										
s	S	T	U	V	W	X	Y	Z	A	B	C	D	E	F	G	H	I	J	K	L	M	N	O	P	Q	R
t	T	U	V	W	X	Y	Z	A	B	C	D	E	F	G	H	I	J	K	L	M	N	O	P	Q	R	S
…																										
z	Z	A	B	C	D	E	F	G	H	I	J	K	L	M	N	O	P	Q	R	S	T	U	V	W	X	Y

②按密钥的长度将 M 分解若干节。这里 best 的长度为 4，故将明文分解为：

密钥	b	e	s	t
明	d	a	t	a
	s	e	c	u
文	r	i	t	y

③对每一节明文，利用密钥 best 进行变换。以明文“d”为例，变化的方法是：由于 d 处于 b 列，因此在维吉利亚方阵的第 b 行中找第 d 个字符是“E”。以此类推，得到如下密文：

$$C=E_k(M)=\text{EELT TIUN SMLR}$$

由这个例子可以看到，为了进行加密变换，需要密钥和算法两个要素。进行解密，也需要这两个要素。在这里可以粗略地看到，为了提高加密强度，一是要设计安全性好的加密算法，二是要尽量提高密钥的长度（因为利用现代计算机技术可以用穷举法，穷举出密钥，加长密钥可以增加穷举的时间）。除此之外，人们还考虑，如果能找到一对不同的密钥，用一个加密，用另一个解密，则密码系统的加密强度就会大大提高。于是，就出现了两种密钥体制：对称密钥体制和不对称密钥体制。前者加密与解密用同一把密钥，后者加密与解密用不同的密钥。不对称密钥体制虽然加密强度高，但效率较低。

5.3.2 对称密钥体制

如图 5—27 所示，在对称型密钥体制中，加密和解密采用同一密钥（或者说，很容易相互导出）。由于加解密采用同一密钥，密钥决不能泄露，故也将这种体系称为秘密密钥密码体制或私钥密码体制。

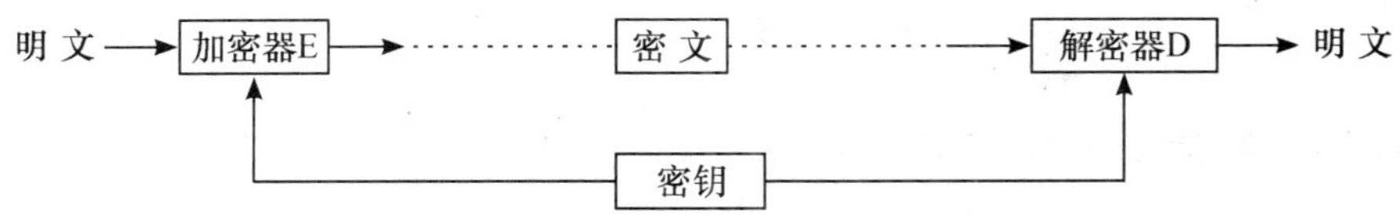

图 5—27 对称密钥体制的加密与解密

在对称密码体系中，最为著名的加密算法是 IBM 公司于 1971 年至 1972 年间研制成功的 DES（Data Encryption Standard）分组算法，1977 年被定为美国联邦信息标准，这就是称为 DES（数据加密标准）的原因。DES 使用 64 位的密钥（除去 8 位奇偶校验码，实际密钥长度为 56 位），对 64 位二进制数进行分组加密，经过 16 轮的迭代、乘积变换、压缩变换等处理，产生 64 位密文数据。

IDEA（International data encryption algorithm）是于 1992 年推出的另一个成功的分组加密算法。它的核心是一个乘法/加法非线性构件，通过 8 轮迭代，能使明码数据更好地扩散和混淆。

由于加密算法是标准的、公开的，因此，DES 和 IDEA 算法的安全性完全依赖于密钥。通常，采用 KDC（密钥分发中心）集中管理和分发密钥。初始密钥可作为加密使用，也可作为身份认证使用。为增强网络的安全性，一般将初始密钥作为身份认证使用，一旦认证结束，便由系统自动生成阶段性密钥。阶段性密钥由网络安全管理员指定，可根据网络环境和具体应用确定多长时间（几分钟还是几个小时）为限。

秘密密钥系统运算效率高、使用方便、加密效率高，是传统企业中使用最广泛的加密技术。但是，由于秘密密钥要求通信的双方使用同样的密钥，导致了对称密钥加密系统存在两个难以克服的问题。

（1）密钥的管理和分配问题

密钥的管理和分配问题是指：由于加密密钥和解密密钥是一样的，通信双方在通信之前必须互通密钥，而密钥在传递的过程中极有可能被第三方截获。这就为密钥的保密工作增加了难度；另外，如果有 n 个用户彼此之间要进行保密通信，则一共需要 $n(n-1)/2$ 个密钥，如此巨大数目的密钥为密钥的管理和分配带来了极大的困难。

（2）认证问题

所谓认证问题是指：对称密钥加密系统无法避免和杜绝如下一些不正常现象：

- 接收方可以篡改原始信息；
- 发送方可以否认曾发送过信息等。

5.3.3 非对称密钥体制

1. 非对称密钥体制概述

针对私钥加密系统的缺点，1976 年 Diffie 和 Hellman 提出了公开密钥系统，即非对称密钥系统。非对称加密技术将加密和解密分开并采用一对不同的密钥进行。它有如下特征：

（1）加密和解密分别用不同的密钥进行，如用加密密钥 PK 对明文 X 加密后，不能再用 PK 对密文进行解密，只能用相应的另一把密钥 SK 进行解密得到明文。即 $D_{PK}(E_{PK}(X))\neq X$，$D_{SK}(E_{PK}(X))=X$。

（2）加密密钥和解密密钥可以对调，即 $D_{PK}(E_{SK}(X))=X$。

（3）应能在计算机上很容易地成对生成，但不能用已知的 PK 导出未知的 SK。

公开密钥系统的主要优点是发送者和接收者事先不必交换密钥，从而使保密性更强。另外，公开密钥系统还可用于身份认证和防止抵赖，这在保密通信中被称为数字签名，它在现在和将来的电子商务活动中具有远大的应用前景。

2. 非对称密钥体制的工作原理

为简化问题，以两方通信为例介绍非对称密钥体制的基本原理。

（1）为通信的双方各生成一对密钥——PK_A、SK_A、PK_B、SK_B，将 PK_A、PK_B 称为公开密钥（简称公钥），将 SK_A、SK_B 称为私有密钥（简称私钥）。

（2）按下面的原则分发给数据传送的两方：每一方掌握自己的私钥和对方的公钥。

（3）设 A 为发送方，B 为接收方，加密/解密过程如图 5—28 所示：

- A 端先用自己的私钥 SK_A 对报文 X 进行单向不可逆加密变换；
- A 端用 B 端的公钥 PK_B，对经过签名变换的文本 $E_{SK_A}(X)$ 进行加密，生成密文 $E_{PK_B}(E_{SK_A}(X))$ 传向 B 方；
- B 端收到密文 $E_{PK_B}(E_{SK_A}(X))$，先用其私钥 SK_B 进行解密，生成 $E_{SK_A}(X)$，接着再用 A 端的公钥 PK_A 进行解密变换，便可得到明文 X。

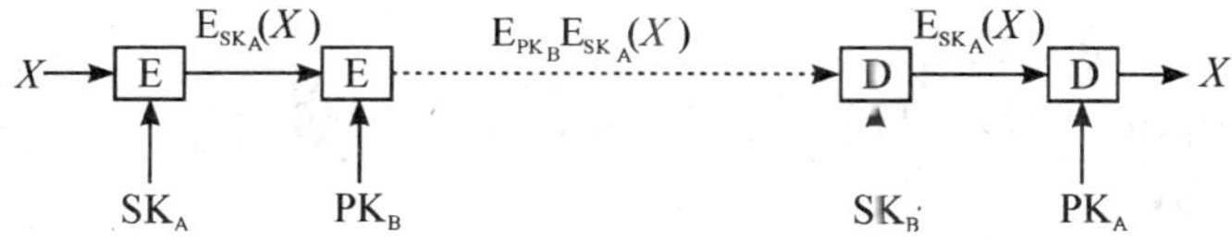

图 5—28　非对称密钥体制的加密与解密

3. RSA 算法

在非对称密钥体制中，最具代表性的算法是 1979 年公布的 RSA 算法（由 Rivest、Shamir 和 Adleman 共同提出）。它的原理是数论的欧拉定理：寻求两个大的素数容易，但要将它们的乘积分解开来极其困难。基于这一原理，用户秘密地选择两个 100 位的十进制大素数 p 和 q，计算出它们的积 $N=pq$，将 N 公开；再计算出 N 的欧拉函数 $\Phi(N)=(p-1)(q-1)$，定义 $\Phi(N)$ 为小于等于 N 且与 N 互素的数的个数；然后，用户从 $[0, \Phi(N)-1]$ 中任选一个与其 $\Phi(N)$ 互素的数 e，同时根据下式计算出另一个数 d：

$$ed=1 \bmod \Phi(N)$$

这样，就产生了一对密钥：PK=(e, N)，SK=(d, N)。

若用整数 X 表示明文，Y 表示密文，则有：

加密：$Y=X^e \bmod N$

解密：$X=Y^d \bmod N$

下面举一个简单的例子来说明 RSA 算法的应用方法。

（1）产生一对密钥

①选择两个素数，如 $p=7$，$q=17$。

②计算 $N=pq=7\times17=119$。

③计算 N 的欧拉函数 $\Phi(N)=(p-1)(q-1)=6\times16=96$。

④从 [0，95] 区间上选一个与 96 互素的数 $e=5$，根据式

$$5\cdot d=1 \bmod 96$$

解出 $d=77$，因为 $e\cdot d=5\times77=385=4\times96+1=1 \bmod 96$。于是得到公钥 $PK=(e, N)=\{5, 119\}$，密钥 $SK=\{77, 119\}$。

（2）用这对密钥进行加密解密实验

①将密文分组，使每组明文的二进制值不超过 N，即不超过 119。现在设明文为 $X=19$。

②用公钥 $PK=\{5, 119\}$ 加密。先计算 $X^e=19^5=2\,476\,099$；再除以 119，得商 20 807，余 66。即得密文 66。

③用私钥 $SK=\{77, 119\}$ 解密。先计算 $Y^d=66^{77}=127\cdots$；再除以 119，得余数 19，即明文。

RSA 算法的加密强度依赖于大数分解的困难程度。对于两个 100 位的十进制大素数，破译它大约需要 10^{23} 步，若使用 100 万步/秒的计算机资源对其进行破密，约需要 1 000 年。因而 RSA 在计算理论上是十分安全的。

5.3.4　密钥分配

一般说来，密码算法的研制比更换密钥要困难得多，即使费了九牛二虎的气力研制了一个密码算法，随着对手截获报文的增多，知识积累的增加，破译密码的可能性就越来越大。因此，近代密码学要求，在设计密码系统时，应当不强调密码算法的保密。于是，密码系统的安全性就只取决于密钥的安全。但历史的经验表明，从密钥的管理途径进行攻击比单纯破译密码算法要容易得多。在计算机网络中，由于用户和结点很多，出于安全的要求，密钥又要经常变换，于是，密钥的产生、分发、存储、分配、验证、销毁等管理就成为一个十分棘手的问题。

密钥分配是密钥管理中最大的问题。密钥必须通过非常安全的通路进行分配。可以把密钥的分配方法分为两种：网外分配和网内分配。派非常可靠

的信使携带密钥分配给各用户就是一种常用的网外分配方法。但是，随着用户的增加、通信量的增大以及黑客技术的发展，密钥的使用量增大，且要求频繁更换，信使分配就不再适用，而多采用网内密钥分配，即自动密钥分配。

网内密钥分配的方式有两种：用户之间直接分配和通过设立一个密钥分配中心（key distribution center，KDC）分配。

具体的密钥分配方法称为密钥分配协议。目前国际有关标准化机构都在着手制定关于密钥管理技术的规范。国际标准化组织ISO和国际电工委员会IEC下属的信息技术委员会JTCI已经起草了关于公钥管理的国际规范。该规范主要由三部分组成：

- 密钥管理框架；
- 采用对称技术的机制；
- 采用非对称技术的机制。

5.4 认　证

计算机网络工作过程中涉及两种对象：主体和客体。主体是计算机网络行为的发起者，包括用户、系统以及进程。客体是计算机网络行为的作用目标，这里用“消息”称呼。“认证”也包含两个方面。

- 身份认证——对于主体身份真实性的验证。
- 消息认证——对于计算机网络所传输数据的完整性的验证。

5.4.1 数字签名和消息认证

数据加密的主要目的是防止第三方获得真实数据。但是，这并没有解决通信双方有可能由于社会原因而引起的纠纷：

- 否认：发送者事后不承认已发送过的信息，或接收者事后不承认接收过的信息；
- 伪造：接收者伪造一份来自发送者的信息；
- 篡改：接收者私自修改接收到的信息；
- 冒充：网络中某一用户冒充发送者或接收者。

数字签名（digital signature）是一种信息认证技术，它利用数据加密技术、数据变换技术，根据某种协议来产生一个反映被签署文件的特征和签署人特征的数据，以保证文件的真实性和有效性，同时也可用来核实接收者是否有伪造、篡改行为。

1. 基于秘密密钥的数字签名

一旦通信双方有了共同信任和依赖的第三方，就可以实现基于秘密密钥的数字签名了。

一种办法是要求每方各亲自送一个秘密密钥到第三方。假设第三方为 BB，A 方的密钥为 K_A，B 方的密钥为 K_B，则只有 A 和 BB 知道 K_A，B 和 BB 知道 K_B。如图 5—29 所示，当 A 要发一个明文 X 到 B 时，操作过程如下：

①A 发送 $K_A(X)$ 到 BB；

②BB 用 K_A 将 $K_A(X)$ 解密为 X，然后将 A 的名字和地址 A、时间 t 以及原报文 X 构造成新的报文，用 A 和 B 都不知道的密钥 K_{BB} 生成密文 $K_{BB}(A+t+X)$ 送回 A；

③A 转手将 $K_{BB}(A+t+X)$ 发给 B；

④B 无法对 $K_{BB}(A+t+X)$ 解密，再将其传给 BB；

⑤BB 将 $K_{BB}(A+t+X)$ 解密，与原来的文本比较，证实无误后，用 K_B 生成 $K_B(A+t+X)$ 传给 B；B 用 K_B 将之解密。

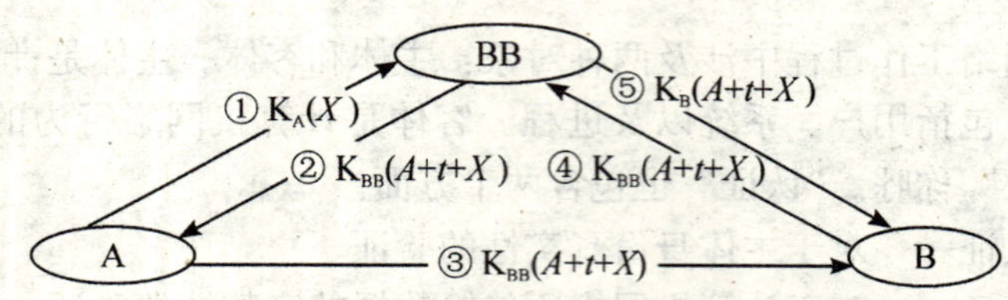

图 5—29　秘密密钥数字签名的实现

这种秘密密钥技术的数字签名，是依赖于第三方的。从理论上讲，它能非常可靠地保证报文的安全性，实现报文的认证，但是却对第三方的可靠性、安全性和公正性提出了极高的要求。

2. 报文摘要

数字签名中包含了两个功能：鉴别和加密。但在网络的实际应用中，有时只需要鉴别而加密是无所谓的。在这种情况下，由于加密过程很慢，可以不对整个明文进行加密、鉴别，而只用哈希函数（记做 $H(X)$）从密文中计算出一个固定长度的比特串，这个比特串称为报文摘要（message digest，MD）。报文摘要应具有如下三个重要属性：

- 给出 X 就易于计算出 $MD(X)=m$。

- 对于给定的代码 m，几乎无法找到 X 使 $MD(X)=m$。
- 对于任何两个报文 X 和 Y，不能生成 $MD(X)=MD(Y)$。

简单地说，MD 就是报文的“指纹”。典型的报文摘要算法有 MD5（由 Rivest 提出，1992 年［RFC 1321］公布，码长 128b）和安全散列算法（secure hash algorithm，SHA，码长 160b）。由于 SHA 比 MD5 多了 32 位，所以更安全，但要慢些。

根据数字签名标准（digital signature standard，DSS），数字签名过程如图 5—30 所示。

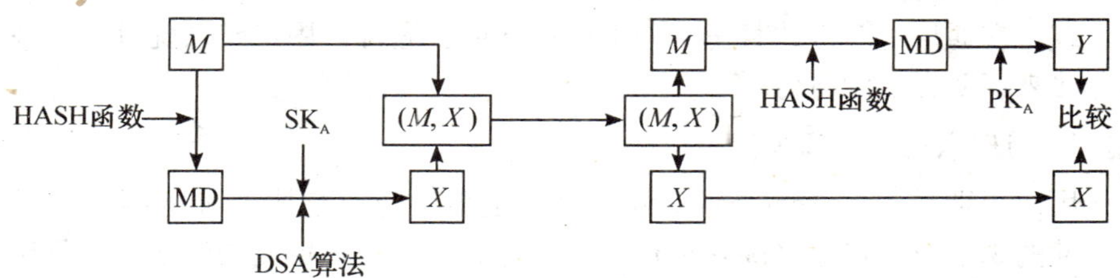

图 5—30 数字签名过程

①发送方用一个哈希函数对数据明文 M 进行处理，产生报文摘要 MD。

②发送方用自己的私钥 SK_A 对报文摘要 MD 进行 DSA（digital signature algorithm）计算，产生数字签名 X。

③将数字签名 X 和原报文 M 一起发向接收方。

④接收方收到 $M+X$ 后，用同样的哈希函数对收到的 M 进行计算，产生报文摘要 MD，并对该 MD 用发送方的公开密钥 PK_A 进行加密计算，产生一个数字签名 Y。

⑤将产生的 Y 与接收到的 X 进行比较：若 $Y=X$，数字签名得到验证；否则验证失败。

哈希函数有单向性，即不同的消息可生成不同的“指纹”，但已知“指纹”不能够推出原始消息。这样在接收方用 CA 的公钥解开了签名得到了“密钥指纹”后，就可以用 CA 来核对该“指纹”以辨别真伪。

3. 基于公开密钥的数字签名

简单地说，当 A 方用其私钥 SK_A 将明文加密时，报文 $E_{SK_A}(X)$ 就被签名了。因为 B 只要用 A 的公钥能对其解密，就可以证明 $E_{SK_A}(X)$ 是由 A 发送的。发生纠纷时，只要 A 将发送的 $E_{SK_A}(X)$ 和 X，B 将收到的 $E_{SK_A}(X)$ 和 X 都出示给第三者，由第三者用 PK_A 将两个 $E_{SK_A}(X)$ 分别解密与 X 加以对比，就可以看出A是否有抵赖行为，B是否有伪造行为。

将数字签名和公开密钥相结合，可以提供安全的通信服务。其要点在于发送方不是简单地将（$M+X$）发送出去，而是先用接收方的公开密钥E_{PK_B}进行加密后再发送出去。接收方收到被加密的E_{PK_B}（M，X）后，先用自己的私有密钥SK_B进行解密后，再将产生的数字签名Y与X比较。

5.4.2 身份识别技术概述

在计算机网络中，身份认证的目的就是鉴别系统资源使用者的身份是否合法，或者在通信时对方的身份是否可以被认可。通常，用户或系统可以使用下列方法来证明自己的身份。

1. 用户识别号+口令

用户识别号（username）也称账号，是系统与用户协商确定的一个具有唯一性的识别码。口令（password）也称密码，是用户提交的供系统进行用户身份正确性校对的证明。

用户识别号+口令是最常用的一种身份认证方式。这时系统的安全性全系于密码的安全上。攻击者常常通过一些途径进行口令攻击。

（1）猜测和发现口令：

- 常用数据猜测，如家庭成员或朋友的名字、生日、球队名称、城市名、身份证号码、电话号码、邮政编码等。
- 字典攻击：按照字典序进行穷举攻击。

（2）电子监控。在网络或电子系统中，通过电子嗅探器监控窃取。

（3）访问口令文件：

- 在口令文件没有强有力保护的情形下，下载口令文件。
- 在口令文件有保护的情况下，进行蛮力攻击。

（4）通过社交工程。如通过亲情、收买或引诱，获取别人的口令。

（5）垃圾搜索。收集被攻击者的遗弃物，从中搜索被疏忽丢掉的写有口令的纸片或保存有口令的盘片。

为了提高口令的安全性，可以采用如下一些方法：

- 加长口令的长度。
- 采用动态口令，及时更换口令，甚至采用一次性口令。

2. 认证卡与电子钥匙

认证卡是如名片大小的手持随机动态密码产生器。电子钥匙（ePass）是一种通过 USB 直接与计算机相连、具有密码验证功能、可靠且高速的小型存储设备，用于存储一些个人信息或证书，它内部的密码算法可以为数据传输提供安全的管道，是适合单机或网络应用的安全防护产品。

3. 生物识别技术

生物识别是利用人的唯一（或相同概率极小）的生理或行为特征作为身份认证的根据。历史最为悠久的生物识别是指纹识别。著名指纹专家刘持平先生曾经论证，早在 7 000 年前我们的祖先就开始进行指纹识别的研究。到了春秋战国时代，手印检验不仅广泛应用于政府和民间的书信和邮件往来之中，并已经开始用于侦讯破案之中。

指纹是一种十分精细的拓扑图形。如图 5—31 所示，一枚指纹不足方寸，上面密布着 100～120 个特征细节，这么多的特征参数组合的数量达到 640 亿种（高尔顿说），也有说是一兆的 7 次幂。并且由于它从胎儿 4 个月时生成后保持终生不变，因此，用它作为人的唯一标识，是非常可靠的。目前已经开发出计算机指纹识别系统，可以比较精确地进行指纹的自动识别。除了指纹之外，还有一些人体生物特征具有准唯一性，如：虹膜识别（见图 5—32）、视网膜识别、唇纹识别、声音识别、面部识别、DNA 识别和签名识别等。它们也都可以用于身份鉴别。

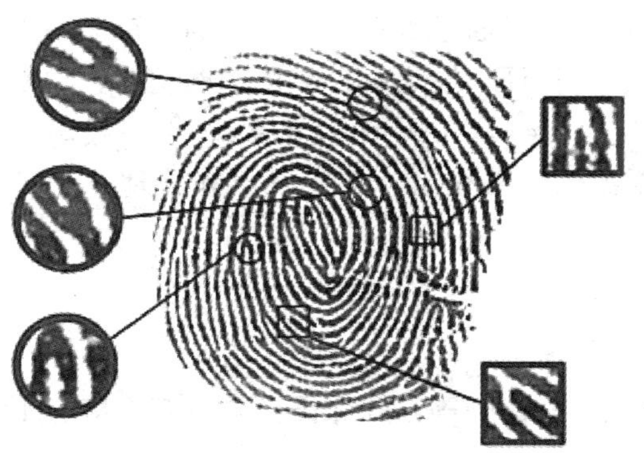

图 5—31　指纹的细节特征

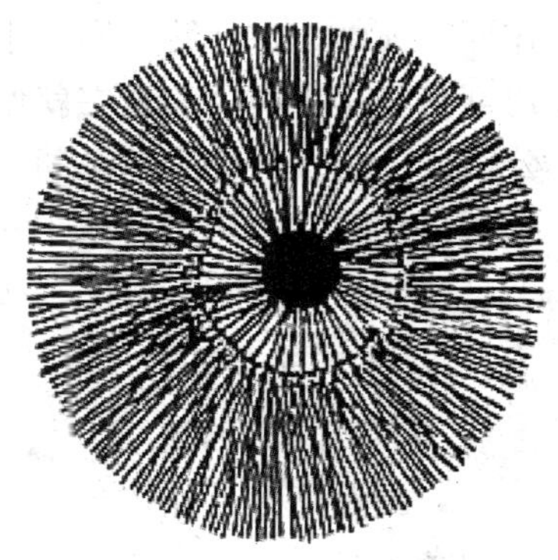

图 5—32　虹膜识别

4. 基于密钥的认证

一般地说，获得对方的密钥就是获得了对方一定程度的信任，通过密钥的可用性，就可以证明自己的身份。但是这种认证比较粗糙，也比较脆弱。为此，在公开密钥理论的基础上，开发出了数字证书等精确认证技术。关于这些内容，将在后面进一步介绍。

5.4.3 数字证书与 PKI

1. 概述

任何密码体制都不是坚不可摧的，公开密钥系统也不例外。由于公开密钥系统的公钥是对所有人公开的，从而免去了密钥的传递、简化了密钥的管理。但是，这个公开性在给人们带来便利的同时，也给攻击者冒充身份以有机可乘，造成公钥体系中的公钥被篡改问题（public key tampering）。

假设用户甲要和用户乙通信，那么甲必须要有乙的公钥，假设甲从 BBS 上下载了乙的公钥，并用它加密信件，然后发给了乙。但是，不幸的是，甲和乙都不知道，丙在这之前已潜入了 BBS，并用自己生成的公钥替换了乙的公钥。事实上，甲用来发信的公钥已不是乙的公钥而是丙的公钥。于是，丙就可以用他手中的私钥来解密甲以及所有用户给乙的信，也可以用乙真正的公钥来转发其他用户给乙的信，而用户甲和用户乙全然不知。

容易看出，造成以上诸多问题的最根本原因是用户甲拿到的用户乙的公钥是一个假的密钥。也就是说，密钥也需要认证，在拿到某人的公钥时，需要先辨别一下它的真伪。在日常生活中，辨别一个人的身份是查看它的身份证、工作证等证件。在计算机网络中也是一样，可以通过查看一个公钥的公钥证书来辨别其真伪。而公钥证书就像身份证、工作证一样是由权威机构颁发的。颁发公钥证书的机构称为认证机构体系（certificate authority，CA）。它一般由大家都信任的权威机构如政府部门或金融机构来充当，负责发放和管理电子证书，使网上通信的各方能互相确认身份。

2. CA 的主要职责

CA 的主要职责是：

- 颁发证书：如密钥对的生成，私钥的保护等，并保证证书持有者应有不同的密钥对。
- 管理证书：记录所有颁发过的证书，以及所有被吊销的证书。
- 用户管理：对于每一个新提交的申请，都要和列表中现存的标识名相比照，如出现重复，就予以拒绝。
- 吊销证书：在证书有效期内使其无效，并发表 CRL（被吊销的证书列表）。
- 验证申请者身份：对每一个申请者进行必要的身份认证。

● 保护证书服务器：证书服务器必须是安全的，CA应采取相应措施保证其安全性。例如，加强对系统管理员的管理、防火墙保护等。

● 保护CA私钥和用户私钥：CA签发证书所用的私钥要受到严格的保护，不能被毁坏，也不能非法使用。同时，要根据用户密钥对的产生方式，CA在某些情况下有保护用户私钥的责任。

● 审计与日志检查：为了安全起见，CA对一些重要的操作应记入系统日志。在CA发生事故后，要根据系统日志做善后追踪处理——审计。CA管理员要定期检查日志文件，尽早发现可能的隐患。

3. PKI

PKI（public key infrastructure，公开密钥基础设施）是一种基于公开密钥理论的网络安全平台和信任体系。它采用证书管理公钥，通过第三方的可信机构CA，把用户的公钥和用户的其他标识信息（如名称、e-mail、身份证号等）捆绑在一起，在Internet网上验证用户的身份。一个典型、完整、有效的PKI应用系统至少应具有以下功能：

- 公钥密码证书管理。
- 黑名单的发布和管理。
- 密钥的备份和恢复。
- 自动更新密钥。
- 自动管理历史密钥。
- 支持交叉认证。

如图5—33所示，典型的PKI包含如下五个部分。

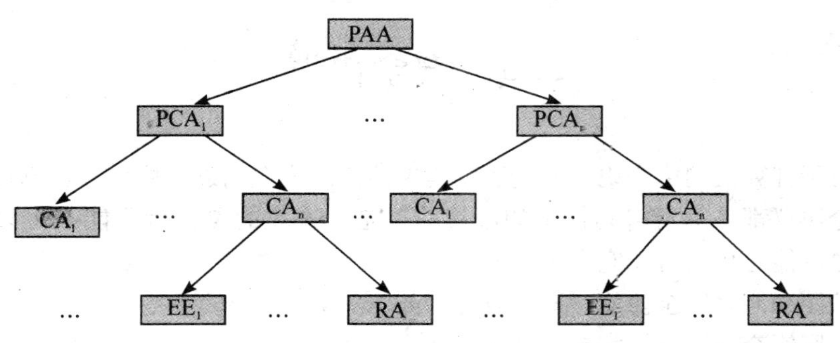

图5—33　典型的PKI结构

（1）政策批准机构PAA。PAA是一个PKI系统方针的制定者，具有如下功能：

- 建立整个 PKI 体系的安全策略；
- 批准本 PAA 下属的 PCA 的政策；
- 为下属 PCA 签发证书；
- 负有监控各 PCA 行为的责任。

（2）政策 CA 机构 PCA。制定本 PCA 的具体政策。

（3）注册中心（registration authority，RA）。RA 根据 PKI 的管理政策，核实证书申请者的身份，负责证书的审批。

（4）认证中心（CA）。CA 是被信任的部门，负责证书的颁发和管理，它使用自己的私钥对 RA 提交的证书申请进行签发，以保证证书数据的完整性。一个 PKI 系统往往包含了许多 CA。这些 CA 按照层次结构进行管理，使各 CA 之间可以交叉认证，形成一个 PKI 的信任模型。

有些 PKI 系统的 CA 包含了 RA 的功能。

（5）证书库（repository）。证书库存放了 CA 已经签发的证书和已经撤消的证书，并且通过目录服务提供网络服务。

（6）用户（clients）。用户有两类：证书的持有者（certificate holder）和证书的信任者。

由于 PKI 体系结构是目前比较成熟、完善的 Internet 网络安全解决方案，国外的一些大的网络安全公司纷纷推出一系列的基于 PKI 的网络安全产品，如美国的 Verisign、IBM、Entrust 等安全产品供应商为用户提供了一系列的客户端和服务器端的安全产品，为电子商务、政府办公网、EDI 等提供了完整的网络安全解决方案。

5.5　安全协议

对于计算机网络来说，安全协议是保障信息安全的通信协议。计算机网络的安全协议都是基于密码技术的，其前提是：协议的参与者可能是可以信任者，也可能是攻击者或完全不信任者。

按照功能，安全协议一般可以分为如下 3 类。

- 密钥交换协议：完成会话密钥建立。
- 认证协议：包括身份认证、消息认证、数据源认证和数据目的认证等，可以防止假冒、篡改和否认等攻击。
- 非否认协议。

安全协议可以在网络的各层设计和实施。本节首先介绍几种典型安全协议。

5.5.1 SSH

1. SSH 概述

传统的网络服务程序，如 FTP、Pop 和 Telnet 在传输机制和实现原理上没有考虑安全机制，它们在网络上用明文传送数据、用户账号和用户口令，别有用心的人通过窃听等网络攻击手段非常容易地就可以截获这些数据、用户账号和用户口令。而且，这些网络服务程序只有简单的安全验证，很容易受到“中间人”（man-in-the-middle）攻击——别有用心者在用户和目的服务器中间，首先冒充目的服务器接收用户传送给服务器的数据，然后再冒充传送数据将用户数据传给真正的服务器，并往往会在数据上做些手脚。

SSH（secure shell）可以把所有传输的数据进行加密，不仅使“中间人”攻击无法实现，也能够防止 DNS 欺骗和 IP 欺骗。此外，使用 SSH 传输的数据是经过压缩的，因而可以加快传输的速度。

SSH 有很多功能，它既可以代替 Telnet，又可以为 FTP、POP，甚至为 PPP 提供一个安全的通道。

2. SSH 协议结构

SSH 协议是建立在应用层和传输层基础上的安全协议，它主要由以下三部分组成，共同实现 SSH 的安全保密机制。

（1）传输层协议。建立在面向连接的 TCP 数据流之上，提供诸如认证、信任和完整性检验等安全措施，此外它还可以任意地提供数据压缩功能。

（2）用户认证协议层。运行在传输层协议之上，用来实现服务器与客户端用户之间的身份认证。

（3）连接协议层。运行在用户认证层协议之上，将一些逻辑通道变为多个加密通道。

当安全的传输层连接建立之后，客户端将发送 1 个服务请求。当用户认证层连接建立之后将发送第 2 个服务请求。这就允许新定义的协议可以和以前的协议共存。

3. SSH 的安全验证

从客户端来看，SSH 提供两种级别的安全验证。

第一种级别——基于口令的安全验证。用户只要自己的账号和口令，就可以登录到远程主机，并且所有传输的数据都会被加密。但是，这种验证方式不能保证正在连接的服务器就是用户想连接的服务器。可能会受到“中间人”这种攻击方式的攻击，即有别的服务器在冒充真正的服务器。

第二种级别——基于密匙的安全验证。在这一级别上，用户需要依靠密匙，即必须为自己创建一对密匙，并把公有密匙放在需要访问的服务器上。这样用户就不需要在网络上传送口令，而且使“中间人”攻击方式不可能进行，因为“中间人”没有用户的私匙。

4. SSH 的应用

SSH 提供了很强的验证（authentication）机制与非常安全的通讯环境，它最常见的应用就是用来取代传统的 Telnet、FTP 等网络应用程序。

其次，SSH 可以通过“端口转发”在本地主机和远程服务器之间设置“加密通道”，并且这些“加密通道”可以与常见的 Pop 应用程序、X 应用程序、Linuxconf 应用程序相结合，提供安全保障。

5.5.2 安全电子交易协议

安全电子交易协议（secure electronic transaction，SET）是由美国 Visa 和 MasterCard 两大信用卡组织提出的、应用于 Internet 上的以信用卡为基础的电子支付系统协议，是 PKI 框架下的一个典型实现，主要应用于 B to C 模式中保障支付信息的安全性。

1. 电子商务中的 B to C 交易过程

在 B to C 的交易过程中，有如下几个主要角色：

- 商家（merchant）：商品或服务的提供者。
- 银行（acquirer）：为在线交易者开设账号，并处理支付卡的认证和支付业务。
- 支付网关（payment gateway）：将 Internet 上的传输数据转换为金融机构内部数据。
- 持卡者（cardholder）：消费者，可以使用付款卡结算。
- 发卡机构（issuer）：为每一个建立了账户的客户颁发付款卡，也可以由指派的第三方处理商家支付信息和客户支付命令。

这些角色的行为形成了如图 5—34 所示的 B to C 交易过程。

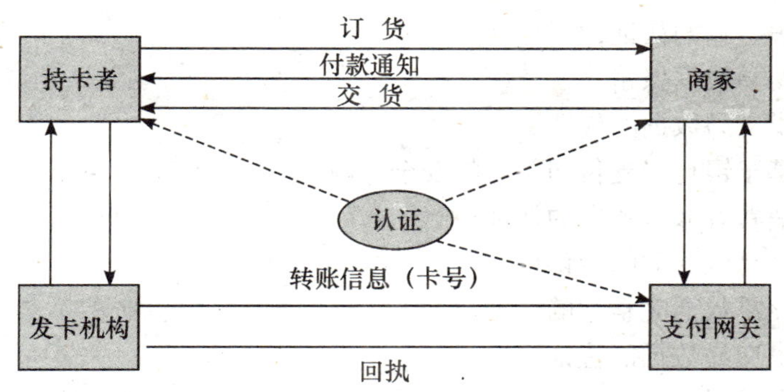

图 5—34　B to C 交易过程

（1）订货

消费者上网，查看企业和商家网页，选择商品；消费者通过对话框填写订货单（姓名、地址、品种、规格、数量、价格）给商家。

（2）支付

- 商家核对消费者订货单后，向用户发出付款通知，同时向银行发出转账请求。
- 消费者选择支付方式，如向发卡机构提交付款卡。

（3）转账

- 发卡机构验证消费者付款卡后，将卡号加密传向银行（支付网关）。银行审查消费者付款卡（有效、款额等）合格后，进行转账。
- 转账成功，向商家和发卡机构发出转账成功回执。

发卡机构向消费者发出支付收据。

（4）付货

- 商家向消费者付货。

2. SET 安全保障作用

（1）基于持卡人的安全保障

- 对账号数据保密；
- 对交易数据保密；
- 持卡人对商家的认证。

（2）基于商家的安全保障

- 对交易数据完整性的认证；
- 对持卡人账户数据的认证；
- 对持卡人的认证；

- 对银行端的认证；
- 对交易数据保密；
- 提供交易数据的佐证。

（3）基于银行（支付网关）的安全保障

- 对消费者账号数据的认证；
- 对交易数据的间接认证；
- 对交易数据完整性的认证；
- 提供交易数据的佐证。

3. SET交易过程

SET交易过程如图5—35所示。

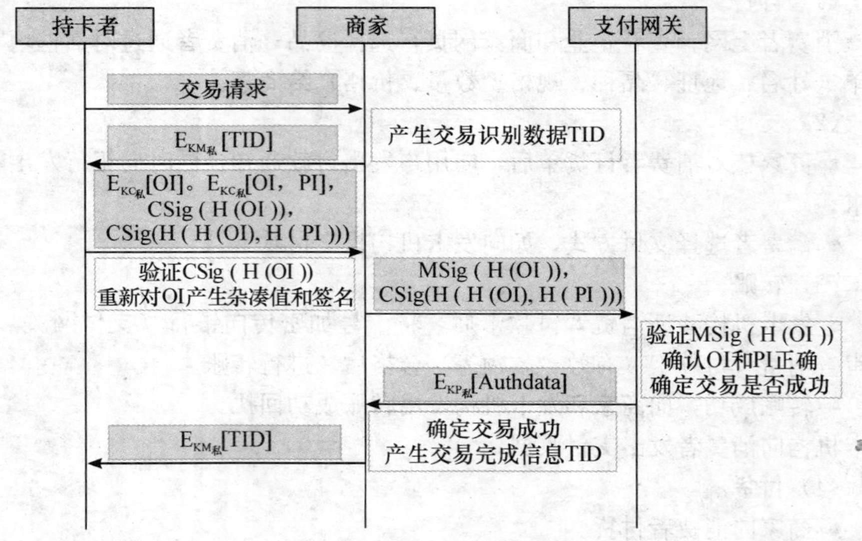

图5—35　SET交易过程

由于SET提供了消费者、商家和银行之间的认证，确保了交易数据的安全性、完整可靠性和交易的不可否认性，特别是保证不将消费者银行卡号暴露给商家等优点，因此它成为了目前公认的信用卡/借记卡的网上交易的国际安全标准。

5.5.3　安全套接层协议

安全套接层协议（security socket layer，SSL）是网景（Netscape）公司

提出的建构在 TCP 之上、应用层之下、基于 WEB 应用的安全协议，它的功能包括：服务器认证、客户认证（可选）、SSL 链路上的数据完整性和 SSL 链路上的数据保密性。

1. SSL 体系结构

如图 5—36 所示，SSL 体系由两层组成：

(1) 握手层（管理层）：用于密钥的协商和管理，由握手协议、密钥更改协议和报警协议组成：

- SSL 握手协议（handshake protocol）：准许服务器端与客户端在开始传输数据前，可以通过特定的加密算法相互鉴别。
- SSL 密钥更改协议（change cipher protocol）：保证可扩展性。
- SSL 报警协议（alert protocol）：产生必要的警告信息。

(2) 记录层：运行 SSL 记录协议（record protocol），为高层应用协议提供各种安全服务，对上层数据进行加密、产生 MAC 等并进行封装。

图 5—36　SSL 体系结构

2. SSL 的工作过程

(1) 安全协商：互相交换 SSL 版本号和所支持的加密算法等信息。

(2) 彼此认证：

- 服务器将自己由 CA 的私钥加密的证书告诉浏览器。服务器也可以向浏览器发出证书请求，对浏览器进行认证。
- 浏览器检查服务器的证书（是否由自己列表中的某个 CA 颁发）：不合法，则终止连接；合法，则进入生成会话密钥步。
- 如果服务器有证书请求，浏览器也要发送自己的证书。

(3) 生成会话密钥：

- 浏览器用 CA 的公钥对服务器的证书解密，获得服务器的公钥。
- 浏览器生成一个随机会话密钥，用服务器的公钥加密后，发送给服务器。

(4) 启动会话密钥：

- 浏览器向服务器发送消息：告诉以后自己发送的信息将用协商好的会话

密钥加密。

● 浏览器再向服务器发送一个加密消息：告诉会话协商过程完成。

● 服务器向浏览器发送消息：告诉以后自己发送的信息将用协商好的会话密钥加密。

● 服务器再向浏览器发送一个加密消息：告诉会话协商过程完成。

（5）SSL 会话正式开始：双方用协商好的会话密钥加密发送的消息。

对于电子商务应用来说，使用 SSL 可保证信息的真实性、完整性和保密性。但由于 SSL 不对应用层的消息进行数字签名，因此不能提供交易的不可否认性，这是 SSL 在电子商务中使用的最大不足。有鉴于此，网景公司在从 Communicator 4.04 版开始的所有浏览器中引入了一种被称作“表单签名（form signing）”的功能，在电子商务中，可利用这一功能来对包含购买者的订购信息和付款指令的表单进行数字签名，从而保证交易信息的不可否认性。

5.5.4 IPSec

IPSec（IP security）是在网络层提供的安全服务协议，一套协议包，它把多种安全技术集合到一起，可以防止 IP 地址欺骗，防止任何形式的 IP 数据包篡改和重放，并为 IP 数据包提供机密性和其他安全服务。

1. IPSec 安全结构与数据包格式

IPSec 的安全结构包括 3 个基本协议：

（1）AH（authentication header）协议：为 IP 包提供信息源验证和完整性保证。

（2）ESP（encapsulating security payload）协议：提供加密保证。

（3）IKE（Internet key exchange）协议：提供双方交流时的共享安全信息。

IPSec 数据包结构如图 5—37 所示，它是在 IP 头后面增加几个新的字段来实现安全保证。

IP 头	AH 头	ESP 头	上层协议（数据）

图 5—37 IPSec 数据包结构

2. IPSec 的工作原理

IPSec 的工作原理类似于包过滤防火墙，可以看作是包过滤防火墙的一种扩展。但是包过滤防火墙只对接收到的 IP 数据包进行处理，而 IPSec 处理包含了加密和认证，既可以只对 IP 数据包进行加密或只进行认证，也可以同时实施二者，提供了比包过滤防火墙更进一步的网络安全。

IPSec 有两种工作模式：隧道模式和传输模式。

（1）在隧道模式中，整个用户的 IP 数据包被用来计算 ESP 包头，整个 IP 包被加密并和 ESP 包头一起被封装在一个新的 IP 包内。于是，当数据在 Internet 上传送时，真正的源地址和目的地址被隐藏起来。

（2）在传输模式中，只有高层协议（TCP、UDP、ICMP 等）及数据进行加密，源地址、目的地址以及 IP 包头的内容都不加密。

3. IPSec 的特点

IPSec 不仅可以保证隧道的安全，同时还有一套保证数据安全的措施，利用它建立起来的隧道具有更强的安全性和可靠性。同时，它具有更大的用户灵活性和可靠性：一方面它可以和 L2TP 等其他协议一起使用，另一方面可运行于网络的任何一部分（路由器和防火墙之间、路由器和路由器之间、客户机和服务器之间、客户机和拨号访问设备之间）。

4. IPSec 的安装

当 IPSec 运行于路由器/网关时，安装配置简单，只需在网络设备上进行配置，由网络提供安全性。

当 IPSec 运行于客户机/服务器时，可以提供端到端的安全，在应用层进行控制，缺点是安装配置和管理比较复杂。

5.5.5　虚拟专用网

1. VPN 的作用原理

在现实中，一个企业可能分布在不同的地理位置上。要将这些地理上分散的部分连接成一个专网，传统的办法是使用专线。显然，这样成本是极高的。

虚拟专用网（virtual private network，VPN），是指将物理上分布在不同地点的专用网络，通过不可信任的公共网络构造成逻辑上的虚拟子网，进行安全的通信。这里公共网络主要指 Internet。图 5—38 为 VPN 的示意图。

VPN 技术采用了加密、认证、存取控制、数据完整性等措施，相当于在各 VPN 设备间形成一些跨越 Internet 的虚拟通道——“隧道”，使得敏感信息只有预定的接收者才能读懂，实现信息的安全传输，使信息不被泄露、篡改和复制。

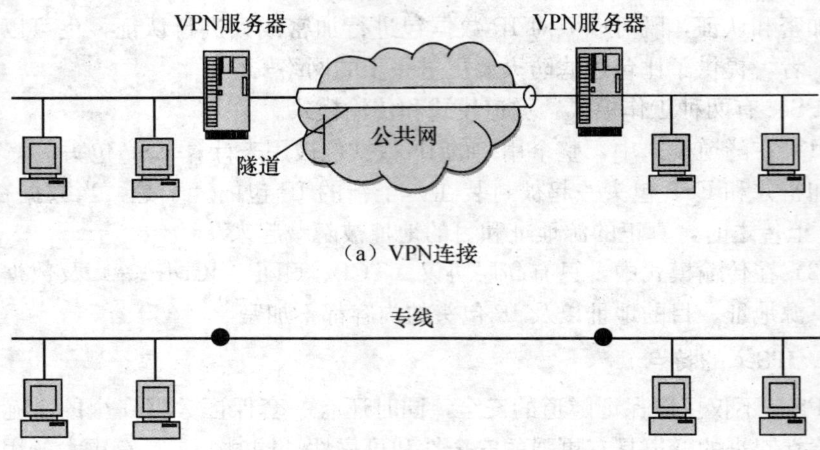

图 5—38 VPN 的作用

2. VPN 工作过程

VPN 的基本处理过程为：

① 要保护的主机发送明文信息到其 VPN 设备；

② VPN 设备根据网络管理员设置的规则，确定是对数据进行加密还是直接传送；

③ 对需要加密的数据，VPN 设备将其整个数据包（包括要传送的数据、源 IP 地址和目的 IP 地址）进行加密并附上数字签名，加上新的数据报头（包括目的地 VPN 设备需要的安全信息和一些初始化参数），重新封装；

④ 将封装后的数据包通过隧道在公共网上传送；

⑤ 数据包到达目的 VPN 设备，将数据包解封，核对数字签名无误后，对数据包解密。

3. VPN 安全技术

由于传输的是私有信息，VPN 用户对数据的安全性都比较关心。

目前 VPN 主要采用四项技术来保证安全，这四项技术分别是隧道技术（tunneling）、加解密技术（encryption & decryption）、密钥管理技术（key management）、使用者与设备身份认证技术（authentication）。

（1）隧道技术

是 VPN 的基本技术，类似于点对点连接技术，它在公用网建立一条数据通道（隧道），让数据包通过这条隧道传输。隧道是由隧道协议形成的，分为第二、三层隧道协议。第二层隧道协议是先把各种网络协议封装到PPP中，再把整个数据包装入隧道协议中。这种双层封装方法形成的数据包靠第二层协议进行传输。第二层隧道协议有L2F、PPTP、L2TP等。L2TP协议是目前IETF的标准，由IETF融合PPTP与L2F而形成。

第三层隧道协议是把各种网络协议直接装入隧道协议中，形成的数据包依靠第三层协议进行传输。第三层隧道协议有VTP、IPSec等。

(2) 加解密技术

是数据通信中一项较成熟的技术，VPN可直接利用现有技术。

(3) 密钥管理技术

其主要任务是如何在公用数据网上安全地传递密钥而不被窃取。现行密钥管理技术又分为SKIP与ISAKMP/OAKLEY两种。SKIP主要是利用Diffie-Hellman的演算法则，在网络上传输密钥；在ISAKMP中，双方都有两把密钥，分别用于公用、私用。

(4) 身份认证技术

最常用的是使用者名称与密码或卡片式认证等方式。

5.5.6 实践参考：基于 Windows 2008 Server 的 VPN 配置

1. 配置 VPN 服务器

(1) 依次点击“开始”→“程序”→“管理工具”→“路由和远程访问”，打开“路由和远程访问”窗口，右键点击“服务器状态”，在下拉菜单中选择“添加服务器”选项，如图5—39所示。

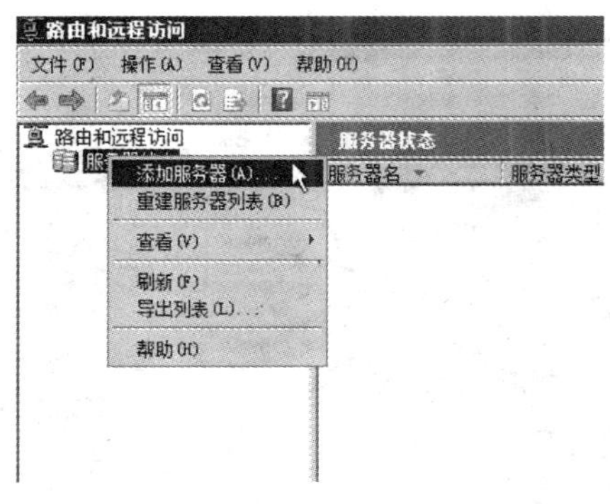

图5—39　在“路由和远程访问”窗口中选择“添加服务器”

(2) 打开“添加服务器”页面，选择“这台计算机”，完成服务器的添加，如图 5—40 所示。

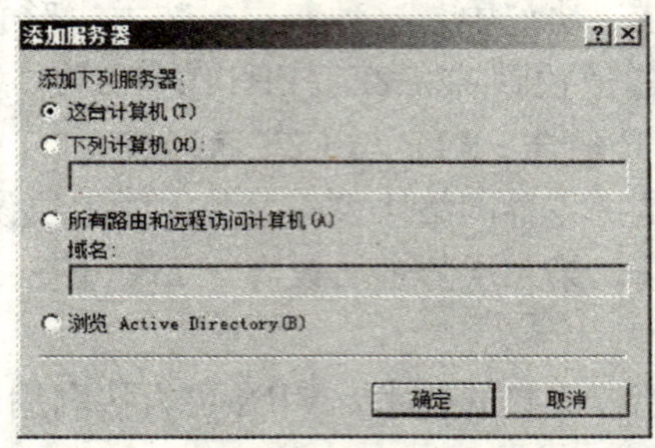

图 5—40　添加服务器

（3）右键选择刚刚添加的服务器，选择“配置并启用路由和远程访问”，如图 5—41 所示。

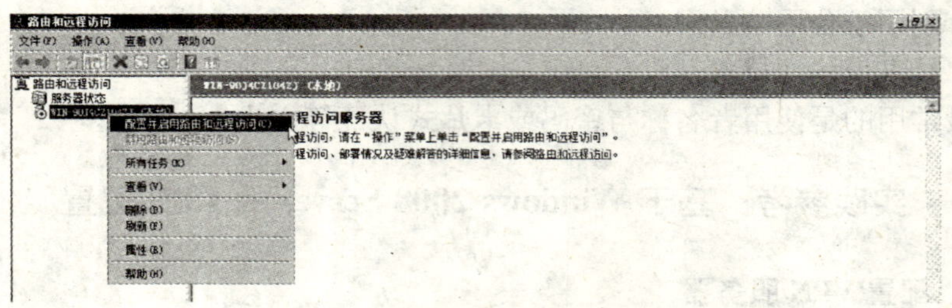

图 5—41　配置并启用路由和远程访问

（4）打开“路由和远程访问服务器安装向导”，点击“下一步”，打开“配置”页面，选择“自定义配置”，如图 5—42 所示。

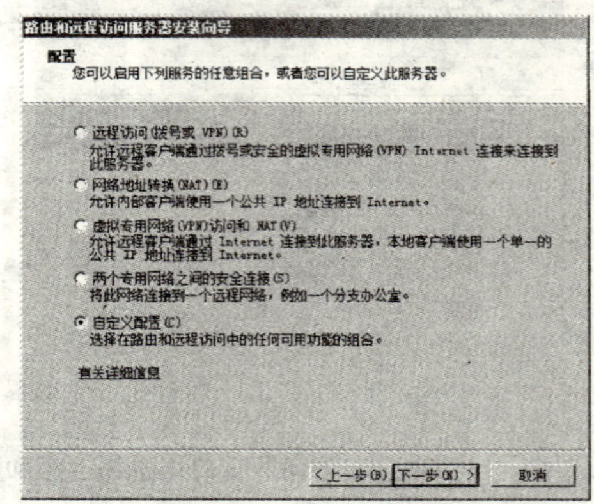

图 5—42　路由和远程访问配置页

（5）点击“下一步”，在自定义配置页中，勾选“VPN 访问”，如图 5—43 所示。

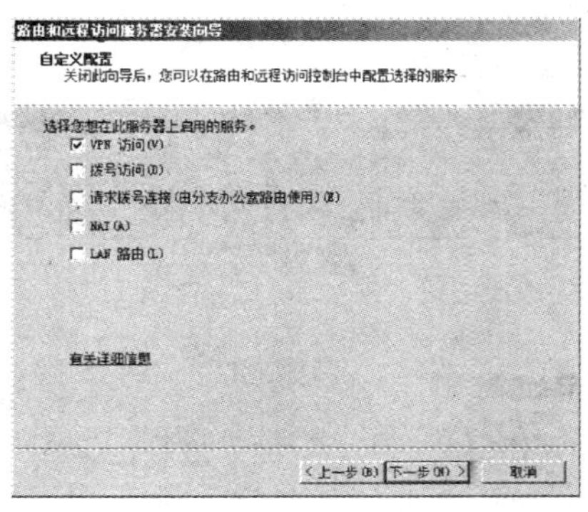

图 5—43　自定义配置页

（6）点击“下一步”，点击“完成”，如图 5—44 所示。

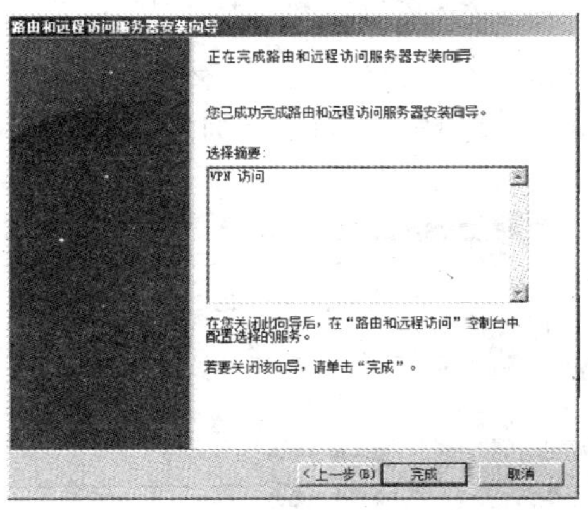

图 5—44　完成 VPN 服务器配置向导

（7）弹出“路由和远程访问”对话框，点击“启动服务”，如图 5—45 所示。图 5—46 为正在启动路由和远程访问。

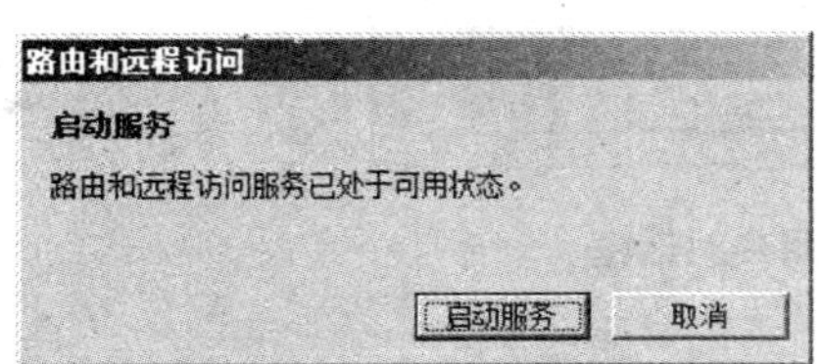

图 5—45　启动“路由和远程访问”对话框

图 5—46　正在启动路由和远程访问

（8）新建一个用户，用来远程登录 VPN 服务器，打开服务器管理器，展开“配置”项，展开“本地用户和组”，选择“用户”，在右边空白处右键选择“新用户”。如图 5—47 所示。

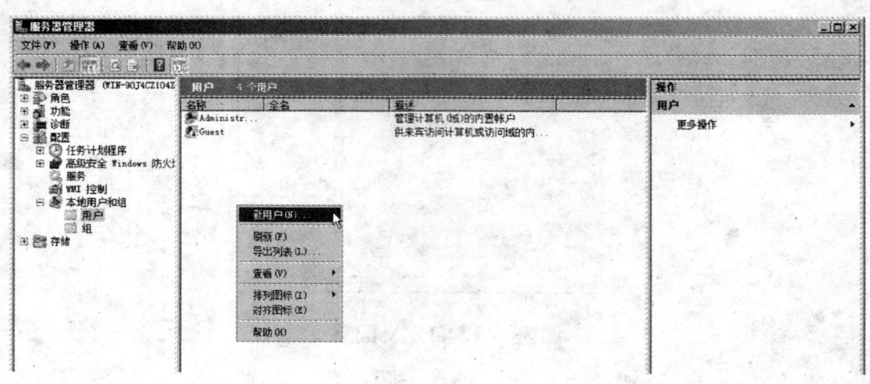

图 5—47　新建 VPN 用户

（9）打开“新用户”窗口，输入用户名为“test”，勾选“密码永不过期”，输入密码，如图 5—48 所示。点击“创建”，完成 test 用户的创建。

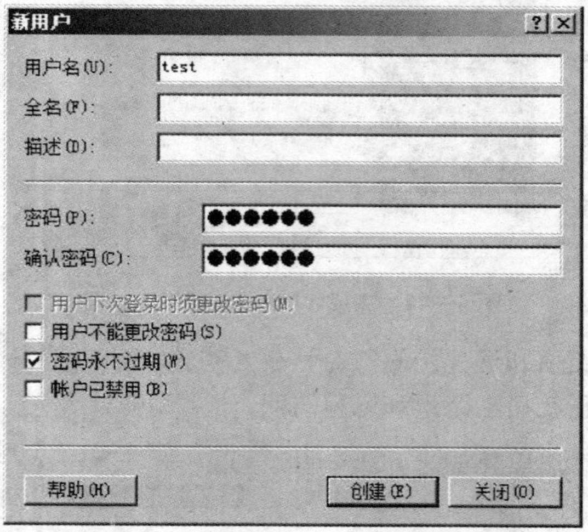

图 5—48　创建新用户对话框

（10）右键 test 用户，选择“属性”，如图 5—49 所示。

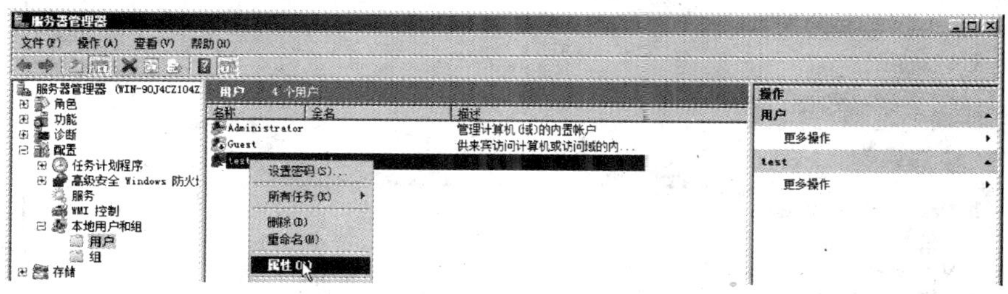

图 5—49 选择 test 用户属性

（11）打开“test 属性”窗口，选择“拨入”页，在“网络访问权限”中，选择“允许访问”，如图 5—50 所示。点击“确定”，完成设置。

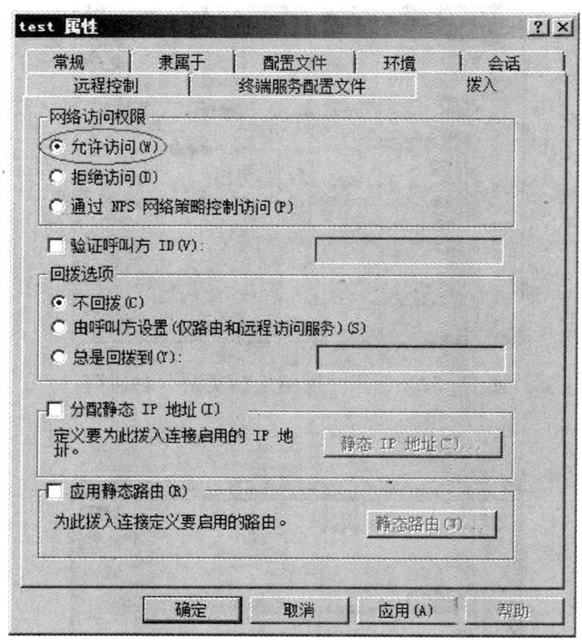

图 5—50 test 用户属性的设置

2. VPN 客户端配置

（1）打开网上邻居“属性”，选择“创建一个新的连接”，如图 5—51 所示。

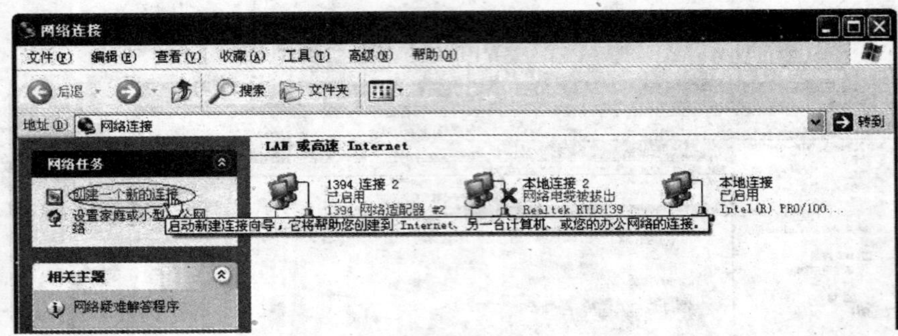

图 5—51　网络邻居属性对话框

（2）打开新建连接向导，点击“下一步”，选择“连接到我的工作场所的网络”，如图 5—52 所示。

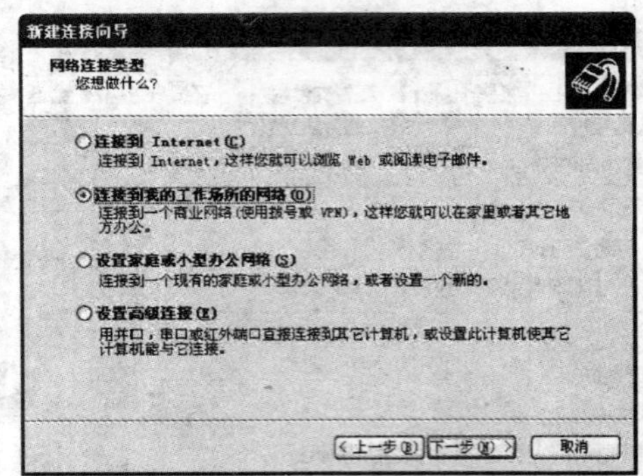

图 5—52　选择“网络连接类型”对话框

（3）点击“下一步”，选择“虚拟专用网络连接”，如图 5—53 所示。

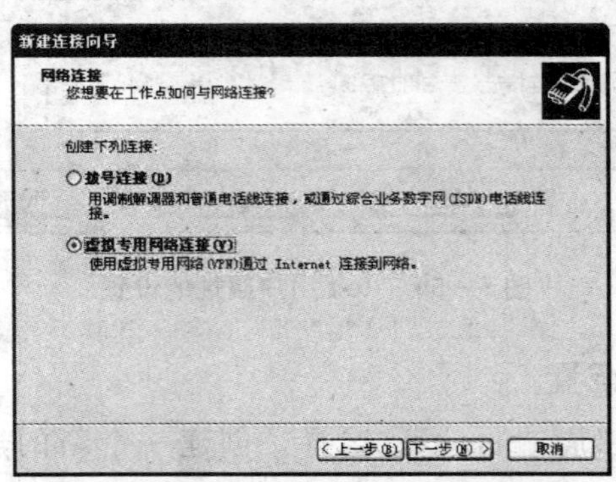

图 5—53　“网络连接”对话框

(4) 点击“下一步”，输入连接名称“wincows 2008 VPN”，如图 5—54 所示。

(5) 点击“下一步”，输入 VPN 服务器的 IP 或主机名，这里输入 windows 2008 server 的 IP 为“172.16.18.76”，如图 5—55 所示。

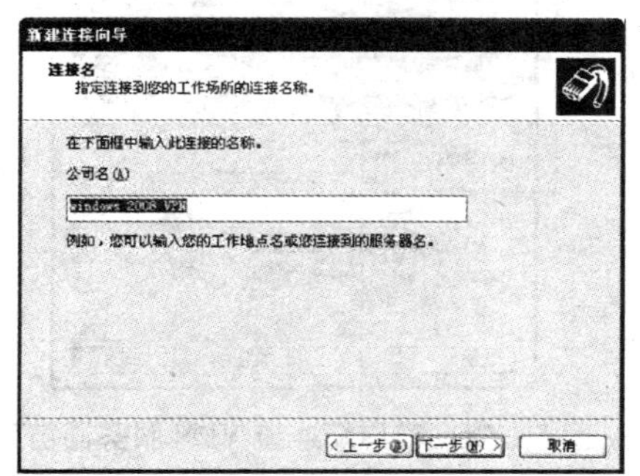

图 5—54　输入连接名称

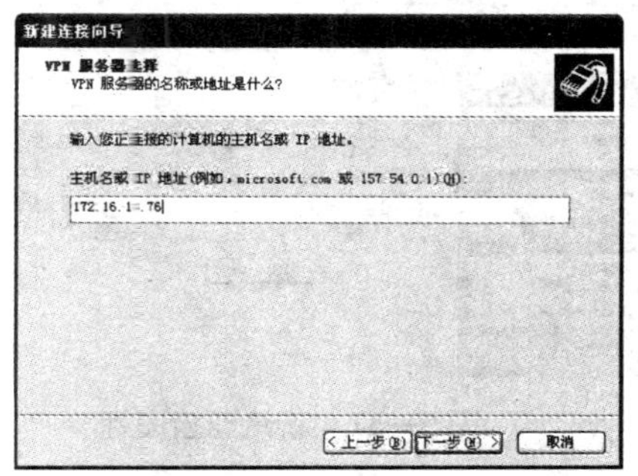

图 5—55　输入 VPN 服务器的主机名或 IP 地址

(6) 点击“下一步”，点击“完成”，即完成新连接向导。如图 5—56 所示。

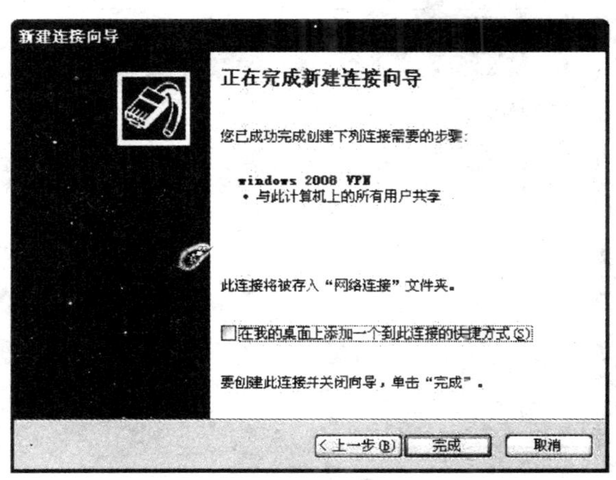

图 5—56　完成新建连接向导

(7) 完成设置后，在“网络连接”窗口中显示“windows 2008 VPN 已断开”的提示，说明没有连接。如图 5—57 所示。

(8) 双击“windows 2008 VPN”虚拟专用网络连接图标，弹出“连接

windows 2008 VPN”窗口，输入可登录的用户名和密码，如图 5—58 所示。

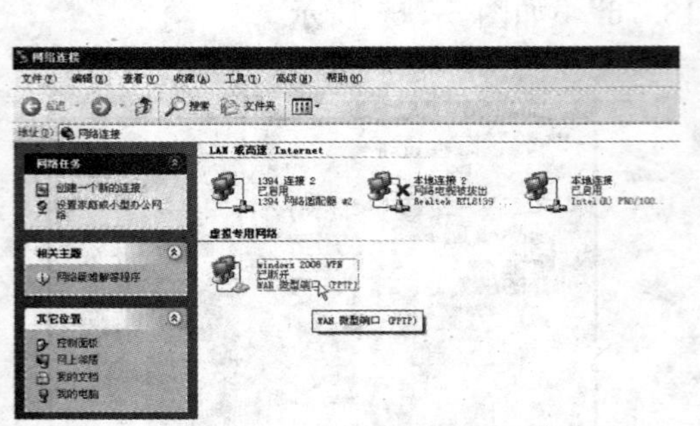

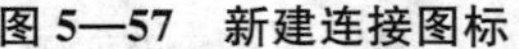
图 5—57　新建连接图标

图 5—58　客户端连接 VPN 服务器窗口

（9）点击“连接”，连接成功，图标会由原来的灰色变成蓝色，右下角出现“windows 2008 VPN 现在已连接”提示，如图 5—59 所示。

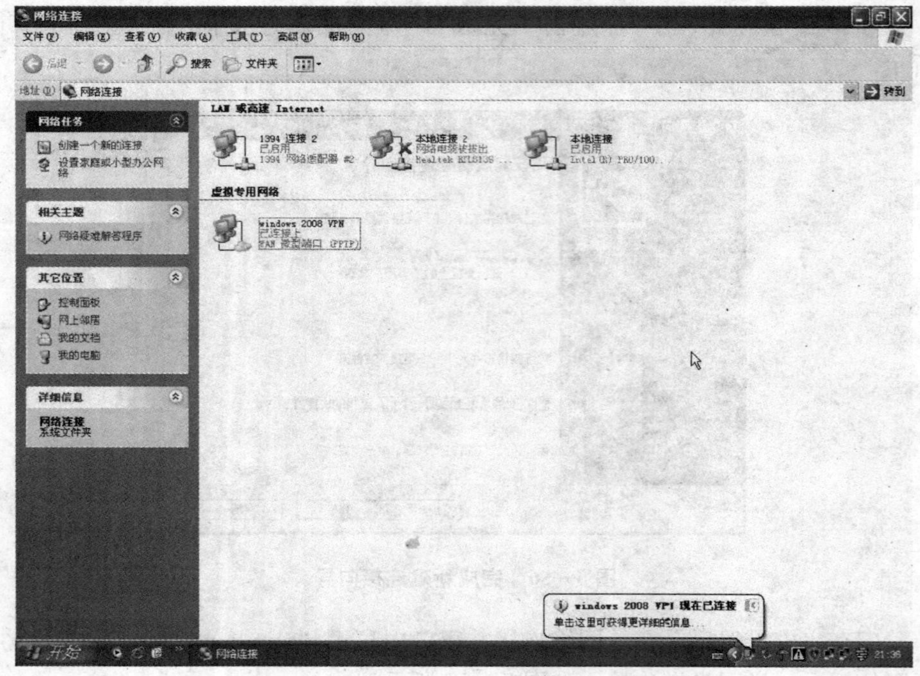

图 5—59　VPN 拨号连接成功

（10）右键点击虚拟专用网络图标，选择“状态”，查看VPN客户端状态，如图5—60所示。这时，在服务器端可以查看登录上来的用户，如图5—61所示。

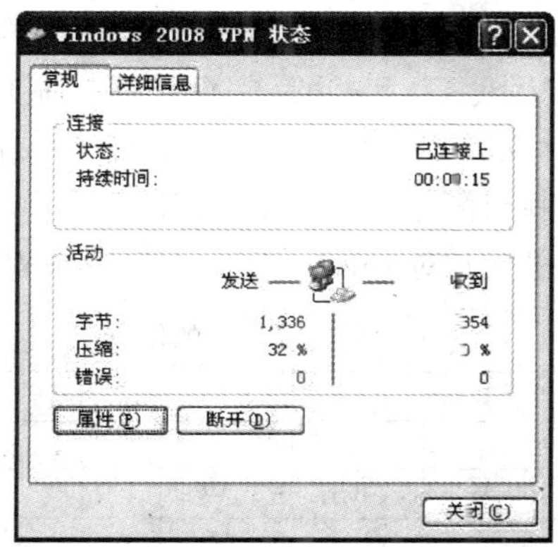

图5—60　查看windows 2008 VPN状态

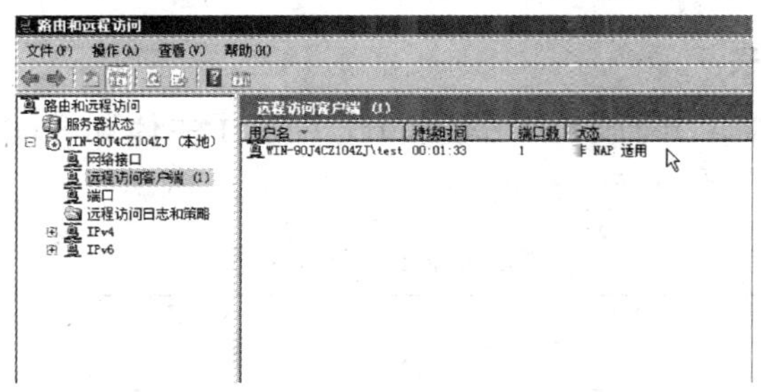

图5—61　在服务器端查看登录上来的用户

5.6　系统访问控制

访问控制是网络安全防范和保护的主要策略，它的主要任务是保证网络资源不被非法使用和访问，是保证网络安全最重要的核心策略之一。

5.6.1　访问控制的二元关系描述

访问控制用一个二元组（控制对象，访问类型）来表示。其中的控制对象表示系统中一切需要进行访问控制的资源，访问类型是指对于相应的受控对象的访问控制，如：读取、修改、删除，等等。

访问控制二元组有许多描述形式。下面介绍几种常用的形式。

1. 访问控制矩阵

访问控制矩阵也称访问许可矩阵，它用行表示客体，列表示主体，在行和列的交叉点上设定访问权限。表 5—5 是一个访问控制矩阵的例子。表中，一个文件的 Own 权限的含义是可以授予（authorize）或者撤消（revoke）其他用户对该文件的访问控制权限。例如，张三对 File1 具有 Own 权限，所以张三可以授予或撤消李四和王五对 File1 的读（R）写（W）权限。

表 5—5　　一个访问控制矩阵的例子

主体（subjects）	客体（objects）			
	File1	File2	File3	File4
张三	Own，R，W	Own，R，W		
李四	R	Own，R，W	W	R
王五	R，W	R	Own，R，W	

2. 授权关系表

授权关系表（authorization relations）描述了主体和客体之间各种授权关系的组合。表 5—6 为表 5—5 的授权关系表表示。

表 5—6　　授权关系表的一个例子

主体	访问权限	客体
张三	Own	File1
张三	R	File1
张三	W	File1
张三	Own	File3
张三	R	File3
张三	W	File3
李四	R	File1
李四	Own	File2
李四	R	File2
李四	W	File2
李四	W	File3
李四	R	File4
王五	R	File1
王五	W	File1
王五	R	File2
王五	Own	File4

续前表

主体	访问权限	客体
王五	R	File4
王五	W	File4

授权关系表便于使用关系数据库进行存储。只要按照客体进行排序，就可以得到与访问能力表相当的二维表；按照主体进行排序，就可以得到与访问控制表相当的二维表。

例如，当用户或应用程序试图访问一个文件时，首先需要通过系统调用打开文件。在打开文件之前，访问控制机制被调用。访问控制机制利用访问控制表、访问能力表或访问控制矩阵等，检查用户的访问权限，如果在用户的访问权限内，则可以继续打开文件；如果用户超出授权权限，则访问被拒绝，产生错误信息并退出。

3. 访问能力表

能力（capability）也称权能，是受一定机制保护的客体标志，标记了某一主体对客体的访问权限：某一主体对某一客体有无访问能力，表示了该主体能不能访问那个客体；而具有什么样的能力，表示能对那个客体进行一些什么样的访问。它也是一种基于行的自主访问控制策略。图 5—62 是表 5—5 所示的访问控制矩阵的能力表表示。

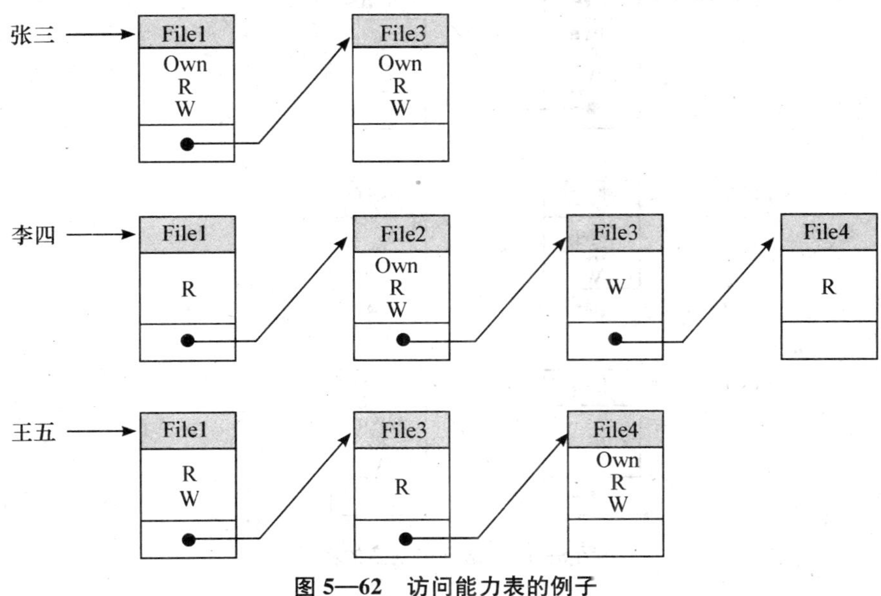

图 5—62　访问能力表的例子

访问能力表允许在进程运行期间动态地发放、回收、删除或增加某些权力，执行速度比较快，还可以定义一些系统事先不知道的访问类型。此外，访问能力表着眼于某一主体的访问权限，从主体出发描述控制信息，很容易获得一个主体所被授权可以访问的客体及其权限，但要从客体出发获得哪些主体可以访问它，就困难了。目前使用能力表实现的自主访问控制系统已经不多。

4. 访问控制表

访问控制表（access control list，ACL）与访问能力表正好相反，是从客体出发描述控制信息，可以用来对某一资源指定任意一个用户的访问权限。这种方式给每个客体建立一个 ACL（访问控制表），记录该客体可以被哪些主体访问以及访问的形式。它是一种基于列的自主访问控制策略。图 5—63 是表 5—5 的访问控制表表示。可以看出，每个 ACL 包括一个 ACL 头和零个或多个 ACE（访问控制项）。

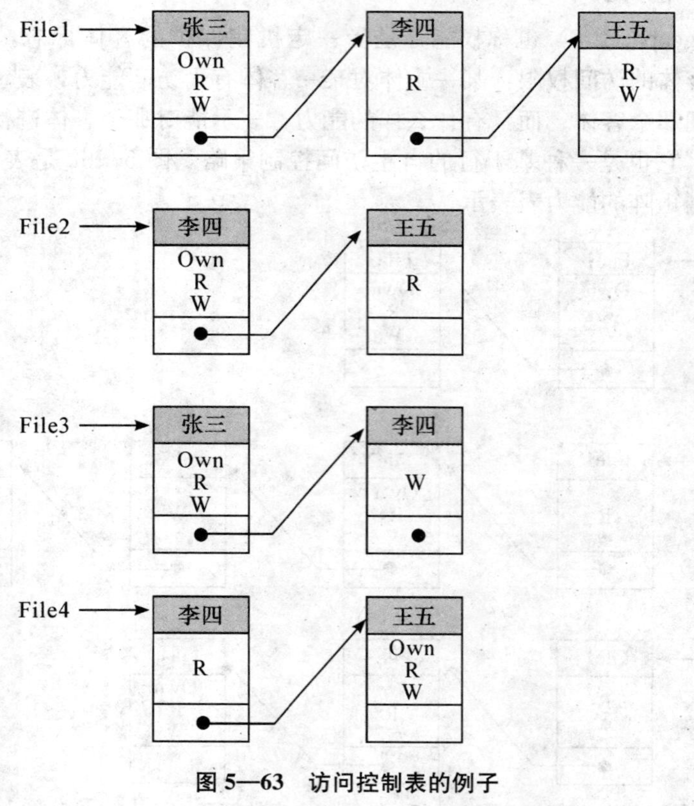

图 5—63　访问控制表的例子

ACL 的优点是可以容易地查出对某一特定资源拥有访问权的所有用户，有效地实施授权管理，是目前采用最多的一种实现形式。Windows NT/2000/XP 的资源（文件、设备、邮件槽、已命名的和未命名的管道、进程、线程、事件、互斥体、信号量、可等待定时器、访问令牌、窗口站、网络共享、服务、注册表、打印机等）访问就是采用这种方式。

ACL 适合按照对象进行访问的操作系统。但是使用 ACL 进行访问权限的管理，仅依靠单个主体非常麻烦。为此，通常将用户按组进行组织，用户也可以从用户组取得访问权限。在 UNIX 中，附在文件上的简单的 ACL，允许对用户、组和其他三类主体规定基本访问模式。

5.6.2　自主访问控制与强制访问控制

资源的所有者往往是资源的创建者。大多数操作系统支持资源所有权的概念，并且在决定访问控制策略时考虑资源所有权。基于所有权的访问控制可以有两种基本的策略：自主访问控制（discretionary access control，DAC）和强制访问控制（mandatory access control，MAC）。

1. 自主访问控制策略

自主访问控制是目前计算机系统中应用最广泛的一种策略，主流操作系统 Windows NT Server、UNIX 系统，以及防火墙（ACLs）等都是采用自主型的访问控制策略。它的基本思想是，资源的所有者可以对资源的访问进行控制，任意规定谁可以访问其资源，自主地直接或间接地将权限传给（分发给）主体。例如，用户 A 对客体 O 具有访问权限，而 B 没有。当 A 将对 O 的访问权限传递给 B 后，B 就有了对 O 的访问权限。

口令（password）机制就是一种基于行的自主访问控制策略。它要求每个客体都相应地有一个口令。主体对客体进行访问前，必须向操作系统提供该客体的口令。采用这种机制的系统有 IBM 公司的 MVS 和 CDC 公司的 MOS 等。

DAC 的优点是应用灵活与具有可扩展性，所以经常被用于商业系统。缺点是，权限传递很容易造成漏洞，安全级别比较低，不太适合网络环境，主要用于单个主机上。

通常 DAC 通过访问控制矩阵来限定哪些主体针对哪些客体可以执行什么操作。但是，目前操作系统在实现自主访问控制时，不是利用整个访问控制矩阵，而是基于访问控制矩阵的行或列来表达访问控制信息。这样就可以非常灵活地对策略进行调整。

2. 强制访问控制策略

强制访问控制（MAC）也称系统访问控制，它的基本思想是系统要"强制"主体服从访问控制政策：系统（系统管理员）给主体和客体分配了不同的安全属性，用户不能改变自身或任何客体的安全属性，即不允许单个用户确定访问权限，只有系统管理员才可以确定用户或用户组的访问权限。

MAC 主要用于多层次安全级别的系统（如军事系统）中。它预先将主体和客体进行分级，定义出一些安全等级（如高密级、机密级、秘密级、无密级等）并用对应的标签进行标识：对于主体称作许可级别和许可标签，对于客体称作安全级别和敏感性标签。用户必须遵守依据安全策略划分的安全级别的设定以及有关访问权限的设定。

由于主体有既定的许可级别，客体也有既定的安全级别，因此主体对客体能否执行特定的操作，取决于二者的安全属性之间的关系。例如对于信息（文件）的访问，可以定义如下四种关系：

（1）下读（read down）：用户级别高于信息级别的读操作；

（2）上读（read up）：用户级别低于信息级别的读操作；

（3）下写（write down）：用户级别高于信息级别的写操作；

（4）上写（write up）：用户级别低于信息级别的写操作。

当用户提出访问请求时，系统对主、客体的安全属性进行比较，来决定该主体是否可以对所请求的客体进行访问。当一个主体（进程）要访问客体，其许可标签必须满足下面的条件：

（1）主体若要对客体具有写访问的权限，则其许可级别必须支配客体的安全级别。

（2）主体若要对客体具有读访问的权限，则其许可级别必须支配被客体的安全级别。

在典型的应用中，MAC 使用两种访问控制关系：上读/下写——用来保证数据完整性和下读/上写——用来保证数据机密性。下读/上写相当于在一个层次组织中，上级领导可以看下级的资料；而下级不能看上级的资料，但可以向上级写资料。图 5—64 为这两种方式的示意图。

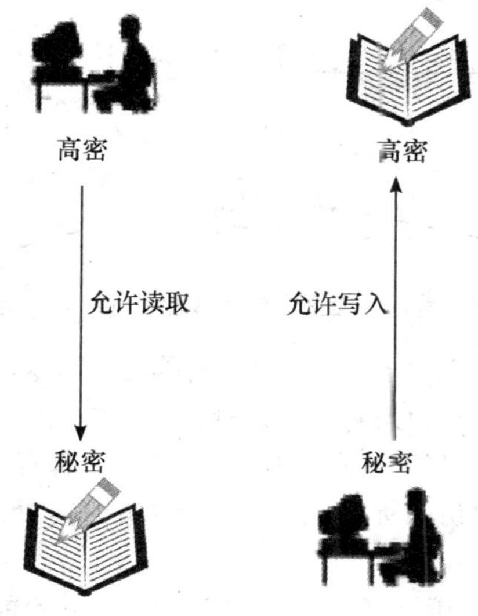

图 5—64　下读/上写示意图

MAC 比 DAC 具有更强的访问控制能力。但是实现的工作量大，管理不便，不够灵活。

强制访问控制和自主访问控制有时会结合使用。例如，系统可能首先执行强制访问控制来检查用户是否有权限访问一个文件组（这种保护是强制的，也就是说：这些策略不能被用户更改），然后再针对该组中的各个文件制定相关的访问控制表（自主访问控制策略）。

5.6.3　基于角色的访问控制策略

角色（role）是指一个组织或任务中的岗位、职位或分工。角色需要人去扮演。一般说来，一个角色并非只有一人扮演，如会计这个角色往往需要多个人；并且一个人可能会扮演不同的角色。基于角色的访问控制（role-base access control，RBAC）就是基于这样一种考虑而提出的访问控制策略。由于角色比个体用户具有较大的稳定性，这种授权管理比针对个体的授权管理，在可操作性和可管理性方面都要强得多。

如图 5—65 所示，角色实际上是在主体（用户）与客体之间引入的中间控制层。

在 RBAC 系统中，要求明确地区分权限（authority）和职责（responsibility）或区分操作与管理，使二者互相制约。

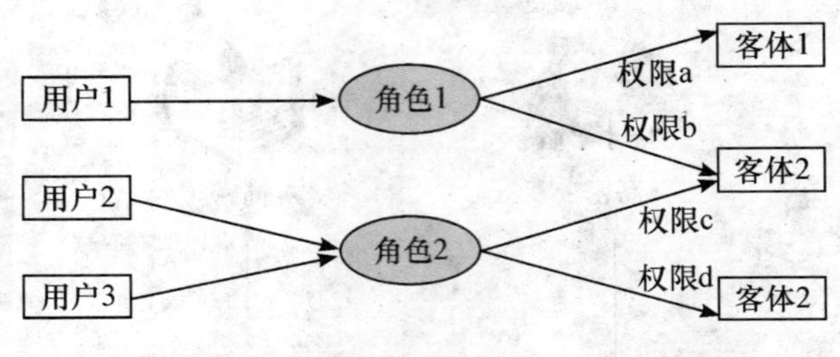

图5—65　角色是在主体与客体之间引入的中间控制层

例5.1　一位科长可以对一个科中的成员发号施令，而并不能对其他科的科员发号施令。因为从权力来看，他是科长，而从职责来说，他只是某一个科的科长，并非所有科的科长。与之相仿，对于一个具有高密级（0级）许可级的用户来说，并不可以访问所有安全级别为0级的资源。因为有些资源不在他的职责范围内。

例5.2　一个可以访问某个资源集合的用户，并不能进行该资源集合的访问授权。因为他没有这个权限。

例5.3　一位安全主管有权进行授权分配，但不能同时具有访问数据资源的权力。

由于实现了权限与职责的逻辑分离，基于角色的策略极大地方便了权限管理。例如，如果一个用户的职位发生变化，只要将用户当前的角色去掉，加入代表新职务或新任务的角色即可。基于角色的访问控制方法还可以很好地描述角色层次关系，实现最少权限原则和职责分离的原则，非常适合在数据库应用层的访问控制。因为在应用层，角色的概念比较明显。

角色由系统管理员定义，角色成员的增减也只能由系统管理员执行，只有系统管理员才有权定义和分配角色，并且授权规则是强加给用户的，用户只能被动地接受，不能自主地决定。但是，角色的控制比较灵活，根据需要可以将某些角色配置得接近DAC，而让某些角色配置得接近MAC。

5.6.4　实践参考：在Windows 2008中进行用户账户和访问权限设置

Windows 2008/2000/NT拥有强大的用户和组权限管理功能，在保护系统安全方面有着独特的应用。通过为不同用户分配相应权限，可以限制其对系统重要文件或目录的访问，并以此实现保护系统不受到病毒和黑客侵犯的功能。

1. Windows2008 中的账户设置

(1) 打开服务器管理器，展开“配置”项，展开“本地用户和组”，选择“用户”，在右边空白处右键选择“新用户”。如图 5—66 所示。

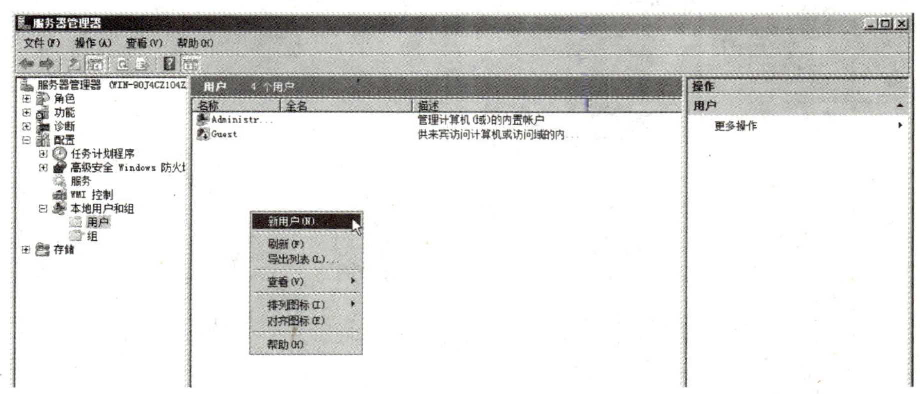

图 5—66　新建 VPN 用户

(2) 打开“新用户”窗口，输入用户名为“test”，勾选“密码永不过期”，输入密码，如图 5—67 所示。点击“创建”，完成 test 用户的创建。

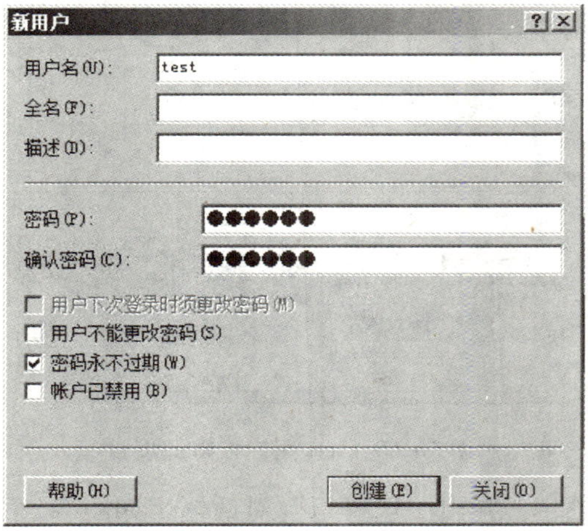

新用户
用户名(U): test
全名(F):
描述(D):
密码(P): ●●●●●●
确认密码(C): ●●●●●●
☐ 用户下次登录时须更改密码(M)
☐ 用户不能更改密码(S)
☑ 密码永不过期(W)
☐ 帐户已禁用(B)
帮助(H)　创建(E)　关闭(O)

图 5—67　创建新用户对话框

（3）右键 test 用户，选择“属性”，如图 5—68 所示。

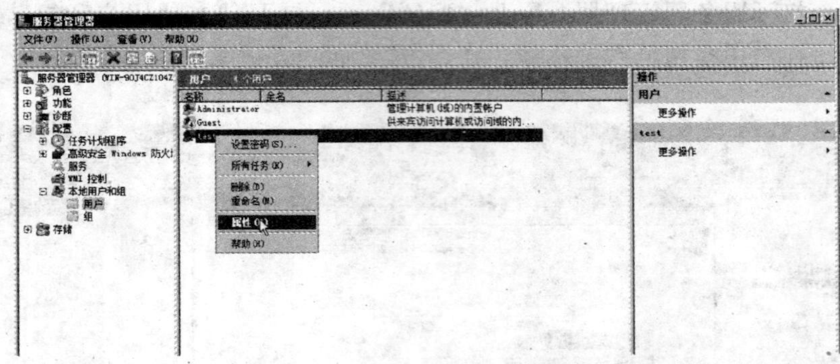

图 5—68　选择 test 用户属性

（4）打开“test 属性”窗口，选择“隶属于”页，设置用户权限，如图 5—69 所示。

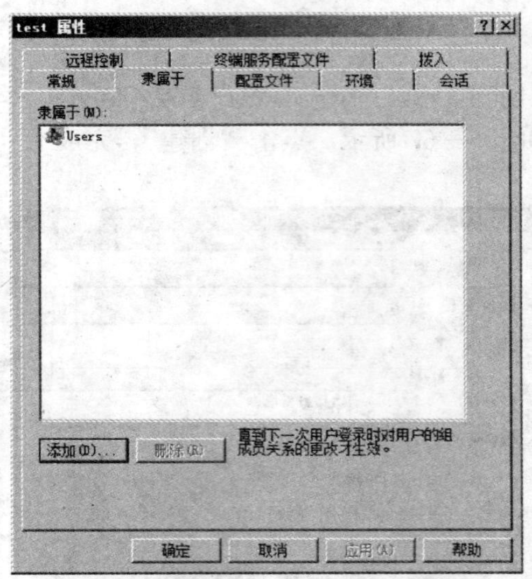

图 5—69　test 用户权限的设置

（5）点击“添加”，弹出“选择组”对话框，如图 5—70 所示。

（6）点击“高级”，点击“立即查找”，查找出计算机中的所有组，选择“administrators”组，使得 test 用户具有管理员权限，如图 5—71 所示。点击“确定”，完成设置。

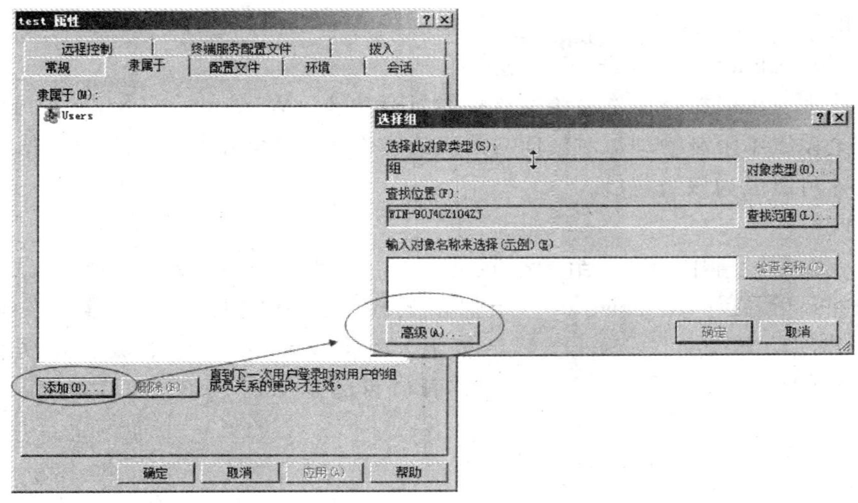

图 5—70　“选择组”对话框

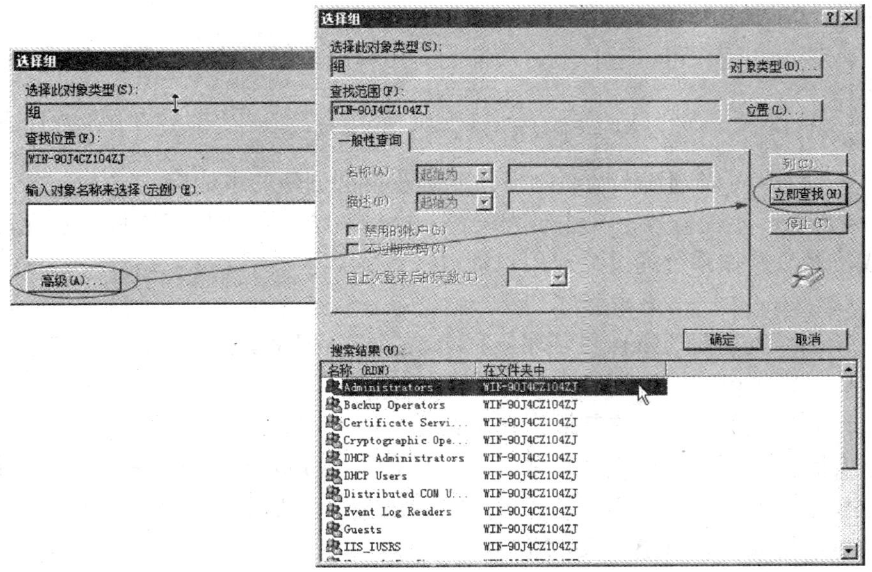

图 5—71　选择 test 用户的隶属组

2. Windows 2008/2000/NT 中的组策略

在 Windows 2008/2000/NT 中，用户被分成许多组，组和组之间都有不同的权限。当然，一个组的用户和用户之间也可以有不同的权限。下面是一些常用的组：

（1）Administrators——管理员组

管理员可以执行操作系统所支持的所有功能。Windows 2008/2000/NT 默认安全设置不限制管理员对任何注册表或文件系统对象的访问。只有受信任的人员才可以成为该组成员。

（2）Power Users——高级用户组

在权限设置中，这个组的权限是仅次于 Administrators 的。Power Users 可以执行除了为 Administrators 组保留的任务以外的其他任何操作系统任务。分配给 Power Users 组的默认权限允许 Power Users 组的成员修改整个计算机的设置，但 Power Users 不具有将自己添加到 Administrators 组的权限。

（3）Users——普通用户组

Users 组提供了一个最安全的程序运行环境，默认安全设置旨在禁止该组的成员危及操作系统和已安装程序的完整性。系统对这个组的权限如下：

- 该组的用户可以运行经过验证的应用程序，但不可以运行大多数旧版应用程序。
- Users 可以关闭工作站，但不能关闭服务器。
- Users 可以创建本地组，但只能修改自己创建的本地组。
- Users 不能修改系统注册表设置、操作系统文件或程序文件，不允许该组成员修改操作系统的设置或用户资料。

（4）Guests——来宾组

Guests 与普通 Users 的成员有同等访问权，但来宾账户的限制更多。

（5）Everyone——所有的用户

计算机上的所有用户都属于这个组。

实际上，还有一个组也很常见，它拥有和 Administrators 一样甚至比其更高的权限，但是这个组不允许任何用户的加入，在查看用户组的时候，它也不会被显示出来，它就是 SYSTEM 组。

3. Windows 2008 的 NTFS 系统

NTFS（new technology file system，新技术文件系统）是 Microsoft 公司为了弥补 FAT（File Allocation Table，文件分配表）系统的一些不足而推出的一项技术，其最大的改进就是容错性和安全性能。

基于 NTFS 卷进行访问权限设置非常简单。右键单击一个 NTFS 卷或 NTFS 卷下的一个目录，选择“属性”→“安全”选项就可以对一个卷或者一个卷下面的目录进行权限设置。如图 5—72 所示。

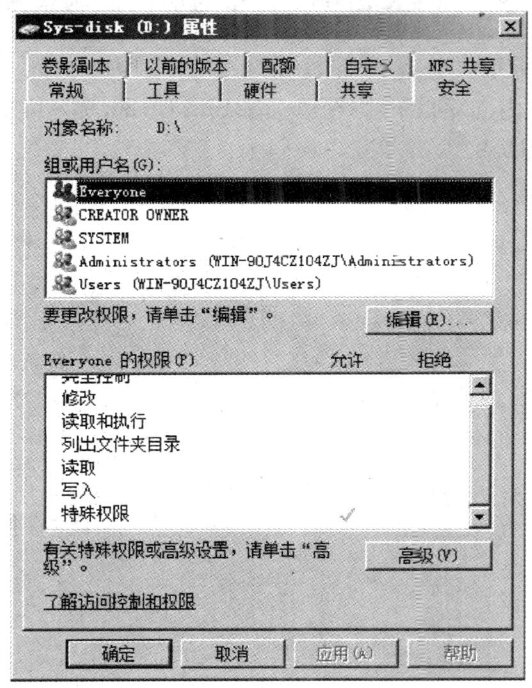

图 5—72　卷的安全性设置

这时会看到以下 7 种权限：

● “完全控制”就是对此卷或目录拥有不受限制的完全访问，像 Administrators 在所有组中的地位一样。选中了“完全控制”后面的 5 项属性将被自动选中。

● “修改”则像 Power Users，选中了“修改”，后面的 4 项属性将被自动选中。当后面的任何一项没有被选中时，“修改”条件将不再成立。

● “读取和执行”就是允许读取和执行在这个卷或目录下的任何文件。“列出文件夹目录”和“读取”是“读取和执行”的必要条件。

● “列出文件夹目录”是指只能浏览该卷或目录下的子目录，不能读取，也不能运行。

● “读取”是指能够读取该卷或目录下的数据。

- “写入”就是能往该卷或目录下写入数据。
- “特别权限”则是对前面 6 种权限进行细分。

5.6.5　实践参考：基于 Cisco 路由器的访问控制策略设置

如图 5—73 所示，企业内部提供 4 种典型服务：Web、FTP、E-mail、DNS。假设企业内部网的网络号为 210.31.120.0，其 IP 地址范围为：210.31.120.0～210.31.120.255，掩码为：255.255.255.0。图中所列 IP 地址均为最后一个字节。

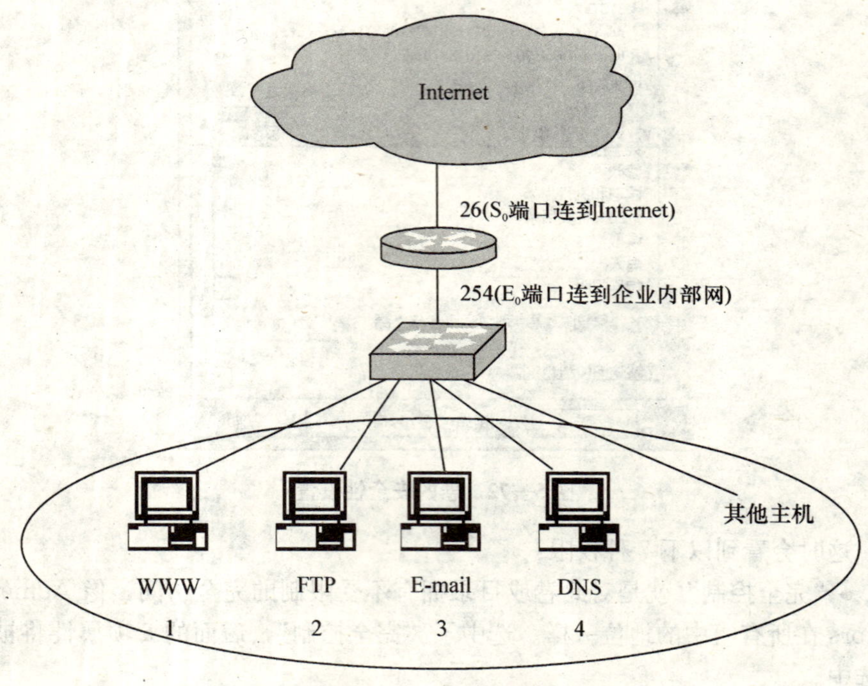

图 5—73　一个网络的逻辑结构

1. 防止外部的 IP 地址欺骗

IP 地址欺骗是一种常见的对企业内部服务器的攻击手段。外部网络的攻击者将其数据包的源地址伪装成内部网合法的 IP 地址或 Loopback 地址，以绕过防火墙，实现非法访问。为此，可按以下方法定义访问列表以防止 IP 地址欺骗。

（1）防止外部网的用户使用内部网的 IP 地址作为源地址实现非法访问

在全局配置模式（global configure mode）下添加：

```
access-list 102 deny ip 210.31.120.0 0.0.0.255 any
```

该命令的含义为拒绝源地址为 210.31.120.0～210.31.120.255 的 IP 包通过，显然应该将这条规则应用到从外部网到内部网的所有数据包上，而不是应用到从内部网到外部网的数据包上，因此，应将它适用到外部端口 serial0 上，在接口模式（Interface Mode）下设置：

```
interface serial0
ip access-group 102 in
```

（2）防止外部网的用户使用 Loopback 地址作为源地址实现非法访问

在全局配置模式下添加：

```
access-list 102 deny ip 127.0.0.1 0.0.0.0 0.0.0.0 255.255.255.255
```

然后，在接口模式下设置：

```
interface serial0
ip access-group 102 in
```

2. 控制内部网的非法 IP 地址进入外部网

通过设置访问列表，可以控制内部网的哪些机器可以进入外部网，哪些机器不可以进入外部网。假设只允许 IP 地址为 210.31.120.60 的机器进入外部网，而不允许其他机器进入外部网，则可按如下设置：

（1）在全局模式下设置：

```
access-list 103 permit 210.31.120.60
```

（2）在接口模式下设置：

```
interface Ethernet0
ip access-group 103 out
```

常见的情况是内部网中允许某一子网段（如 210.31.120.0～210.31.120.16）中的所有机器都可进入外部网，这时只需将第一步改为 access-list 103 permit 210.31.120.0 0.0.0.16 即可。

3. 对内部网资源主机的访问控制

企业内部网的服务器是非法访问者的重点攻击对象，同时它又必须为外部用户提供一定的服务。对于特定的服务器，可以只允许访问特定的服务。也就是说，对于 Web 服务器，只允许访问 Web 服务；而对于 FTP 服务器，只允许访问 FTP 服务，以此类推。这样可以增加攻击者的难度。

（1）允许只对 210.31.120.1 的 Web 访问。

在全局配置模式下设置：

```
access-list 104 permit tcp any host 210.31.120.1 eq Web
```

（2）允许只对 210.31.120.2 的 FTP 访问。

在全局配置模式下设置：

```
access-list 104 permit tcp any host 210.31.120.2 eq FTP
```

（3）允许只对 210.31.120.3 的 E-mail 访问。

在全局配置模式下设置：

```
access-list 104 permit tcp any host 210.31.120.3 eq Email
access-list 104 permit tcp any host 210.31.120.3 eq pop3
```

（4）允许只对 210.31.120.4 的 DNS 访问。

在全局配置模式下设置：

```
access-list 104 permit udp any host 210.31.120.4 eq domain
```

（5）允许 DNS 服务器之间的数据流动。

```
access-list 104 permit tcp any host 210.31.120.4 eq domain
```

以上各命令中 any host 代表具有任何源地址的主机，由于 HTTP、FTP、E-mail 采用 TCP 作为传输协议，而 DNS 采用 UDP 作为传输协议，因此以上各命令中允许相应的传输协议。

（6）对于工作站来说，应该不允许任何外部网络主机首先发起的连接，但是如果是内部工作站发起的连接，则应该接收。这可以通过 TCP 中的 ACK 位是否被置位来区分，因为对于 TCP 来说，除了第一个包 ACK 位没有置位外，其他的包都有 ACK 位。因此可在全局配置模式下设置：

```
access-list 104 permit tcp any 210.31.120.0 0.0.0.255 established
```

（7）由于 FTP 数据传输是由外部 FTP 服务器首先发起的，因此必须开放所有工作站 1024 以上的端口，用于 FTP 数据的传输。为此可在全局配置模式下设置：

```
access-list 104 permit tcp any 210.31.120.0 0.0.0.255 gt 1024
```

（8）对于 ICMP 的连接检测一般应该是允许的。为此在全局配置模式下设置：

```
access-list 104 permit icmp any any
```

（9）对于一些路由协议信息必须接受，否则内部网就连不上 Internet 了。假设路由器串行口的远端路由器地址为 210.112.27.25，那么：

```
access-list 104 permit ospf any host 210.112.27.26
access-list 104 permit udp host 210.112.27.25 host 210.112.27.26 eq rip
```

若把以上访问列表应用到所有外部端口，应在接口模式下设置：

```
interface serial0
ip access-group 104 in
```

4. 防止外部的 ICMP 重定向欺骗

外部的攻击者可以使用 ICMP 重定向技术来对路由器进行重定向，把本应该送到合法目的地的信息重定向到攻击者那里，从而非法获得信息。对付这种攻击的路由器设置方法为：

在接口模式下设置：

(1) interface serial0

(2) no ip redirects

5. 防止外部的资源路由选择欺骗

资源路由选择是使用数据链路层信息来为信息包进行路由选择。这个技术越过了第三层的路由信息，为入侵者给内部网的信息包指定一个不正确的路由选择提供了可能，从而把本应该送到内部网的合法的目的地信息送到了外部网入侵者那里。对付这种攻击，可以在全局配置模式下设置：

```
no ip source-route
```

6. 对拨号上网用户的访问控制

(1) 对通过异步串口上网的用户，可采用专用模式并使用 PAP 认证技术。可在接口模式下设置：

```
interface group-async 0 group-range 1 16
ip unnumbered ethernet0
ip top header-compression passive
encapsulation ppp
async mode dedicated
ppp authentication pap
```

(2) 把对内部网络的所有远程访问均限制在一个子网（如 210.31.121.0）内，是一个很好的实践方法。例如，对所有远程访问的用户只提供 Telnet 一种服务，实现方法是在全局配置模式下设置：

```
access-list 15 permit 210.31.121.0 0.0.0.255
```

然后在接口模式下设置：

```
line vty 0 4
access-class 15 in
```

7. 防止内部用户盗用 IP 的方法

由于 IP 地址可由软件设计，一些用户往往盗用他人的 IP 地址进行非法访问。解决办法如下：采用专用网管软件不断地扫描 Cisco 路由器的 ARP 表，并与原始建立的静态 IP 和 MAC 地址相比较，一旦发现 IP 地址被盗，立即更改路由器的快存表，使非法访问不能进行。

8. 防止对路由器的攻击

路由器是网络安全的守护神之一，因此路由器需要精心配置，重点保护。如果路由器被攻破，攻击者就可以随意改变路由器的配置，这样以上所配置的网络安全访问规则就形同虚设，毫无意义了。

路由器的最一般配置是通过 Telnet 完成的。由于 Telnet 是通过明文传送的，所以配置路由器的工作站和路由器之间不应该跨越多个网段，最好通过交换机直接连至路由器上，这样路由器密码经由网络窃听（Sniffer）泄漏的可能性就减少了。

（1）增强路由器的逻辑安全性

在物理安全性有所保障之后，可以在路由器上进行如下设置以增强路由器逻辑安全性。

① 给 CONSOLE、AUX 端口和 VTY（虚终端）上设置密码，使得访问者必须通过密码才能访问路由器。在接口模式下作如下设置：

```
line console 0（CONSOLE 端口）
login
password ******
line aux 0（AUX 端口）
login
password ******
line vty 0（VTY（虚终端））
login
password ******
```

② 在全局配置模式下配置特级权限：

```
service password-encryption
```

这样配置文件中的所有口令均加了密。

③ 限制访问路由器的工作站：

```
access-list 33 permit 210.31.120.222 0.0.0.0
```

```
line vty 0 4
access-class 33 in
```

这样，只有210.31.120.222这一个IP地址可以访问路由器了。

(2) 路由器密码的集中管理

对一台路由器的密码进行管理是比较容易的，但如果一个网络有多台路由器时，其密码管理就比较复杂。通过使用TACACS（terminal access controller access control system）终端访问控制器访问控制系统技术，有可能把大量的路由器密码控制集中在一起，实现统一管理。在配置TACACS时，需要一个TACACS Server，由该Server管理全部路由器的密码。具体设置如下：

① 配置TACACS Server的IP地址

```
tacacs-server host 210.31.120.100
```

②凡是要访问TACACS Server管辖的路由器都要使用标准的ENABLE口令：

```
tacacs-server last-resort password
```

③ 凡是来自VTY端口的请求都交给TACACS SERVER去验证

```
line vty 0 4
login tacacs
```

9. 内部网络流量的控制

(1) 内部网络访问限制

很多情况下，也需要对内部网络采取一定的访问限制。如限制哪些内部IP地址能够访问哪些站点（主要是国内和国外）等。例如，可采取如下方法以限制IP地址为210.31.120.220的主机只能访问国内主机。

① 获得国内IP地址列表；

② 显式地列出这个IP地址允许访问的国内IP地址：

```
access-list 130 permit ip host 210.31.120.220 国内IP地址列表
```

③ 将其适用到内部端口：

```
interface ethernet0
ip access-group 130 in
```

(2) 防止IP地址盗用

内部网络管理的另一个问题是IP地址盗用问题。如果其流量通过路由器的话，可采用将IP地址和网卡地址绑定的方法来对其加以控制。只需在路由器的中配置模式下输入以下语句即可：

```
arp〈绑定的IP地址〉〈相对应的网卡地址〉
```

习　题

一、选择题

1. 下面关于网络安全脆弱性的说法中，（　　）是不正确的。
   A. 安全是相对的，必须明确安全的目标
   B. 开放的网络协议和操作系统为入侵提供了有利信息
   C. 网络互联技术的开放性可以导致网络产品的多样性
   D. 技术的公开性可以使网络攻击者的水平迅速提高
2. OSI 网络安全体系的具体构成原则包括（　　）。
   a. 每一层都可以提供安全服务，而不限于某一层
   b. 不违反各层独立的原则
   c. 安全功能的增加不引起 OSI 原有功能的重复，只增加原来没有的功能
   d. 附加安全服务的实现对所在层的实现来说，是一个自含的模块
   e. 安全服务的提供也采用逐层增值的方式
   A. abc　　B. abcde　　C. cde　　D. abde
3. 下面关于数据安全的说法中，（　　）是错误的。
   A. 数据保密性是指保证授权用户对数据的合法访问，而限制其他人对数据的访问
   B. 数据的完整性直接影响到数据的可用性
   C. 数据的完整性依赖于数据的真实性，数据的真实性保证数据的完整性
   D. 数据的可用性是指在需要访问的时候可以提供正确可信的完整数据
4. 用连线画出下面恶意代码名称与属性之间的对应关系。

名称	属性
后门（backdoor）	
点滴器（dropper）	
繁殖器（generaper）	可感染
细菌（germ）	
逻辑炸弹（logic boma）	不感染
陷门（trapdoor）	
特洛伊木马（Trojan Horse）	依附性
病毒（virus）	
蠕虫（worm）	独立性
恶作剧（hoax）	
流氓软件（ ）	

5. 下面关于网络防火墙的说法中，不正确的是（　　）。
   A. 网络防火墙是一种由软硬件构成的、用于在网络间实施访问控制的特殊系统
   B. 引入防火墙的目的是为了在不可靠的互联网络中建立一个可靠的子网

C. 防火墙必须提供两个功能：阻止和允许
D. 防火墙必须能够识别各种合法报文的类型和格式，该功能由过滤器实现

6. 下面的关于网络防火墙的说法中，正确的是（ ）。
A. 应用级防火墙又称为包过滤防火墙，通常嵌入在路由器软件中实现
B. IP级防火墙一般针对某一特定的应用，由用户端的代理客户和防火墙的代理服务器两部分组成
C. 电路（链路）级防火墙与应用级防火墙相似，但它并不针对专门的应用协议，而是一种通用的TCP/UDP连接中继器
D. 使用IP级防火墙时，如果防火墙停止工作可能会影响其连通性。

7. （ ）是指在计算机网络中，通信双方对所接收到的数据信息进行验证，以保证数据信息的真实性过程。

A. 数据加密　　B. 数据完整性保护
C. 数据鉴别　　D. 数据保护

8. 在下面关于报文摘要的说法中，错误的是（ ）。
A. 在报文摘要技术中，单向散列函数H的选择是至关重要的
B. 报文摘要是基于双向散列函数的技术
C. 报文摘要信息发生变化，就说明报文内容发生了变化
D. 报文中的任何比特出现变化，报文摘要信息就会改变

9. 在下面关于数字签名的说法中，错误的是（ ）。
A. 签名是报文以及发送方已知的且接收方可验证的保密信息的函数
B. 签名的目的是使报文的接收方能够对公正的第三者证明其报文内容是真实的，而且由指定的发送方发送
C. 签名算法比一般对称密钥算法更难实现
D. 数字签名利用数据加密机制来实现

10. 在下面关于访问控制的说法中，错误的是（ ）。
A. 访问控制实质上是对资源使用的限制
B. 系统访问控制主要用来解决用户访问资源的权限管理问题
C. 系统访问控制主要解决用户身份认证问题
D. 有两种不同类型的资源访问控制：自主访问控制和强制访问控制

二、简答题

1. 如何区分病毒、蠕虫、木马、细菌、流氓软件、逻辑炸弹？
2. 试述计算机系统病毒防治的未来对策。
3. 举例说明黑客有哪些攻击手段。
4. 在组建Intranet时，防火墙是必需的吗？为什么？
5. 下面是选择防火墙时应考虑的一些因素。请按你的理解，将它们按重要性排序。

①被保护网络受威胁的程度；

②受到入侵，网络的损失程度；

③网络管理员的经验；

④被保护网络的已有安全措施；

⑤网络需求的发展；

⑥防火墙自身管理的难易度；

⑦防火墙自身的安全性。

6. 试述一个防火墙产品应具备哪些基本功能?

7. 你对防火墙的未来有何设想?

8. 试述入侵检测系统的工作原理。

9. 在非对称密码体制中，第三方如何断定通信者有无抵赖或伪造行为?

10. 要将名文 M 由 A_1 并附有 A_1、A_2、…、A_i、…、A_n 的依次签名发往 B。设 PKA_i 和 SKA_i 分别为 A_i 的公开密钥和私有密钥。在签名时要求每一位签名者只验证其前一位签名者的签名；如果验证通过，则在此基础上加上自己的签名，否则终止签名；最后一位签名者在签名完成后将最终信息和签名一起发送出去。每一位签名者都可以推算出前一位签名者和后一位签名者并且知道他们的公开密钥。

试设计该多人签名算法。

11. 试述 VPN 的工作原理。VPN 与租用专线有何区别?

12. 试设计一个用防火墙构造 VPN 的方案。

13. 查阅资料，列表说明 OSI 的每一层有哪些安全协议以及它们各有哪些功能。

14. 请列举网络管理的各项功能。

15. 试述建立网上法律和道德规范的重要性。

16. 试述我国目前有哪些有关计算机网络安全的法规。

三、实践题

1. 自己的计算机安装一个反病毒软件。

2. 黑客常常使用一些漏洞扫描软件扫描寻找可以入侵的位置，系统管理人员也常常用漏洞扫描软件发现系统的薄弱环节。收集有关漏洞扫描软件的信息，从其中选择一种免费的漏洞扫描软件进行安装和使用测试。

3. 为一个网络制定包过滤规则，并进行相应的配置。

4. 把自己的朋友设想成具有不同访问权限者，同时把自己的文件也设置成不同的访问级别，然后进行访问权限配置。

5. Snort 是一种轻量级 IDS，试安装并试用。

6. 在自己的机器上配置 IPSec.。

7. 设计一个实现 VPN 的方案，并实施。

附 录

网络术语与缩略语英汉对照表

AAL（ATM adaptation layer）	ATM 适配层
ABM（asynchronous balance mode）	异步平衡方式
ABR（area border router）	区域边界路由器
ABR（available bit rate）	可用变比特率
ACK（acknowledgment）	确认
ACT（access control table）	访问控制表
ADC（analog digital converter）	模/数转换器
ADM（add drop multiplexer）	（SDH）分插复用器
ADO（active data object）	活动数据对象
ADS（active double star）	有源双星
ADSL（asymmetric digital subscriber line）	非对称数字用户线路
AF（address filter）	地址过滤器
AM（accounting management）	计费管理
AN（access network）	用户接入网
AN（acknowledgment number）	确认号
AON（all optical network）	全光网络
API（application program interface）	应用程序接口
APON（ATM PON）ATM	无源光纤网络
Architecture	计算机网络体系结构
ARIS（aggregate rout based IP switching）	基于集中路由的 IP 交换
ARIN（American Registry for Internet Numbers）	美国互联网注册机构

ARM（asynchronous response mode）	异步响应模式
ARP（address resolution protocol）	地址解析协议
ARPA（Advanced Research Projects Agency）	美国国防部高级计划研究局
ARPANET	ARPA 计算机网
ARQ（automatic request for repeat）	自动重复请求
ASCII（American standard code for information interchange）	美国信息交换标准代码
ASK（amplitude-shift keying）	幅移键控
ASBR（AS border router）	自治系统边界路由
ATM（asynchronous transfer mode）	异步传输模式
AU（arrangement unit）	管理单元
AUG（arrangement unit group）	管理单元组
AUI（attachment unit interface）	连接单元接口
authenticity	真实性
availability	可用性
BB（bluetooth baseband）	蓝牙基带
BBS（bulletin board system）	公告牌系统
BGP（border gateway protocol）	边界网关协议
B-ICI（broadband inter carrier interface）	宽带互联界面
bluetooth	蓝牙
BNC	连接器
BRA（base rate access）	基本速率接入
BRI（base rate interface）	基本速率接口
bridge	网桥
broadband	宽带
broadcast storm	广播风暴
BS（basis station）	无线基地站
BSC（binary synchronous communication）	二进制同步通信（协议）
BUS（broadcast and unknown server）	广播未知服务器
CA（certification authority）	授权证书
cable modem	线缆 modem
cable television	有线电视
CAP（carrierless amplitude/phase modulation）	无载波幅度相位调制
CBR（constant bit rate）	固定比特率
CCITT（Consultative Committee for International Telegraph and Telephone）	国际电报电话咨询委员会
CCP（communication control program）	通信控制程序

CD (carrier detect)	载波检测
CDM (code division multiplexing)	码分多路复用
CDMA (code division multiple access)	码分多址
CDV (cell delay variation)	信元延迟抖动
CDVT (cell delay variation tolerance)	信元延迟抖动极值
cell	ATM 信元
CER (cell error ratio)	信元错误比率
CGI (common gateway interface)	公共网关接口
Checksum	校验和
chip sequence	码片序列
CIDR (classless inter-domain routing)	无分类域间路由选择
CIFS (common internet file system)	通用互联网文件系统
circuit switching 或 circuit exchanging	线路交换
CLP (cell loss priority)	信元丢失优先
CLR (clear)	清除
CM (configuration management)	配置管理
CMB (cable modem business)	商用线缆 modem
CMP (cable modem personal)	个人用户线缆 modem
CMR (cell mistake rate)	信元错误目的地比率
CMW (cable modem workgroup)	工作组线缆 modem
CN (core network)	核心网
collision	冲突，碰撞
confidentiality	机密性
confirmed	有证实
congestion	拥塞
CPN (customer premises network)	用户驻地网
CPU (centre process unit)	中央处理器
CRC (cyclic redundancy check)	循环冗余校验
cracker	骇客
CRT (cathode ray tube)	阴极射像管，交互终端
CSEC (computer system evaluation criteria)	受信任的计算机系统评价标准
CSMA (carrier sense multiple access)	载波侦听多路访问
CSMA/CD (carrier sense with multiple access with collision detection)	载波侦听多路访问/冲突检测
CT (cordless telephone)	无绳电话
CTCPEC	加拿大可信计算机产品安全评价准则
CTD (cell transfer delay)	信元专输延迟

CTS（clear to send）	允许发送
cut through	直通
DAP（directory access protocol）	目录访问协议
datagram	数据报
DBS（direct broadband system）	卫星直播
DCA（distributed communication architecture）	分布式通信结构
DCC（data cross connect）	数字交叉连接（设备）
DCE（data terminal equipment）	数据线路终接设备
DD（device drivers）	设备驱动程序
DDN（digital data network）	数字数据网
DDoS（distributed denial of service）	（一种病毒名）分布式拒绝服务攻击
DEA（international data encryption algorithm）	数据加密算法
deadlock	死锁
delay distortion	延迟变形
demodulate	解调
DES（data encryption standard）	数据加密标准
DEST（destination address）	目的地址
DHCP（dynamic host configuration protocol）	动态主机配置协议
DIB（directory information base）	目录信息库
digital signature	数字签名
disconnected	断线
distance vector	距离向量
DIX（digital intel xerox）	一种以三个公司名命名的以太网标准
DL（data link）	数据链路
DLC（digital loop carrier）	数字环路载波
DM（different Manchester）	差分曼彻斯特码
DNA（digital network architecture）	数字网络体系结构
DNS（domain name system）	域名服务系统
DoS（denial of service）	拒绝服务
dotted quadsubneitid	点分十进制计数法
DP（destination port）	目的端口号
DPT（dynamic pocket translation）	动态分组转换
DRI（data recording interface）	数据记录接口
DRI（document retrieval interface）	数据记录接口
DRR（data redundancy reduction）	冗余数据简化
DS（digital signature）	数字签名
DSA（digital signature algorithm）	数字签名算法

DSA (directory service agent)	目录服务代理
DSL (digital subscriber line)	数字用户线
DSLAM (DSL access multiplexer)	DSL 多址访问器
DSP (digital signal processor)	数字信号处理器
DSP (directory service protocol)	目录服务协议
DSR (data set ready)	数据集就绪
DSS (digital signature standard)	数字签名标准
DSSS (direct sequence spread spectrum)	直接序列扩频
DT (display terminal)	显示终端
DTE (data circuit-terminating equipment)	数据终端设备
DTR (data terminal ready)	数据终端就绪
DUA (directory user agent)	目录用户代理
dual homed gateway	双宿主网关
DWDM (dense wavelength division multiplexing)	密集波分多路复用
DCC (data cross connect)	数字交叉连接（设备）
DXI (data exchange interface)	ATM 数据交换接口
EBCDIC (extended binary coded decimal interchange code)	扩充二-十进制交换代码编码
EC (echo cancellation)	回波抑制器
EGP (external gateway protocol)	外部网关协议
egress ID	出口标识符
EIA (electronic industries association)	电子工业联合会
EIGRP (enhanced interior gateway routing protocol)	增强 IGRP 协议
email	电子邮件
email gateway	电子邮件网关
endpoint address	端地址
ES (environment subsystem)	环境子系统
ESP (encapsulating security payload)	ESP 协议（提供加密保证）
E-way	网关方式
exchange	交换
executive	执行体
extranet	外联网
fault management	失效管理
FC	美国信息技术安全评价联邦准则
FCS (frame check sequence)	帧校验序列
FDDI (fiber distributed data interface)	光纤分布数据接口

FDM（frequency division multiplexing）	频分多路复用
FDMA（frequency division multiple access）	频分多址
FEP（front-end processor）	前端机
FFCT（fragment free cut through）	无碎片
FHSS（frequency hopping）	频率跳变调制（跳频）
fire wall	防火墙
FITL（fiber in the loop）	光纤用户环路
flooding	洪泛算法
FMBS（frame mode bearer service）	帧模式承载业务
FO（fragment offset）	偏移量
FPLMTS（future public land mobile telephone system）	公共陆地移动通信系统
FR（frame relay）	帧中继
frame	帧
fragment free cut through	无碎片直通
FH SS（frequency hopping SS）	频率跳动
FSK（frequency shift keying）	频移键控
FTP（file translation protocol）	文件传送协议
FTS（finish time stamp）	完成时标
FTTB（fiber to the building）	光纤到大楼
FTTC（fiber to the curb）	光纤到路边
FTTF（fiber to the floor）	光纤到楼层
FTTH（fiber to the home）	光纤到户
FTTN（fiber to the neighbor）	光纤到邻里
FTTO（fiber to the office）	光纤到办公室
FTTR（fiber to the remote unit）	光纤到远程单元
FTTZ（fiber to the zone）	光纤到小区
gat SSL（secure socket layer）	安全套接字层
gateway	邮件网关
gigabit ethernet	千兆以太网
GMPLS（generalized multi-protocol label switching）	通用多协议标签交换
GND（ground）	接地端
gopher	信息鼠
GPO（group policy objects）	组策略对象
group	群
GT（graphic terminal）	图形终端

hacker	黑客，打手
HAL (hardware abstraction layer)	硬件抽象层
HCI (host controller interface)	主机控制接口
HDLC (high-level data link control)	高级数据链路控制（协议）
HDSL (high-bit-rate DSL)	高比特率数字用户线
header checksum	分组头校验和
HEC (header error control)	信头校验码
HFC (hybrid fiber coaxial/cable)	光纤同轴混合网络
HFW (hybrid fiber & wireless)	光纤无线混合系统
HOLD mode	保持方式
Home RF (home radio frequency)	家用无线电频率，家用射频
hostid	主机标识
hot potato	热土豆（固定路由）算法
hotlink	热链路或热字（词）
HTTP (hyper text transfer protocol)	超文本传输协议数据；
HTTP daemon	HTTP 守护进程
HUB	集线器
hybrid	混合
hyper link	信息源链接
IAB (Internet Architecture Board)	Internet 体系结构委员会
IANA (Internet Assigned Numbers Authority)	Internet 号码管理局
IBM (International Business Machine)	国际商业机器公司
ICMP (internet control message protocol)	网际控制信息协议
ICQ	网络传呼
ID (identification)	标识符
IDEA (international data encryption algorithm)	国际数据加密算法
IDS (intrusion detection system)	入侵检测系统
IETF (internet engineer task force)	Internet 工程任务组
IGP (interior gateway protocol)	内部网关协议
IGRP (interior gateway routing protocol)	内部网关路由协议
IHL (internet header length)	Internet 头标长
IKE (internet key exchange)	Internet 密钥交换协议
IM (integrated model)	集成模型
IMAP (internet message access protocol)	因特网报文访问协议
internet	因特网（国际互联网）
intranet	企业网（内联网）
IP (internet phone)	IP 电话

IP（internet protocol）	互联网络协议
IPNG（IP next-generation）	下一代IP协议
IPOA	基于ATM的IP
IPSec（IP security）	IP安全技术
IP switch	IP交换
IR（information resource）	信息源
Ir（infrared）	红外线
IrDA（Infrared Developper's Association）	红外线开发者协会
IRTF（internet research task force）	Internet研究部
ISA（industry standard architecture）	网卡
ISDN TA（ISDN terminal adapter）	ISDN终端适配器
ISDN（integrated services digital network）	综合业务数字网络
ISO（International Organization for Standardization）	国际标准化组织
ISP（information service provider）	信息服务供货商
ISP（internet service provider）Internet	服务供货商
ISR（integrated session routing）	集成交换路由器
IT（intelligent terminal）	智能终端
integrity	完整性
ITSEC（information technology security evaluation criteria）	信息技术安全评价准则
ITU-T（International Telecommunication Union Telecommunication）	国际电信联盟电信委员会的标准化部门
KDC（key distribution center）	密码分发中心
kernel	内核
L2CAP（logical link control and adaptation protocol）	逻辑链路控制与适配协议
LAC（L2TP access concentrator）	L2TP访问集中器
LAN（local area network）	局部地域网
LANE（LAN emulation）	局域网仿真
LAP（link access protocol）	链路访问协议
LAPB（link access procedure balanced）	平衡型链路接入规程
LAPF（link access procedure for frame bearer service）	帧载体服务链路访问规程
LCP（link control protocol）	链路控制协议
LEC（LANE client）	仿真局域网客户机
LECS（LANE configure server）	局域网仿真配置服务器

LES (LANE server)	LANE 仿真服务器
link	链路
link state	链路状态
Linux (linus torvalds UNIX)	Linus Torvald 研制的 UNIX
LLC (logical link control)	逻辑链路控制
LMDS (local multipoint distribution service)	本地多点分布业务
LMP (link manager protocol)	链路管理协议
LNS (L2TP network sever)	L2TP 网络服务器
Log	用户日志
LSA (link state advertisement)	链路状态公告
LSB (least significant bit)	最低有效位
LUNI (LAN emulation user network interface)	局域网仿真用户接口
MA (managed agents)	多个被管代理
MAC (medium access control)	IEEE 媒体访问控制
MAE (mail alias expansion)	邮件别名扩展
mail server	邮件服务器
mailto	电子邮件
MAN (metropolitan area network)	城域网
MARS (multiple access radio system)	多址微波通信系统
master unit	主工作单元
MC (mail client)	邮件客户
MCR (minimum cell rate)	最小信元速率
MD (message digest)	报文摘要
ME (mail exploder)	邮件分发器
metric	度量
message	报文
MF (mail forwarding)	邮件转发
MIB (management information base)	管理信息库
middleware	中间件
MIME (multipurpose internet mail extensions)	多用途 Internet 邮件扩充协议
ML (mailing list)	邮件发送清单
MM (multiple mode)	多模光纤
MMDS (multipoint multi-channel distribution service)	多点多路分布业务
modem	调制解调器
module	调制
MOH (modem-on-hold)	网络呼叫等待

MP（modify port） 修改端口
MPLS（multi-protocol label switching） 多协议标签交换
MPOA（multi-protocol over ATM） ATM 网络上的多协议
MS（mail-slot） 邮件槽
MS（mobile station） 移动台
MSC（mobile-service switching center） 移动业务交换中心
MTU（maximum transfer unit） 最大传输单元
MUX（multiplexing device） 多路复用器
MVL（multiple virtual line SDL） 多虚拟数字用户线
NAK（negative acKnowledgment） 否定应答，没有应答
named pipe 命名管道
NAS（network attached storage） 基于网络附属存储
NCP（network control protocol） 串行信道复用一簇网络控制协议
NetBIOS（network basic input/output） 网络基本输入输出系统
NETID（network identifier） 网络标识符
news 用户新闻讨论组
NHRP（next hop resolution protocol） 下一跳解析协议
NIA（network interface adapter） 网络适配卡，网络适配器
NIC（network interface control） 网络控制
NIC（network information center） 网络中心
NIE（network interface equipment） 网络接口设备
NM（network manage） 网络管理器
NMP（network management protocol） 一种通用的网络管理协议
NNI（network-node interface） 网络—结点端口
NOC（network operation center） 网络管理中心
noise 噪声
NOS（network operation system） 网络操作系统
NPT（network planning technique） 网络规划技术
NPT（nonpacket terminal） 非分组式终端
NRM（normal response mode） 正常响应方式
NRZ（non-return to zero） 不归零
NSA（National Security Agency） 美国国家安全局
NSAP（network service access pointer） 网络服务访问点
NVT（network virtual terminal） 网络虚拟终端
OADM（optical add/drop multiplexer） 光分插复用设备
OAN（optical access network） 光纤接入网
OBEX（object exchange） 对象交换（协议）

OBS（optical burst switching）	突发数据交换
OCS（optical circuit switch）	光路交换
offline	离线
OIC（optical interconnect）	光互联
OICQ（open I seek you）	网络寻呼机
OLT（optical line terminal）	光线路终端
OM（overlay model）	重迭模型
OMPLS（optical multi-protocol label switching）	光标记分组交换
online	在线
ONU（optical network unit）	光网络单元
OPS（optical packet switch）	光分组交换
OPT（options）	任选字段
options	选项
OSI/RM（open system interconnection/reference model）	开放系统互联参考模型
OSPF（open shortest path first）	开放式最短路优先
OXC（optical cross connection）	光交叉连接器
P/F（poll/final）	询问/终止
packet switching	分组交换
PAD（packet assembler disassemble）	分组装拆设备
padding	填充段
PAN（personal area network）	个人局域网
parked mode	休眠方式
PCI（protocol control information）	协议控制信息网卡
PCM upstream	脉冲代码调制上行方式
PCM（pulse code modulation）	脉冲编码调制技术
PCR（peak cell rate）	峰值信元速率
PCS（personal communication system）	个人通信系统——个人通信网
PDH（plesiochronous digital hierarchy）	准同步数字系列
PDN（public data network）	公共数据网
PDU（protocol data unit）	协议数据单元
PEM（privacy enhanced mail）	增强私密（电子）邮件
PF（packet filtering）	数据包过滤
PGP（pretty good privacy）	高隐私
PICS（platform for internet content selection）	内容选择平台
PKI（public key infrastructure）	公开密钥基础设施
PL（private line）	专线

PL（physical layer）	物理层
PM（phase modulation）	调相
PM（physical medium）	物理介质（子层）
PM（performance management）	性能管理
poll/final	轮询/结束
PON（passive optical network）	无源光纤网络
postamble	后文
PPP（point-to-point protocol）	点对点协议
PPTP（point-to-point transfer protocol）	点对点隧道协议
PRA（primary rate access）	基群速率接入
preamble	前文
PRI（primary rate interface）	基群速率接口
PROT（protocol）	协议
proxy	代理服务
PS（proxy sever）	代理服务器
PSK（phase-shift keying）	相移键控
PSTN（public switching telephone Network）	公共电话交换网
PT（packet terminal）	分组式终端
PTI（payload type identifier）	载荷类型标识符
public topology	公共拓扑
PVC（permanent virtual circuit）	永久虚电路
QoS（quality of service）	服务质量
quick connect	快速连接
RA（registration authority）	注册中心
RARP（reverse address resolution protocol）	反向地址解析协议
RAS（remote access server）	远程访问服务器
RADSL（rate adaptive DSL）	速率自适应数字用户线
RDO（remote data object）	远程数据对象
REJ	拒绝
RFCOMM	电缆替代（串行线仿真）协议
relay host	中继主机
request	请求
reserved	保留
reset	重置
restart	再启动
RF（radio frepuency）	无线跳频发射和接收
RIP（routing information protocol）	路由信息协议

RJ-45 (registered jack connector)	(一种连接头)
RJE (batch or remote job entry terminal)	批作业或远程终端
RNR (receive not ready)	接收未就绪
router	路由器
route aggregation	路由聚合
RP (routing protocol)	路由选择协议
RR (receive ready)	接收就绪
RT (routing table)	路径表
RTS (request to send)	请求发送
RXD (received data)	接受到的数据
RZ (return to zero)	归零
SA (source address)	源地址
SAN (storage area network)	存储局域网
SAS (server attached storage)	基于服务器连接存储
scatternet	散射网
SCM (multiplexed)	副载波多路复用的
SCM PON	光纤频分载波
SCO (subcarrier oscillator)	副载波震荡器
SCR (sustainable cell rate)	持续信元速率
SDH (synchronous digital hierarchy)	同步数字系列
SDLC (synchronous data link control)	(IBM 研制的) 同步数据链路控制(协议)
SDMA (space division multiple access)	空分多址
SDP (service discovery protocol)	服务发现协议
SDSL (symmetric digital subscriber line)	单线/对称数字用户线
SDU (service data unit)	服务数据单元
SECBR	严重错误信元块比率
SERJ	选择拒绝
SET (secure electronic transaction)	安全电子交易协议
SF SAW	业务特征命令锯齿波发生器
SF (store and forward)	存储转发
SHA (secure hash algorithm)	安全散列算法
SHG (screened host gateway)	主机过滤网关
slave unit	从工作单元
SLIP (serial line internet protocol)	串行线网际协定
SM (security management)	安全管理
SM (simple mode)	单模 (光纤)

SM（switching module）	交换模块
SMB（server message block protocol）	服务器信息块协议
SMTP（simple mail transfer protocol）	简单邮件传输协议
SN（sequence number）	序号
SNA（system network architecture）	系统网络体系结构
SNI（subscriber network interface）	用户网络接口
sniff mode	监听方式
sniffer	网络嗅觉器
SNMP（simple net manage protocol）	简单网络管理协议
socket	套接字
SONET（synchronous optical network）	同步光纤网
source port	源端口号
SP（search port）	检索端口
SP（service process）	服务进程
SPF（shortest path first）	最短路径优先
SR（screening router）	过滤路由器
SS（screened subnet）	子网过滤防火墙
SSS（supplementary services）	辅助业务
SSC（synchronous satellite communication）	同步卫星通信
SSL（secure socket layer）	安全套接子层
SSH（secure shell）	安全壳
SSP（system support process）	系统支持进程
start time stamp	起始时标
STM（synchronous transfer mode）	同步传输模式
store and forward	存储转发
STP（shielded twisted-pair）	屏蔽双绞线
STP（spanning tree protocol）	生成树协议
supernetting	超网
SVC（switched virtual circuit）	交换虚电路
SYN（synchronous）	同步
TB（token bus）	令牌总线
TC（transmission convergence）	传输收敛（子层）
TCB（trusted computing Base）	可信任运算基础体制
TCP（transmission control protocol）	传输层提供传输控制协议
TDD（time division duplex）	时分双工
TDM（time division multiplexing）	时分多任务
TDMA（time division multiple access）	时分多址

TDM PON	光纤时分多路复用
TELNET	远程登录
telnet	远程终端登录
terminal	终端
TL (total length)	总长度
token	令牌
TOS (type of service)	服务类型
TPDU (transport protocol data unit)	传输协议数据单元
TPR (token passing ring)	令牌通行环
TR (token ring)	令牌环介质访问控制
transport entity	运输层实体
transport service user	运输服务用户
trap doors	陷门
trojan horse	特洛伊木马
TSAP (transport service access pointer)	运输服务访问点
TSP (transport service provide)	运输服务提供者
TTL (time to live)	生存时间
TXD (transmit data)	发送数据
UA (user application)	应用程序
UDP (user data protocol)	用户数据报协议
unconfirmed	无证实
UNI (user-network interface)	用户—网络端口
universal assignment	统一分配
UP (urgent pointer)	紧急指针
URL (universal resource locator)	统一资源定位器
UTP (unshielded twisted-pair)	非屏蔽双绞线
UWR	一种类似雷达的技术
VBR (variable bit rate)	可变比特率
VC (virtual calls)	虚呼叫
VC (virtual channel)	虚通路
VC (virtual circuit)	虚电路
VC (virtual container)	虚容器
VCC (virtual channel connect)	虚通路连接
VCI (virtual channel identifier)	虚通路标识符
VCO (variable crystal oscillator)	可变晶体振荡器
VCO (voltage controlled oscillator)	电压控制振荡器
VER (version)	版本号

VLAN（virtual LAN）	虚拟局域网
VOD（video on demand）	视频点播
VP（virtual path）	虚路径
VPC（VP connect）	虚路径连接
VPI（virtual path identifier）	虚路径标识符
VPN（virtual private network）	虚拟专用网
VSAT（very small aperture terminal）	甚小孔径终端卫星
WAIS（wide area information search）	广域信息查询系统
WAN（wide area network）	广域网
WAP（wavelength application protocol）	无线应用协议
WDM（wavelength division multiplexing）	光波分多路复用
well-known port assignment	众所周知端口
Window advertisement	窗口通告
WLAN（wireless local area network）	无线局域网
WPAN（wireless personal area network）	无线个人网络标准
WWW（world wide web）	万维网

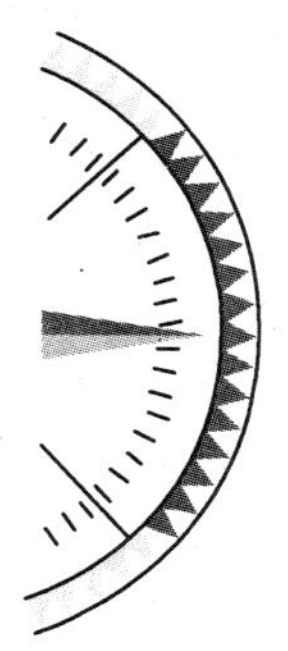

参考文献

[1] 张基温主编. 计算机网络实训教程. 北京：人民邮电出版社，2001

[2] 张基温编著. 计算机网络技术. 北京：高等教育出版社，2004

[3] 张基温编著. 计算机网络原理（第二版）. 北京：高等教育出版社，2006

[4] 谢希仁编著. 计算机网络（第4版）. 北京：电子工业出版社，2004

[5] 兰少华，杨余旺，吕建勇. TCP/IP 网络与协议. 北京：清华大学出版社，2006

[6] 薛万欣，敖静海，薛为民编著. 计算机网络基础. 北京：清华大学出版社，北京交通大学出版社，2005

[7] 陶智勇，周芳，胡先志编著. 综合宽带接入技术. 北京：北京邮电大学出版社，2002

[8] 张基温编著. 信息系统安全原理. 北京：中国水利水电出版社，2005

[9] 金惠文等. 现代交换原理. 北京：电子工业出版社，2000

[10] http：//www.chinaitlab.com

[11] http：//www.e-works.net.cn

图书在版编目（CIP）数据

计算机网络基础/张基温编著．2版
北京：中国人民大学出版社，2008
（面向21世纪课程教材．教育部面向21世纪信息管理与信息系统系列教材）
ISBN 978-7-300-09483-0

Ⅰ．计…
Ⅱ．张…
Ⅲ．计算机网络-高等学校-教材
Ⅳ．TP393

中国版本图书馆CIP数据核字（2008）第103838号

面向21世纪课程教材
教育部面向21世纪信息管理与信息系统系列教材
计算机网络基础（第2版）
张基温　编著

出版发行	中国人民大学出版社		
社　　址	北京中关村大街31号	**邮政编码**	100080
电　　话	010－62511242(总编室)		010－62511398(质管部)
	010－82501766(邮购部)		010－62514148(门市部)
	010－62515195(发行公司)		010－62515275(盗版举报)
网　　址	http://www.crup.com.cn		
	http://www.ttrnet.com(人大教研网)		
经　　销	新华书店		
印　　刷	北京宏伟双华印刷有限公司		
规　　格	170 mm×228 mm　16开本	**版　　次**	2002年7月第1版
			2008年7月第2版
印　　张	26插页1	**印　　次**	2008年7月第1次印刷
字　　数	449 000	**定　　价**	38.00元
